성철스님 임제록 평석

【 일러두기 】

1. 이 책은 성철 큰스님이 해인사 방장으로 계시던 1974년 하안거부터 1975년 하안거까지 『임제록』을 평석(評釋)하실 때 녹음해 둔 것을 정리해 만들었다.

2. 『임제록』 전체가 아니고 「마방의 서」, 「상당」, 「시중」의 앞부분 일부만 평석하셨다. 따라서 이 부분에는 평석이 있으나, 나머지에는 없다.

3. 평석이 없는 부분은 「선림고경총서」 12권 『임제록』 체제에 따라 번역하고 주석을 달 때 참고한 문헌은 이 책의 뒷부분에 일괄 정리해 놓았다.

4. 각 장의 제목은 중심 내용이나 기연을 보고 독자들의 이해를 돕기 위해 임의로 붙인 것이다.

5. 주석은 어록과 사전 등을 참고해 독자들의 이해를 돕고자 덧붙인 것이다. 주석의 약어는 아래와 같다. H: 한국불교전서, T: 대정신수대장경, X: 卍新纂대일본속장경. 페이지 다음에 붙은 a, b, c는 참고문헌 각 페이지의 상단, 중단, 하단을 가리킨다. 예를 들어, 'H.5 p.781b'는 "『한국불교전서』 제5권, 781페이지 중단"이라는 뜻이다.

臨濟錄
임제록

성철스님 임제록 평석

원택 정리

장경각

차례

1장 시작하는 말

1. 본분사를 찾아서 … 016
2. 임제스님과 『임제록』 … 020
3. 선(禪)과 교(敎) … 027
4. 모든 법문은 독약 … 036

2장 마방의 서문

1. 『진주임제혜조선사어록』 마방(馬防)의 서(序)에 붙이는 말 … 042
2. 『진주임제혜조선사어록』에 마방이 붙이는 말 … 044

3장 상당

1. 일대사인연(一大事因緣) … 096
    1) 어찌 근본도리를 숨기겠는가! … 096
    2) 어떤 것이 불법의 큰 뜻입니까? … 102
    3) 황벽스님 회하에서 세 번 물었다가 세 번 얻어맞았네 … 105
    4) 부처가 어디에 있단 말인가? … 107

  5) 입을 열기만 해도 이미 깨달음과 어긋나버린다 ··· 110
2. 천수천안의 바른 눈[正眼] ··· 115
3. 걸림 없이 깨친 사람[無位眞人] ··· 121
4. 주인의 할(喝)과 손님의 할(喝) ··· 128
  1) 재범(再犯)은 용서치 않는다 ··· 128
  2) 손님과 주인의 구별이 분명하다 ··· 132
5. 법을 구하는 마음가짐 ··· 137
  1) 임제스님이 불자를 든 뜻은? ··· 137
  2) 누가 내게 일돈방(一頓棒)을 때려 주겠느냐? ··· 139
6. 진퇴양난의 관문 ··· 148
  1) 칼날 위의 일 ··· 148
  2) 방아 찧다가 발 떼는 것을 잊다 ··· 149
  3) 알거나 알지 못하거나 모두 틀리다 ··· 150
7. 고봉정상(高峰頂上)과 십자가두(十字街頭) ··· 155
8. 가사(家舍)와 도중(途中) ··· 158
9. 삼구(三句)와 삼현삼요(三玄三要) ··· 163
  1) 삼구(三句) ··· 163
  2) 삼현삼요(三玄三要) ··· 169
10. 삼구(三句)와 삼현삼요(三玄三要)에 대한 선사들의 송 ··· 173

 ● **삼구(三句)** ··· 173

  1) 제1구(第一句) ··· 173
   (1) 풍혈연소(風穴延沼) 스님의 송 ··· 173
   (2) 도오오진(道吾悟眞) 스님의 송 ··· 174

(3) 해인초신(海印超信) 스님의 송 ··· 175
(4) 운봉문열(雲峰文悅) 스님의 송 ··· 176
2) 제2구(第二句) ··· 177
(1) 풍혈연소(風穴延沼) 스님의 송 ··· 177
(2) 도오오진(道吾悟眞) 스님의 송 ··· 178
(3) 해인초신(海印超信) 스님의 송 ··· 178
(4) 운봉문열(雲峰文悅) 스님의 송 ··· 179
3) 제3구(第三句) ··· 180
(1) 풍혈연소(風穴延沼) 스님의 송 ··· 180
(2) 도오오진(道吾悟眞) 스님의 송 ··· 180
(3) 해인초신(海印超信) 스님의 송 ··· 181
(4) 운봉문열(雲峰文悅) 스님의 송 ··· 181

● **삼현삼요**(三玄三要) ··· 182

1) 분양선소(汾陽善昭) 스님의 삼현삼요(三玄三要) 송 ··· 183
(1) 삼현(三玄) ··· 183
(2) 삼요(三要) ··· 187
(3) 총송(總頌) ··· 189
2) 자명초원(慈明楚圓) 스님의 삼현삼요(三玄三要) 송 ··· 194
(1) 삼현(三玄) ··· 194
(2) 삼요(三要) ··· 200
(3) 총송(總頌) ··· 204

11. 성철스님의 삼구, 삼현, 삼요에 대한 총평 ··· 207

4장 시중

1. 사료간(四料簡) ··· 216
   1) 사람은 빼앗고 경계는 빼앗지 않는다 ··· 218
      (1) 풍혈연소(風穴延沼) 스님의 송 ··· 219
      (2) 수산성념(首山省念) 스님의 송 ··· 220
      (3) 법화전거(法華全擧) 스님의 송 ··· 220
      (4) 자명초원(慈明楚圓) 스님의 송 ··· 221
   2) 경계는 빼앗고 사람은 빼앗지 않는다 ··· 222
      (1) 풍혈연소(風穴延沼) 스님의 송 ··· 223
      (2) 수산성념(首山省念) 스님의 송 ··· 224
      (3) 법화전거(法華全擧) 스님의 송 ··· 224
      (4) 자명초원(慈明楚圓) 스님의 송 ··· 225
   3) 사람과 경계를 모두 빼앗는다 ··· 227
      (1) 풍혈연소(風穴延沼) 스님의 송 ··· 228
      (2) 수산성념(首山省念) 스님의 송 ··· 229
      (3) 법화전거(法華全擧) 스님의 송 ··· 229
      (4) 자명초원(慈明楚圓) 스님의 송 ··· 230
   4) 사람과 경계를 모두 빼앗지 않는다 ··· 230
      (1) 풍혈연소(風穴延沼) 스님의 송 ··· 231
      (2) 수산성념(首山省念) 스님의 송 ··· 232
      (3) 법화전거(法華全擧) 스님의 송 ··· 233
      (4) 자명초원(慈明楚圓) 스님의 송 ··· 233
   5) 불감혜근 선사의 사료간 송과 총송 ··· 234

(1) 탈인불탈경(奪人不奪境) 송　　　　　　　　　⋯ 234

　　(2) 탈경불탈인(奪境不奪人) 송　　　　　　　　　⋯ 236

　　(3) 인경양구탈(人境兩俱奪) 송　　　　　　　　　⋯ 238

　　(4) 인경구불탈(人境俱不奪) 송　　　　　　　　　⋯ 240

　　(5) 사료간(四料簡) 총송(總頌)　　　　　　　　　⋯ 242

2. 참되고 올바른 견해[眞正見解]　　　　　　　　　　⋯ 248

　1) 깨달음을 구하지 않아도 저절로 이르리라　　　　⋯ 248

　2) 남의 잘못된 주장에 속지 말라　　　　　　　　　⋯ 251

　3) 자신을 철저히 믿지 않음이 병이다　　　　　　　⋯ 253

　4) 그대는 조사인 부처와 다름이 없다　　　　　　　⋯ 255

　5) 일 없는 사람[無事人]　　　　　　　　　　　　　⋯ 258

3. 삼종불신(三種佛身)　　　　　　　　　　　　　　　⋯ 262

　1) 결코 밖에서 구하지 말라　　　　　　　　　　　⋯ 262

　2) 삼종불신이란 명칭과 말일 뿐이다　　　　　　　⋯ 265

4. 모든 부처님의 본원　　　　　　　　　　　　　　　⋯ 268

　1) 자성의 그림자를 희롱하는 사람　　　　　　　　⋯ 268

　2) 무엇이 법을 설하고 들을 줄 아는가?　　　　　　⋯ 269

　3) 한순간도 단절됨이 없어야 한다　　　　　　　　⋯ 271

5. 심법무형(心法無形)　　　　　　　　　　　　　　　⋯ 274

　1) 일심(一心)도 없다　　　　　　　　　　　　　　⋯ 274

　2) 삼아승기겁이 공임을 알라　　　　　　　　　　　⋯ 278

　3) 진정한 도인은 깨달음을 구함이 없다　　　　　　⋯ 282

6. 참된 자기　　　　　　　　　　　　　　　　　　　⋯ 285

　1) 그대들에게 단지 한 부모가 있을 뿐이다　　　　　⋯ 285

2) 밥값을 갚을 날이 있으리라 ··· 288
7. 사조용(四照用) ··· 292
8. 평상의 심법(心法) ··· 294
　　1) 억지로 해야 할 일 없어야 귀한 사람이다 ··· 294
　　2) 이름뿐인 부처를 구하지 말라 ··· 298
　　3) 마음 법을 문자 가운데서 찾지 말라 ··· 300
9. 심지법(心地法) ··· 302
　　1) 불법의 깊은 뜻[玄旨] ··· 302
　　2) 나의 설법은 천하 사람들과 다르다 ··· 305
10. 어디에서나 주인공[隨處作主] ··· 308
11. 참된 출가[眞出家] ··· 313
　　1) 촉비양(觸鼻羊) 같은 출가인 ··· 313
　　2) 마불(魔佛)을 분별할 줄 아는 출가인 ··· 315
12. 부처와 마구니 ··· 317
　　1) 부처도 없고 중생도 없다 ··· 317
　　2) 눈앞의 이 사람[目前此人] ··· 319
13. 본래무사(本來無事) ··· 323
　　1) 바로 지금이 있을 뿐 별다른 시절이란 없다 ··· 323
　　2) 만 냥 황금을 쓰는 사람 ··· 328
　　3) 진정견해(眞正見解)를 구할 뿐 세간의 허물을 책망하지 않는다 ··· 332
14. 의지함 없는 도인[無依道人] ··· 336
15. 비밀 ··· 344
　　1) 문자에 떨어져 삼계에 윤회한다 ··· 344
　　2) 찾으려 하면 더욱 멀어지고 구하려 들면 더욱 어긋나버린다 ··· 348

3) 인생이 무상하니 시간을 아껴라 ··· 350

※ 성철스님의 수좌오계(首座五戒) ··· 353

16. 모양 없는 네 경계[四種無相境] ··· 365
17. 오대산에는 문수보살이 없다 ··· 367
18. 응물현형(應物現形) ··· 369
   1) 누가 찾아오더라도 그의 정체를 알아내다 ··· 369
   2) 경계를 활용하는 사람[乘境底人] ··· 371
19. 대장부(大丈夫) ··· 373
20. 삼안국토(三眼國土) ··· 376
21. 조작(造作) ··· 379
   1) 지옥에 떨어지는 업 ··· 379
   2) 외도법(外道法) ··· 380
22. 들여우와 사자 ··· 382
   1) 비굴한 수행자 ··· 382
   2) 훌륭한 수행자 ··· 383
23. 본래 마음 ··· 385
   1) 반야지혜의 칼을 뽑아들라 ··· 385
   2) 살아 있는 조사의 마음[活祖心] ··· 387
24. 마음과 마음이 다르지 않은 경계[心心不異處] ··· 388
25. 형상 없음[無相]이 참된 형상[眞形] ··· 391
26. 육신통(六神通) ··· 393
27. 제법공상(諸法空相) ··· 396
   1) 참 부처[眞佛]는 형상이 없다 ··· 396

2) 꺼리는 법이 없어야 한다[無嫌底法] ··· 398
28. 상대를 대하는 네 가지 법[四賓主]을 논함① ··· 400
　　1) 주인이 객을 간파하다[主看客] ··· 400
　　2) 주인과 객이 모두 주인[主看主] ··· 401
　　3) 객이 주인을 간파하다[客看主] ··· 402
　　4) 주인과 객이 모두 눈멀다[客看客] ··· 403
29. 다른 사람에게 속지 말라 ··· 405
　　1) 태어나면서 안 것이 아니다 ··· 405
　　2) 부처를 죽이고 조사를 죽여라 ··· 406
30. 산승에게는 남에게 줄 하나의 법도 없다 ··· 408
31. 삼계를 떠나 어디로 가려고 하는가 ··· 410
32. 보리수(菩提樹)와 무명수(無明樹) ··· 413
33. 상대를 대하는 네 가지 법[四賓主]을 논함② ··· 416
34. 남의 말에 휘둘리지 말라 ··· 420
　　1) 짚신 값 갚을 날이 있으리라 ··· 420
　　2) 움직임과 움직이지 않음은 두 가지 경계일 뿐 ··· 421
35. 임제스님이 4가지 근기를 대하는 법 ··· 424
36. 허망한 이름[空名] ··· 426
　　1) 평생 헛수고하는 잘못을 범하지 말라 ··· 426
　　2) 득실시비를 놓아버려라 ··· 427
37. 임제스님의 법계 ··· 429
38. 옷을 입기도 벗기도 하는 사람 ··· 431
39. 형상을 가리는 옷 ··· 433
40. 수행을 성취하지 못하는 이유 ··· 436

41. 업식중생(業識衆生) ··· 439
42. 삼진(三眞)과 삼구(三句) ··· 441
43. 조사서래의(祖師西來意) ··· 446
44. 자취를 남기지 않는 사람 ··· 449
45. 대통지승불의 좌선 ··· 452
46. 한 마음도 일으키지 말라[一心不生] ··· 454
47. 오무간업(五無間業)과 해탈 ··· 456
48. 허공에 그린 그림 ··· 460
   1) 산승의 말을 곧이듣지 말라 ··· 460
   2) 있는 듯이 보이게 하는 것[相似]일 뿐 ··· 462
49. 일 없는 사람 ··· 465
50. 진실한 선지식을 만나기는 어렵다 ··· 468
51. 지극한 불법의 도리[至理之道] ··· 471
52. 무엇이라 불러야 할까? ··· 473

5장 감변

1. 쌀을 일다가 일돈방(一頓棒)을 맞다 ··· 476
2. 세 스님을 모두 때리다 ··· 480
3. 보화(普化)스님과 극부(克符)스님과의 인연 ··· 481
4. 보화스님이 공양상을 엎어버리다 ··· 483
5. 보화스님은 범부인가, 성인인가? ··· 485
6. 보화스님의 나귀 울음소리 ··· 487
7. 보화스님의 저잣거리 행각 ··· 488

8. 절을 해야 하는가, 하지 않아야 하는가? ··· 490
9. 노주(露柱)는 범부인가, 성인인가? ··· 492
10. 차좁쌀[黃米]을 팔다 ··· 493
11. 낙보(樂普)스님의 할 ··· 495
12. 덕산(德山)스님의 몽둥이 30대 ··· 497
13. 금가루가 비록 귀하긴 하지만 눈에 들어가면 병이 될 뿐이다 ··· 499
14. 행산(杏山)스님의 노지백우(露地白牛) ··· 501
15. 방(棒)과 할(喝) 중에 진실에 부합하는 것은? ··· 502
16. 양손을 펼쳐 보인 뜻은? ··· 503
17. 대각(大覺)스님이 참문하다 ··· 504
18. 조주(趙州)스님이 참례하다 ··· 506
19. 정상좌(定上座)가 참문하다 ··· 507
20. 마곡(麻谷)스님이 참문하다 ··· 509
21. 사할(四喝) ··· 511
22. 한 비구니의 할 ··· 513
23. 용아(龍牙)스님의 선판[西來無意] ··· 514
24. 경산(徑山)스님의 5백 대중 ··· 517
25. 보화스님의 전신탈거(全身脫去) ··· 519

6장 행록

1. 임제스님의 깨친 기연 ··· 524
2. 소나무를 심은 뜻 ··· 532
3. 덕산스님의 선상을 뒤엎다 ··· 535

4. 황벽스님을 밀쳐 넘어뜨리다 ··· 536
5. 황벽스님이 자기 입을 쥐어박다 ··· 539
6. 임제스님이 졸다 ··· 541
7. 울력에 빈손으로 가다 ··· 543
8. 위산스님에게 편지를 전하다 ··· 546
9. 황벽스님의 인가(印可) ··· 549
10. 달마스님의 탑전(塔殿)에 이르다 ··· 553
11. 용광(龍光)스님의 낭패 ··· 554
12. 평화상(平和尙)을 만나다 ··· 556
13. 대자(大慈)스님을 만나다 ··· 559
14. 화엄(華嚴)스님을 만나다 ··· 561
15. 취봉(翠峰)스님을 만나다 ··· 563
16. 상전(象田)스님을 만나다 ··· 565
17. 명화(明化)스님을 만나다 ··· 566
18. 노파를 만나다 ··· 567
19. 봉림(鳳林)스님을 만나다 ··· 568
20. 금우(金牛)스님을 만나다 ··· 572
21. 임제스님 열반에 드시다 ··· 574

- 임제혜조선사탑기(臨濟慧照禪師塔記) ··· 576
- 후찬(後讚) ··· 580
- 『성철스님 임제록 평석』 후기 ··· 584
- 참고문헌 ··· 590
- 임제선사 관련지도 ··· 591

1장
시작하는 말

1. 본분사를 찾아서

(성철스님이 법좌에 올라 말씀하셨다.)

임제래필경여하　석가도퇴삼천리
臨濟來畢竟如何　釋迦倒退三千里

파순은거법왕궁　할할
波旬隱居法王宮　喝喝

임제스님이 오시니 필경 어떠한가?

석가는 거꾸로 삼천리 밖으로 물러서고,

마왕파순[1]은 법왕궁전에 은거하고 있구나.[2]

1　마왕파순(魔王波旬): 천마파순(天魔波旬)이라고도 한다. 욕계(欲界) 최고위(最高位)인 타화자재천궁(他化自在天宮)에 머물고 있다 하여 자재천왕(自在天王)이라고도 한다. 부처와 그 제자들의 수행을 항상 방해하고 해치려 하였다. "구마라집의 해설: 파순은 살(殺)이라 한역한다. 항상 사람의 혜명을 끊고자 하므로 살이라 한다. 또는 악 중의 악이라고도 한다. … 승조(僧肇)의 해설: 파순의 한역어는 살자(殺者) 또는 극악(極惡)이다. 사람의 선근을 끊는다 하여 이에 따라 살자라 하고, 부처의 뜻을 거스르고 승중을 어지럽힌 죄가 막대하기 때문에 극악이라 한다."(『주유마힐경』 권4 「菩薩品」 T.38 p.365b, 什曰: 波旬秦言殺者, 常欲斷人慧命, 故名殺者. 亦名爲惡中惡.… 肇曰: 波旬秦言或名殺者, 或名極惡. 斷人善根, 因名殺者, 違佛亂僧, 罪莫之大, 故名極惡也.)

억! 억!

예전 조사스님들이 늘 하신 말씀이 있습니다.

我不重先師道德이요, **只貴不爲我說破**라.[3]
(아부중선사도덕)   (지귀불위아설파)

나는 선사(先師)의 도덕을 중요하게 생각하지 않고,
나를 위해 설파하지 않으셨던 것을 귀하게 여긴다.

법상에서 대중에게 법문할 때는 오직 '본분사(本分事)'로만 제시할 뿐이지 절대로 해석을 한다든가, 말로 그 뜻을 자세히 풀어 이야기하는 설파는 하지 않습니다. 이 법이라는 것이 본래 설파할 수 있는 것도 아니지만 설사 설파한다고 해도 이익이 되기보다는 사람을 다 죽이는 독이 될 뿐이기 때문에 법을 거량할 때는 절대로 설파하는 것이

---

2 존엄한 법왕 석가모니는 삼천리 밖으로 달아나고 도리어 마왕파순이 법왕의 궁전에 머물고 있다는 뜻으로서 임제스님의 뛰어난 역량과 그 법문에 담긴 독자적 경지를 성철스님이 역설적으로 표현한 말씀으로 보인다.

3 동산양개(洞山良价)의 말. "학인이 물었다. '화상께서는 남전스님을 처음으로 상견하셨으면서 어째서 도리어 운암스님의 재를 지내십니까?' '나는 돌아가신 운암스님의 도덕과 불법을 중히 여기는 것이 아니라, 운암스님이 내게 설파해주지 않으셨던 점을 소중히 여길 뿐이다.'"(『洞山語錄』 T.47 p.520b, 云, '和尙初見南泉, 爲甚麼却與雲巖設齋?' 師云, '我不重先師道德佛法, 祇重他不爲我說破.') 동산양개는 이전에 운암담성(雲巖曇晟)과의 문답에서 의심을 풀지 못한 채 헤어졌는데 후에 물을 건너다 물에 비친 그림자를 보고 깨닫고서는 다음과 같은 게를 남겼다. "결단코 남에게서 찾아서는 안 되니, 아득히 동떨어져 나에게는 실속 없다네. 내 이제 나의 뜻대로 홀로 가노라니, 곳곳에서 그를 만나누나."(같은 책, T.47 p.520a, 切忌從他覓, 迢迢與我疎. 我今獨自往, 處處得逢渠.)

아닙니다. 만약 설파한다면 이것은 법문이 아닙니다. 그것은 법을 다 부숴버리는 짓입니다. 법문하는 스님의 경지가 아무리 높다 해도 그 스님의 도덕보다 더 귀중하게 여겨야 할 것이 있으니, 그것은 바로 오직 본분사로만 사람을 대할 뿐 한마디로 해설을 한다든가 알아듣기 쉽도록 다 풀어주는 설파를 하지 않는다는 점입니다.

조주스님도 늘 이런 말씀을 하셨습니다.

> 노승은 본분사(本分事)로만 사람을 대할 뿐이다. 만약 근기에 따라 법을 설한다면 저절로 삼승십이분교가 벌어진다.[4]

본분사로만 대중을 대할 뿐이지 절대로 근기(根機)를 살펴 설파하거나 해설하거나 하지 않는다는 바로 이 점이 우리 선불교의 근본 생명입니다.[5]

해인총림 방장이 된 후 몇 해 동안 상당법문을 한다고 이런저런 말

---

4 "노승은 이곳에서 본분사로서 학인들을 응대한다. 노승에게 그들 학인들의 근기에 따라 응대하라고 한다면 응당 삼승십이분교로 응대하면 될 일이다. 그러나 이 가르침을 이해하지 못한다면 이는 누구의 잘못인가? 이후에라도 작가라는 이를 만나게 된다면 노승은 그대들을 저버리는 따위를 하지 않는다고 말하리라. 누구라도 내게 물어오기만 하면 나는 본분사로서 응대할 뿐이다."(『趙州語錄』古尊宿語錄13 X.68 p.79a, 老僧此間即以本分事接人. 若教老僧隨伊根機接人, 自有三乘十二分教接他了也. 若是不會, 是誰過歟? 已後遇著作家漢, 也道老僧不辜他. 但有人問, 以本分事接人.)

5 이 부분까지의 성철스님 설법의 취지는 『大慧語錄』 권30 「答鼓山逮長老」 T.47 p.943a4-19 참조.

들을 더러 해왔는데,[6] 오늘부터는 방침을 좀 고치려 합니다. 몇 해를 상당법문 식으로 설법했는데, 알아듣는지 못 알아듣는지 이익이 있는지 없는지 모르겠어요. 주변에서 "근본법은 아니지만 대중 귀에 좀 담기는 법문을 해주셨으면 어떻겠나?" 하는 말을 많이 듣기도 했습니다. 그런 말을 종종 들어도 그렇게 할 수는 없다고 늘 얘기해 왔는데, 퇴설삼승(退說三乘)[7]하는 마음으로 오늘부터는 『임제록(臨濟錄)』을 가지고 평석(評釋)을 하려고 합니다.

그렇다고 임제스님 법문의 골수를 설파한다든가 해설한다든가 이러지는 않을 것입니다. 임제스님이 어떠한 법문을 했다는 소개는 될지언정, 실지로 스스로가 확철히 깨쳐야만 알 수 있지 그냥 말만 들어서는 모르는 것입니다. 임제스님이 이런 법문을 하시고 저런 법문을 하셨다는 것을 소개할 생각입니다. 건강만 좋으면 대엿새 간격으로 자주 하겠지만 건강이 좋지 않아 그렇게는 못합니다. 건강만 좋으면 뭐, 날마다 하겠어요. 하지만 건강이 허락지 않으니, 보름마다의 상당법문 시간에 『임제록』을 평석하려고 합니다.

---

[6] 1967년부터 1973년 동안거까지 한 상당법문을 말씀하신 듯하다. 이 『임제록』 강설은 1974년 하안거 때 보름마다 대적광전에서 결제대중에게 한 말씀으로서 1975년 하안거 후에는 임제록 강설을 하지 않으셨다.

[7] 중생의 근기가 너무 하열함을 탄식하시고 부처님께서 부득이 삼승의 방편을 취하여 성문·연각·보살의 법문을 차례로 말씀하신 일을 말한다.

2. 임제스님과 『임제록』

　　임제스님이 언제 출생하여 몇 세에 돌아가셨는지는 확실히 알 수 없지만 돌아가신 연대는 분명하니, 서기로 867년에 돌아가셨어요. 그러니까 지금으로부터 1,100년이 넘었어요. 임제스님이 살던 시대가 중국 불교사에서 보면 어떤 상황이었나를 먼저 살펴보겠습니다.

　　후한(後漢) 명제(明帝) 영평(永平) 10년에 불교가 중국에 처음 들어왔는데 그때가 서기 67년입니다.[8] 그러니 임제스님이 돌아가신 해와 딱 800년 차이입니다. 불법이 중국에 들어오고 500여 년 동안은 인도에서 부처님 경전을 가져와 번역을 주로 하던 시대입니다. 이 번역의 시대를 거치면서 불교는 중국에 정착하게 됩니다.

　　불교가 중국에 전래된 지 약 500여 년부터 임제스님 때까지 약 300년 동안은 교학불교가 크게 흥성했습니다. 그 대표적인 종파를 보면 첫째는 천태지자(天台智者) 대사의 천태종, 둘째는 현장(玄奘)법사

8　중국에 불교가 전래된 시기에 대해서는 이설(異說)이 있으나 '명제가 장육(丈六) 신장의 금인(金人) 꿈을 꾸고 나서 이것이 부처임을 알고는 서역으로 사신을 보내 불경을 가지고 오게 하였다'는 『후한서(後漢書)』「서역전(西域傳)」의 기사에 따라 이 시기로 보는 설을 따르신 것으로 보인다. 『歷代三寶紀』 권4 T.49 p.49b; 『續高僧傳』 권8 T.50 p.485b 등 참조.

의 법상종, 셋째는 현수(賢首)법사의 화엄종, 넷째는 불공(不空)삼장의 밀종, 다섯째는 남산[도선(道宣)]의 율종 등 교가(敎家)로서는 그 다섯 종(宗)이 천하에 흥성했고, 선종(禪宗)은 달마대사가 전한 이래로 육조혜능 대사 이후 마조(709?~788) 시대에 이르러 크게 흥성하기 시작했습니다. 수(隋)나라 천태지자 대사로부터 시작해 당(唐)나라 중엽까지 교가의 위의 다섯 종파와 선종을 포함한 여섯 종이 흥성했습니다.

그러나 성당(盛唐) 현종(玄宗, 재위 712~755) 말기에 일어난 안사(安史)의 반란(755~763)을 계기로 종래의 귀족사회가 붕괴되기 시작하자 상층 귀족은 기존의 지배력을 잃고 새로운 사회의 실권은 토착 지방 관리들의 손으로 넘어갑니다. 임제스님이 태어난 때는 대략 9세기 초엽으로, 당나라의 명운이 다해가던 시기에 해당합니다. 환관들이 저지른 정권농단과 파벌항쟁으로 내정의 황폐가 극에 달해 조정의 명령은 지방에까지 미치지 못하고 번진(藩鎭)이라 불리는 지방 군벌의 독재정권이 대두해 서로 패권을 다투었습니다. 하극상적인 권력투쟁이 되풀이되었고, 농민과 병사의 반란이 거의 해마다 일어났습니다. 임제스님의 포교지였던 하북(河北)도 하북삼진(河北三鎭: 范陽·成德·天雄)의 번진 가운데 하나로 임제스님은 성덕진이라는 곳에서 머물게 됩니다.

후에 임제장군(臨濟將軍)[9]이라고 평해질 만큼 역동적이고 시원시원

---

[9] 법안(法眼)선사의 『종문십규론(宗門十規論)』(X.63 p.37c)에 임제종을 평하여 "호환위기(互換爲機)"라 한 말이 보인다. 상대가 서로 번갈아가며 선기(禪機)를 활발하게 주고받는 작용을 임제종의 특징으로 포착한 평이다. 임제스님이 손님과 주인의 위치를 번갈아들며 살활자재하게 펼치는 선기가 마치 전쟁터에서 시의에 맞게 전략 전술을 펼치는 장군과 같다 하여 이에 비유하여 '임제장군'이라 한 것이다.

한 임제의 선풍(禪風)은 하북의 번진인 신흥무인사회 통치자들이 주요 설법 대상으로 등장하고 있는 점과 무관하지 않습니다. 낡은 전통의 권위를 부정하고 새로운 통치자로서 자기 권위를 확립하는 동시에 중앙정부와는 별개의 새로운 문화 형성을 필요로 하였던 무인집단들을 대상으로 설법해야 하는 시기였습니다. 그리고 임제스님은 후에 보는 것과 같이 인간을 향한 대긍정과 자유의 교의를 체득하여 기막히게 훌륭한 법문을 펼쳤는데 그 지방 사람들이 알아듣기 쉽게 토속적인 언어로 사용했습니다. 중국 조사들의 말씀 외에 『법화경』, 『유마경』, 『화엄합론』, 『법원의림장』 등의 경전과 논서도 자주 임제스님이 인용하기에, 경·논에도 조예가 깊었음을 알 수 있습니다.

임제스님이 황벽스님 문하에 찾아간 때를 25, 26세 무렵이라고 추측할 때, 하북의 진주로 돌아간 시기는 당 무종(武宗) 회창(會昌) 연간(841~846)의 불법사태(佛法沙汰)[10]가 지난 대중(大中) 7년(853) 이전으로 임제스님의 나이 30세 후반 즈음이었을 것으로 짐작됩니다. 원화(元和) 연간(808~820)에 출생하여 50여 세의 비교적 짧은 생애를 살다 867년에 열반에 드셨다고 하겠습니다.

중화제국이 불국세계라고 할 만큼 흥성했다고 할 수 있는데 당 무종 황제의 회창 연간(841~846)에 불법사태를 만났습니다. 천하의 절들이 다 부숴지고, 비구·비구니 스님들이 모두 강제로 환속됐으며, 청동

---

10 불법사태(佛法沙汰): 중국에서 일어난 대표적인 법난(法難)으로 삼무일종(三武一宗)의 법난을 꼽는다. 북위(北魏) 태무제(太武帝) 때의 '위무(魏武) 법난', 북주(北周) 무제(武帝) 때의 '주무(周武) 법난', 당나라 무종(武宗) 때의 '회창(會昌) 법난', 오대(五代)의 후주(後周) 세종(世宗) 때의 '후주(後周) 법난'이 그것이다.

으로 만든 불상과 불구들은 파괴돼 농기구 등으로 변했고, 경전은 전부 불태워졌습니다. 불법이 여지없이 망하게 되어버린 차에 무종이 죽고 삼촌인 대중천자(大中天子), 즉 선종(宣宗, 재위 846~859)이 즉위해 불법을 다시 크게 일으킵니다.

선종(宣宗)과 관련해서는 그 당시 역사를 좀 알아야 합니다. 헌종(憲宗, 재위 805~820)에게 두 아들이 있었는데, 목종(穆宗, 재위 820~824) 이항(李恒)과 대중천자 선종 이침(李忱)입니다. 목종은 장경(長慶) 4년에 붕어하고 슬하에 아들 셋을 두었는데 경종(敬宗, 재위 824~826), 문종(文宗, 재위 826~840), 무종(武宗, 재위 840~846)이 그들입니다. 경종은 부친의 제위를 계승한 지 2년 만에 역모에 의하여 제위를 빼앗겼고, 이어 문종이 제위를 계승한 지 14년 후에 무종이 즉위하였는데, 무종은 삼촌 이침을 극도로 미워했습니다.

그러던 어느 날 무종은 지난 날 이침(李忱)이 장난삼아 용상에 올라간 일에 원한을 품고 그를 때려 후원에 내다 버리고 더러운 똥오줌을 끼얹어 죽이려 했습니다. 주위의 도움을 받아 극적으로 살아난 이침은 남모르게 황궁을 빠져 나옵니다. 향엄지한(香嚴智閑, ?~898) 선사의 회상에 들어가 머리를 깎고 사미가 되었으나 구족계를 받지는 않았습니다. 뒤에 염관제안(鹽官齊安, 750?~842) 선사의 회상에서 서기 소임을 보게 되었는데, 당시 황벽희운(黃檗希運) 스님이 그곳의 수좌로 있었습니다. 훗날 대중천자가 되는 이침이 사미 신분으로 서기를 보다 황벽스님에게서 뺨을 세 차례나 맞는 일이 이때 벌어집니다.[11]

---

11 "황벽스님이 염관스님 회하에 있을 때, 후에 천자가 되는 대중(大中)은 사미로 있었다. 황벽스님이 불전에서 예불하자 대중 사미가 물었다. '부처에 집착하

이침(李忱)은 그렇게 사미로 절에서 살다 조카인 무종이 죽자 대궐로 복귀해 천자의 자리에 오릅니다. 소위 대중천자(大中天子)인데, 천자가 된 후에 원력을 세우고 불법을 복구하려고 노력했어요. 그렇게 힘을 기울이기는 했지만 원체 타격이 컸던 만큼 불교가 전처럼 완전히 복구되지는 못했습니다. 천태·법상·화엄·밀종·율종 등 다섯 교종은 다시는 그전과 같은 성황을 이루지 못하고 거의 괴멸되어 버렸습니다. 오직 선종만은 갑자기 전보다 훨씬 더 흥성하게 되었습니다.

　위앙종(潙仰宗)이 제일 먼저 생기고 얼마 안 가 임제종(臨濟宗)이 생기고, 이어 조동종(曹洞宗), 운문종(雲門宗), 법안종(法眼宗)이 생겼습니다. 소위 선종오가(禪宗五家)라 하는 것인데, 교가는 무종의 폐불 이후로는 그전 같은 찬란함을 볼 수 없게 된 반면 선종만은 더 흥성해 온 천하가 선종 일색으로 되어갔습니다.

　선종(禪宗)은 당나라 말기, 만당(晚唐) 시대부터 오대십국을 거치며 5가가 천하를 풍미하였습니다. 위앙종은 얼마 못 가서 법맥이 끊어지고, 법안종은 북송 초에, 운문종은 한참 내려오다가 북송 말에 끊어져

지 않고 구하고, 법에 집착하지 않고 구하며, 승중에 집착하지 않고 구하라 하였는데 장로께서 예배하심은 무엇을 구하고자 해서입니까?' '부처에 집착하지 않고 구하고, 법에 집착하지 않고 구하며, 승중에 집착하지 않고 구하며 항상 이와 같이 예배할 뿐이니라.' '예배는 해서 무엇 하려고요?' 이에 황벽이 사미의 뺨을 때리자 사미가 말했다. '너무 거치시군요.' 황벽은 '이 행위에 무슨 뜻이 있다고 거칠다느니 세밀하다느니 하느냐?'라 하고는 뒤이어 다시 뺨을 때렸고 사미는 곧장 달아나버렸다."(『宛陵錄』古尊宿語錄3 X.68 p.19b, 師在鹽官會裏, 大中帝爲沙彌. 師於佛殿上禮佛, 沙彌云, '不著佛求, 不著法求, 不著衆求, 長老禮拜, 當何所求?' 師云, '不著佛求, 不著法求, 不著衆求, 常禮如是事.' 沙彌云, '用禮何爲?' 師便掌. 沙彌云, '太麤生.' 師云, '者裏是什麼所在, 說麤說細?' 隨後又掌, 沙彌便走.) ; 『碧巖錄』11칙 T.48 p.152b17-c11 참조.

조동종과 임제종 두 종파만 남게 되었습니다. 그렇다면 조동종과 임제종의 상황은 어떠했느냐? 조동종은 교세가 미미한 채로 법맥만 근근이 이어 내려오는 형국으로, 종풍을 크게 떨치지는 못했습니다. 오직 임제종만이 성했는데, 그 시대의 한국이나 일본의 큰스님들이 중국에 가 보고는 '다른 종은 다 없어지고 임제종 하나만이 천하에 풍미하고 있다'고 입을 모아 평했습니다. 결국 선종이 천하를 풍미하는 가운데 오직 임제종이 실질적으로 천하의 제일인 상황이었습니다.

이는 선종사를 아는 사람은 상식적으로 다 하는 말인데, 어째서 다른 종은 얼마 안 가 다 끊어져버리고 조동종은 있다고 해도 미미하고, 임제종 하나만이 그대로 융성해서 송나라, 원나라, 명나라, 청나라에 이르기까지 참으로 임제종 일색으로 풍미하게 되었는가 말입니다. 어째서 그러냐 하면 임제스님 종풍이, 누가 보든지 도저히 어느 종파든 따라갈 수 없는 독특한 종풍을 가지고 있는 동시에, 도인이 나도 천하에 제일등 대종사들이 나지 시시한 종사는 나지 않았기 때문입니다.

임제스님 위로 보아도 마조, 백장, 황벽스님과 같이 천하 일등 대종사들이 계계승승(繼繼承承)해 임제스님에게 법이 전해진 것입니다. 그렇게 대종사들이 끊이지 않고 법을 이어 대대로 내려왔으니 그 종파가 성장해가는 것은 당연한 일 아니겠습니까? 그냥 어찌 하다 보니 임제종이 성한 것이 아니고 종풍이 근본적으로 천하를 지배하고 불교 생명을 이어나갈 만한 실질적인 특징을 지니고 있었던 것입니다. 나만 이렇게 말하는 것이 아니라 천하가 다 공인하는 사실입니다.

그리고 『임제록』은 우리 불교에서만 권위가 있는 것이 아니라 전 세계적으로 보더라도 사대귀서(四大貴書)에 들어갑니다. 좋은 책 중에 가장 좋은 책 네 종을 꼽았는데 그중에 하나가 『임제록』입니다. 어느 종교가나 철학자가 보든지 간에 『임제록』은 세계적으로 권위가 높은 어록입니다. 그러니 임제종이든지 조동종이든지 무슨 종에 속하든지 간에 우리 선가(禪家)에 있는 사람이라면 상식적으로 『임제록』쯤은 알아야 합니다. 아직까지 우리나라에서 『임제록』이 널리 보급이 잘 안 돼 있는 것 같습니다.[12] 그래서 내가 『임제록』을 좀 설명해볼까 하는 생각을 가지고 이렇게 나섰습니다.

---

12 성철스님이 『임제록』을 평석하시던 1970년대 중반기의 상황을 말한 것이다.

3. 선(禪)과 교(敎)

 선(禪)이나 교(敎)나 회창 연간에 무종의 폐불 사태(沙汰)로 불법이 전면적으로 타격을 받은 와중에 교종의 다른 종파는 다시 재기하지 못하고 왜 선종만이 그전보다도 더 융성하게 성황을 이루었는가? 반드시 그 이유가 있을 것 아닙니까? 이유가 있습니다. 어떤 이유가 있는지 원인을 캐보면 저 부처님 당시까지 올라가야 됩니다.

 "선시불심(禪是佛心)이요 교시불어(敎是佛語)라,[13] 선(禪)은 부처님의 마음을 그대로 전한 것이고 교(敎)는 부처님의 말씀을 전하는 것이다."라고 서산대사가 말씀하셨습니다. 경(經)은 부처님 말씀을 기록해 놓은 것이고 선(禪)은 부처님 속에 든 마음을 전한 것이니 그것은 깊고 알기 어렵습니다.

 예를 들어 말하자면 그 말씀을 전하는 것은 밥 얘기를 하는 것이

---

[13] 『禪家龜鑑』 H.7 p.635b. 서산대사 청허휴정(淸虛休靜)은 『선교결(禪敎訣)』에서도 "선은 부처님의 마음이요, 교는 부처님의 말씀이다. 교란 말 있음으로부터 말 없음에 이르는 것이며, 선이란 말 없음에서 말 없음에 이르는 것이다."(『禪敎訣』 H.7 p.657b, 禪是佛心, 敎是佛語也. 敎也者, 自有言, 至於無言者也 ; 禪也者, 自無言, 至於無言者也.)라 하였다. 『치문경훈(緇門警訓)』 권7(T.48 p.1080b)에는 "經是佛言, 禪是佛心."과 같이 되어 있기도 하다.

고, 마음을 전하는 것은 직접 밥을 먹는 것과 같다고 하겠습니다. 육조스님도 늘 그렇게 말씀하셨거든요. "설식종불포(說食終不飽), 밥 얘기만 천 날 만 날 해봐야 끝내 배부를 리 없다."[14]고 말입니다. 밥 얘기만 하지 말고 밥을 직접 먹어라, 부처님 말씀도 결국 직접 밥을 먹어야 배가 부르듯이 스스로가 바로 깨쳐야 합니다. 밥 얘기를 하지 말라는 말이 아닙니다. 경(經)만 전공하다 보면 거기에만 정신이 팔려 가지고 실제 밥 먹는 것을 등한시하는 경향이 많아요. 그렇게 되면 밥 얘기 천 날 만 날 해도 배가 부르지 않는 격이지만, 경(經) 한 장도 못 보았어도 밥 한 숟가락 직접 떠먹는 것이 실질적으로 이익이 있듯이, 경을 한 장도 못 보았더라도 스스로 깨쳐야만 합니다.

선과 교는 그렇게 커다란 차이가 있습니다. 선은 교외별전(敎外別傳), 부처님 말씀을 담은 교 밖에 별도로 부처님 마음을 전한 것입니다. 그렇다면 교외별전이라는 것은 불교가 전해지는 중간에 만들어진 것인가, 아니면 부처님 당시에도 그런 사실이 있었나 하는 점을 우리가 한 번 살펴 볼 필요가 있습니다.

결론적으로 말하면, 부처님이 돌아가시고 난 다음 첫 결집(結集) 과정에서 이것이 완전히 드러났습니다. 부처님이 돌아가신 후 상수제자인 가섭존자가 대중을 모아놓고 "부처님께서 돌아가셨는데 부처님 법

---

14 "세상 사람들 종일토록 입으로만 반야를 외울 뿐, 자성에 갖추어진 반야는 알지 못하니, 마치 아무리 밥에 대해 말해보았자 배가 부를 리 없는 이치와 같구나. 입으로만 그저 공(空)을 말할 뿐, 만겁토록 견성하지 못한다면 끝내 아무런 이익이 없으리라."(『壇經』 T.48 p.350a, 世人終日口念般若, 不識自性般若, 猶如說食不飽. 口但說空, 萬劫不得見性, 終無有益.) ; "몸에 옷을 걸쳐 입어야 비로소 추위 면하듯, 입으로 먹을 것 얘기해봐야 배부를 리 없네."(『大慧語錄』 권10 T.47 p.851a, 身上著衣方免寒, 口邊說食終不飽.)

문을 결집해야 되지 않겠습니까?" 하고 의논하였으니, 이것이 소위 칠엽굴(七葉窟) 첫 결집입니다. "우리가 여러 곳에서 부처님 법문을 많이 들었는데 한두 사람이 구술해서 될 일이 아니고 서로서로 기억을 더듬어 부처님 말씀을 완전히 송출(誦出)해 내어 합송하기로 합시다." 하여 후대에 전하기로 약속이 됐습니다.

그 대중 가운데 부처님 법문을 가장 많이 기억하는 사람이 누구냐 하면 아난존자(阿難尊者)라고 모든 대중들이 생각했습니다. 부처님 십대제자 중에 아난존자가 다문제일(多聞第一) 아닙니까? 아난존자의 기억력이라는 것은 녹음기 이상으로, 녹음기는 기계라서 혹 고장이라도 날 수 있지만 아난존자 기억은 고장도 안 나요. 한 그릇의 물을 이쪽 그릇에서 저쪽 그릇으로 전하는 것[瀉甁]과 마찬가지로 한 방울도 떨어뜨리지 않고 그대로 전할 정도라 말입니다. 아난존자는 한 번 들으면 절대 잊어버리지 않고 다 기억했습니다. 부처님 시자를 삼십여 년 동안 했고 부처님 법회에 참석하지 않은 적이 없어요. 아난존자가 출가하기 이전의 법문은 그 법문을 들었던 스님들에게서 전해 들어, 출가하기 전의 법문까지 모두 기억하고 있었습니다. 그러니 아난존자를 빼고는 부처님 법문을 수집할 수 없는 그런 형편이었습니다. 대중 스님들은 아난이 있으니까 부처님 법문을 하나도 누락됨 없이 잘 수집하게 되리라고 온 기대를 아난한테 걸고 있었습니다.

그런 기대를 걸고 있었는데 가섭존자가 대중에게 말합니다. "우리는 부처님 법문을 수집해야 한다. 여기는 전부 사자가 모인 사자굴인데 여우 새끼가 한 마리가 있구나. 여우 새끼는 사자굴에 들어오지 못하니, 여우 새끼 저놈을 쫓아내라."고 하였습니다. 대중이 모두들 누구를 여우 새끼라 하는지, 누구를 쫓아내라 하는지 몰라 가섭존자에게 물으니, "아난, 저놈을 쫓아내라."는 것입니다. 대중의 기억을 다 모아도 아난 한 사람의 기억을 못 당해내는 상황입니다. 그래서 대중들이 "아난이 없으면 부처님 법문 결집을 제대로 못할 터인데, 어쩌려고 아난을 쫓아내라 합니까?" 하고 아우성이어도, 가섭존자는 "아니야, 아난은 앵무새처럼 입만 가지고 있지, 생명이 없는 말은 소용이 없어. 쫓아내 자기가 공부를 해 깨치고 오면 함께 할 수 있지만, 결집을 못하면 못했지 아난은 절대로 결집에 참석할 수 없다."며 기어이 아난을 쫓아내 버렸습니다.

아난은 "부처님은 돌아가셨고, 내가 부처님 법문을 제일 많이 기억하고 있으니 이제 봐라, 법상에 앉아서 한번 잘해보리라." 생각하고 있다가 이런 날벼락이 또 어디 있겠습니까?

아난존자에게는 이런 일도 있었습니다. 부처님이 돌아가실 때의 일입니다. "제가 부처님 시봉을 삼십여 년 동안 해서 부처님 말씀은 잘 기억하는데 부처님 법을 깨치지는 못했으니 이 일을 어찌해야 되겠습니까?" 하고 울면서 부처님께 여쭈었습니다. 부처님은 "내가 대법을 가섭에게 전했으니, 내가 죽고 난 뒤에 가섭을 의지해서 대법을 성취하라."고 하시면서 부촉인 동시에 유언을 남기셨습니다. 아난은 그 말을 가섭에게 전하며 "내가 사형을 의지해서 법을 성취하려고 결심했고, 부처님이 유촉까지 하셨는데 사형이 나를 쫓아내면 내가 누구를 의지해서 대법을 성취하라는 말씀입니까?" 하면서 남아 있기를 사정했습니다.

하지만 가섭존자는 노발대발하며 "너는 개소야간(疥瘙野干)이야."

바짝 마르고 옴 오른 병신 여우 새끼라고 욕설을 퍼부었습니다. 성한 여우도 아닌, 아주 바짝 마른데다 옴까지 오른 여우 새끼가 어디 사자굴에 어른거리느냐, 그러니 두말 말고 나가라며 소리를 지르고 멱살을 거머쥐고 저기 문밖으로 쫓아내면서 문을 확 닫아버렸습니다.

결국 아난은 결집에 참석하지 못하고 쫓겨나서 비사리성(毘舍離城)으로 가서 참으로 용맹정진했습니다. 여러 가지 우여곡절이 좀 있는데 상세한 것은 말할 필요가 없고, 어쨌든 용맹정진해서 확철히 깨쳤습니다. 그래서 다시 가섭존자를 찾아갔습니다. 그때서야 가섭존자가 인가를 했어요. 인가하면서 "네가 이만하면 부처님 법을 바로 알았으니 실제로 부처님 법문을 결집하는 자리에서 대변할 수 있는 자격을 구비했다." 하고는, 대중에게 좋은 소식을 전함과 동시에 아난을 중심으로 부처님 법문을 결집하게 된 것입니다. 그것이 1차 결집 상황입니다.

경전 맨 앞에 아난이 "여시아문(如是我聞), 나는 이렇게 들었다."라고 하면서 부처님 말씀을 막힘없이 구술합니다. 그리고 대가섭존자가 대중들에게 "여기 아난이 구술해 전한 내용 중에 잘못된 것이나 혹 빠진 것이 있느냐?"고 물어, 대중들이 들어보고 "한마디도 잘못된 것이나 빠진 것이 없다."고 하면 만장일치가 되어, 그대로 암송하고 합송으로 전해 뒷날 팔만대장경이 되었습니다.[15]

교(敎)에 있어서만큼은 팔만대장경을 다 머릿속에 넣어놓고 있던 아난존자도 실지로 깨치기 전에는 개소야간, 아주 바짝 마르고 옴 오

---

15 결집과 관련된 아난과 가섭 사이의 일화는 『大智度論』 권2 「序品」 如是我聞 釋論 T.25 pp.66a21-70b11 ; 『摩訶僧祇律』 권32 T.22 p.491a19-b21 ; 성철스님 『禪門正路評釋』 pp.235-245 참조.

른 여우 새끼라는 낙인 패를 달고 쫓겨나지 않으려야 않을 수 없었습니다. 이것이 바로 불교의 근본 생명입니다. 불법은 실제 근본 마음을 전하는 데에 생명이 있는 것입니다. 말은 마음을 전하는 방편에 불과합니다. 불법의 근본은 달을 보는 데 있는데 교(敎)는 달을 가리키는 손가락과 같다고 부처님께서 늘 말씀하셨습니다. 누구든 달을 봐야지 손가락만 보면 바보입니다. 손가락은 달을 보라는 방편이지 손가락을 보란 말이 아닙니다. 교외별전인 선(禪)은 실지로 달을 보는 것이고, 교(敎), 즉 부처님 말씀은 손가락이라는 말입니다. 이는 내 말이 아니라 부처님이 늘 그런 말씀을 하셨어요. 지월지지(指月之指), 달을 가리키는 손가락, 그 손가락만 천 날 만 날 본들 정작 달은 보지 못합니다.

아난존자는 부처님 말씀을 소상하게 다 기억하고 있었지만 실제로 달을 보지는 못했습니다. 손가락만 본 사람에게 무슨 생명이 있겠어요? 그러니 안 쫓겨나려야 안 쫓겨날 수 없었단 말입니다. 아난존자가 부처님 십대제자 중 다문제일이지만 법을 전하는 데는 가섭존자 다음에 제2조라, 가섭존자의 제자입니다. 요새 말로 하면 은사는 부처님이고 실제 법은 가섭한테 받았습니다. 부처님한테서 깨치지 못하고, 법을 전해 받지 못했으니까 부처님의 법제자는 아니라는 말입니다. 가섭존자한테서 욕을 먹고 쫓겨나 나중에 깨쳐 부처님 근본법을 이었으나 실제 누구 제자냐 하면 가섭존자의 제자입니다.

불법은 깨치는 데에 있지, 언어문자에 있지 않다는 이것을 분명히 알아야 합니다. 팔만대장경 경판을 모셔 놓고 있는 해인사 법당에 앉아서 왜 교를, 경을 이렇게 천대하느냐고 혹시 대중들은 생각할지 모르지만, 경을 실지로 바로 알려면 이렇게 말을 하지 않으려야 않을 수가 없습니다. 천경만록(千經萬錄) 전체가 다 마음자리를 바로 보라[16] 이 말이지, 글자만 보고 뒷짐 지라는 말은 절대 아닙니다. 부처님께서 그런 말씀을 하신 적이 없습니다.

『능엄경』 같은 데서도 부처님이 아난존자를 꾸짖으며 늘 하신 말씀이 이런 내용이거든요. "저 과거 무수불이 출세해서 무수한 법문을 설했는데 그 많은 법문을 네가 미래겁이 다하도록 기억해 외운다 해도 잠깐 하루 동안 무루업을 닦는 것, 선정을 닦는 것, 참선하는 것만 못하다."[17]고 하셨습니다.

조금 전에도 내가 인용했지만 "선시불심(禪是佛心)이요 교시불어(教是佛語)라, 선은 부처님 마음자리를 그대로 전한 것이고, 교는 부처님

---

16 "곧바로 본성을 깨치는 것을 선이라 하니, 본성을 깨치지 못한다면 선이 아니다. 가령 천경만론을 강설할 수 있다 해도 본성을 깨치지 못하였다면 범부일 뿐이지 부처의 법은 아닌 것이다. … 본성을 깨친다면 십이부경이 모두 한낱 쓸데없는 문자일 뿐이리라. 천경만론은 오직 마음을 밝힌 것일 뿐이니 말을 듣는 즉시 깨닫기만 한다면 교법이 무슨 소용이 있겠는가?"(『少室六門』 「第六門 血脈論」 T.48 p.375a, 直見本性, 名之爲禪, 若不見本性, 卽非禪也. 假使說得千經萬論, 若不見本性, 只是凡夫, 非是佛法. … 若見本性, 十二部經, 總是閑文字. 千經萬論, 只是明心, 言下契會, 敎將何用?) ; "사량분별을 완전히 여의면 지혜가 법성과 동일하리니, 천경만론이란 다만 마음을 밝힌 것일 뿐이다."(『景德傳燈錄』 권28 「荷澤神會傳」 T.51 p.439c, 遠離思量, 智同法性. 千經萬論, 只是明心.)
17 "비록 시방여래의 십이부경에 담긴 항하의 모래처럼 수많은 청정하고 오묘한 이치를 되풀이해 기억하여 지니고 있을지라도 그저 희론만 더할 뿐이니라. … 그러므로 아난아, 네가 비록 억겁토록 여래의 비밀하고 오묘하며 빈틈없는 법을 기억하여 지니더라도 하루 동안 무루업을 닦아 세간의 미움과 사랑이라는 두 고통에서 완전히 벗어남만 못하니라."(『首楞嚴經』 권4 T.19 p.121c, 雖復憶持十方如來, 十二部經, 淸淨妙理, 如恒河沙, 祇益戲論. … 是故阿難, 汝雖歷劫憶持如來祕密妙嚴, 不如一日修無漏業, 遠離世間憎愛二苦.)

말씀을 전한 것"이라는 서산대사의 그 '말씀'이라 함은 부처님 마음자리를 바로 보라고 하는, 달을 가리키는 손가락입니다. 누구든지 그 뜻을 알 것 같으면 어쨌든 달을 봐야 합니다. 손가락만 본 사람은 일평생 헛일한 사람일 뿐이요, 밥 얘기 천 날 만 날 해봤자 배만 더 고프니 실제로 밥을 떠먹어야지, 밥 얘기만 해서는 아무런 소용이 없습니다.

그것이 선과 교의 근본적인 차이입니다. 교외별전, 교 밖에 따로 전한 것, 가섭이 아난한테 전하고 아난이 상나화수(商那和修)에게 전하여 저 달마스님에까지 28대로 전해 내려와 육조스님께 전해지고, 육조스님 이후 후대에 법이 전해져 무종의 회창 사태 이후에는 선종 5종이 천하에 퍼져 불교 생명선이 이어져 내려왔습니다.

선은 실제로 밥 먹는 것이요 실제로 달을 보는 것이고, 우리 불교 근본 생명을 그대로 살리는 부처님 법입니다. 그렇기 때문에 이것은 없어지려야 없어질 수도 없고 흥성하지 않으려야 않을 수가 없습니다. 회창사태 이후 교는 자연히 쇠퇴하고 선은 그대로 융성해 나갔습니다. 그중에서도 특히 임제종 하나만 더 융성한 까닭은 임제스님 법문이 실제로 사람을 제접(提接)하는 데 다른 종파에 비해 독특한 점이 있었기 때문입니다. 그래서 선이라 하면 임제스님을 대표적으로 떠올리고 선종이라 하면 임제종을 빼놓을 수 없게 된 것입니다.

임제스님의 법문을 기록해 놓은 책이 『임제록』입니다. 이 책은 선종에서만 권위를 갖는 것이 아니라, 교가에서도 참 수승한 좋은 법문인 동시에 세계적으로도 어느 종교, 어느 철학서와 비교해도 뛰어납니다. 세계 4대 귀서(貴書)로 으뜸가는 유명한 법문입니다. 아무것도 잘 알지 못하는 내가 이런 참 좋은 법문을 소개한다는 것이 너무나 외람된 일이지만 임제스님의 거짓말은 좀 들어야겠다고 기어이 법상에 앉히니, 거짓말을 안 하려야 안 할 수 없습니다. 내가 거짓말을 한다는 전제하에 이제 내 생각대로 앞으로 『임제록』을 설해볼까 생각합니다.[18]

---

18 무엇에도 집착해서는 안 된다는 성철스님의 생각을 읽을 수 있는 대목이다. 말 그대로 거짓을 말해 대중을 속이겠다는 말씀이 아니다. 선사들은 간과 쓸개, 즉 간담(肝膽)을 다 드러내어 숨김없이 가리켜 보인다. 명백하게 가리켜 보여주었음에도 듣는 이들이 그 말에 무언가 확정적이고 가치 있는 뜻이 있다고 집착하는 것일 뿐이다. 확정적인 답을 주었다면 그것이 거짓일 뿐이다. 성철스님이 임종게에서 "일생 동안 남녀의 무리를 속여서"라고 하신 뜻도 이러한 맥락에서 이해해야 한다. 이에 대해서는 김영욱, 「퇴옹의 간화선」, pp.128~130(조성택 편, 『퇴옹성철의 깨달음과 수행』, 예문서원, 2006) 참조.

4. 모든 법문은 독약

만곡영주신수나　　각인일립옹탄사
萬斛盈舟信手拏　　却因一粒甕吞蛇
염제백전구공안　　살각시인기안사
拈提百轉舊公案　　撒却時人幾眼沙[19]

만 섬 곡식 배에 가득 실어 마음대로 집게 두었는데,

오히려 한 톨 쌀알 때문에 뱀이 독 안에 갇혔구나.

옛 공안 일백여 개를 설명해 들려주었으니,

사람들 눈에 얼마나 많은 모래를 뿌린 것일까!

이것은 원오극근(圜悟克勤, 1063~1135) 선사가 '종문제일(宗門第一)의 서(書)'로 평가되는 『벽암록』 제100칙의 마지막 끝에서 한 말씀입니다. '만 섬 곡식을 배에 가득 싣고', 여기서 곡식이란 우주 법계에 꽉 찬 보배를, 배는 우주 전체를 비유합니다. 우주 법계 전체에 꽉 찬 보배를 마음대로 자유자재로 쓰도록 하였건만 독 안의 쌀 한 톨 때문에 큰 뱀이 독에 빠져 죽는다, 아무것도 아닌 조그마한 일 때문에 자기 생명

---

19 『碧巖錄』100칙 T.48 p.224b.

을 잃어버렸다는 말입니다.

'백 개의 옛 공안을 염고(拈古), 문제제기를 하고 평창(評唱), 비평했는데, 몇 사람의 눈에다 얼마나 많은 모래를 뿌렸는지 알지 못하겠구나.' 백 칙의 옛 공안을 가지고 『벽암록』을 지었는데, 그것은 무엇과 같으냐 하면 멀쩡한 눈에, 눈병이 전혀 없는 사람 눈에 모래를 한 주먹 집어넣은 것과 마찬가지라는 말입니다. 성한 사람의 눈에 모래를 집어넣으면 눈이 어찌 되겠습니까? 『벽암록』이라는 법문이 우리 종문에서 제일가는 법문이라 하지만 사실 알고 보면 사람 눈을 뜨게 하는 것이 아니라, 성한 눈을 도로 멀게 하는 법문이라는 것입니다. 무슨 말일까요? 사람 눈을 멀게 하는 법문일 것 같으면 왜 그런 법문을 했느냐, 사람 눈을 뜨게 하는 법문이어야 할 텐데 말입니다.

이것은 부득이해서 한 말입니다. 또, 다른 사람 눈만 멀게 하는 것이 아니라 원오스님 자기 자신이 우주 법계에 가득 찬 보배를 가지고 마음대로 자유자재로 쓰다가 그 『벽암록』이라는 조그맣고 아무 가치도 없는, 쌀 한 톨 때문에 죽은 뱀처럼, 자기 자신 역시 이 법문 때문에 생명을 잃어버렸다는 것입니다. 사실로 보면 눈 뜬 사람, 실제로 알고 보면 『벽암록』 같은 만고에 뛰어난 '종문제일서'를 설하는 원오스님도, 그 법문 때문에 완전히 죽어버리고, 듣는 대중도 모두 눈이 멀어 앞이 캄캄한 봉사가 되어버렸다, 결국은 말한 사람도 죽고, 듣는 사람도 다 죽는다는 것입니다.

이 말이 『벽암록』에만 국한되느냐? 아닙니다. 일체 법문에 다 해당하는 말입니다. 앞에서 팔만대장경이 다 지월지지(指月之指), 달을 가리키는 손가락이라고 했는데, 누구든지 달을 봐야지 손가락을 보지 말라고 부처님이 늘 그렇게 말씀하셨습니다.

그러면 교를 떠나 따로 마음으로 전하였다는 선, 조사 스님들이 한 법문, 그것은 손가락이 아니라 실지 달이 아닌가 생각하는데, 그렇지 않습니다. 그 역시 법문을 말한 사람도 죽고 듣는 사람도 다 죽는 설비상(雪砒霜), 독입니다. 여기에서 참으로 출격장부(出格丈夫)가 되어서 살아남는 사람이 되어야지, 임제스님 아니라 임제스님보다 천만 배 훌륭한 스님의 법문이라 하더라도 모든 것이 다 자기도 죽고 남도 죽는 설비상이지, 실제로 사람 살리는 법문은 못됩니다.

그런데, 그처럼 사람 죽이는 설비상 같은 법문을 왜 스님은 해서 우리한테 먹이려고 하느냐? 사람 죽이는 독을 분명히 쓰긴 하지만 여기에서 여러분은 살아나야 합니다.

그럼 어떻게 살아날 수 있느냐? 결국은 어떤 스님이 어떤 법문을 했든지 간에 그 말을 따라가면 설비상이 되는 것이고 그 말에 다 죽습니다. 누구든지 간에 어떤 큰스님, 어떤 대조사의 법문이라도 말을 따라가면 결국은 다 죽고 마니 참으로 살리면 절대로 말을 따라가지 말고 말 밖에 있는 근본 뜻을 알아야 됩니다.

그래서 이전 조사스님들 법문을 격외현지(格外玄旨), 격 밖에 깊은 참 뜻이 있다, 그 뜻은 말 밖에 있지 말 속에 들어있지 않다고 하는 것입니다. 조주스님도 늘 하신 말씀이 "내가 무슨 말을 하든지 간에 내 말 따라오지 말라. 말 따라오면 너희 전부 다 죽으니까 내 말 따라오지 말라."[20]고 했습니다. 이제 예전 큰스님들이 횡야설수야설(橫也說

---

20 『趙州語錄』古尊宿語錄14 X.68 p.88a, "師云, '自作活計, 莫取老僧語.'"

垂也說), 이런 말 저런 말을 되는 대로 하며 온갖 법문을 다하셨지만, 근본목표는 어디에 있는가 하면 자기 말 따라오지 말고, 그 말 밖에 있는 뜻을 이해하는 사람을 보라고 말한 것입니다.

오늘부터 내가 『임제록』을 조금씩 얘기해 보고자 하는데 누구든지 임제스님이 하신 말씀, 이것을 실법(實法)인 줄 알고 임제스님 말만 따라가고 내 입만 따라오는 사람한테는 이것이 자기도 남도 전부 죽이는 설비상(雪砒霜)이 될 것입니다. 절대로 임제스님 말도 따라가지 말고 내 입도 따라오지 말고, 임제스님이 말씀한 그 뜻이 어디에 있는지, 내가 지금 얘기하는 뜻이 어디에 있는지, 저 삼천리 밖에 서서 말 밖의 뜻을 알아야 합니다. 나는 말을 따라오지 않는 사람을 바라고 말을 하는 것이지, 말을 따라와 말밑에서 고꾸라져 죽는 사람은 절대로 바라지 않습니다. 그러면 어떤 사람이 참으로 말을 따라오지 않을지, 살아남는 사람이 다만 한 명이라도 있게 될는지, 전체가 다 살게 될는지 나중에 두고 봅시다.

2장
마방의 서문

1. 『진주임제혜조선사어록(鎭州臨濟慧照禪師語錄)』 마방(馬防)의 서(序)에 붙이는 말

진주는 임제스님이 주석하시던 곳의 이름인데, 지금의 하북성(河北省) 서남쪽의 정정구(正定區)에 위치하고 있습니다. 하북성은 북경(北京)과 천진(天津)을 아우르는 지역입니다. 하북은 황하 북쪽이라는 말로서 북경과 천진이 모두 하북성에 있고 임제스님이 사시던 곳이 북경 근방 황하 유역의 정정구라는 곳입니다. 당나라 안사의 난(755~763) 이후 중당시기에는 군벌정권인 번진(藩鎭)이 할거했던 성덕군(成德軍) 지역이었습니다.

임제(臨濟)의 제(濟)는 물을 가리키니 강가에 임해 산다는 말입니다. 임제스님이 계시던 곳 부근에 호타하(滹沱河)라는 강이 있습니다.[21] 황하보다는 작지요. 호타하라는 강 옆에 임제원(臨濟院)이라는 절을 짓고 임제스님이 살고 계셨어요. 특별한 뜻이 있어서 임제라 한 것은 아니고 호타하라는 강 옆에 살았다는 말입니다. 혜조(慧照)는 임제스님이 돌아가시고 난 뒤에 당(唐)나라 17대 의종(懿宗, 재위 859~873)이 내린 시호(諡號)입니다.

---

21 지금은 물이 말라 강이라 하기 힘듬.

이 서문은 '금자광록대부(金紫光祿大夫)'라는 벼슬을 가진 마방(馬防)[22]이라는 재상이 지은 것입니다. 그런데 역사서에 마방이라는 이름이 전해지지 않고 있습니다. 마방이 지은 서문은 『임제록』 전체의 요지를 4언(四言) 58구(五十八句)로써 간략하게 서술하고 있지만 매우 뜻이 깊은 글입니다. 지금까지 네 가지의 임제록 서문이 전해지고 있는데, 송대 사대부들의 어록으로써 『임제록』의 가치는 이 '마방의 서문'으로 결정되었다고 할 만큼 제일로 칭송받고 있습니다.

---

22 91쪽 참조.

2. 『진주임제혜조선사어록』에 마방이 붙이는 말

연강전학사 금자광록대부 진정부로안무사 겸
봉마보군도총관 겸 지성덕군부사 마방 지음
延康殿學士 金紫光祿大夫 眞定府路安撫使 兼
馬步軍都總管 兼 知成德軍府事 馬防 撰

  황벽산두 증조통방 대우늑하 방해축권
  黃蘗山頭에 曾遭痛棒하고, 大愚肋下에 方解築拳이로다.
  요설노파 요상귀자 저풍전한 재날호수
  饒舌老婆와 尿床鬼子여! 這風顚漢이 再捋虎鬚로다.
  암곡 재송 후인표방 곽두 촉지 기피활매
  巖谷에 栽松은 後人標榜이라 하네 钁頭로 斸地하니 幾被活埋로다.
  긍개후생 맥구자곤 사분궤안 좌단설두
  肯箇後生하야 驀口自摑하고, 辭焚机案하고 坐斷舌頭라 하네.
  불시하남 변귀하북
  不是河南이면 便歸河北이로다.
  원임고도 운제왕래 파정요진 벽립만인
  院臨古渡에 運濟往來이니다 하고 把定要津하여 壁立萬仞이로다.
  탈인탈경 도주선타 삼요삼현 검추납자
  奪人奪境하고 陶鑄仙陀하고, 三要三玄으로 鈐鎚衲子로다.
  상재가사 불리도중 무위진인 면문출입
  常在家舍하야 不離途中하니, 無位眞人이여! 面門出入이로다.

양당   제할   빈주역연   조용동시   본무전후
兩堂이 **齊喝**에 **賓主歷然**이요, **照用同時**하고 **本無前後**로다.
능화대상   허곡   전성   묘응무방   불류짐적
菱花對像하고 **虛谷**에 **傳聲**하니, **妙應無方**하고 **不留朕蹟**이로다.
불의남매   여지대명   흥화사승   동당   영시
拂衣南邁하야 **戾止大名**하여 **興化師承**이라 **東堂**에 **迎侍**로다.
동병철발   엄실두사   송로운한   광연자적
銅缾鐵鉢이요 **掩室杜詞**하니, **松老雲閑**에 **曠然自適**이로다.
면벽미기   밀부장종   정법   수전   할려변멸
面壁未幾에 **密付將終**하심이여! **正法**을 **誰傳**고 **瞎驢邊滅**이로다.
원각노연   금위유통   점검장래   고무차천
圓覺老演이 **今爲流通**하니, **點檢將來**컨대 **故無差舛**이로다.
유여일할   상요상량   구안선류   기무잠거
唯餘一喝하고는 **尙要商量**하니, **具眼禪流**는 **冀無賺擧**어다.
선화경자중추일   근서
宣和庚子仲秋日에 **謹序**하노라.

1. 황벽산에서 (황벽스님으로부터) 일찍이 (임제스님은) 호되게 몽둥이를 맞고,
2. 대우스님 옆구리에 비로소 주먹질할 수 있었네.
3. 황벽스님의 간절한 노파심을 깨우쳐준 대우스님은 오줌싸개 못된 아이라고 임제스님을 나무라고,
4. '이 미친놈이 다시 와 범의 수염을 잡아당긴다'고 황벽스님이 고함치네.
5. 바위 골짜기에 소나무 심는 것은 뒷사람을 위한 본보기요,
6. 괭이로 땅을 파니 하마터면 황벽스님과 유나가 생매장 당할 뻔 했네.

7. 후배를 인정하다 황벽스님은 수좌의 타박에 돌연 자기 입을 쥐어 박았네.

8. 임제스님은 황벽스님을 하직하며 책상을 불사르라 하고, 천하 노화상들의 혀를 끊으리니 황벽스님은 가져가라 하네.

9. 하남 아니면 하북으로 교화하러 가겠다고 임제스님이 말하고,

10. 옛 나루터 부근 임제원에서 오가는 사람들을 건네주며 제도하였네.

11. 요긴한 나루터를 단단히 지키고 앉았으니 만 길이나 깎아지른 절벽 같았도다.

12. 사람과 경계를 빼앗아 뛰어난 기봉의 선객들을 길러내고,

13. 삼요와 삼현으로 운수납자들을 단련시켰네.

14. 항상 집안에 있으면서 길 가운데를 떠나지도 않으니,

15. 무위진인이 바로 그대 얼굴로 드나드는구나.

16. 양당 수좌가 동시에 고함치자 주인과 손님이 분명히 구분되고,

17. 비춤[照]과 작용[用]을 함께 행하니 앞뒤가 본래 없도다.

18. 거울이 만상을 비추고, 빈 골짜기가 메아리를 잘 전하니,

19. 미묘하게 응대하여 법을 펼치니 모든 경계에 어떤 자취도 남기지 않도다.

20. 옷깃을 떨치며 남쪽으로 내려가 대명부에 이르니,

21. 홍화의 존장스님이 법을 이어받고 임제스님을 동당에 모셨도다.

22. 가진 물건은 구리 물병과 철 발우뿐이요, 동당 문 걸어 닫고 입 다무니,

23. 늙은 소나무 한가로이 구름은 떠돌고 걸림 없이 유유자적하도다.

24. 홀로 벽을 보고 앉은 지 오래지 않아 은밀히 법 부촉하고 임종에 들려 하심이여,
25. 나의 정법을 누구에게 전할까, 눈먼 나귀에게서 없어지는구나!
26. 원각종연 노스님이 이제 『임제록』을 널리 유통시키니,
27. 내용을 자세히 점검해 보건대 참으로 틀림없도다.
28. 오직 한마디 할(喝)을 남기노니 오히려 헤아려 보아야 할지니라.
29. 바라노니 안목 갖춘 선객들은 부디 (임제스님의 가르침을) 잘못 말하지(전하지) 말지어다.

선화(宣和) 경자(庚子, 1120) 한가위에 삼가 쓰다.

1.
황벽산두　증조통방
黃檗山頭에 **曾遭痛棒**하고,

황벽산에서 (황벽스님으로부터) 일찍이 (임제스님은) 호되게 몽둥이를 맞고,

'황벽산에서 일찍이 호되게 두들겨 맞았다.' 황벽이라고 하는 약초가 많이 나는 산이라 해서 황벽산이라 하는데 복건성에 있습니다. 복건성은 황하를 건너고 양자강도 건너 남방에 있습니다. 임제스님 계신 데는 황하 북쪽 하북성이니 남과 북으로 멀리 떨어진 곳입니다.

임제스님이 무슨 일로 황벽산에서 두드려 맞았는가 하면 임제스님의 법사되는 황벽스님[23]이 그곳에 살고 계셨거든요. 스님의 법명이 희운(希運)인데, 황벽산에 계셨기에 황벽스님이라 불렸습니다. 당호도 아니고 이름도 아니고 황벽산에 사는 스님이라는 뜻입니다.

법통으로 보면 황벽스님은 달마에서 육조로 내려와 남악, 마조, 백장스님의 정안을 얻은 육조의 적손으로, 정법안장을 남김없이 전해 받은 참으로 드문 대종사입니다. 황벽스님은 어디 누구한테 가서 무슨 공부를 하고, 뭔가를 배워서 깨치고 이러지도 않았습니다. 천성(天性)이 회성(會聖)이라. 즉, 생이지지(生而知之), 태어날 때부터 이미 아는 분이었다는 것입니다. 백장스님을 찾아가 법 거량하고 백장스님 법을

---

23 황벽스님: 복건성(福建省) 복주(福州) 민현(閩縣) 출신. 황벽산에서 출가하였다. 백장산(百丈山) 회해(懷海)스님의 제자가 되어 그 현지(玄旨)를 얻었다. 배휴(裵休)가 스님의 법어를 집록(集錄)한 『전심법요(傳心法要)』가 있다. 대중(大中) 연간에 입적하였고, 시호는 단제선사(斷際禪師)이다.

받기는 하였지만, 백장스님 밑에 가서 비로소 깨친 것이 아닙니다. 본래가 응화대성(應化大聖)²⁴으로, 태어날 때부터 탁월했던 스님입니다.

또 이런 일화가 있어요. 황벽스님 당시에 대중천자(大中天子)라고, 이 대중천자가 바로 당나라 선종(宣宗)²⁵이에요. 이 선종을 황벽스님이 때렸어요. 아직 왕위에 오르기 전이라고는 하나, 천자가 될 사람을 때리기는 이 황벽스님 한 분밖에 없습니다.

다음은, 대중천자가 천자가 되기 전의 일로 염관제안 선사의 회상에서 사미로 서기 소임을 볼 때, 수좌이던 황벽스님과 법거량 하다가 세 번 두드려 맞은 일화입니다.

대중천자가 사미 시절에 하루는 예불하는 황벽 수좌스님을 보고서 물었습니다.

"부처님에게도 집착하지 말고, 법에도 집착하지 말고, 스님들에게도 집착하지 말아야 한다고 하는데, 예배는 해서 무엇하려 합니까?"

"부처에게도 집착하지 않고, 법에도 집착하지 않고, 스님들에게도 집착하지 않으면서 항상 이처럼 예배하느니라."

대중사미가 다시 "예배는 해서 무엇 하려고요?" 하니,

황벽스님이 갑자기 사미의 뺨따귀를 두 번 좌우로 후려쳤고 대중사미가 "몹시 거친 스님이군요."라고 하자,

황벽스님은 "여기에 무엇이 있다고 거칠다느니 세밀하다느니 지껄

---

24 응화대성(應化大聖): 부처나 보살이 중생을 교화하기 위하여 대성(大聖)의 몸을 나타냄.
25 주석11) 참조.

이느냐?" 하며 또다시 한 차례 뺨따귀를 쳤습니다.[26]

이 대화가 천추만고에 둘도 없는 일화가 되어 전해오고 있습니다.

『벽암록』 제11칙[27]에서 설두중현(雪竇重顯, 980~1052) 스님이 이 일화와 관련된 송(頌)을 읊었습니다.

늠 름 고 풍 부 자 과   단 거 환 해 정 용 사
凜凜孤風不自誇   端居寰海定龍蛇
대 중 천 자 증 경 촉   삼 도 친 조 농 조 아
大中天子曾輕觸   三度親遭弄爪牙

늠름하고 고고한 품성으로 조금도 자기 자랑 않고,
단엄하게 세상에 거처하며 용과 뱀을 구분하였네.
대중천자가 황벽스님한테 일찍이 경솔히 덤볐다가,
발톱과 어금니에 세 번이나 친히 호되게 긁혔네.

온 천하 법계에 걸터앉아 황벽스님이 누구든지 보고 저건 뱀이다 하면 그것은 뱀이고, 저건 용이다 하면 그것은 용입니다. 황벽스님 당시에는 천하에 어떤 종사이든지 황벽스님의 인정을 받아야 되지 황벽스님의 인정을 받지 못하는 사람은 실제에 있어서 가치를 발휘하지 못했습니다. 용이란 깨친 사람을, 뱀이란 깨치지 못한 사람을 비유한 말이니 깨쳤다, 못 깨쳤다 하는 것은 황벽스님의 인정을 받았나, 못 받았나 하는 여기에 있습니다. 황벽스님은 천하의 법을 쥐고 앉아 천하 선지식의 안목을 가려내고 천하 사람을 지시하는 참 출중한 대종

---

26 주석11) 참조.
27 『碧巖錄』 11칙 T.48 p.152b.

사였습니다.

임제스님이 바로 그 황벽스님의 제자입니다. 임제스님은 황벽스님 회하에서 3년 정도 공부했는데, 당시 황벽스님 회상에 제일수좌가 진존숙(陳尊宿)이라고도 불리는 목주도명(睦州道明, 780~877) 선사였습니다.

목주 진존숙은 신장 7척에, 눈은 중동(重瞳)[28]인 동시에 얼굴에는 칠성별이 박혀 있는 모습의 유명한 큰스님입니다. 나중에 출세해 법문해 놓은 『목주록(睦州錄)』이 있습니다. 『임제록』도 유명하지만 법을 고준하게 쓰고 엄정하게 쓴 대표적 인물이 목주스님이라고 합니다. 그래서 목주스님 법문은 청룡도를 가지고 사람의 목을 치듯 고준하게 법을 쓴 것으로 평가됩니다. 목주스님도 황벽스님의 제자로서 임제스님의 사형이 됩니다.

임제스님이 황벽스님 휘하에 있을 때 목주스님이 수좌로 있었는데, 젊은 납자로 임제스님이 와서 참으로 열심히 공부를 잘하고 있어서 한번 물어봤습니다.

"그래 자네가 여기 와서 몇 해를 공부하고 있는가?"

"예, 제가 여기서 한 3년 공부를 하고 있습니다."

"그래. 내가 보아도 자네는 참으로 발심한 수좌여. 철저한 발심을 한 사람이 아니고서야 어떻게 목숨도 돌아보지 않고 공부를 철저히 할 수 있는가? 그런데 3년 동안 있으면서 황벽 방장스님께 혹 무슨 법을 물어본 적이 있는가?"

"3년 동안 공부를 하고는 있지만 제가 원래 우둔하고 법을 물을 줄

---

28   중동(重瞳): 겹으로 된 눈동자.

도 모르고 해서 한 말씀도 여쭤본 일이 없습니다."

"그래도 자네가 3년 동안 공부를 그렇게 열심히 하였으니 무슨 법문 한마디라도 물어봐야 되지 않겠는가? 그러니 방장스님께 가서 법문 한번 물어보게."

"글쎄요, 법문을 여쭤보면 좋겠는데, 무슨 법문을 여쭈어보면 될지 그것도 모르겠습니다."

"그럼 내가 하나 가르쳐주지. 방장실에 가서 법문을 물을 때 큰 가사를 입고 향을 올리고 절을 세 번 하고, '어떤 것이 불법의 적적대의(的的大意)입니까?'라고 물어보게."

목주스님이 시키는 대로 임제스님이 황벽스님에게 위의(威儀)를 갖추고 가서 물었습니다.

"어떤 것이 불법의 적확한 큰 뜻입니까?" 하고 묻자마자 황벽스님이 몽둥이를 들고 와서는 무조건 20여 차례 때립니다. 아무리 생각해도 왜 때리는지를 임제스님은 알 수가 없었습니다. 그날은 실컷 두드려 맞고 나오면서 '목주 수좌스님도 보통스님이 아니고 때린 황벽 방장스님도 보통스님이 아니니 무슨 곡절이 있을 것'이라고 생각하였습니다.

임제스님이 방장실에서 내려오자 목주 수좌스님이 "문답은 어떻게 되었는가?" 하고 물었습니다. 임제스님은 있었던 일을 이야기하였습니다. 목주스님이 듣고는 "어쨌든 다시 가서 물어보게." 하며 권해서, 다음 날 또 가서 물으니 황벽스님이 또 20방을 때립니다.

그렇게 세 번을 가서 물었는데 그때마다 20방을 맞았습니다. 세 번에 60대를 두드려 맞고 나니 몸은 아픈데 아무리 생각해도 무슨 이유로 황벽스님이 자기를 때렸는지 도무지 이유를 알 수 없었습니다.

목주스님이 또 묻습니다.

"그래 자네 큰스님께 법문 물어봤는가?"

"예, 여쭈어봤습니다. 여쭈어보긴 했는데 대답은 없으시고 몽둥이로 한 차례에 20방씩 60방을 맞았는데 그 뜻을 도저히 알 수가 없습니다. 저는 업장이 두터워 깊은 뜻을 깨닫지 못함을 스스로 한탄하고 있습니다. 아무리 생각해도 여기서는 인연이 없는가 싶은데 하직하고 어디 다른 곳으로 찾아가 봐야겠습니다."

"자네 생각이 정 그렇거든, 갈 때 큰스님께 인사는 드리고 가게."

목주스님이 임제스님에게 그렇게 얘기를 하고 나서 방장 황벽스님을 찾아갔습니다.

황벽스님께 말씀드리기를, "세 번 법문을 물은 그 젊은이가 비록 나이는 어리지만 정진을 열심히 하고 있습니다. 뒷날 한 그루 큰 나무가 되어 천하 사람들에게 시원한 그늘을 만들어 줄 납자입니다. 큰스님께서 좋은 방편으로 지도해주셨으면 좋겠습니다."

황벽스님은 "걱정하지 말라."고 했습니다. 그러고 조금 있으니까 임제스님이 와서 하직 인사를 합니다.

"큰스님에게 맞기만 했지 인연이 없어서 그 까닭을 깨칠 수 없으니 어디 다른 곳으로 떠나야겠습니다."

"다른 곳에는 가지 말고, 저기 고안(高安)이라 하는 곳에 대우(大愚)스님이라고 한 분 계시니, 그 노스님을 찾아가 보아라."

그래서 임제스님이 대우스님을 찾아갔습니다.[29]

---

29 『景德傳燈錄』 권12 「臨濟義玄傳」 T.51 p.299b17-23 ; 『碧巖錄』 11칙 T.48 pp.151c27-152a8 참조.

임제스님은 황벽스님 회상에서 3년 동안 열심히 정진하며 보내다가, 수좌 목주스님의 권유로 "어떤 것이 불법의 적확한 뜻입니까?" 하는 질문을 황벽스님께 올리게 되었습니다. 그러자 황벽스님은 다짜고짜 몽둥이로 임제스님을 20방 때렸습니다. 세 번 똑같은 질문을 올리고 그때마다 20방씩 모두 60방을 맞게 되었다는 뜻입니다.

2.
대우늑하   방해축권
大愚肋下에 **方解築拳**이로다.

대우스님 옆구리에 비로소 주먹질할 수 있었네.

황벽스님의 권유로 대우스님을 찾아가 깨친 후, 대우스님 옆구리를 주먹으로 세 번 때릴 줄 알게 되었다는 말입니다.

황벽스님이 "다른 데 가지 말고 대우스님을 찾아가라."고 하여 임제스님이 대우스님을 찾아가자, 대우스님이 물었습니다.

"그대는 어디서 오느냐?"

"황벽에서 옵니다."

"그래, 황벽스님이 요새 법문을 어떻게 하던가?"

"법문을 어떻게 하는지 그것은 제가 모르겠습니다. 저는 불법의 대의를 세 번 물었다가 세 번 다 모두 20방씩 60방을 두드려 맞고 쫓겨났습니다. 그런데 도대체 제게 무슨 허물이 있기에 세 번을 물었는데 세 번 다 심하게 두드려 패고 때립니까?"

이렇게 물으니 대우스님이 말씀하시기를,

"황벽스님이 노파심절(老婆心切)로 너를 위하여 그렇게 철두철미한 법문을 했는데 여기까지 와서 아직도 이 미친놈이 허물이 있는지 없는지 그것을 따지고 있어!" 하고는 벽력같이 야단을 쳤습니다.

그때 대우스님이 야단치는 벽력같은 고함소리를 듣는 순간 임제스님은 확철대오(廓徹大悟)했습니다. 깨치는 순간 황벽스님이 자기에게 몽둥이질 한 도리가 전율처럼 온몸을 엄습해 왔습니다.

그래서 임제스님이 내뱉듯이 "아이고, 황벽불법(黃檗佛法) 무다자(無多子)30라." 황벽스님의 불법이 이렇게 본래 단순한, 별것 아니라고 말했습니다.

"황벽스님에게 60방을 두드려 맞았을 때는 천지가 아득하더니, 깨치고 보니 황벽스님의 가르침이 이렇게 간단하고 별것 아닌 것이었구나." 하고 불현듯 한마디 한 것입니다. 대우스님이 듣고 보니까 그놈 참 고약한 놈입니다.

"야, 침상에서 똥오줌이나 싸는 이 못된 아이 놈아, 금방 와서는 내게 무슨 허물이 있는지 없는지 모르겠다고 징징대며 묻더니, 지금은 또 어째서 황벽의 불법이 이렇게 단순하고 별것 아니라고 하느냐? 도대체 네가 무슨 도리를 보았다고 그런 건방진 소리를 하느냐." 하면서 대우스님이 임제스님의 멱살을 콱 거머쥐고 "빨리 말해라! 빨리 말해!"라고 다그쳤습니다.

---

30 무다자(無多子): 원래는 감탄사다. 보통 '별것 아니다'라고 번역하는 것은 글을 축자적으로 번역하는 것이다. 경전과 어록에 대화체나 방언이 많은데, 무다자(無多子)도 지방 속어로 '이렇게 간단명료한 줄 몰랐다'는 뜻이다. 조작이나 작위성, 번잡함 등이 없이 단적인 상태를 뜻한다.

만약 그 상황에서 한마디도 못하면 또 대우스님에게 두드려 맞아 뼈도 못 찾고 쫓겨날 판입니다. 아, 그런데 임제스님이 대우스님의 갈빗대 밑 옆구리를 주먹으로 세 번 쥐어박아버렸습니다. 맞기는 황벽스님한테 맞고 원수는 대우스님한테 가서 갚는 식으로 쥐어박아버렸다 말입니다. 그때는 임제스님이 바로 깨친 것이라, 깨치지 못하였으면 대우스님의 옆구리를 주먹으로 세 번 쥐어박지 못했을 것입니다. 임제스님이 주먹을 쥐고 옆구리를 세 번 쥐어박으니까, 대우스님이 임제스님을 확 밀어버리면서 "여사(汝師)는 황벽(黃檗)이니 비간아사(非干我事)라." 너의 스승은 황벽이라, 나와는 아무 관계없는 일이라고 하고는 임제스님에게 "가라."고 했습니다.[31]

마방(馬防)의 서(序), 첫머리는 바로 임제스님이 깨친 상황을 말하는 것입니다. 황벽스님에게 "어떤 것이 불법의 적확한 뜻입니까?" 하고 세 번 물었다가 세 번 다 20방씩 두드려 맞고는, 황벽스님 지시에 따라서 대우스님을 찾아갔습니다. 대우스님한테 가서 대우스님 말끝에 확철히 깨치고, 자기가 대우스님의 옆구리를 세 번 주먹질 해버렸다 말입니다. 그러니까 대우스님도 "여하간 너의 스승은 내가 아니라 황벽이다."라고 척 분간해버립니다. 실제로 임제가 그때 깨쳤어도 황벽스님이 때린 바로 그것을 깨쳤지, 대우스님 법을 깨친 게 절대 아닙니다. 이것이 유명한 임제의 삼돈방(三頓棒), 세 차례 60방망이를 두드려 맞고 깨친 내용입니다.

---

31 『景德傳燈錄』권12 「臨濟義玄傳」 T.51 p.299b23-c4 ; 『碧巖錄』 11칙 T.48 p.152a8-13 참조.

3.
요설노파   요상귀자
饒舌老婆와 **尿床鬼子**여!

황벽스님의 간절한 노파심을 깨우쳐준 대우스님은 오줌싸개 못된 아이라고 임제스님을 나무라고,

"황벽이 간절한 노파심으로 법문을 해주었는데 요상귀자(尿床鬼子), 상(床)에서 똥오줌이나 지리는 아이놈 같은 새끼가 여기 와서 무슨 허물이 있느니 없느니 하고 묻느냐."고, 대우스님이 임제스님을 보고 크게 야단을 치자, 그 말끝에 임제스님이 확철히 깨쳤습니다. 황벽스님과의 기연을 전체적으로 표현한 구절입니다.

임제스님이 실제 뭘 깨쳤느냐 하면, "불법의 적확한 뜻이 무엇입니까?" 하고 물었을 때 황벽스님이 세 차례 60방을 몽둥이질 한 그 소식을 깨친 것입니다. 부처님의 정법안장을 그대로 깨쳐 참으로 불조정안(佛祖正眼)을 열기 전에는 두드려 패고 맞고 한 소식, 그 뜻을 알 수 없습니다. 절대로 모릅니다. 그런데 이것을 바로 깨쳐야만 비로소 출격장부(出格丈夫), 격을 벗어난 장부요 명안종사(明眼宗師), 참으로 눈 밝은 종사라 할 수 있으며, 참다운 남자라 할 수 있습니다. 만약 이 소식을 확철히 깨치지 못하면 『임제록』을 듣는 것뿐만 아니라, 천만 번 미래 겁이 다하도록 외워도 아무 소용이 없습니다.

결국은 이 삼돈방(三頓棒) 소식을 알아야지, 세 번에 60방망이 맞은 이 소식을 모르면 『임제록』을 외워도 소용없고, 법문을 들어도 소용없습니다. 소용없는 것뿐만 아니라 설비상(雪砒霜), 독을 먹은 사람과

똑같이 자기도 죽고 남도 죽고 다 죽는 판이 될 뿐입니다.

4.
_{저 풍 전 한}　　_{재 날 호 수}
這風顚漢이 **再捋虎鬚**로다.

'이 미친놈이 다시 와서 범의 수염을 잡아당긴다'고 황벽스님이 고함치네.

임제스님은 대우스님을 하직하고 다시 황벽스님에게로 왔습니다 황벽스님은 임제스님이 오는 것을 보고는 야단을 쳤습니다.
"이놈이 왔다 갔다 하기만 하니 언제 공부가 끝날 날이 있겠느냐!"
왜 왔다 갔다 하는지 황벽스님이 모르고 하는 말씀이 아니라 그것이 다 법문입니다. 황벽스님의 나무람을 듣고서 임제스님이 대답합니다.
"지위노파심절(祗爲老婆心切), 방장스님께서 간절한 노파심절로 저에게 법문해주신 그 은혜를 갚을 수 없어서 다시 찾아왔습니다."
그러면서 그동안 대우스님한테 가서 겪은 여러 가지 인연을 말씀드렸습니다. 그러니까 황벽스님 하시는 말씀이, "이놈의 작자가 오기를 기다렸다가 뼈다귀도 안 남기고 두들겨 팰 것이다."라고 합니다.
이렇게 말을 하니까 임제스님이 척 달려들면서 "대우스님이 오시길 기다릴 것 뭐 있습니까. 지금 한 방 맞으시지요." 하고는 황벽스님의 뺨을 세차게 때려버렸습니다.
먼저는 몽둥이로 세 번 두드려 맞았는데, 뺨을 세차게 때려서 이번에는 원수를 갚는 판입니다. 황벽스님도 임제스님이 이제는 다 깨치고

와 법거량 하는 줄 아시기에 하시는 말씀이 "저풍전한(這風顚漢)이 재날호수(再捋虎鬚)로다, 이 미친놈이 여기 다시 와서 범의 수염을 잡아당기는구나."라고 하였습니다. 자기는 범같이 무서운 사람인데 미친놈이 아니고서야 범 수염 잡아채려고 달려들겠어요? 자기한테 임제스님이 달려든다 이 말입니다.

임제스님이 "할!" 하고 고함치자 황벽스님이 말씀하십니다.

"시자야, 이 미친놈을 선방으로 데려가라."

이것이 임제스님의 깨친 기연입니다.

실지로 법문을 바로 들으려면 삼돈방, 세 차례 60방 맞은 소식, 이것을 바로 알아야 합니다. 그렇지만 이것이 어디 쉬운 일이겠습니까? 이 임제종이라는 것이 삼돈방, 세 차례 60방 두드려 맞은 여기에서 출발했다고 해도 과언이 아닙니다. 임제스님은 몽둥이로 두들기는 대신에 입문변할(入門便喝), 누구든 눈앞에 어른거리면 "할" 하고 고함을 쳤습니다. 몽둥이로 때리려면 쫓아가야 하고, 다리도 아프고 한참 시간이 걸리거든요. 그러니 몽둥이로 때리는 게 아니고 소리로 때리는 것입니다. 눈앞에 누구든지 어른거리면 고함을 치거든요. 거기 와서는 부처도 상신실명(喪身失命), 몸을 상하고 목숨을 잃고, 조사도 상신실명하고 마니, 누구든지 거기서는 죽지 않으려야 죽지 않을 수 없습니다.

『임제록』에서 하는 말이 "적수단도(赤手單刀)로 살불살조(殺佛殺祖)여",³² 빈손에 무엇을 드느냐면 관운장(關雲長)의 청룡도(靑龍刀)보다

---

32 이 구절은 『禪家龜鑑』에서 임제가풍(臨濟家風)을 설명하는 글 중에 나온다. 『禪家龜鑑』 H.7 p.644c 참조. 『臨濟錄』에는 "逢佛殺佛, 逢祖殺祖"(T.47 p.500b)로 실려 있다.

무서운 짧은 칼을 거머쥐고, 조사도 죽이고 부처도 죽이고, 닥치는 대로 다 죽여 버린다는 말입니다. 임제스님이 사람만 보면 깨친 사람이든 못 깨친 사람이든, 부처고 조사고 할 것 없이 뭣이 눈에 어른거리면 고함을 지르니, 이 고함 아래에서는 부처도 살 수 없고 조사도 살 수 없는데, 하물며 보통사람은 말해 뭐 하겠습니까? 이것이 바로 실제에 있어서 "적수단도(赤手單刀)로 살불살조(殺佛殺祖)여, 빈손에 짧은 칼을 거머쥐고 조사도 죽이고 부처도 죽인다"는 뜻이니, 누구라도 거기서는 살아날 수 없습니다. 그 소식이 황벽스님한테 세 번이나 두드려 맞고 임제스님 자기가 깨친 소식이자, 불조(佛祖)의 정맥, 영산(靈山)의 정맥으로 내려오는 근본소식입니다.

여기서 임제의 정맥으로 내려오는 백운수단(白雲守端, 1025~1072) 선사 이야기를 하지 않을 수 없습니다. 이 스님은 오조법연(五祖法演, ?~1104) 선사의 법사(法師)입니다. 임제종의 중흥조라 불리는 오조법연 선사는 또 원오극근(圜悟克勤) 스님의 법사가 됩니다.

오조법연 선사가 공부한다고 돌아다니면서, 부산법원(浮山法遠, 991~1067) 선사를 찾아갔어요. 부산법원 선사를 찾아가니 "자네 근기를 보니 대근기인데 크게 깨칠 납자여. 그런데 나는 벌써 늙었어. 나한테 있어봤자 별 이익이 없어. 그러니 내가 스님을 한 분 천거할 테니까 그 스님을 찾아가라." 합니다.

"어느 스님을 찾아가라는 말씀입니까?"

"백운산에 있는 백운수단 선사를 찾아가라. 내가 그를 보지는 못했지만 그 스님이 이 임제의 삼돈방 소식, 임제가 황벽에게 세 차례 두드려 맞고 깨친 인연에 게송을 지은 것이 있는데, 실제에 있어서 그 게송이 천추만고에 뛰어나다. 확실히 임제 정법의 정맥을 이은 사람이 아니면 그런 게송이 나오질 않아. 그러니까 수단선사를 찾아가라."고 했습니다.[33] 그 게송입니다.

　　　　일권권도황학루　　　　일척척 번앵무주
　　　　一拳拳倒黃鶴樓하고, 一踢踢[34] 飜鸚鵡洲로다.
　　　　유의기시　　첨의기　　　불풍류처야풍류
　　　　有意氣時에 添意氣하고, 不風流處也風流라.[35]

　　한 주먹으로 황학루를 거꾸로 뒤엎고,
　　한 번 발길질로 앵무주를 차서 뒤집도다.
　　기운이 있을 때 기운을 더해주고,
　　풍류 보잘것없는 거기에 참다운 풍류가 있도다.

　겉으로 봐서는 무슨 집을 한 주먹으로 쳐부수고 물속의 섬을 발로 차서 뒤집는다고 하는데, 실지 내용은 그게 아닙니다. 한 주먹으로 온 진법계(盡法界)를 두드려 부수고, 한 발로 온 진법계 삼천대천세계를 발로 차서 뒤엎었다 일으켰다 하는, 그런 참으로 무서운 수완을 가진 스님이란 말입니다. 그리고 그 표현 밖에는 또 천만 배 더 무서운 뜻이 들어앉아 있습니다. 보통 볼 때는 별 의미가 없어 보이지만, 그 내용이 실제에 있어서 임제스님의 근본 골수를 바로 깨치지 않고서는

33　이 일화에 대해서는 『嘉泰普燈錄』 권8 X.79 p.336a8-13;『宗門武庫』 T.47 p.956b13-26;『法演語錄』 권상 T.47 p.656a6-9 등 참조.
34　'척척(踢踢)'이 '적적(趯趯)'으로 되어 있는 곳도 있다.
35　『白雲守端廣錄』 권4「臨際三頓棒」X.69 p.322a;『禪宗頌古聯珠通集』 권21 X.65 p.602b;『禪門拈頌說話』 607칙 H.5 p.471b 참조.

절대로 그런 말이 나오지 않습니다.

누구든지 실제에 있어서 임제스님이 삼돈방에서 깨친 그 뜻을 바로 못 깨치면 백운수단 선사의 게송도 모르고 지나칠 수밖에 없습니다. 깨치면 임제스님도 볼 수 있고, 황벽스님도 볼 수 있고, 육조스님도 볼 수 있고 가섭도, 아난도, 석가도 다 볼 수 있습니다. 그렇지만 여기에서 조금이라도 생각으로 분별하며 우물우물 의의(擬議)하면 결국은 상신실명(喪身失命)하고 맙니다. 설비상(雪砒霜)을 살포하는 일이 되고 말아 다 죽고 맙니다.

5.
암곡　재송　후인표방
巖谷에 **栽松**은 **後人標榜**이라 하네.

바위 골짜기에 소나무 심는 것은 뒷사람을 위한 본보기요,

저, 바위 첩첩, 절벽에 둘러싸인 골짜기에 소나무를 심는 까닭은 뒷사람을 위한 본보기이다. 이것은 임제스님과 황벽스님이 나누신 법문을 언급한 구절입니다.

한번은 저 산에 가서 소나무를 심는데, 황벽스님이 임제스님에게 "우리가 여기 소나무를 심는데, 소나무를 심는 것은 무엇 때문에 심는 것인고?" 하고 묻습니다.

임제스님이 "첫째는 산에 경치가 좋으라고 심고, 둘째는 뒷사람들에게 본보기가 되기 위해서 심습니다." 하고 답합니다. 그렇게 말하고는 괭이를 가지고 땅을 세 번 탁! 탁! 탁! 두드렸습니다.

"왜, 여기에 우리가 나무를 심는가?" 하는 황벽스님의 물음에 "예, 첫째는 산에 경치가 좋으라고 심고요, 둘째는 뒷사람들에게 본보기를 위해서 심는 것입니다."라고 임제스님이 대답한 문답만 보자면 지극히 평범한 대화 같지만 여기에는 깊은 뜻이 있습니다. 그렇게 말해 놓고 임제스님은 또 괭이로 세 번 땅을 두드렸습니다. 땅을 두드리는데 왜 세 번을 두드려요? 이 뜻을 알아야 합니다.

그러니까 황벽스님은 또 뭐라고 말씀하는가 하면, "수연여시(雖然如是)나 자이끽오삼십방료야(子已喫吾三十棒了也)라, 비록 그러하나, 네가 벌써 나한테 삼십 방망이를 맞았다."라고 합니다. 나무를 왜 심느냐 하는데 '경치를 위해서, 후인의 본보기로 심는다 하고 땅을 괭이로 세 번 두드리는데', 왜 저 황벽스님은 "네가 벌써 나한테 30방을 맞아 죽었다."라고 할까요? 임제스님이 뭘 어쨌는데 황벽스님은 "너는 내게 30방을 맞아 죽었다."라고 하느냐 말입니다.

이 말씀에 임제스님은 또 괭이를 가지고 땅을 세 번 탁! 탁! 탁! 두드리면서 "허허!" 웃습니다. 결국 일종의 비웃는 웃음으로, "같잖군요. 허허!" 이렇게 헛웃음을 칩니다.

그러자 황벽스님이 뭐라 말씀하셨겠습니까? "오종(吾宗)이 도여(到汝)하여 대흥어세(大興於世)하리라, 나의 종지가 너에 이르러 크게 세상에 퍼져서 천하를 풍미할 것이다."라고 이렇게 수기를 주었습니다. 이것이 유명한 재송화(栽松話), 소나무 심은 법문입니다.

6.
곽두   촉지   기피활매
钁頭로 **钃地**하니 **幾被活埋**로다.

괭이로 땅을 파니 하마터면 황벽스님과 유나가 생매장 당할 뻔했네.

   괭이로 땅을 쪼아 파니 하마터면 황벽스님과 유나가 산 채로 끌려가 묻힐 뻔했다. 이것은 무슨 일이냐 하면, 임제스님이 밭에서 울력을 하고 있다가 황벽스님이 오시는 것을 보고는 괭이를 턱 놓아버리고 서 있더란 말입니다.
   괭이를 놓고 서 있으니까 황벽스님이 뭐라 하시느냐 하면 "저한(這漢)이 곤야(困耶)아, 이놈이 좀 고단한 모양이지?"라고 한번 슬쩍 말을 걸어 봅니다. "왜, 일은 하지 않고 내가 온다고 떡 서 있느냐, 네가 벌써 힘들어서 그러는 건가?", 쉬운 말로 하면 그렇다 말입니다.
   임제스님이 말하기를, "괭이도 아직 들지 않았는데 무엇이 피곤하겠습니까?" 하니, 황벽스님이 들고 있던 주장자로 그대로 때리자 임제스님은 또 얼른 그 주장자를 잡고는 확 밀어버렸고, 덩치 큰 황벽스님은 뒤로 벌렁 나자빠졌습니다. 그 상황에서는 황벽스님도 안 때릴 수 없었던 것이고, 임제스님 정도 되기 때문에 도로 반격을 한 것입니다.
   그런데 그때 옆에 유나가 있었어요. 황벽스님이 넘어져 있으면서 "유나야, 유나야, 날 좀 구해다오, 날 좀 일으켜 다오."라고 하면서 유나에게 도움을 청합니다. "저놈 임제가 어떻게 된 일인지 나를 이렇게 처박았으니 날 좀 구해 달라."고 합니다.

느닷없이 닥친 일이지만 그 유나스님은 아직 공부가 안된 눈먼 봉사의 납자더란 말입니다. 황벽스님이 그러니까 진짜로 와서 "아이구, 임제, 이 고약한 놈이 큰스님을 이렇게 밀치다니…" 하면서 몸을 부축해서 일으키려고 하니까, 황벽스님은 도리어 유나를 두드려 패버렸습니다. 일으켜 달라고 해서 일으키는데 고맙다고 하기는커녕 왜 또 두드려 패느냐 말입니다. 일으켜 달라고 한다 해서 몸에 손을 대고, 일으키려 하다가는 맞아 죽습니다. 맞아 죽어요.

이 광경을 본 임제스님은 괭이를 가지고 땅을 파면서, "제방(諸方)은 화장(火葬)이어니와 아저리(我這裏)는 일시활매(一時活埋)하노라." 제방에서는 스님이 죽으면 다 화장을 하지만 나는 이곳에서 일시에 황벽이고 유나고 할 것 없이 산 채로 생매장을 해버리겠다고 말합니다. 당신들이 아무리 발버둥 쳐도 나는 괭이를 가지고 당신들을 다 생매장해 묻어버리겠다는 그런 내용의 법문입니다.

황벽스님 같은 그런 무서운 큰스님도 임제스님한테는 처박히고 두드려 맞고 합니다. 사실이지 평생을 참말로 횡야설수야설 법문하는 것은 이런 납자를 만나기 위함입니다. 법문을 귀로 듣기만 하고 천 날 만 날 두드려 맞기만 하는 그런 송장은 천 명 만 명 있어도 소용없어요. 임제스님처럼 자기의 견지를 터득하고 스승에게 달려들어 밟고 두드리고 하는 이런 상좌, 이런 납자를 나는 바랍니다.

그렇지만 이것은 실지로 알고 해야 하는 거지, 모르고 흉내만 내다가는 참말로 그땐 그만 생매장당하고 마니 그런 짓은 안 될 일입니다. 황벽스님 같은 이를 두드려 패고, 처박고, 생매장하려 하고 별짓 다 할 때는, 저 임제스님처럼 무서운 눈을 가지고 달려들어야지, 봉사같이 무조건 하고 덤벼들었다가는 그때 가서는 참말로 거꾸로 생매장 당합니다. 뼈도 못 찾습니다.

임제스님은 법을 이렇게 무섭게 썼어요. 그리고 황벽스님도 "유나야, 유나야, 나를 일으켜 다오." 해서 일으켜 세워주는데 왜 유나를 두드려 패느냐 말입니다. 손만 대면 두들겨 맞습니다. 그러니 황벽스님의 뜻이 어디에 있는지도 잘 살펴야 합니다.

7.
긍 개 후 생   맥 구 자 곽
肯箇後生하야 **驀口自摑**하고

후배를 인정하다 황벽스님은 수좌의 타박에 돌연 자기 입을 쥐어박았네.

후생이란 뒷사람, 후배라는 말입니다. 후배를 턱 인가해 주었어요. 그러고는 맥구자곽(驀口自摑), 자기 입을 탁 쥐어박았습니다. 이 얘기는 임제스님, 황벽스님, 목주도명 스님 세 분과 관계된 얘기에요.

임제스님이 한번은 선방 앞에 와서 앉아 있었습니다. 황벽스님이 그 앞을 지나가는데 임제스님이 눈을 감아버립니다. 자기 스승이 지나가는데 일어서든가 하여 인사를 해야 될 건데, 모른 척 왜 눈을 감아버리느냐 말입니다. 인사하기 싫어서 못 본 척 하려고 그러는 건가? 그게 아닙니다. 보통 같으면 앉아 있다가도 어른이 오면 일어서서 인사를 해야 될 것 아닙니까? 그런데 임제스님은 앉아 있다가 스승 황벽스님이 앞을 지나가는데도 눈을 딱 감아버렸어요. 왜 눈을 감았을까?

이것을 바로 알아야 합니다.

　임제스님이 눈을 감아버리니까 황벽스님은 임제스님 앞에 가서 손을 마주잡고 입을 딱 벌리고는 겁먹은 흉내를 냅니다. 눈을 부릅뜨고 달려들어도 겁날 게 하나 없는데 도리어 황벽스님이 왜 겁을 내느냐 말입니다. 황벽스님이 아니면 임제스님의 뜻을 모르고 임제스님이 아니면 황벽스님의 뜻을 모릅니다. 스승이 자기 앞을 지나가는데도 턱 하니 앉아서는 인사도 하지 않고 눈을 감아버렸는데 황벽스님은 그 뜻을 알았다 이 말입니다. 그래서 입을 떡 벌리고 손을 들고서 겁내는 흉내를 낸 것입니다. 눈을 감았는데 왜 겁내는 흉내를 내는가? 바로 여기에 실제에 있어서 무서운 게 있습니다.

　그러고는 변귀방장(便歸方丈)이라, 바로 방장실로 들어가 버립니다. 그러자 임제스님은 뒤따라 방에 들어가서 사죄를 해요. 그때 마침 제일 수좌인 목주도명 스님이 옆에서 모시고 서 있었어요. 황벽스님이 하는 말이 "이 선객이 아직 젊지만 쓸 만하다."라고 칭찬하며 인정하는 말을 합니다. 목주도명 스님은 그 말을 듣고 "저 노장이 안목이 어두워서 젊은 선객을 인가한다고 말하네."라고 합니다. 이것은 또 무슨 말입니까? 황벽스님 같은 큰스님이 "저 사람이 젊긴 젊지만 참말로 앞으로 쓸 만하다."고 인가를 해주었습니다. 그런데 목주스님이 그 말을 듣더니 "이 늙은이야, 자기 눈도 캄캄하게 멀어가지고 남을 어떻게 인가해준단 말이야." 하고 그만 한 방망이 놓으니까, 맥구자괵(驀口自摑), 황벽스님이 손으로 자기 입을 탁 쥐어박아버렸어요. 자기 입을 자기 손으로 왜 쥐어박느냐 말입니다. 그러니까 목주스님이 또 황벽스님을 보고 지즉득(知即得), 알았으면 됐다라고 합니다. 이것이 다 법문거량입니다.

8.
사분궤안　　좌단설두
辭焚机案하고 **坐斷舌頭**라 하네.

임제스님은 황벽스님을 하직하며 책상을 불사르라 하고, 천하 노화상들의 혀를 끊으리니 황벽스님은 가져가라 하네.

궤안은 책상인데, 백장선사에게서 받은 이것을 다 불태워버리라고 임제스님은 말하고, 황벽스님은 좌단설두(坐斷舌頭), 천하 노화상들의 혀를 다 끊어버릴 터이니 가져가라고 넌지시 다짐을 둔다 말입니다.

임제스님이 다른 곳에 가서 하안거를 나다가 그 중간에 황벽스님 계신 곳에 왔습니다. 산림 중에 와서 보니까 황벽스님이 마침 책을 보고 있었습니다. 임제스님이 그 모습을 보고 "아이고! 노장이 그래도 소견이 좀 있는 줄 알았더니 검정콩이나 주워 먹는 멍텅구리 암흑두(揞黑豆)로구먼요." 하고 핀잔을 줘버렸어요. 그런데 핀잔을 들은 황벽스님이 아무 말도 안하고 가만히 있습니다. 임제스님한테 핀잔을 들어서 가만히 있는 게 아닙니다. 가만히 있단 말입니다.

그러고 며칠이 지나 임제스님이 자기가 있던 토굴로 돌아가려 하니, 황벽스님이 "여(汝)가 파하래(破夏來)더니 부종하거(不終夏去)여." 네가 하안거를 깨뜨리고 오더니 하안거를 마치지도 않고 간단 말이냐고 나무랍니다. 하안거 산림 중에 왔거든 해제를 하고 가든지 할 것이지, 왜 파하래(破夏來) 파하거(破夏去), 하안거를 깨뜨리고 중간에 오더니 또 하안거를 깨뜨리고 가려 하느냐고 나무란 것입니다. 이것도 법문입니다. 뜻이 저 다른 데 있어요.

이에 임제스님은 "제가 뭐 다른 이유가 있어서 온 것도 아니고 잠깐 스님이 좀 보고 싶어서 왔습니다. 이제 스님을 뵈었으니 가려고 합니다."라고 대답합니다. 그러니까 황벽스님이 '이놈 봐라' 하고는 그만 몽둥이로 두드려 패버렸어요. 탕! 탕! 두드려 패서 쫓아냈어요. 그렇게 대답하면 안 맞을 수 없는 노릇입니다. 거기에 아주 무서운 법문이 들어앉아 있습니다. 그만 임제스님은 두들겨 맞고 쫓겨났어요.

9.
불시하남　　변귀하북
不是河南이면 **便歸河北**이로다.

하남 아니면 하북으로 교화하러 가겠다고 임제스님이 말하고,

맞고 쫓겨나서 요즘 같으면 한 5리쯤 가다가 임제스님이 생각하니 의심이 났습니다. 자기가 황벽스님의 뜻을 잘 몰라서 그만 두드려 맞고 쫓겨났으니 말입니다. 그래서 바로 다시 황벽스님께 돌아와 거기서 하안거 해제를 했습니다. 해제를 하고 돌아가려 하니까, 황벽스님이 "그럼 너는 어디로 가려 하느냐?"고 물었습니다. 임제스님이 대답하기를, "불시하남(不是河南)이면 변귀하북(便歸河北)이라, 하남 아니면 하북으로 가려 합니다." 강남 쪽 아니면 강북 쪽으로 간다 말입니다.

그러니까 황벽스님이 또 몽둥이로 두들겨 패려고 달려듭니다. 임제스님도 이번에는 가만있지 않고 한쪽 손으로 몽둥이를 거머쥐고 다

른 한 손으로 그만 황벽스님의 뺨을 때려버렸습니다. 그러자 황벽스님이 큰소리로 한바탕 웃으시고는 시자를 불러서 앞 문단의 일로써 "시자야, 백장선사의 선판과 궤안을 가져오너라."라고 말합니다. 선판이란 요즘말로 좌선할 때 기대는 물건인데, 이것을 가져오라 한 것은 백장스님한테서 전해 받은 주장자를 가져오라는 말입니다.

황벽스님이 "주장자를 가져오너라."고 시자에게 말하니, 이번에는 또 임제스님이 시자에게 소리 지르기를, "장화래(將火來)!" 하는데 '불을 가져오너라' 이 말입니다. 이것이 어떤 상황이냐 하면, 황벽스님이 참으로 법을 전하려고 백장스님한테서 전해 받은 "주장자를 가져오라." 하니, 임제스님은 또 "불을 가져오너라."고 대응한 것입니다. "주장자를 가져오면 나는 그 주장자를 불 질러버리겠다, 주장자 따위 필요없다."며 주장자를 받지 않으려고 하는 것입니다.

그러니까 황벽스님이 말하기를, "그렇지만 이 주장자를 가지고 가거라. 이후에 좌각천하인설두거재(坐却天下人舌頭去在)리라." 네가 앉아서 천하 사람들 입을 다 막아버릴 것이라고 하였습니다. "이제는 네가 어디에 가든지 간에, 어떤 선지식을 만나든지 간에, 너한테는 입조차 벌릴 수도 없을 것이고, 너한테는 결국 누구도 덤빌 수 없다는 말이니, 이것은 황벽스님이 임제스님을 완전히 인가한 것입니다.

이것이 소위 말하는 임제스님의 제창기연(提唱機緣)[36]인데 황벽스님과 임제스님과의 사자상승(師資相承), 스승의 법을 제자가 계승하는 도리는 여기서 완전히 끝났습니다. 그런데 이런 도리는 실지에 있어서

---

36 제창기연(提唱機緣): 불법의 핵심적인 뜻을 제기하고 명쾌하게 논한 일화라는 정도의 뜻.

자기가 확철히 깨쳐야지, 깨치기 전에는 천년만년 부처님 이상으로 어떤 장광설을 가지고 설명해 봤자 아무 소용이 없는 것입니다. 저 허공에 단청하는 것 같다고 하는 말과 같으니, 허공에 단청을 어떻게 한다 말입니까? 이것은 꼭 스스로 깨쳐야 알지 깨치기 전에는 모릅니다. 그래서 법문을 소개할 뿐이지, 내가 설파할 수도 없고 설파해서도 안 된다고 누차 말했던 것입니다.

내가 황벽스님과 임제스님 간에 스승과 제자로서 법을 전수한 법문을 소개했는데, 이 법문을 듣고 실지로 자기가 확실히 깨쳐야 되지 말만 따라가고 자꾸 해석에만 귀를 기울이면 영원토록 깨치지 못하는 동시에 영원히 살아날 수도 없습니다. 살아나는 길은 황벽스님이 세 차례에 걸쳐 60방을 때리고 임제스님이 세 차례 60방을 맞고서 깨친 그 도리를 확철히 바로 깨치는 데 있습니다.

10.
원 임 고 도 　　운 제 왕 래
院臨古渡에 **運濟往來**이니다 하고

옛 나루터 부근 임제원에서 오가는 사람들을 건네주며 제도하였네.

황벽스님한테서 완전히 인가를 받고 임제스님은 어디로 갔느냐 하면 저 북쪽으로 갔어요. 황벽스님은 남쪽 복건성에 있지만 임제스님은 저 북쪽, 하북성으로 갔습니다. 호타하(滹沱河)라는 강이 있는데 가서 보니까 참 경치가 좋아서 거기에 자리를 잡았는데 그곳이 바로 소위 임제(臨濟)이고, 고도(古渡), 옛 나루터 옆에 임제원(臨濟院)을 짓고 살았습니다. "운제왕래(運濟往來)라", 오고가는 사람을 건네주었다, 배로 사람을 건네주듯이 사람을 제도하였다 이 말입니다.

그곳에서 실제 임제종이 처음 시작된 것입니다. 임제원에서 법문을 시작했고 임제스님 밑에 큰 제자들이 많이 났습니다. 배를 가지고 나루터에서 사람을 건네주듯이 참 좋은 법문으로 사람을 제접(提接)해 훌륭한 제자들을 많이 배출하였습니다.

11.
파정요진　　벽립만인
把定要津하여 **壁立萬仞**이로다.

요긴한 나루터를 단단히 지키고 앉았으니 만 길이나 깎아지른 절벽 같았도다.

임제스님이 어떻게 사람을 제접했느냐 하면 요긴한 나루터에 딱 버티고 앉아서, 항상 제일의(第一義)로써 사람을 이끄니 벽립만인(壁立萬仞)이여, 마치 천 길 높이 우뚝 솟은 절벽과 같았단 말입니다. 천 길 높은 절벽을 사람이 어떻게 붙잡고 올라갈 수 있겠어요? 뛰어 올라갈 수 있는가? 날아 올라갈 수 있는가? 참으로 눈을 바로 뜬 사람이 아니면 한 치도 다가갈 수 없는 경계입니다.

임제스님은 법을 쓰되 천 길 만 길 높은 절벽같이, 참으로 무서운 법을 썼습니다. 무서운 법을 써서 아무나 쉽게 드나들지 못하게 했습니다. 앞에서도 말했지만 적수단도(赤手單刀)로 살불살조(殺佛殺祖), 부처를 만나면 부처를 죽이고, 조사를 만나면 조사를 죽이는 그 경계에서 참으로 눈 뜬 사람이 나오고, 참으로 살아 있는 사람이 나올 수 있는 것입니다.

12.
奪人奪境하야 **陶鑄仙陀**하고,
탈인탈경   도주선타

사람과 경계를 빼앗아 뛰어난 기봉의 선객들을 길러내고,

임제스님 법문에, "나는 법을 쓰되 유시(有時)에는 탈인불탈경(奪人不奪境)이요, 유시(有時)에는 탈경불탈인(奪境不奪人)이요, 유시(有時)에는 인경구탈(人境俱奪)이요, 유시(有時)에는 인경구불탈(人境俱不奪)이니라."라는 사료간(四料簡)의 유명한 구절이 있습니다. 어떤 때는 사람은 뺏고 경계는 빼앗지 않으며, 어떤 때는 경계는 뺏고 사람은 빼앗지 않으며, 어떤 때는 경계도 뺏고 사람도 빼앗으며, 어떤 때는 경계도 빼앗지 않고 사람도 빼앗지 아니한다는, 손자병법같이 자유자재하게 법을 쓰는 수단을 네 가지 경우로 표현한 것입니다.

그리하여 도주선타(陶鑄仙陀)야, 선타(仙陀)란 아주 영리한 사람을 말합니다. 예전에 선타바(先陀婆)라는 사람이 있었습니다.[37] 이 사람이 왕을 시봉하는데, "선타바야!" 하고 부르면 왕이 요구하는 소금이든, 그릇이든, 물이든, 말을 대령하는 일이든 필요로 하는 것이 무엇인지 가리키지 않아도 대번 알아차리고 가져다줍니다. 자기 이름만 불러도

---

37 『大般涅槃經』 권9 「如來性品」 T.12 p.421a29-b7 참조.

벌써 '아, 저건 소금을 가져오라는 뜻이구나', '아, 이번은 물을 가져오라는 뜻이구나' 하고 알았어요. 그릇을 가져오라는 소리를 안 해도 이름만 부르면 벌써 그릇을 가져와요.

그래서 아주 참으로 영리한 사람을 표현할 때 '선타바'라 합니다. 소금 가져오라고 하는데 소금을 누가 못 가져오나요. 아무나 가져갈 수 있습니다. 그러나 자기 이름을 부를 때 벌써 알아차리고 소금을 가져가야 살아 있는, 영리한 사람입니다. 실제로 깨친 사람은 그렇다는 말입니다. 말을 듣고 그제야 소금 가져오는 사람은 죽은 사람입니다.

"아무개야!" 할 때 이미 소금 가져오라 하는지, 물을 가져오라 하는지, 그릇을 가져오라 하는지, 말을 가져오라는지 알아야 합니다. 직하(直下)에 언전천득(言前薦得)이라,[38] 곧바로, 그 즉시에 말하기 전에 벌써 알아버린다는 말입니다.

그러니까 임제스님은 이 사료간 법문으로, 말하기 전에 알아듣는 그런 선타바 같은 뛰어난 수행자를 만들었다는 말입니다. 말을 하고 난 뒤에야 아는 것은 송장일 뿐입니다.

---

38 이 말은 보통, "설령 말 이전에 알아차린다 해도 여전히 껍질 속에 갇혀 길을 헤매는 꼴이며, 구절에 정통하였다 하더라도 이르는 곳마다에서 잘못된 견해를 피하지 못할 것이다(設使言前薦得, 猶是滯殼迷封, 縱然句下精通, 未免觸途狂見.)"와 같은 상용구에 쓰인다. 『경허집(鏡虛集)』 「합천군가야산해인사수선사창건기(陜川郡伽倻山海印寺修禪社創建記)」(H.11 p.609b)에도 "그 자리에서 말 이전에 알아차린다 해도 어디에서든 잘못된 견해를 벗어나지 못할 것이요, 설령 구절에 정통하였다 해도 화살은 이미 서천으로 날아가 버린 뒤이리라.(直下言前薦得, 未免觸途狂見, 縱饒句下精通, 也是箭過西天.)"라는 구절이 있다. 성철스님이 여기에서 말씀하신 뜻은 "그대가 진실하게 참구하여 깨달은 선자라면 말로 하기 이전에 바로 알아차릴 것이다"(『正宗心印後續聯芳』 X.87 p.136a14, 汝若是箇眞參實悟禪和, 言前薦得.)는 구절의 뜻에 가깝다.

13.
삼요삼현   검추납자
三要三玄으로 **鈐鎚衲子**로다.

삼요와 삼현으로 운수납자들을 단련시켰네.

임제스님이 이렇게 법문한 적이 있습니다. "내가 법문을 할 때 일구(一句) 중에 수구삼현(須具三玄)하고, 말 한마디에 삼요를 갖추고 있고, 일현(一玄) 중에 수구삼요(須具三要)여, 일현 가운데 삼현을 갖추고 있다." 그러니까 말 한마디 가운데 삼현삼요(三玄三要)가 다 갖추어져 있다는 말입니다. 바로 여기에 실제에 있어 '유조유용(有照有用), 비춤도 있고 작용도 있고 유권유실(有權有實), 방편으로서의 권도 있고 진실한 가르침으로서의 실도 있어[39] 살활자재한 대기대용이 삼현삼요에 다 있다'고 이렇게 법문한 일이 있습니다.

삼현삼요 법문을 가지고 검추납자(鈐鎚衲子)라, 대장간 대장장이가 쇠망치를 가지고 시뻘건 쇠를 두드려 칠성검 만드는 그것과 마찬가지로 삼현삼요, 그 무서운 쇠망치를 가지고 눈 푸른 납자(衲子)를 길러낸다는 말입니다.

---

39 "선사께서 말씀하셨다. '대체로 종승을 주창컨대 하나의 구절에 삼현문을 갖추고 하나의 현문에 삼요를 갖추어야 하니, 권도 있고 실도 있으며, 비춤도 있고 작용도 있다. 그대들은 이 뜻을 어떻게 이해하는가?' 후에 분양선소 화상이 이 말씀을 제기하고 말했다. '어느 것이 삼현삼요의 구절인가?'"(『人天眼目』권1 「三玄三要」T.48 p.301c, 師云, '大凡演唱宗乘, 一語須具三玄門, 一玄門須具三要, 有權有實, 有照有用. 汝等諸人, 作麼生會?' 後來汾陽昭和尚, 因擧前話乃云, '那箇是三玄三要底句?')

14.
　　상재가사　　불리도중
　　常在家舍하야 **不離途中**하니,

항상 집안에 있으면서 길 가운데를 떠나지도 않으니,

항상 집안에 있으면서 길에서 떠나지도 아니한다. 있기는 여기 해인사에 있는데, 몸뚱이는 저기 해인사 옆 마을 고령에 있다는 말과 같습니다. 그 무슨 거짓말 안 같아요? 그럼, 두 사람이란 말인가? 있기는 집에 있는데 길 가운데 있다, 옆 마을 고령에 있단 말입니다. 내가 해인사에 살긴 사는데 사실은 옆 마을 고령에 있고, 또 내가 옆 마을 고령에 있는데 사실상 해인사에 있다 말입니다. 그것은 무슨 말입니까? 신통력인가? 이것이 지금 법문입니다.

　상재가사(常在家舍), 항상 집에 있는데, 한마디로 늘 사는 곳인 해인사에 있는데, 불리도중(不離途中), 길 가운데를 떠나지 않으니 저 옆 마을 고령에 가 있기도 하고 저 대구에 가 있기도 하다는 것입니다.

15.
　　무위진인　　면문출입
　　無位眞人이여, **面門出入**이로다.

무위진인이 바로 그대 얼굴로 드나드는구나.

이는 임제스님 법문 중에서도 손꼽을 만한 유명한 말씀입니다. 한번은 상당하여 말하길, "유일무위진인(有一無位眞人), 걸림없이 깨달은 이가 있는데, 얼굴로 출입한다."고 했습니다. 면문, 얼굴에 어떻게 들어 갔다 나갔다 한단 말인가? 그리고 또 말하길, "미증거자(未證據者)는 간간(看看)하라." 미증거자, 아직까지 증거하지 못한, 그러니까 무위진 인을 확실히 깨치지 못한 사람은 이것을 바로 알라고 했습니다. 무위 진인을 알라 이 말입니다.

이렇게 말씀하시니 한 스님이 나와서 "여하시무위진인(如何是無位 眞人)고?" 어떤 것이 무위진인이냐고 묻습니다. 공부하는 사람은 한 번 물어봐야 될 것 아닙니까? 그러자 임제스님은 법상에서 내려와 묻 는 그 스님의 멱살을 꽉 거머쥐며, "도도(道道)하라." 말해보라, 말해보 라고 다그칩니다. 임제스님이 무위진인이 있다고 하니 어떤 게 무위진 인이냐고 물어본 것인데 임제스님은 법상에서 내려와 도리어 묻는 스 님의 멱살을 거머쥐며 "네가 말해보라."라고 한 것입니다. 법은 이렇게 쓰는 것입니다.

당연히 물어본 스님은 그만 어리둥절해버리지 않겠어요? 그 스님이 어찌할 줄 몰라 하니 임제스님은 거머쥔 멱살을 확 밀어 자빠뜨리면 서 "무위진인(無位眞人)은 시십마간시궐(是什麽乾屎橛)고?" 무위진인은 무슨 마른 똥 막대기 같은 소리냐고 힐책합니다.

무위진인, 무위진인 하니까 거기 뭐 대단히 거룩한 뜻이라도 붙었 는가 하고 임제스님한테 달려들었지만 사실 알고 보면 무위진인이란 이것은 마른 똥 막대기보다 더 더러운 물건이다 이 말입니다. 이것이 무위진인이 면문에 출입한다는 임제스님의 유명한 법문입니다.

16.
양당   제할   빈주역연
兩堂이 **齊喝**에 **賓主歷然**이요,

양당 수좌가 동시에 고함치자 주인과 손님이 분명히 구분되고,

　하루는 또 어떤 일이 있었느냐 하면 양당 수좌가 만나자 원수진 것처럼 서로 동시에 고함을 질렀습니다. 양당 수좌란 동당과 서당의 수좌를 말합니다. 누가 보면 미친 스님들 아니겠어요. 서로들 반갑다고는 못할망정 무슨 원수라고 서로 쳐다보더니 그만 고함을 지르니 말입니다. 아니, 그러면 임제스님 흉내 낸다는 말인가? 원숭이가 흉내 내듯이 그런단 말인가? 임제스님 밑에 있는 수좌라면 공부를 할 만큼 한 사람들이니, 아는 사람들이기 때문에 서로 한번 턱 만나 법거량을 한 거예요. 그래서 만나자마자 동시에 고함을 확 같이 질러버렸단 말입니다.
　그러니까 어떤 스님이 임제스님께 양당 수좌가 둘이서 할(喝)을 하는데 "환유빈주야무(還有賓主也無)아?, 손님(賓)과 주인(主)이 있습니까? 없습니까?" 하고 물으니 임제스님이 뭐라고 답하시는가 하면 "빈주역연(賓主歷然), 손님과 주인이 분명하다."고 답했습니다.
　실제에 있어서 법을 바로 알려면 빈주역연, 손님은 어디까지나 손님으로, 주인은 어디까지나 주인으로 항상 독립된 존재이며 서로 침범하지 않는다는 것을 알아야 된다 말입니다. 고함지르는 데 무슨 손님이 있으며, 무슨 주인이 있겠어요? 그렇지만 소리를 한 번 지르는 그 속에 손님과 주인이 분명합니다. 그것이 실제에 있어서 할(喝), 고함을 친 근본 취지입니다.

17.
조용동시　　본무전후
照用同時하니 **本無前後**로다.

비춤[照]과 작용[用]을 함께 행하니 앞뒤가 본래 없도다.

조(照)와 용(用), 비춤과 작용 이 두 가지를 선후와 쓰임에 따라 나눈 것이 소위 임제의 4조용(四照用)이라 하는 것입니다. 유시(有時)에는 선조후용(先照後用), 어떨 때는 먼저 비추고 나중에 작용하고, 유시(有時)에는 선용후조(先用後照), 어떨 때는 먼저 작용하고 나중에 비추며, 유시(有時)에는 조용동시(照用同時), 어떨 때는 비춤과 작용을 같이 쓰며, 유시(有時)에는 조용부동시(照用不同時), 어떨 때는 비춤과 작용을 같이 쓰지 않는다는 말입니다.

조(照)와 용(用), 비춤과 작용이 동시야, 그러니 본무전후(本無前後)야, 본래에 있어서는 앞과 뒤가 없다, 앞에 쓰고 뒤에 쓰고 하는 게 없다는 말입니다. 조용동시, 이것을 바로 알면 '할(喝)'한 까닭도 알 수 있고, 앞에서 한 말 전부 다 꿰뚫어 알 수 있습니다.

오늘 내가 임제스님이 법을 쓰는 수단에 대해 좀 소개를 했는데, 여기에서 한 가지만 알면 전체를 다 알 수 있습니다. 그 한 가지란, 첫 번째 황벽스님이 임제스님을 몽둥이로 60방 두드려 팬 일, 이것만 알면 4료간(四料揀)도 알 수 있고, 조용동시 등 4조용(四照用)도 알 수 있고, 빈주(賓主), 손님과 주인도 알 수 있고 전체를 다 알 수 있다 말입니다. 그렇지만 양당 수좌가 '할(喝)'한 이것을 모르면 전체를 다 모르는 것입니다. 어떻게 해서든 '할(喝)'한 이 근본을 바로 깨쳐야 합니다.

어- 억!

[성철스님이 법상에서 '할!', 고함치셨다.]

18.
능화대상   허곡   전성
菱花對像하고 **虛谷**에 **傳聲**하니,

거울이 만상을 비추고, 빈 골짜기가 메아리를 잘 전하니,

능화(菱花)는 마름꽃인데, 육각 모양의 구리거울 뒷면에 이 꽃 모양을 새겼던 데서 거울을 '능화' 또는 '능화경'이라고 합니다. 능화대상(菱花對像)이라 함은 깨끗하고 맑은 거울에 물건이 비친다는 말이니, 임제스님이 법을 쓰는 수단이 바로 이러하다는 표현입니다. 무엇이든지 오면 거울이 물건을 비추듯이 척척 비춰서 조금도 틀림없이 분명하게 드러낸다는 말입니다. 거울은 진실하게 대상을 비출 뿐, 미운 대상, 고운 대상을 가리지 않습니다. 어떤 분별도 끼어들지 않고 그대로 비출 뿐입니다.

'허곡(虛谷)에 전성(傳聲)'이라는 것은 빈 골짜기에서 소리쳐 소리를 그대로 전달한다는 말입니다. 능화대상(菱花對像)과도 같은 맥락입니다. 하지만 그 소리, 메아리는 빈 골짜기에서 흩어지고 어떤 흔적도 남기지 않습니다.

한마디로 임제스님이 법을 쓰는 수단이 마치 아주 맑은 거울이 모든 물건을 분별없이 비추는 것과 같고, 텅 빈 골짜기에서 친 소리가 어떤 흔적도 남기지 않는 것과 마찬가지라는 말입니다.

19.
묘응무방   불류짐적
妙應無方하고 **不留朕跡**이로다.

미묘하게 응대하여 법을 펼치니 모든 경계에 어떤 자취도 남기지 않도다.

법을 쓰는 수단이 위와 같으니 묘응무방(妙應無方)이여. 여러 가지 방편과 수단을 가지고서 무엇에도 구애되지 않고 자유자재하게 법을 쓴다 말입니다. 그리고 불류짐적(不留朕跡), 자유자재하게 법을 쓰는데 자취를 남기지 않습니다. 법을 쓰는 데 있어 어떤 법을 쓰든지 간에 자취를 남기면 안 됩니다. 자취가 없다는 것은 저 허공에 칼을 휘두르는 것과 마찬가지니, 허공에 아무리 칼을 내둘러봐야 자취가 있는가 말입니다.

누구든지 법을 쓰면서 사량복탁(思量卜度)하여 무슨 지식을 가지고 이해할 수 있게 법을 쓰면 자취가 있는 것이고, 참으로 법을 쓰는 수단이 깊고 높고 아주 엄중해서 그 법의 근본 뜻을 설사 부처나 달마가 와도 제대로 포착할 수가 없게 쓰면 이것이 바로 자취가 없는 것입니다. 그렇게 저 깊은 법을 쓴다는 말입니다.

법을 쓰되 자취가 있게 쓰면 진흙 위를 사람이 걸어가는 것과 마찬가지로 발자국이 남게 마련입니다. 반면에 자취 없음은 허공에 칼을 내두르는 것과 마찬가지여서 이것은 세지변총(世智辯聰), 즉 세상일을 약게 처리하는 총명이나 지식 따위로는 자취를 포착하려야 할 수 없을 뿐만 아니라, 부처나 조사가 와도 그 사람의 법 쓰는 도리를 알아차리지 못한다는 말입니다. 아주 신출귀몰(神出鬼沒)하고 무애자재하기에 누구든지 참으로 확철대오하여 임제스님이나 그 이전의 대조사 스님이나 고불고조와 같은 정법안장(正法眼藏)을 갖추기 전에는 그 사람의 법 쓰는 도리를 도저히 모릅니다. 이것을 자취 없이 법을 쓴다고 말하는 것입니다. 그렇게 임제스님이 모든 방면으로 신묘하게 응하여 자취를 남기지 않고 깊이 법을 쓰더라 말입니다.

20.
불의남매　　여지대명
拂衣南邁하야 **戾止大名**하여

옷깃을 떨치며 남쪽으로 내려가 대명부에 이르니,

처음 임제원에 계시다 뒤에는 남쪽 대명부(大名府)로 왔습니다. 대명부는 임제원에서 그리 멀지 않아요. 거기도 다 같은 하북성입니다.

21.
흥화사승　　동당　　영시
興化師承이라 **東堂**에 **迎侍**로다.

흥화의 존장스님이 법을 이어받고 임제스님을 동당에 모셨도다.

흥화(興化)는 흥화존장(興化存獎, 830~888) 선사를 가리킵니다. 흥화사의 존장선사는 임제스님의 수제자입니다. 임제스님에게 이름난 제자가 많이 있었지만 그중에서도 흥화존장 선사가 임제스님의 정법안장을 이어 전해 임제종이 천하에 퍼졌습니다. 우리가 으레 선(禪)이라 하면 임제종, 불교라 하면 선(禪)이라 할 정도로 종풍을 크게 선양한 선사입니다.

그리고 동당(東堂)에 영시(迎侍)라. 동당은 별당을 말합니다. 다른 절, 큰 총림에서 방장을 지낸 큰스님은 서당에 모시고, 그 절의 전임 방장화상은 동당(東堂)에 모셔요. 임제스님을 동당에 모셨다는 것은 임제스님이 흥화스님의 본사(本師)이기 때문에 특별히 동당에 모셨단 말이니, 절에서 제일 높은 처소에 모셨다는 말입니다.

22.
銅瓶鐵鉢이요 **掩室杜詞**하니,
동병철발 엄실두사

가진 물건은 구리 물병과 철 발우뿐이요, 동당 문 걸어 닫고 입 다무니,

임제스님이 가진 행장(行裝)이라고는 동병(銅瓶), 구리쇠병 조그마한 것과 철발(鐵鉢), 쇠로 만든 바리때 하나뿐이라는 말입니다. 다른 것은 아무것도 없어, 살림살이라 할 것이 물을 마시려면 병(瓶)이 있어야 되니까 구리 물병 하나 하고, 공양 받아 드시는 바리때 그것밖에는 없습니다.

그리고 엄실두사(掩室杜詞)야. 문을 딱 걸어 닫고 아무 말씀 안 한다 말입니다. 예전 임제원에 계실 때는 참으로 만고에 특출한 법문을 많이 하셨거든요. 그래서 『임제록』이라는 어록이 남게 되었지만, 이제

는 은거(隱居)해서 요즘말로 은퇴해 조용히 별당에 떨어져 있으면서 아무 말씀 안 하시고, 달마대사가 9년 면벽하듯이 앉아 계셨습니다.

이처럼 임제스님은 법을 쓸 때는 온 대천세계를 덮고, 법을 거둬들일 때는 바늘 끝 하나 들어갈 여지도 없었습니다. 세상에 나아가 교화를 펼치고 법문을 하실 때에는 큰 바다에 파도가 치듯이 그렇게 무진장 법문을 하셨지만, 일단 물러서서는 아주 저 장승같이, 돌미륵같이 아무 말 없이 가만히 계셨으니, 이것이 깨친 이의 본색입니다.

23.
송로운한   광연자적
松老雲閑에 **曠然自適**이로다.

늙은 소나무 한가로이 구름은 떠돌고 걸림 없이 유유자적하도다.

송로운한(松老雲閑)이여, 백년천년 오래된 소나무가 심산구곡에 낙락장송으로 서 있는데 한가한 구름이 와서 떠돌더라. 임제스님이 물러나 은거해 있으면서 한가롭게 지내는 모습을 표현한 말입니다. 임제스님이 천년만년 된 낙락장송 그 자체야. 그 낙락장송은 천년만년 아무리 세월이 지나도 춘하추동 언제나 푸르고 허공에 늘 우뚝 서 있습니다. 거기에 한가한 구름만 왔다 갔다 할 뿐이라 말입니다. 광연자적(曠然自適)이라. 광연(曠然)은 드넓게 확 트인 온 법계, 10리, 20리, 천리만리 정도가 아니라 무연법계, 진시방법계(盡十方法界)에서 유유자적 모든 것을 푹 쉬어버리고 한가로이 계시더라 이 말입니다.

24.
면벽미기　밀부장종
面壁未幾에 **密付將終**하심이여!

홀로 벽을 보고 앉은 지 오래지 않아 은밀히 법 부촉하고 임종에 들려 하심이여,

면벽미기(面壁未幾)야. 가만히 계시면서 엄실두사(掩室杜詞), 문 딱 걸어 잠그고 입 다물고 앉아 계신 지 얼마 지나지 않아 밀부장종(密付將終), 친밀히 법을 부촉하고 떠날 임종의 시간이 이르렀다는 말입니다. 꼭 방에 앉아서 면벽해야만 이게 면벽이 아니라 언제든지 입 딱 다물고 아무 말씀도 없이 계시면 이것이 면벽입니다. 면벽한 지 오래지 않아 정법을 친밀히 부촉하고 세상 인연이 다해 다른 인연 처소로 가려는 참이라 말입니다.

25.
정법　수전　할려변멸
正法을 **誰傳**고 **瞎驢邊滅**이로다.

나의 정법을 누구에게 전할까, 눈먼 나귀에게서 없어지는구나!

그러면 임제의 정법을, 저 석가와 달마로부터 내려온 임제의 정법을 누구한테 전하느냐? 임제스님이 열반에 드시려고 할 때에 삼성스님에게 말씀하시기를, "내가 죽고 난 뒤에 나의 정법안장이 없어지지 않도록 하라."고 하니, 삼성스님이 나서며 "큰스님의 정법안장을 어찌 없애

버릴 수 있겠습니까?" 하였습니다.

　삼성혜연(三聖慧然) 스님은 그 당시 임제스님의 맏상좌로 나중에 『임제록』을 편집하였고, 홍화스님 못지않게 이름을 떨친 큰스님입니다.

　임제스님이 묻기를, "누가 너에게 법을 묻는다면 너는 어떻게 말하겠느냐?" 하니, 삼성스님이 "할(喝)!" 하고 벽력같이 고함을 쳤습니다. 그러자 임제스님이 "나의 정법안장이 할려변멸(瞎驢邊滅)이여. 저 눈먼 나귀한테 가서 아주 없어지겠구나."라고 했습니다. 법을 전해야 하는데, 사람도 아니고 눈먼 나귀, 아무 짝에도 못 쓰는 어리석은 눈먼 나귀한테로 가서 정법안장이 완전히 멸망해버리리라고 한 것입니다.

　아니, 삼성혜연 같은 걸출한 제자가 할(喝) 하고 고함치며 응대하면 "아이고, 네가 그만하면 법을 장하게 쓸 줄 아니, 내 법은 삼성, 너한테 가서 참말로 멸실되지 않도록 네가 법을 잘 전해라." 하고 이렇게 말씀해주실 법도 한데, 정반대로 말씀하셨습니다. 삼성스님은 정안을 갖춘 대조사인데, "사람도 아니고 짐승, 축생 중에도 눈먼 나귀여, 아, 저런 놈한테 가서 내 정법안장이 완전히 없어져버리겠구나!" 하고 한탄스럽게 말씀하신 것입니다.

　하지만 임제스님의 이 말을 이렇듯 피상적으로만 이해하면 상신실명(喪身失命)하고 맙니다. 말은 동쪽에 있는데 뜻은 서쪽에 있기 때문입니다. 그래서 언제든지 이런 법문은 말을 따라가지 말고 꼭 말속에 든 근본 뜻을 바로 깨쳐야 합니다.

　보통으로 볼 때는 '법이 아주 없어져버리겠구나'라고 말씀한 것처럼 보이지만 사실은 그것이 아니고 저 깊은 뜻이 있습니다. 이 깊은 뜻이라는 것은, 누구든지 임제나 삼성스님처럼 참으로 정법안장을 확철히 깨쳐 일체만법에 자유자재한 대종사가 아닐 것 같으면 알지 못합니다.

또, 말은 동쪽에 있는데 뜻은 서쪽에 있다고 하니까, '그럼 없어지지 않는다는 말 아닌가?' 하고 이렇게도 이해할지 모르겠습니다. 그렇지만 그것이 아니다 말입니다. 여기서는 '멸(滅)이다 혹은 멸(滅)이 아니다, 없어졌다 혹은 없어진 것이 아니다'라는 데에 핵심이 있는 것이 아닙니다. 이 말씀의 근본 뜻은 금방도 말했지만 임제스님이나 삼성스님 같은 대조사가 아니면 모릅니다.

임제스님의 정법안장이 그때 다 없어져버렸으면 어떻게 대조사들이 계계승승해서 대를 이어 그렇게 많이 나오고, 임제종이 천하에 퍼질 수 있었겠습니까? 이것은 바로 깨쳐야 알지 그전에는 모릅니다.

26.
원각노연　금위유통
圓覺老演이 **今爲流通**하니,

원각종연 노스님이 이제 『임제록』을 널리 유통시키니,

원각노연(圓覺老演)은 원각사(圓覺寺)라는 절에 거처하던 종연(宗演) 선사를 가리키는데, 운문종의 운문스님 밑에 8세손입니다. 하북(河北) 출신으로서 선화(宣和, 1119~1125) 연간에 궁중으로 초대받아 설법하였으며, 천자의 신임이 두터운 명승이었습니다. 그 종연스님이 『임제록』을 수집해 1120년에 다시 펴냈습니다. 이제, 원각사의 늙은이가 임제의 어록을 수집해서 천하에 유통을 시켰다는 것입니다.

27.
점검 장래　　고무차천
點撿將來관대 **故無差忒**이로다.

내용을 자세히 점검해 보건대 참으로 틀림없도다.

　내용을 자세히 점검하고 검사해 보니, 글자든 뜻이든 무엇이든 간에 잘못된 부분이 하나도 없이 아주 완벽하다는 말입니다. 실제에 있어서 원각종연 선사 전에도 『임제록』이 전해지기는 했지만 이렇게 널리 천하에 유통되지는 못했어요. 그런데 원각종연 선사가 원을 세우고 『임제록』을 펴내서 천하에 유통시켰습니다. 출판을 하다보면 그래도 혹 착오가 있을 수 있고 글자도 잘못되고 와전도 될 수 있다 말입니다. 그렇건만 모든 것을 어떻게나 정밀하게 잘했는지 아무 착오도 없이 완전한 『임제록』을 전했다는 말입니다.

28.
유여일할　　상요상량
唯餘一喝하고는 **尙要商量**하니,

오직 한마디 할(喝)을 남기노니 오히려 헤아려 보아야 할지니라.

　임제스님은 입문변할(入門便喝), 찾아오는 사람 누구에게나 할(喝)을 하였는데 할(喝)한 이것, 고함 한 번 확 지른 이것만은 상요상량(尙要商量), 아직 더 상량을 필요로 합니다. 이리저리 횡야설수야설(橫也說垂也說)하면서 무슨 잡된 말들이 들어가지는 않았나 살펴보아야 한다는 말입니다. 진짜 법문은 일할(一喝)하는 거기에 다 있고, 그 외의 여러 가지 법문은 부득이해서 방편으로 한 것이므로 여기서 알아야지 일할(一喝), 이 뜻을 모를 것 같으면 『임제록』을 전부 다 외우더라도 실제 임제의 뜻을 모르는 것입니다.

그래서 누구든지 임제스님 말을 따라가지 말고 임제스님이 소리 한 번 지른, 이 일할(一喝)을 분명히 바로 깨쳐야만 임제스님의 법을 알 수 있는 것이지 말을 따라가기만 해서는 안 된다는 것입니다.

29.
구안선류   기무잠거
具眼禪流는 **冀無賺擧**어다.

바라노니 안목 갖춘 선객들은 부디 (임제스님의 가르침을) 잘못 말하지(전하지) 말지어다.

구안선류(具眼禪流), 바른 눈을 갖춘 선수행자 무리라는 말입니다. 눈을 갖춘다 함은, 보통 양쪽 눈 이것만 가지고서는 안 되고 참으로 법안, 혜안, 정법안(正法眼)을 갖추어야 한다는 말입니다. 이 정법안이란 것이 어디에 붙었느냐 하면 저 정문, 정수리에 붙어 있습니다. 정문에 무슨 눈이 있어 정문에 눈을 갖추라 하는가? 실제에 있어서 보통 사람이 가지고 있는 양쪽에 박힌 그 눈으로 봐서는 『임제록』을 억천만겁이 지나도 결코 보지 못합니다. 그 눈으로 봐서는 보이지 않습니다. 하지만 확철히 깨칠 것 같으면 어떤 눈이 생기느냐 하면 저 정문에 눈이 하나 크게 뚫려요. 이 정문에 제3의 눈이 뚫어져 삼천대천세계를 비춰줍니다.

그런 참으로 정안을 갖춘 선류(禪流)일진대 기무잠거(冀無賺擧), 임제스님의 법문을 잘못 전하지 말라, 속이지 말라는 말입니다. 공연히 자기도 알지 못하면서 쓸데없는 사량복탁(思量卜度), 번뇌 망상을 가지고 임제스님 법이 이러니저러니 한다면 임제스님의 법만 망치고 마는 것이 아니라, 자기 자신이 먼저 죽는다 말입니다.

참으로 정문에, 이마 한가운데에 정법안을 갖춘 매서운 납승이 아닐 것 같으면 『임제록』을 천년만년 외우더라도 끝내 이해를 못하고 맙니다. 그러니까 누구든지 이 『임제록』을 보는 이라면 정문안을 갖추어 조금도 그릇됨이 없이 법을 바로 전해라, 바로 전하려면 확철히 바로 깨쳐야 하고 바로 깨치기 전에는 모른다 이 말입니다.

그래, 바로 깨치려면 공부를 부지런히 해야 될 일 아니겠어요? 공부하지도 않고 어찌 깨칠 수 있나요? 그러니까 누구든지 여기에서 지금 법문을 듣고 있는 사람들도 어떻게 해서든지 화두공부를 부지런히 해 가지고 확철히 깨쳐 임제스님 법을 바로 알아야 합니다. 그리하기 전에는 내가 미래 겁이 다하도록, 귀에 못이 박히도록 아무리 얘기를 해 보아도 우비독경(牛鼻讀經)이야. 쇠코에 경 읽어주는 것과 한가지다 이 말입니다. 쇠귀에 경을 읽어도 안 되는데, 쇠코에 경을 읽어주어서야 무슨 소용이 있어요? 아무 소용없다 말입니다. 그래서 실제 임제스님을 아느냐 모르느냐, 이 법문을 이해하나 못하나 하는 것은 공부를 부지런히 해 바로 깨쳐야지, 바로 깨치지 못한다면 『임제록』뿐 아니라 팔만대장경을 거꾸로 외우고 모로 외워도 아무 소용이 없습니다.

선화경자중추일   근서
宣和庚子中秋日에 **謹序**하노라.

선화(宣和) 경자(庚子, 1120) 한가위에 삼가 쓰다.

선화경자중추일(宣和庚子中秋日)은 북송 휘종 2년 때의 중추절입니다. 서기로 보면 1120년이에요. 임제스님이 돌아가신 지 254년 뒤에 원각종연 선사가 『임제록』을 천하에 널리 유통케 했습니다. 그렇다고 그 이전에는 『임제록』이 천하에 유통되지 않았나 하면 그건 아니에요. 조금씩 베껴 쓰고 했지만 이렇게 천하에 널리 유포된 것은 임제스님이 돌아가신 지 254년이나 후의 일이었습니다.

마방의 서문을 마칩니다.[40]

---

40 「마방의 서」에 대한 평석의 첫 머리에서 성철스님은 "역사서에 마방이라는 이름이 전해지지 않고 있습니다. 다만 임제스님 어록의 서문을 지은 것으로 보아 불교에 조예가 있었던 분으로 생각됩니다."고 해설하고 있다. 그런데 『임제록 평석』을 정리하는 과정에 마방과 관련된 역사적 기록들을 적지 않게 찾았기에 간략히 소개하고자 한다. 마방과 관련된 기록을 비교적 많이 전하는 역사서는 『송회요집고(宋會要輯稿)』다. 대만 중문대사전편찬위원회가 1982년 발행한 『중문대사전(中文大辭典)』(중국문화대학출판부) 제3권(p.416)에 의하면, 총4백60권으로 이뤄진 『송회요집고(宋會要輯稿)』(한국·일본에서는 『송회요(宋會要)』라 부르기도 한다)는 청나라 사람 서송(徐松, 1781~1848)이 가경(嘉慶, 1796~1820) 연간에 편집한 역사서로서 송나라 당시 편수된 『회요(會要)』와 명나라 때 편찬된 『영락대전(永樂大典)』 등에 산재된 사료들을 한곳에 모아 편집한 것인데, 유감스럽게도 정식으로 출판되기 전에 서송이 타계하고 말았다. 오랜 세월 묵혀있던 원고를 광서(光緒, 1875~1908) 연간에 취득한 장지동(張之洞)이 중화민국 4년(1915)에 교감했고, 그 뒤 유승간(劉承幹)이 다시 정리·보강한 원고를 북평도서관(北平圖書館. 북평은 당시 북경의 명칭)이 중화민국 20년(1931)에 구입해 중화민국 24년(1935)에 영인·출간함으로써 『송회요집고(宋會要輯稿)』의 존재가 비로소 세상에 알려지게 됐다. 그 후 북경의 중화서국이 1957년 복제·발행했고, 1997년 제3쇄를 출판했다. 대만의 신문풍출판사(新文豊出版社) 또한 북평도서관의 이 책을 1976년 영인·출간했다. 주목할 것은 왕덕의

(王德毅)가 편저(編著)하고, 대만의 신문풍출판사가 1978년 출판한『송회요집고인명색인』이 2014년 상해고적출판사가 펴낸 표점본(전16권)과 함께『송회요집고(宋會要輯稿)』의 학술적 연구와 활용에 새로운 장을 열었다는 점이다.
『송회요집고(宋會要輯稿)』와 더불어 마방 연구에 자료를 제공하는 역사서로는 송나라 이도(李燾, 1115~1184)가 저술한『속자치통감장편(續資治通鑑長編)』이 있다. 이 책 제339권에 마방에 관한 기록이 한 줄 나온다. 북경의 중화서국 편집부가 1990년 출간한『속자치통감장편(續資治通鑑長編)』제339권(제23책. p.8162)에 있는, "도적을 사로잡은 공로로 건주(虔州) 감현위 마방에게 선덕랑(宣德郞)을 제수했다."는 서술이 그것이다. 마방에 관한 보다 자세한 기록은『송회요집고(宋會要輯稿)』에 있다. ①『송회요집고』제30책(중화서국 영인본 제2권 p.1282)에 "대관(大觀) 2년(1108) 상서형부시랑 마방…"의 기록, ②『송회요집고』제30책(중화서국 영인본 제2권 p.1284)에 "대관2년(1108) 12월… 형부시랑 마방…"의 기록, ③『송회요집고』제34책(중화서국 영인본 제2권 p.1441)에 "선화(宣和) 6년(1124) 4월 연강전학사 마방에게 은 3백 냥과 비단 3백 필을 특별히 하사하다…"의 기록, ④『송회요집고』제51책(중화서국 영인본 제2권 p.2029)에 "선화 6년(1124) 4월 연강전학사광록대부 마방을 특진시키다."는 기록, ⑤『송회요집고』제73책(중화서국 영인본 제3권 p.2898)에 "숭녕(崇寧) 5년(1106) 6월 7일 마방의 관직을 특별히 한 등급 올렸다."는 기록, ⑥『송회요집고』제90책(중화서국 영인본 제4권 p.3540)에 "숭녕(崇寧) 5년(1106) 정월 20일 마방을 형부시랑에서 파직시키고, 중봉대부(中奉大夫)에 임명했다."는 기록, ⑦『송회요집고』제95책(중화서국 영인본 제4권 p.3744)에 "정화(政和) 2년(1112) 8월 29일 형부시랑 마방…"의 기록, ⑧『송회요집고』제95책(중화서국 영인본 제4권 p.3754)에 "정화 2년(1112) 형부시랑 마방…"의 기록, ⑨『송회요집고』제99책(중화서국 영인본 제4권 p.3918)에 "대관(大觀) 4년(1110) 형부시랑 마방의 관직을 한 등급 강등해 지기주로 삼았다…"는 기록, ⑩『송회요집고』제120책(중화서국 영인본 제5권 p.4768)에 "정화(政和)원년(1111) 5월 26일 복중대부 지기주 마방…"의 기록, ⑪『송회요집고』제168책(중화서국 영인본 제7권 p.6638)에 "정화 2년(1112) 2월 13일 상서형부시랑 마방…"의 기록, ⑫『송회요집고』제168책(중화서국 영인본 제7권 p.6664)에 "숭녕(崇寧)2년(1103) 대리사소경(大理寺少卿) 마방…"의 기록, ⑬『송회요집고』제190책(중화서국 영인본 제8권 p.7452)에 "정화 6년(1116) 6월 18일… 경략사(經略使) 조적(趙適)·마방 등의 관직을 한 등급 올렸다…"는 기록 등 13건의 자료들을 종합하면, 마방은 숭녕(崇寧) 5년(1106) 요나라에 사신으로 갔다가 명(命)을 제대로 이행하지 못했다는 이유로 중봉대부(中奉大夫)로 강등됐으나, 대관(大觀) 2년(1108) 예전의 관직인 상서형부시랑(尙書刑部侍郞)에 복직된다. 대관(大觀) 4년(1110) 요나라에 다시 사신으로 갔다가 손가락을 잘리는 아픔을 겪을 뿐 아니라, 관직도 지기주로 강등된다. 그러나 정화원년(1111) 수현전수찬지소주(修賢殿修撰知蘇州)에 오르며 승진을 거듭, 연강전광록학사대부를 거쳐 정화(政和) 6년(1116) 경략사(經略使)가 된다. 『송회요집고』 제51책(중화서국 영인본 제2권 p.2029)에 "선화(宣和) 6년(1124) 4월 연강전학사광록대부(延康殿學士光祿大夫) 마방을 특진시키다."는 기록이 있는 것으로 보아 당시 그의 직책은 연강전학사광록대부였던 것으로 판단된다. 여기서 주목할 것은 선화(宣和) 2년(1120) 집필된 『임제록』 「마방의 서」에 '연강전학사금자광록대부'라는 직책이 적혀 있다는 점이다. 따라서 마방은 적어도 1116년 이전에 연강전학사대부에 승진한 것으로 판단된다. 문제는 마방의 타계에 관한 기록이 아직까지 발견되지 않았다는 것이다. 일본학자 야나기다 세이잔은 2004년 펴낸 『임제록』(중앙공론사, p.14)에서, 『동양사학논총(東洋史學論叢)·속편(續編)』(2002년, 급고서원[汲古書院] 간행)에 나가지마 토시씨가 발표한 논문을 인용해 "마방이 선화(宣和) 6년(1124) 4월 연강전학사광록대부(延康殿學士光祿大夫)에 특진됐으나 이미 타계했다."고 기술해 놓았다. 그렇다면, 1120년 『임제록』 서문을 쓴 이후부터 1124년 사이의 어느 날 마방이 서거한 셈이다. 어찌됐든 그동안 잘 알려지지 않았던 마방이 실존인물이며, 역사서에 그의 행적이 비교적 자세히 기술될 정도로 비중 있는 사대부였음을 『송회요집고』를 통해 알 수 있다. 물론 『송회요집고』의 기록만으로는 마방이 얼마나 불교에 조예가 깊었는지 또는 선사들의 행적들에 대해 어느 정도로 잘 알았는지 등을 자세히 파악하기는 힘들다.

그러나 적어도 『임제록』 서문이 보여주듯 마방은 당나라의 배휴나 송나라의 왕안석·소동파 등 여타 사대부들처럼 불교에 상당히 조예가 깊었고, 임제스님의 일대기를 세밀하게 기술할 정도로 선사들의 행장에 대해서도 만만찮은 내공을 가졌던 인물이었음은 분명하다. 불교와 관련된 송나라 사대부들의 행적을 새롭게 연구할 필요가 있음을 새삼 부각시켰다는 점에서도 『송회요집고』에 있는 마방의 기록들을 주목할 필요가 있다고 생각한다.

3장
상당

1. 일대사인연(一大事因緣)

1) 어찌 근본도리를 숨기겠는가!

<small>부주왕상시   여제관   청사승좌   사상당운</small>
府主王常侍가 **與諸官**으로 **請師升座**하니 **師上堂云**,

<small>산승   금일   사불획이   곡순인정</small>
山僧이 **今日**에 **事不獲已**하야 **曲順人情**하여

<small>방등차좌   약약조종문하   칭양대사</small>
方登此座하나 **若約祖宗門下**에 **稱揚大事**인대

<small>직시개구부득   무이조족처</small>
直是開口不得이며 **無爾措足處**니라.

<small>산승   차일   이상시견청   나은강종</small>
山僧이 **此日**에 **以常侍堅請**이니 **那隱綱宗**이리요!

<small>환유작가전장   직하   전진개기마   대중증거간</small>
還有作家戰將하야 **直下**에 **展陣開旗麽**아 **對衆證據看**하라.

하북부 성덕군의 지방장관인 왕상시(王常侍)가 관원들과 함께 임제스님에게 법좌에 올라 설법할 것을 청하니, 임제스님이 법좌에 올라 말했다.

"산승이 오늘 형편상 마지못해, 인정에 따라 어쩔 수 없어 이 자리에 오르게 되었다. 하지만 조사의 문하에 일대사인연을 들

어 보이는 것은 입을 열어 말할 수도 없고, 그대들도 발 디딜 곳이 아무 데도 없다.

그러나 오늘 왕상시가 간절히 청하니 산승이 어찌 근본도리를 숨기겠는가! 또한, 뛰어난 본색종장(本色宗匠)이라면 당장 진을 치고 깃발을 꽂고 법전(法戰)을 펼쳐볼 만하지 않겠는가? 대중 앞에 증명해 보여라!"

부주(府主)란 막료의 장관을 말합니다. 왕상시(王常侍)는 상시라는 직함을 가진 왕씨라는 사람인데, 여러 가지 설이 있지만[41] 사료(史料)가 분명하지 않아 누군지 확실한 건 잘 모릅니다. 왕상시가 자기 부하들과 함께 임제스님께 법좌에 올라 법문해 주실 것을 청하니, 임제스님이 상당하여 법문을 하셨습니다.

중생이 본래 부처[本覺]이기에 그 어떤 설법도 설할 필요가 없지만, 중생을 교화하기 위해 인정상 어쩔 수 없어 방편을 따르다 보니, 법좌에 올라앉게 되었다는 말씀입니다. 하지만 조사문중의 입장에서 보면 일대사를 펴는 일이란 입을 열려야 열 수 없으며 그대들이 도저히 발을 붙이려야 붙일 수도 없습니다.

---

41 현대 중국의 학자 양징원(楊曾文)은 하북(河北) 삼진(三鎭) 가운데 절도사의 성(姓)이 왕(王)인 곳은 성덕군(成德軍: 鎭州)뿐이었음을 밝히고 임제스님이 주로 활동한 시기가 당나라 선종(宣宗, 재위 847~859)과 의종(懿宗, 재위 860~873) 때임에 근거하여 『임제록』에서 주로 언급되는 왕상시(王常侍)는 왕소의(王紹懿, ?~866)라고 특정하였다. 양징원(楊曾文) 편집(編校) 『임제록(臨濟錄)』 p.8 참조. 왕경초(王敬初)라는 설도 있는데 왕경초는 양주(襄州) 호북성(湖北省) 출신으로서 위산영우(潙山靈祐)를 사사한 속가의 법제자로 알려진 인물이다. 『조당집』 권19 참조.

임제스님 법문의 첫 번째 서두는 이렇게 시작합니다.

첫째는 '그대들이 나더러 자꾸 법문해 달라 하니까 할 수 없어서, 인정을 거부할 수 없어서 법좌에 올랐다. 하지만 인정에 끌려서 똑바로 나가는 게 아니라 거꾸로 꾸부리고 간다'는 말씀입니다. 신심 있는 신도가 법문을 청하므로 법좌에 오르기는 했지만 "실지로 내가 할 짓은 아니야!"라고 말하고 있는 것입니다. 왜 상당법문을 하면서 이렇게 말씀하셨는가?

둘째는 '내가 지금 여기에서 법문하면서 종문의 일대사를 펴는 것으로 말하자면 이것은 나만 입을 열어서 이리저리 말할 수 없을 뿐만 아니라 여러분도 발을 붙이려야 붙일 수 없다는 것'입니다.

우리 종문의 일뿐만 아니라 법을 설하는 일이 다 그렇습니다. 『법화경』에 부처님이 말씀하시기를, "제법적멸상(諸法寂滅相)은 불가이언선(不可以言宣)이라, 모든 일체 만법의 적멸한 모양은 말로 어떻게 아무리 설명하려 해도 설명할 수 없다."[42]고 하였습니다. 설명할 수 없다는 것은 말 그대로 설명할 수 없다는 것 뿐만 아니라, 시방삼세의 부처님이 한량없이 출현해 미래 겁이 다하도록 불법의 근본을 설명해도 털끝만치도 실지로 법을 설명하지 못한다는 말입니다. 이것은 본시 "언어도단(言語道斷)하고 심행처멸(心行處滅)이라, 언어의 길이 끊어지고 마음 가는 곳이 없다."[43]는데, 아무리 총명한 사람이라도 사량분별(思量分別)로 헤아릴 수 없는 법을 어떻게 말로 표현할 수 있겠습니까? 언어의 길이 끊어지고 마음 가는 곳이 없으니, 상상하려야 상상할 수도

---

42 『法華經』권1 「方便品」 T.9 p.10a.
43 『大智度論』권2 「序品」 T.25 p.71c ; 『傳心法要』 T.48 p.380b.

없고 말로 표현하려고 해도 표현할 수 없습니다. 모든 법의 근본은 말로도 표현할 수 없고 생각으로도 헤아릴 수 없으니, 그런 법을 미래겁이 다하도록 아무리 설한들 무슨 소용이 있느냐 말입니다.

사실 법을 바로 알고 보면 법문을 한다는 사람도 미친 사람이고, 법을 듣는 사람도 미친 사람입니다. 그렇지만 여러분들이 나에게 자꾸 법문해 달라 하니까 할 수 없이 인정을 따라 내가 법문을 하긴 하지만 이것은 내가 할 짓이 아니다, 나도 죽고 여러분도 죽고 양쪽이 다 죽습니다.

그렇다면 "제법적멸상(諸法寂滅相)은 불가이언선(不可以言宣)이라, 일체 만법의 적멸한 모양은 말로 표현할 수도 없고 마음으로 상상하려야 상상할 수도 없다."는데, 무엇 때문에 법을 설하는가? 그래서 부처님께서 "이방편력고(以方便力故)로 위오비구설(爲五比丘說)이라, 방편력(方便力)을 가지고 다섯 비구에게 법을 설했다."[44]고 하셨어요. 방편이라는 것은 실지가 아니니, 실지로 법이라는 것은 설하려야 설할 수 없으니 몇 걸음 물러서서 방편을 썼다는 것입니다. 혹 방편을 쓰면 사람들이 바른 길로 들어갈 수 있을까 해서 이렇게 방편을 쓴다 말입니다.

방편에는 여러 가지가 있습니다. 교리적으로 볼 때 부처님이 처음 성불해 『화엄경』을 설했다고 합니다. 『화엄경』을 설하니 대중들이 알 수가 있나요? 그래서 퇴설삼승(退說三乘), 물러서 가지고 삼승을 설했어요. 삼승을 설명하니까 그때서야 조금 중생이 이해를 한다 말입니다. 『화엄경』은 대학과정이라 좀 얘기해 보니까 못 알아들어서 결국

---

44 『法華經』 권1 「方便品」 T.9 p.10a.

유치원과정으로 물러서서 눈높이를 낮추어 설명하다가 아이들이 어지간히 크면 그때 말합니다. "지금까지는 너희가 하도 못 알아들어 너희를 이해시키기 위해 할 수 없이 거짓말을 좀 해왔는데 이제 너희가 컸으니 거짓말은 내버려두고 내 참말 좀 들어라." 이렇게 해서 『법화경』을 설하게 되었습니다. 『법화경』에서 부처님이 말씀하시길, "그전에 내가 말한 것은 실제에 있어서 방편이지 참말이 아니다. 내가 거짓말 한 것은 너희들 지혜를 키우기 위해서였다. 그것이 너희에게 이익이 됐으면 됐지, 손해된 것은 없으니 나를 허물하지 말라."[45]고 하시고는 제법실상(諸法實相)을 설하셨습니다.

그러나 교외별전(敎外別傳)의 입장에서 본다면 제법실상이라는 것도 실설(實說)이나 실담(實談)은 아닙니다. 이것 역시 방편이란 말입니다. 대·소승 경전 전체가 다 방편이면 그럼 교외별전은 실설인가? 교외별전도 실설이 아닙니다. 이 역시 방편입니다. 『임제록』이것도 실지로는 방편입니다. 이것을 실법이라 여기고 여기에 먹고 살 뭔가가 들어 있는 줄 알면 전부 다 굶어 죽습니다. 『임제록』에 먹고 살 양식이 들어 있는 것이 아닙니다. 이 법문 속에는 실지로 살 길이 없습니다. 이러한 진실을 알고 법을 들어야지 여기에 무슨 살 길이 있다고 여기고, 실지 법문으로 의지한다면 법을 설한 사람도 죽고 듣는 사람도 죽습니다. 그래서 임제스님이 "너희들이 하도 간청을 하니까 인제 방편을 쓴다."고 말한 것입니다.

---

45 『법화경』의 다음 구절을 성철스님이 쉽게 풀어 대중에게 하신 말씀으로 보인다. 『法華經』 권1 「方便品」 T.9 p.8a, "十方佛土中, 唯有一乘法, 無二亦無三, 除佛方便說, 但以假名字, 引導於衆生. 說佛智慧故, 諸佛出於世, 唯此一事實, 餘二則非眞."

칭양대사(稱揚大事), 일대사인연은 누구도 입을 열어 말하려야 말할 수 없고 어떻게 해도 발을 붙일 수 없는 것입니다. 저 절벽을 기어 올라가고 차라리 허공을 기어 올라갔으면 갔지, 안 된다 말입니다. 허공을 무엇을 붙잡고 기어 올라갈 것이며, 아주 가파른 절벽을 어찌 발을 붙이고 올라갈 수 있습니까? "그러니 그렇게 알고 내 법문을 들으라." 하신 말입니다. 예전 스님 말씀에, 내가 실지에 있어 참으로 법을 바로 쓰려 하면 '법당 앞에 풀이 한 길이다'라는 그런 말씀도 있거든요. 법당 앞에 왜 풀이 한 길이라 할까요? 법당 앞에 풀이 한 길이라는 그 뜻을 알아야 합니다.[46]

왕상시가 간절히 법문을 청하니 그가 알아듣든 못 알아듣든, 거짓말이든 참말이든, 방편이든 실법이든 비상(砒霜)인 줄 알면서도 안 줄 수 없습니다. 앞에서는 입을 열 수도 없고 손발을 댈 수도 없다고 했는데 여기서는 또 근본도리를 숨기지 않는다고 말하고 있습니다. 왜일까요? 앞뒤 말이 배치(背馳)된 것 같지만 여기에 깊은 뜻이 들어 있습니다.

누군가 참말로 확철히 깨친 사람이 있으면, 이곳에 당장 진을 치고 깃발을 내걸고 싸우는 전쟁터의 장수처럼 한번 겨뤄보자는 것입니다.

---

[46] 장사경잠(長沙景岑)이 했던 말. "법좌에 올라 말했다. '내가 외곬으로 종지(宗旨)만 거양한다면 법당에 우거진 풀이 한 길이 될 것이나, 내 어쩔 수 없이 그대들에게 말하는 것이다.'"(『景德傳燈錄』 권10 T.51 p.274a, 上堂曰, '我若一向擧揚宗教, 法堂裏須草深一丈, 我事不獲已, 所以向汝諸人道.') ;『碧巖錄』96칙 T.48 p.219a ;『法演語錄』권상 T.47 p.649a. '법당 앞에 풀이 한 길'이라는 말은 법령을 엄정하게만 시행하거나 단적으로 무엇인가를 확정하여 제시하면 찾아오는 사람들의 발길이 끊어지고 말리라는 뜻으로 상황에 따라 의미에는 차이가 있다. 성철스님은 여기서 표면적인 말에 결코 담길 수 없는 근본을 잘 살피라는 뜻으로 하신 듯하다.

실지 법을 설하고 법을 거량한다는 것은 양 진영의 뛰어난 장군이 서로 백만 대군을 거느리고 전쟁을 벌이는 것과 마찬가지입니다.

임제스님 말씀은 참으로 대장군이 있거든 큰 칼을 들고 한번 나서보라는 것입니다. 관운장(關雲長)이 청룡도(青龍刀)를 들고 원소(袁紹)의 백만 대군을 헤치고 안량(顏良)과 문추(文醜)의 목을 베어온 것처럼 그런 사람이 있느냐라는 말입니다. 관운장 같은 천추만고에 뛰어난 대장군이 아니면 안 되고 청룡도 같은 참으로 잘 드는 칼이 아니면 안 됩니다. 크게 깨쳐 법을 쓰되 관운장이 청룡도를 놀리듯이 자유자재하여 부처를 만나면 부처의 목을 베고 조사를 만나면 조사의 목을 벨 수 있는 사람이어야 합니다. 임제든 덕산이든 누구든 어른거리는 대로 살불살조(殺佛殺祖)하는 그런 사람이라야만 임제와 상대해 거량할 수 있지, 그렇지 않으면 적시여산(積屍如山), 송장이 온 삼천대천세계에 산더미같이 쌓인다 말입니다. 그런 선객이 있다면, 우리가 여기 다 모여 있으니 대중 앞에 썩 나서서 증거해 보여라, 산승의 목을 한 번 쳐보라는 말입니다.

2) 어떤 것이 불법의 큰 뜻입니까?

僧問, 如何是佛法大意오?

師便喝한대 僧이 禮拜라.

師云, 這箇師僧이 却堪持論이로다.

그때 한 스님이 "어떤 것이 불법의 큰 뜻입니까?"라고 묻자, 임제스님이 곧장 '할(喝)!' 하고 그 스님은 절을 하였다.

임제스님이 말했다. "이 스님과는 그래도 말을 나눌 만하구나."

그러자 여기에 대담하게 한 스님이 썩 나서며 "어떤 것이 불법대의(佛法大意)입니까?" 하고 물었습니다. 보통 스님 같으면 임제스님의 기(氣)에 눌려 숨도 못 쉴 판인데, 무슨 말을 잘못하고 나섰다가는 맞아 죽을지도 모르는 판인데 어떻게 감히 묻겠어요? 그런데 한 스님이 용기를 내어 '어떤 것이 불법의 큰 뜻입니까?' 하고 묻더란 말입니다.

그 물음에 임제스님이 '할(喝)', 고함을 벽력같이 질러버리니, 그 스님은 절을 합니다. 불교의 근본원리를 묻는데 임제스님은 왜 고함을 지르고, 또 그 스님은 왜 절을 했을까요?

먼저도 얘기했지만 실제에 있어 임제스님이 할(喝)! 하고 고함을 내지르신 이 뜻을 알아야만 불법의 근본 대의를 알 수 있습니다. 이것을 모르면 팔만대장경을 다 외워도 소용없습니다. 아무리 총명이 천하를 덮고 아무리 말솜씨가 소진(蘇秦)과 장의(張儀)[47]보다 뛰어나도 아무 소용이 없습니다. 오직 확철히 깨쳐서 임제스님이 고함치고 황벽스님이 몽둥이로 때린 이치를 바로 깨쳐야지, 이것을 바로 깨치기 전에는 소용없습니다.

불법대의를 물으니 임제스님은 할(喝) 하고 그 스님은 절을 한다?

47　소진(蘇秦)과 장의(張儀): 말을 잘하는 사람, 구변이 뛰어난 사람. 중국 전국시대(戰國時代)의 소진과 장의처럼 언변이 좋은 사람을 가리키는 말. 소진은 합종책을, 장의는 연횡책을 주창하였다.

절을 왜 할까? 임제스님 법문이 훌륭해서 절을 하는가? 그것이 아닙니다. 그 스님이 절한 행위에는 설비상(雪䂿霜) 같은 무서운 독이 들어 있는데, 임제스님은 어쨌든 척 받아넘깁니다. "이 스님과는 그래도 말을 나눌 만하구나." 하고 임제스님이 수긍하듯 말은 하였지만 말과 뜻이 다른 줄 알아야 합니다.

임제스님 같은 분이 "대중 가운데 누가 있거든 나서서 증명해 보여라." 할 때 아주 눈먼 봉사라면 그런 법담 자리에 나서지 못합니다. 그래도 조금 안목이 있는 선객이나 되니까 나서서 불법의 대의를 묻고, 임제스님의 할(喝)에도 바로 절할 줄 알았던 겁니다. 절한 행위는 감사의 은혜를 표한 것도 아니고 공경을 표한 것도 아닙니다. 보통 예배라 하면 어른한테 공경을 표하는 뜻인데 그게 아닙니다. 낙처(落處), 말이 떨어진 곳, 즉 급소는 저 다른 데 있습니다. 그 스님의 절에는 설비상 같은 무서운 독이 들어앉아 있습니다. 임제스님이 "그래도 선객 중에 조금 서로 수작(酬酌)해 볼 만하구나!", 상대해 볼 만하다고 한 말도 칭찬한 말 같지만 칭찬이 아닙니다.

내가 이렇게 말하면 혹 어떤 사람은 "절한 것은 예를 표한 것이 아니고 설비상의 독이 들어 있다 하고, 임제스님 말씀은 칭찬 같지만 사실은 칭찬이 아니라고 하니, 이거 뭐, 우리를 희롱하는 것이 아닌가?" 하고, 의심할는지 모릅니다. 그러나 그 뜻이 어느 곳에 있느냐 하는 것은 바로 깨쳐야 알지 말만 따라가고 글자만 따라갔다가는 누구든지 그만 상신실명(喪身失命), 몸을 다치고 목숨을 잃고 맙니다. 결국은 격외현지(格外玄旨), 격 밖의 깊은 뜻, 언외현지(言外玄旨), 말 밖에 있는 깊은 뜻을 알아야지 이것을 못 깨치면 영원토록 눈 뜬 장님이나 벙어리가 되고 만다 말입니다.

마방의 서문에서 본, 임제스님과 삼성스님의 문답에서 삼성스님이 할(喝) 하니 임제스님이 "내 정법안장이 저 눈먼 나귀에게서 없어지겠구나."라고 탄식을 했습니다. 그런데 지금 여기서는 한 스님이 "어떤 것이 불법대의입니까?" 하고 물으니 임제스님이 할(喝) 하고, 그 스님이 예배를 하자 "아, 그래도 그중 제법 수작할 만하구나, 말을 나눌 만하구나." 하고 임제스님이 말씀하시니, 정반대입니다. 이렇듯 임제스님이 그 스님을 인정하고 있는 분위기 같지만 말 밖의 깊은 뜻은 여기에 있지 않습니다. 그 말 밖의 뜻을 우리가 알아야 합니다.

3) 황벽스님 회하에서 세 번 물었다가 세 번 얻어맞았네

問, 師는 唱誰家曲이며 宗風은 嗣阿誰오?
師云, 我在黃檗處에 三度發問하야 三度被打라.
僧이 擬議한대 師便喝하고 隨後打云,
不可向虛空裏釘橛去也니라.

그 스님이 임제스님에게 물었다. "스님은 누구의 노래를 부르시며, 어느 분의 종풍을 계승했습니까?"

임제스님이 답했다. "나는 황벽스님 회하에서 세 번 물었다가 세 번 얻어 맞았다."

그 스님이 머뭇거리며 무어라고 말하려는데, 임제스님은 '할

(喝)!' 하고 나서 바로 한 차례 때리면서 말했다.
"허공에 말뚝 박지 마라."

스님께선 누구의 노래를 부르십니까?
스님께선 누구의 법을 쓰시는 것입니까?
스님께서 뭘 좀 아는 체하고, 법을 쓰는 척하고 이러시는데, 도대체 어디서 누구의 풍광을 배워왔습니까? 즉, 당신에게 풍광을 가르쳐준 스승이 누구인가를 묻고 있는 것입니다.

임제스님이 말합니다. "내가 그대에게 고함이나 지르니 귀가 좀 시끄러웠겠지만 나는 황벽스님에게 불법대의를 세 번 물었다가 세 번 다 20방씩 두드려 맞아 전신의 뼈가 다 부러질 뻔했다."

임제스님이 그렇게 말할 때, 그 스님이 바로 한마디 했어야 하는데, 우물쭈물하니 대번에 임제스님이 고함을 내질러버리고 이어 몽둥이로 때려줍니다. 의의(擬議)는 어름하고 좀 모호하다는 말인데 어떻게 보면 용두사미(龍頭蛇尾)같지 않습니까? 처음에는 용의 머리를 내놓는 것처럼 그 스님이 뭘 좀 아는 것같이 나가더니만 뒤에 가서는 뱀꼬리같이 돼버렸습니다. 그래서 임제스님이 고함을 지르고 나서, 바로 몽둥이로 그 스님을 때려주면서 꾸중합니다.

"아, 이 미친놈아! 저 허공에 말뚝을 박는 어리석은 짓거리하지 마라. 말뚝을 박으려면 땅에다 박아야지 어찌 허공에다 박을 것이냐?"

내가 누누이 말하지만 이런 법문은 정법안장(正法眼藏)을 바로 갖추어야 아는 것이지 사량분별(思量分別)로는 절대 모릅니다. 무슨 지식으로도 알 수 없고, 생각으로도 알 수 없고, 문자로도 알 수 없고 오직 깨쳐야 됩니다. 내가 이런 쓸데없는 법문을 하는 것도 얼른 부지런히 공부해서 임제스님의 근본 뜻을 바로 깨쳐 참다운 정안을 갖춘 사람이 되자고 하는 것입니다. 공연히 쓸데없이 "무슨 말인지는 모르겠지만 그 법문 참 재미있네!" 하는 식으로 듣고만 있으면 안 되고 바로 깨쳐야 합니다.

4) 부처가 어디에 있단 말인가?

_{유좌주문 삼승십이분교 기불시명불성}
有座主問, 三乘十二分敎가 **豈不是明佛性**고?

_{사운 황초 부증서}
師云, 荒草를 **不曾鋤**로다.

_{주운 불기잠인야}
主云, 佛豈賺人也리오!

_{사운 불재십마처}
師云, 佛在什麼處오?

_{주무어 사운 대상시전 의만노승}
主無語어늘 **師云, 對常侍前**하야 **擬瞞老僧**이로다.

_{속퇴속퇴 방타별인제문}
速退速退하라. **妨他別人諸問**인저.⁴⁸

어떤 좌주가 임제스님에게 물었다.

"삼승십이분교가 어찌 불성을 밝힌 것이 아니겠습니까?"

임제스님은 "잡초를 호미로 맨 적이 없다."⁴⁹고 했다.

---

48 『臨濟錄』古尊宿語錄4 X.68 p.23b ;『天聖廣燈錄』권10 X.78 p.467b 등에는 "妨他別人請問"이라 되어 있다.
49 잡초는 번뇌를 비유한다. 애써 번뇌를 제거하고 불성을 드러낼 필요가 없다. 즉 번뇌즉보리(煩惱卽菩提)라는 맥락이다.

좌주가 "부처님께서 어찌 사람을 속이셨겠습니까!" 하니 임제스님은 "부처가 어디에 있단 말인가?"라고 하였다.

좌주가 말이 없자 임제스님이 말했다.

"상시 앞에서 이 노승을 속이려 하는구나. 속히 물러나라, 물러나. 다른 사람들이 묻는 것까지 방해하고 있다."

"삼승십이분교,[50] 일체 대장경, 팔만대장경 이것이 다 불성을 밝힌 것이 아니겠습니까?" 하고 좌주(座主)인 강주가 묻습니다. 깨치기 전에는 다 소용이 없다고 자꾸 임제스님이 큰소리치니 좌주가 한 번 걸고 들어와 보는 것입니다. 임제스님은 "저 우거진 풀밭의 잡초를 뽑은 적이 없다. 땅에 잡초가 꽉 차도록 우거져 있는데 지금까지 풀을 한 번도 뽑지 않았다."고 답합니다. 왜 이런 말씀을 했을까요? 이것을 알아야 됩니다.

"부처님이 거짓말을 한단 말씀입니까? 부처님이 어찌 사람을 속이시겠습니까! 그러니, 임제스님 당신이 틀렸습니다." 하고 좌주가 말하니 임제스님이 답합니다. "그럼, 당신이 말하는 부처가 어느 곳에 있는가? 부처가 어느 곳에 있다고 부처가 사람을 속이느니 속이지 않느니 그 따위 수작을 하느냐?"

강주가 대답을 못하니까 임제스님이 야단을 칩니다. "왕상시 앞에서 나를 속이려 드는구나. 얼른 물러가라. 공연히 쓸데없이 다른 사람

---

50 삼승십이분교: 일체의 경전을 가리킨다. 삼승은 성문승·연각승·보살승 각각에 대한 세 가지 교법을 가리키고, 십이분교는 십이부경이라고도 하는데 경전을 서술하는 형식과 내용에 따라 12가지로 나눈 것이다.

이 물어볼 기회까지 방해한다."

'속이려 한다'는 말에는 깊은 뜻이 있습니다. 보통 볼 때 "네가 아무것도 모르면서 나를 속이려고 하는 수작 아니냐?"고 이렇게 해석할지도 모르지만 그것이 아닙니다. '속이려 한다'는 이 말에는 좀 더 깊은 뜻이 있습니다.

"부처님이 고구정녕(苦口丁寧)한 자비로써 모든 중생을 위해 설한 참으로 고준한 법문이 바로 삼승십이분교인데 이것이 불성을 밝히는 것이 아니면 무엇을 밝힌다는 말입니까?" 하는 좌주의 물음에, 임제스님이 "그렇지만 알고 보면 그렇지 않다. 그러니 속이려 들지 마라."고 말하니, 참으로 설비상보다 더 무서운 말씀입니다. 팔만대장경은 사람 죽이는 설비상과 같다는 말을 내가 자주 하는데, 세상에 무슨 부처와 원수지고, 팔만대장경과는 또 무슨 원수졌다고 사람 죽이는 설비상에 비유한단 말입니까?

부처와 팔만대장경이 여기에서 살아나야 된다 말입니다. 내가 한마디 하면, "만약 여기에서 살아나지 못할 땐 백골(白骨)이 연산(連山)이라,[51] 흰 뼈가 온 산에 가득하리라."고 하겠습니다. 그러니까 누구든지 실제로 법을 바로 깨쳐야지 공연히 뭐 경(經)이니, 어록(語錄)이니, 언어문자에 얽매여서는 안 됩니다.

---

51 말이나 생각으로 헤아리거나 지해(知解)를 부리려 하면 죽음에 이를 뿐이라는 말. "어떤 학인이 목주에게 '영산에도 뱀이 있습니까?'라고 묻자 목주가 '이 지렁이 같은 놈아'라고 답하자, 운문이 대신 말했다. '백골이 온 산에 가득하다.'"(『雲門廣錄』권중 T.47 p.561a, 擧僧問睦州, '靈山還有蛇不?' 州云, '者蚯蚓.' 師代云, '白骨連山.')

억! [성철스님께서 법상에서 한 번 고함을 치셨다.]

5) 입을 열기만 해도 이미 깨달음과 어긋나버린다

_{부운 차일법연   위일대사고   갱유문화자마}
復云, 此日法筵은 **爲一大事故**니 **更有問話者麼**아?

_{속치문래   이재개구   조물교섭야}
速致問來하라. **爾纔開口**하면 **早勿交涉也**니라.

_{하이여차   불견   석존   운}
何以如此오? **不見**가! **釋尊**이 **云**하되

_{법리문자   불속인부재연고}
法離文字며 **不屬因不在緣故**라 하니라.⁵²

_{위이신불급   소이금일갈등}
爲爾信不及일새 **所以今日葛藤**이라

_{공체상시여제관원   매타불성   불여차퇴}
恐滯常侍與諸官員하여 **昧他佛性**이니 **不如且退**하리라.

_{할일할   운 소신근인   종무요일   구립진중}
喝一喝하고 云, **少信根人**은 **終無了日**이로다. **久立珍重**하라.

다시 임제스님이 말했다.

"오늘 이 법회는 일대사(一大事)를 밝히기 위한 것이니, 더 묻고자 하는 이가 있는가? 있거든 빨리 나와서 물어라. 그런데 그대가 조금이라도 입을 열기만 해도 깨달음과는 이미 어긋나버리

---

52 "대혜야, 나를 비롯하여 모든 부처님과 여러 보살들은 한 글자도 설하지 않고 한 글자도 답하지 않는다. 왜 그러하겠느냐? 법은 문자를 벗어나 있기 때문이다."(『楞伽經』권4「一切佛語心品」T.16 p.506c, 大慧, 我等諸佛, 及諸菩薩, 不說一字, 不答一字. 所以者何? 法離文字故.) ;『維摩詰所說經』권상「弟子品」T.14 p.540a, "法不屬因, 不在緣故."

고 만다. 어째서 그러한가? 부처님께서 '법은 문자를 여의었으므로, 인(因)에도 속하지 않고 연(緣)에도 있지 않는 까닭'이라고 말씀하신 것을 들어보지 못했는가!

그대들의 믿음이 철저하지 못하기에 오늘 번다하게 말했다. 이 말이 상시와 그들 관원들을 가로막아 불성을 어둡게 할까 걱정이니, 산승도 그만 물러가는 것이 좋겠다."

임제스님이 한소리 크게 내지르고 말했다. "믿음이 부족한 사람은 영영 깨달을 날이 없다. 오래 서서 듣느라 수고했으니 편안히 쉬어라."

임제스님이 "네가 입을 열기만 해도 이미 어긋나버린다."고 하였는데 이것도 잘못된 말 아닙니까? "오늘 내가 법좌에 올라앉아 이렇게 하는 말은 참말로 일대사인연과 불법을 선양하기 위한 것이니 누구든지 물을 것이 있거든 물어보라."고 선포를 해 놓으시곤, "네가 입을 열자마자 이미 어긋나버렸다."고 하면 어쩌란 말입니까? 묻기 위해서는 입을 열어야 하는데, 입만 열면 바로 불법과는 천리만리로 어긋나버린다고 하면 어떻게 물으란 말입니까?

이전에 고인이 늘 하신 말씀이 "말하기 전에, 입 열기 전에 벌써 턱 알았다 해도 바보다."라고 했단 말입니다.[53] 말하기 전에, 입 열기 전에

---

53 이를 선어로는 개구즉착(開口卽錯), 개구즉실(開口卽失), 개구차과(開口蹉過)라고 한다. 이 말을 화두로 수용하여 말을 해도 잘못이요 말을 하지 않아도 잘못이라는 관문을 설정하기도 한다. "말해 보라. 이것이 법을 설한 것인가, 설하지 않은 것인가? 입을 열면 잘못이요, 입을 닫으면 죽을 것이다. 그렇다고 입을 열지도 닫지도 않으면 십만팔천 리로 멀어지리라."(『無門關』「三座說法」 T.48

모든 것을 다 알았다 해도 바보인데 하물며 말을 해야만 안다면 그것은 바보가 아니라 송장입니다. 그래서 누구든지 쓸데없이 이런 말 저런 말 하면 안 됩니다. 그러면 어떻게 해야 되나? 입 없는 사람이 말할 줄 알아야 합니다. 입을 열지도 않고 혀를 놀리지도 않지만 분명히 법을 물을 수 있는 사람이라야 합니다. 임제스님은 "분명히 물어라." 해놓고 또 "입을 열면 안 된다."고 말하고 있는데 어떻게 해야 할까, 이것을 알아야 합니다. 어째서 그러냐 하면 부처님께서도 "모든 일체 만법이란 문자를 떠나 있으니 문자란 건 실제로 가상이다. 그러니 문자로는 법을 표현하지 못한다. 법은 인(因)에도 속하지 않고 연(緣)에도 있지 않기 때문이다. 그런데 어찌 입을 열어 묻고, 입을 열어 대답할 수 있느냐?"라고 하셨기 때문입니다. 그렇지만 그렇게 말하는 임제스님은 정작 입을 열어 말하고 있는 것이 아닌가? 혹 이렇게 볼지도 모르지만 뜻이 여기에 있는 것이 아닙니다.

임제스님은 "그대들이 참으로 이 법을 믿지 못하기에 오늘 이러니 저러니 갈등의 말을 번다하게 하는 것이다."라고 하였습니다. 갈등이란 칡이나 등(藤)나무 넝쿨이 나무를 칭칭 감아 올라가는 것을 말합니다. 이것을 법문에 비유한 것입니다. 칡이나 등덩굴이 나무를 감아 올라가는 것과 마찬가지로 법문이 사람을 해방시키고 해탈케 하는 것이 아니라 꼼짝 못하게 다 묶어 죽여 버린다는 말입니다. 부처님의 말씀을 기록한 경(經)뿐 아니라, 조사들의 어록도 전부 갈등일 뿐입니다. 칡과 등덩굴로 꽁꽁 매놓은 것을 풀어서 사람을 살려야 할 것 아닙니

---

p.296a, 且道, 是說法不說法? 開口卽失, 閉口又喪. 不開不閉, 十萬八千.)

까? 그러나 실제로는 부처님이 49년 동안 베푸신 설법이나 수많은 조사스님이 출현해서 하신 법문이나 전체가 다 일체중생을 칡과 등덩굴로 꽁꽁 얽어매어 죽이는 독이지 사람을 살리고 사람에게 이익을 준 것이 하나도 없다는 것입니다. 임제스님 자신이 법문을 하면서 왜 이런 말씀을 하는지 바로 이 점을 알아야 합니다.

임제스님 자신이 결국 왕상시와 그 관원들을 미혹하게 해 불성을 어둡게 할까 걱정이라 했습니다. 법문을 한다고 하지만 실지에 있어서 듣는 사람을 살리는 것이 아니고 전부 죽이는 일이라서 오래 있다가는 영영 더 많은 사람을 죽이게 되고 말리라는 뜻입니다. 그래서 조금이라도 독약을 덜 뿌리고 사람들을 갈등으로 그만 묶어야겠다고 하신 것입니다.

그런데 언어문자만 사람을 묶는 갈등(葛藤)일까요? 아닙니다. 임제스님의 할과 덕산스님의 방도 갈등입니다. 행봉행할(行棒行喝), 방망이를 휘두르는 방, 고함을 치는 할, 이것도 멀쩡한 눈에 모래를 뿌리는 것과 한가지입니다. 멀쩡한 사람 눈에다가 모래를 자꾸 집어넣으면 어찌 되겠어요? 이전 스님들의 법문뿐만 아니라 몽둥이로 때리고 고함을 지르는, 이 또한 사람을 얽어매어 죽이는 갈등이고 눈이 멀게 모래를 뿌리는 일이란 말입니다. 그러니까 얼른 그만 물러가는 것이 좋으리라 한 것입니다. 너 죽고 나 죽는 데 쓸데없이 서로 끌어안고 죽을 필요가 뭐 있느냐, 참으로 살길을 찾아 각자 얼른 흩어지자는 말입니다.

임제스님은 고함을 벽력같이 한 번 지르고, "믿음의 뿌리가 약한 자는 영영 깨칠 기약이 없다. 오래 서 있었으니 편안하게 쉬어라."고 하면서 법문을 마쳤습니다. 물고기가 될 인연이라 하면 고래가 될 인연을 만나야 하고, 짐승으로 태어날 인연이라 하면 사자가 될 인연을 만나야 할 것인데, 피라미가 될 인연을 만나고 토끼나 너구리가 될 인연을 만나면 참 곤란합니다.

결국 말하자면 몽둥이로 때리는 방, 고함치는 할도 사람을 죽이는 설비상일 뿐인데 하물며 거기서 더 나아가 불성이 어쩌고, 부처니 조사가 어쩌고 뭣이 어떻고 횡설수설하는 것은 다 미친 사람 짓이지 멀쩡한 정신을 가진 사람이 할 일이 아닌 줄 알아야 합니다. 참으로 살아 있는 사람은 아무리 칡과 등덩굴로 얽어매려야 얽어맬 수 없고, 참으로 살아 있는 사람에게는 아무리 눈에다 모래를 넣으려야 넣을 수 없습니다. 죽은 송장이니까 눈에 모래를 넣어도 가만히 있지 산 사람 같으면 가만히 있겠습니까? 어떤 사람은 "내가 무슨 송장이야! 밥 먹고 옷 입고 왔다 갔다 하는데."라고 하겠지만 아무리 하루에 밥을 세 그릇 아니라 백 그릇을 먹고 백 리 천 리를 가더라도 이 법을 바로 깨치지 못하면 죽은 송장과 똑같습니다. 이 말에 얽히고 저 말에 얽히고, 이 말에 눈이 멀고 저 말에 눈이 멀어가지고는 영원토록 살아나지 못합니다. 어떻게든지 화두공부를 부지런히 해 이 법을 바로 깨쳐야 하니, 우리 한번 모두 깨쳐봅시다.

억! [성철스님께서 고함을 한 번 치시고 법상을 내려오시다.]

2. 천수천안의 바른 눈[正眼]

_{사인일일   도하부   부주왕상시   청사승좌}
師因一日에 **到河府**한대 **府主王常侍**가 **請師升座**하니라.
_{시   마곡 출문   대비천수안   나개시정안   사운}
時에 **麻谷**이 **出問**하되 **大悲千手眼**에 **那箇是正眼**고 하니 **師云**,
_{대비천수안   나개시정안   속도속도}
大悲千手眼에 **那箇是正眼**고? **速道速道**하라 하시다.
_{마곡   예사하좌   마곡   각좌}
麻谷이 **拽師下座**하고 **麻谷**이 **却坐**하니
_{사근전   운 불심}
師近前하여 **云**, **不審**이로다.
_{마곡   의의   사역예마곡하좌   사각좌}
麻谷이 **擬議**한대 **師亦拽麻谷下座**하고 **師却坐**라.
_{마곡   변출거   사변하좌}
麻谷이 **便出去**어늘 **師便下座**하니라.

임제스님이 하루는 하북부(河北府)에 가니 부주인 왕상시가 임제스님께 법문해 주시기를 청하여 법좌에 올랐다. 그때 마곡(麻谷)스님이 나와서 물었다.
"대비관세음보살의 천 개 손의 천 개 눈 가운데 어느 눈이 바른 눈[正眼]입니까?"

임제스님이 말하기를, "대비관세음보살의 천 개 손의 천 개 눈 가운데 어느 눈이 바른 눈인가? 어서 말하라, 어서!"라고 하였다. 마곡스님이 임제스님을 법좌에서 끌어내리고 도리어 자기가 법좌에 올라앉자, 임제스님이 앞으로 다가가 "오늘은 어떠하십니까?" 하고 문안 인사를 했다.

마곡스님이 머뭇거리자 임제스님도 똑같이 마곡스님을 법좌에서 끌어내리고 다시 법좌에 앉았다. 마곡스님이 휙 나가버리자 임제스님도 법좌에서 곧바로 내려왔다.

임제스님이 하루는 하북부에 이르렀는데 부주 왕상시가 법문을 청해 법좌에 오르니, 마곡이라는 선객이 대중 속에 있다가 앞으로 나와 "대비관세음보살의 천 개 손에 천 개의 눈이 있는데 그 가운데 어느 눈이 바른 눈입니까?" 하고 물었습니다.

대자대비한 관세음보살은 천수천안(千手千眼), 즉 손도 천 개고 그 손바닥마다 눈도 천 개인 보살입니다. 소위 천수관음(千手觀音), 관자재보살(觀自在菩薩)이라고도 불리는 이 관세음보살은 손도 천 개로 나투고, 눈도 천 개로 나투는 자재한 신통력이 있습니다. 그래서 "대비관세음보살의 천수천안 가운데 어떤 눈이 바른 눈입니까? 눈이 천 개가 있더라도 그중에 본래 눈, 제일 바른 눈이 있지 않겠습니까?" 하고 질문을 던진 것입니다.

이 물음 그 자체가 하나의 법문입니다. 눈이 천 개 있는데 어떤 눈은 잘 안 보이는 눈이고, 어떤 눈은 잘 보이는 눈이고 그런 것을 물은 게 아닙니다. 천수천안은 아주 평등하게 절대적인 능력을 가지고 있습니다. '어떤 것이 정안이냐 하는 것'은 다름 아닌 법을 물은 것입니다. 흔히 잘못 생각할 것 같으면 '천수천안 관자재보살 눈에 보이는 것 중에는 차별도 있고 능력에도 한계가 있지 않겠는가' 하고 생각하기 쉽지만 그것이 아닙니다.

마곡스님의 물음에 임제스님은 "그럼, 대비관세음보살의 천수천안 가운데 어떤 눈이 정안이냐?"고 되받아 묻고서는 "어서 말해보라, 어서!" 하고 재촉합니다. 이것은 수단이 아주 좋은 사람이 나를 해치러 온 도적을 확 밀쳐내고 그 도적의 말과 창을 빼앗아 도리어 도적을 쫓는 싸움법입니다.[54] 예사 좀도적이 아니라 아주 무서운 도적입니다. 임제스님이 마곡의 물음에 대답을 못해 그대로 되물은 것이 아닙니다. 이 수법은 도리어 도적의 말을 빼앗고 칼을 빼앗아 도적을 치는 아주 무서운 수법입니다.

임제스님이 똑같이 되묻자 마곡스님은 임제스님한테 달려들어 법좌에서 끌어내리고 도리어 자기가 법좌에 올라 앉아버립니다. 이게 무슨 도리입니까? 무슨 싸움하는 것도 아니고 장난하는 것도 아닙니다. 여기에 참말로 깊은 뜻이 있습니다. 임제스님은 법상에서 끌려 내려왔고 도리어 마곡스님이 법좌에 올라앉았으니 마곡의 법이 더 높고 임제는 모자란다고 생각하기 쉬운데, 절대 아닙니다. 법을 쓰는 데 있어서는 깨쳐야 알지 깨치기 전에는 모르는 것입니다.

---

54 기적마축적(騎賊馬逐賊) 혹은 기적마진적(騎賊馬趁賊), 탈적창살적(奪賊鎗殺賊)이라 한다. 상대의 언행이나 공격수단을 역이용하여 상대를 공격하는 수법을 비유하는 말이다. 『碧巖錄』 27칙(T.48 p.167c)에 "운문은 이와 같이 적의 말을 타고 적을 쫓는 수법을 잘 썼다(雲門, 愛恁麼騎賊馬趁賊)."라는 말이 보인다.

마곡스님에게 끌려 내려온 임제스님은 개의치 않고 가까이 다가가서 "오늘은 어떠하십니까?" 하고 인사말을 합니다. 불심(不審), 이 말은 "잘 계시느냐?" "어떠하시냐?" "안녕하시냐?" 이런 정도의 인사말이라고 보면 됩니다. 임제스님의 인사를 받고서 마곡스님이 머뭇머뭇해 보였지만 마곡스님 또한 뭘 몰라서 그런 것이 아닙니다. 그러니까 이번에는 임제스님이 또 마곡스님을 법좌에서 끌어내리고 다시 자기가 법좌에 올라가 앉습니다. 이에 마곡이 휙 하고 나가버리니 임제스님도 법상에서 곧바로 내려옵니다.

임제스님은 대선지식이요 대종사입니다. 마곡스님도 눈 밝은 정안조사입니다. 그런데 그런 분들이 법을 거량하면서 법문하는 모습은 마치 아이들 장난과도 같습니다. 그러나 이것은 그 낙처(落處)가 그 법문의 핵심이 법상에서 서로 끌어내리고 올라가고 하는 여기에 있는 것이 아니고 다른 데 있습니다. 오직 이것은 참으로 자기가 확철히 깨쳐야 알 수 있습니다. "유증내지난가측(唯證乃知難可測)[55]이라, 오직 깨쳐야 알지 깨치기 전에는 모른다."는 것입니다. 공연히 쓸데없이 사량복탁(思量卜度)하며 이리저리 천만년토록 생각해봤자 모릅니다. 오직 깨쳐야 아는 소식입니다.

이 소식에 대해서는 이전 조사스님들이 송(頌)하고 염(拈)한 것이 많이 있습니다. 그중에서도 죽암사규(竹庵士珪, 1083~1146) 선사의 송이 꼽을 만합니다. 오조법연(五祖法演, ?~1104) 스님의 삼불(三佛) 제자[56]

---

55 『永嘉證道歌』 T.48 p.395c.
56 중국 송나라 때 오조법연 선사 밑에 삼불(三佛) 제자가 있었는데, 불감혜근(佛鑑慧懃), 불과원오극근(佛果圜悟克勤), 불안청원(佛眼清遠) 스님이다.

가운데 한 명인 불안청원(佛眼淸遠, 1067~1120) 선사의 제자되는 유명한 스님입니다. 죽암사규 스님의 송을 잠깐 소개하겠어요.

<blockquote>
대비관음개정면　　관불용침통일선
大悲觀音開正面하니, 官不用針通一線이라.
서예호로유저망　　귀쟁칠통무인견
鼠拽葫蘆有底忙이요, 鬼爭漆桶無人見이라.[57]
</blockquote>

대비관음보살이 곧바로 얼굴을 열어 보이니,
공식적으로 바늘 하나 통과할 수 없음에도, 한 길 틔워주었네.
쥐가 호로병을 끌고 가니 바쁘게 쫓아가고,
귀신이 칠통 속에서 싸우니 아무도 보지 못하네.

대비관음개정면(大悲觀音開正面)하니
관불용침통일선(官不用針通一線)이라.
대비관세음보살이 얼굴을 곧바로 열어 보이니
공식적으로 바늘 하나 통과할 수 없으나 한 길 틔워주었네.
　'관불용침(官不用針)이나 사통거마(私通車馬)'라'는 말이 있습니다. 공식적으로, 법대로 하자면 절대로 바늘 하나 들어갈 틈도 허용하지 않지만 사사로이는 큰 수레도 들락날락 한다는 말입니다. 관불용침통일선(官不用針通一線)과 같은 뜻이니 실지로는 바늘 끝도 들어갈 수 없는데 거기에도 한길은 통하게 열어놨다는 말입니다.

---

57 『禪宗頌古聯珠通集』 권21 X.65 p.606a;『東林和尙雲門庵主頌古』古尊宿語錄47 X.68 p.323b.

서예호로유저망(鼠拽葫蘆猶這忙)이요

귀쟁칠통무인견(鬼爭漆桶無人見)이라.

쥐가 호로병을 끌고 가니 빼앗으려 바쁘게 쫓아가고,

귀신이 칠통 속에서 싸우나 아무도 볼 수 없네.

쥐가 좋은 약이 들어 있는 호로병을 물고 가니 어떤 사람이 그것을 보고 빼앗으려고 바쁘게 쫓아갑니다. 또 귀신들이 안팎으로 새까맣게 옻칠한 통 속에서 싸움을 하는데, 귀신이라는 것이 본시 사람 눈에 안 띄는 것인데다가 안팎으로 옻칠을 새까맣게 한 통 안에서 싸우니 어떻게 볼 수 있나요? 아무리 보려 해도 볼 수가 없고 초군정안(超群正眼), 출중한 안목을 갖춘 사람이라도 볼 수 없습니다.

쥐가 호로병을 끌고 가니 어떤 사람이 그것을 보고 빼앗으려고 쫓아가고, 반대로 눈에 안 보이는 귀신이 새까만 칠통에서 싸움을 하니 보려야 볼 수 없다는 이 뜻을 바로 알면 마곡스님과 임제스님이 서로 묻고 답하며 또 법좌에서 서로 끌어내리려 한 뜻을 분명히 알 수 있습니다. 전에도 말했지만 이것은 사량분별해서 알 수 있는 것이 아니고 오직 화두공부를 부지런히 해서 참으로 관세음보살 같은 정안, 임제스님 같은 정안, 마곡스님 같은 정안을 갖추어야 이분들이 거량한 법을 확실히 알 수 있습니다.

3. 걸림 없이 깨친 사람 [無位眞人]

上堂云, 赤肉團上에 有一無位眞人이라

常從汝等諸人面門出入하나니 未證據者는 看看하라.

時에 有僧出問하되 如何是無位眞人고?

師下禪床하여 把住云, 道道하라! 其僧이 擬議한대 師托開하고

云, 無位眞人은 是什麼乾屎橛고! 便歸方丈하다.

임제스님이 상당하여 말했다.
"붉은 살덩어리에 무위진인(無位眞人)이 있어, 항상 그대들의 얼굴로 드나드니, 아직 보지 못한 사람은 잘 살펴보고 살펴보아라."
그때 한 스님이 나와 물었다.
"무엇이 무위진인입니까?"
임제스님은 선상에서 내려와 그 스님의 멱살을 움켜잡고 말했다.
"말해라, 말해봐!"
그 스님이 무슨 말을 하려 머뭇거리자 임제스님은 그 스님을 탁

밀치며 말했다.

"무위진인이라니, 이 무슨 마른 똥막대기 같은 소리인가!"

하고는 곧바로 방장실로 돌아가 버렸다.

적육단상(赤肉團上)이란 빨간 고깃덩어리, 즉 사람의 육체를 말합니다. 이 사람의 육체위에 지위가 없는, 걸림없이 깨친 사람이 있다, 무위진인(無位眞人)이 분명히 있다는 말입니다.

위(位)가 없다고 하는 것은 보통 말하는 삼현십성(三賢十聖)[58]의 위(位)와 같은 그런 개념이 아닙니다. 불위조위(佛位祖位), 부처라는 지위도 조사라는 지위도 찾아볼 수 없는 그런 사람이 무위진인입니다. 무위진인은 "불조위중류부득(佛祖位中留不得), 부처니 조사니 하는 그 어떤 지위에도 머물지 않는다."[59]는 것입니다. 만약 부처니 조사니 하는 지위에 머문다면 실제 진인, 깨친 사람이 아닙니다. 말로 표현하자니 억지로 진인이라 하는 것일 뿐 진(眞)도 망(妄)도 붙을 수 없는 데서 하는 말입니다. 그런데 실제로 중생 몸뚱이 가운데 부처와 조사도 머물 수 없는 불조를 초월한 그런 진인, 깨친 이가 있다고 했습니다.

그 무위진인은 항상 너희들 면문(面門), 얼굴의 문으로 출입하니, 아

---

58 삼현십성(三賢十聖): 삼현은 보살계위 중 십주(十住)·십행(十行)·십회향(十廻向)의 삼십위(三十位)를 가리키고, 십성은 십지(十地)라고도 하는데 52위[十信, 十住, 十行, 十廻向, 十地, 等覺, 妙覺] 가운데 제41위부터 제50위까지를 가리킨다.

59 "눈먼 나귀가 정법안장을 소멸시키니, 임제는 몸을 돌려 거꾸로 탔네. 불조의 지위에도 머물지 않으니, 결단코 종적을 남기지 않았음을 누가 알랴〈자수심〉"(『禪宗頌古聯珠通集』 권21 X.65 p.607b, 瞎驢滅却正法眼, 臨濟反身便倒騎. 佛祖位中留不得, 斷無踪跡許誰知〈慈受深〉).

직까지 확실히 증득하지 못한 사람은 이 무위진인을 한번 잘 살펴보라는 것입니다.

그런데 얼굴에 무슨 문이 있습니까? 코에 구멍이 있고 눈에 구멍이 있으니까 콧구멍이나 눈구멍, 아니면 입을 말하는 건가? 혹 이렇게 생각할 수도 있지만 그것을 말하는 것이 아닙니다. 면문이란 진시방법계(盡十方法界)를 통틀어 말합니다. 진시방법계를 출입하는 이 문은 '문이 없는 문[無門之門]'입니다. 어디 들어가고 나가는 문이 있고 그곳으로 출입한다면 무위진인(無位眞人)이 아닙니다. 말로 표현하자니 할 수 없이 면문으로 출입한다 하였지만 유형(有形)의 문이 완전히 떨어져나간 진시방법계에 가득 찬 문 없는 문으로 출입한다는 것입니다.

문이라고 말은 하지만 이름을 지을 수도 없고, 부처나 조사라 할지라도 출입할 수 없는 문입니다. 출입할 문이 있고 출입할 사람이 있다면 실제 법이 아닙니다. 시방법계에 가득 차고도 남는 그런 큰 '무문의 문[無門之門]'이요, '무출입의 출입'을 합니다. 말을 하자니 또 그렇게 설명하는 것일 뿐, 지금 이 말도 안 맞는 말입니다.

그러므로 아직까지 우리가 확철히 깨치지 못한 무위진인을 보라!

그러면 이 무위진인을 어떻게 볼 수 있는가? 무위진인을 보려면 부처와 조사도 눈이 멀어버리는 법입니다. 실지로 정안을 갖춘 부처와 조사도 엿볼 수 없습니다. 그런데 어떻게 잘 살펴보라고 말하는가?

결국 이것도 중생을 위해 할 수 없이 보라고 말하는 것일 뿐, 손바닥 위의 구슬 보듯이 보라 하는 뜻으로 알면 큰일 납니다. 아주 무섭고 참말로 깊은 도리, 그것을 바로 깨쳐야 합니다.

그때 한 스님이 호기롭게 척 나와서는 "어떤 것이 무위진인(無位眞

人)입니까?" 하고 한마디 물으니, 임제스님은 바로 법상에서 내려와 그 스님의 멱살을 거머쥐며 "말해보라, 말해봐!"라고 다그칩니다. 마곡 스님한테 한 것과 같은 수법이에요. 어떤 것이 무위진인이냐는 질문을 받았으면 무슨 대답을 해야 할 것 아닙니까? 그런데 임제스님은 대답은 하지 않고 법상에서 내려와 질문한 그 스님 멱살을 꽉 거머쥐고 "네가 한 번 말해보라!"라고 합니다. 도적의 말을 빼앗아 타고 도리어 도적을 쫓는 수법입니다.

그 스님이 머뭇머뭇하니까 임제스님은 잡았던 멱살을 확 밀어제치면서 "너 같은 놈에게 무위진인이라니, 이 무슨 마른 똥막대기 같은 소리냐?" 하고는 방장실로 돌아가 버립니다. 탁개(托開)란, 확 밀어 제쳐버린다는 말입니다. 무위진인이란 부처나 조사의 정안으로도 볼 수 없다고 여러 번 말하지 않았어요? 그만큼 초불월조(超佛越祖), 부처도 초월하고 조사도 초월하는 가장 높은 존재 같지만 사실은 저 마른 똥덩어리만도 못하다는 말입니다. 그렇게 말하고 임제스님은 바로 방장실로 들어가 버립니다. 임제스님이 법을 쓰는 수단이 바로 이렇습니다.

옛날에 암두(巖頭)스님, 설봉(雪峰)스님, 흠산(欽山)스님 세 분이 도반으로 함께 공부하러 다녔어요. 나중에 암두스님은 출세해 천추만고(千秋萬古)의 유명한 조사가 됐고, 설봉스님은 천오백 납자를 거느리는 대선지식이 되었습니다. 이 두 스님 모두 덕산스님의 제자이고, 흠산스님은 동산양개(洞山良价, 807~869) 스님한테 가서 법을 받았습니다.

수행시절에 이 세 스님이 늘 함께 다니면서 선지식을 친견하였는데, 임제스님의 명성을 듣고 친견하려고 임제로 갔습니다. 도중에 정상좌(定上座)라는 임제스님 제자를 만나 "스님, 어디에서 오십니까?" 하니,

"예, 저는 임제에서 옵니다."라고 하지 않겠어요. "아, 그러시군요. 저희는 지금 임제스님을 친견하러 가는 길인데 큰스님은 잘 계십니까?" 하고 물으니, "아니 저런! 우리 스님은 열반하신 지 벌써 오래 됐습니다." 라고 합니다. "아이고! 우리가 참말로 큰스님을 친견하려고 불원천리 이렇게 왔는데, 박복해 스님을 친견도 못하게 됐습니다. 그렇다면 혹시 큰스님께서 생전에 하신 좋은 법문을 우리한테 좀 들려주실 수 없겠습니까?" 하고 청했어요. 정상좌가 "좋소." 하고 법문을 들려줍니다. 이때 정상좌가 세 스님에게 들려준 법문이 바로 이 무위진인(無位眞人) 법문입니다.

정상좌가 무위진인 법문을 들은 대로 다 전해주니, 암두스님은 듣고는 그만 혀를 쑥 내밉니다. 놀라거나 감탄을 표할 때 혀를 내미는데 암두스님은 무위진인 법문을 정상좌로부터 전해 듣고 혀를 내둘렀어요. 설봉스님은 "임제스님은 흡사 낮도적과 같았구나[臨濟, 大似白拈賊]"[60]라고 합니다. 백주 대낮에 아무도 모르게 도적질하는 사람과 같았다는 말인데 어떤 흔적도 남기지 않는 뛰어난 선사의 대기대용을 비유하여 이렇게 말합니다. 흠산스님은 "하부도비무위진인(何不道非無位眞人)고?, 그때 어째서 무위진인이 아니라고 말하지 않았습니까?"라고 반문합니다.

이렇게 말하니까 정상좌가 흠산스님의 멱살을 꽉 움켜쥐고, "또 말해보라. 이 엉터리 바보야, 무위진인과 비무위진인의 거리가 얼마나

---

[60] 『景德傳燈錄』 권12 T.51 p.290c, "後雪峰聞乃曰, 臨濟, 大似白拈賊.";『五燈會元』 권11 X.80 p.227a;『指月錄』 권17 X.83 p.583a 등 참조.

되느냐? 빨리 말해, 빨리 말해." 하고 세차게 다그칩니다. 흠산이 말을 못하고 얼굴이 잿빛이 돼 있으니까 암두스님과 설봉스님이 옆에서 "아, 흠산이 아직 참선한 지 얼마 되지 않아 이치를 모르고 한 말이니 용서해 달라."고 정상좌에게 간청을 합니다.[61]

세 스님이 임제스님 법문 중에서 좋은 법문을 소개해 달라 하니까 정상좌가 이 법문을 들려준 것에서도 알 수 있듯이 무위진인 법문은 임제스님 법의 진수가 고스란히 드러난 대표적 법문 중의 하나입니다. 그러므로 깨쳐야 알지 깨치기 전에는 모릅니다.

그 한참 후에 낭야혜각(瑯耶慧覺) 선사 밑에서 유도파(俞道婆)라는 늙은 여인이 공부를 하고 있었어요. 공부를 하다가 깨쳤는데 낭야스님의 인가를 받고 오도송을 지었습니다.[62]

유 일 무 위 진 인 　　삼 두 육 비 　　노 력 진
有一無位眞人하니, 三頭六臂[63]로 努力瞋[64]이로다.

---

61 『碧巖錄』 32칙 T.48 p.171c ; 『五燈會元』 권11 X.80 p.227a 등 참조.
62 이 일화와 관련해서는 『嘉泰普燈錄』 권11 X.79 p.364a ; 『指月錄』 권29 X.83 p.722a 등 참조.
63 삼두육비(三頭六臂): 삼두팔비(三頭八臂)라고도 한다. 기괴하고 분노한 형상으로 마구니를 항복시키는 부동명왕(不動明王)이나 애염명왕(愛染明王)의 모습을 형용한다. "세 개의 머리와 여덟 개의 팔은, 보현보살의 신이한 형상이다. 세 개의 머리는 삼세의 원수 같은 마구니를 항복시킨다는 뜻을 드러내고, 여덟 개의 팔은 안으로 팔성도를 이룬다는 뜻을 드러낸다."(『仁王經疏法衡鈔』 권6 X.26 p.517b, 三頭八臂者, 普賢菩薩異像也. 三頭, 表外降三世魔怨, 八臂, 表內成就八聖道.)
64 『續傳燈錄』 권23 T.51 p.627b ; 『嘉泰普燈錄』 권11 X.79 p.364a 등에는 '瞋' 자가 '嗔'으로 되어 있다.

분파화산천만중   만년유수부지춘
分破華山千萬重[65]하니, 萬年流水不知春이로다.

걸림 없이 깨친 사람이 하나 있으니,
머리는 셋에 팔은 여섯으로 힘껏 역정을 내네.
천 겹 만 겹 화산도 일거에 부숴버리니,
한결같이 흐르는 물은 세월을 상관하지 않네.

불교란 자비가 근본인데 왜 자꾸 진심(瞋心), 분노의 마음을 내는가? 실제로 성을 내고 싸우는 상황이 아니라 부처를 만나면 부처를 죽이고 조사를 만나면 조사를 죽이는, 말하자면 무서운 수단을 가지고 살불살조를 자유자재로 하는 데서 펼쳐지는 모습입니다.

중국에 화산(華山)이라는 큰 산이 있는데, 천 겹 만 겹으로 첩첩이 쌓인 봉우리가 끝없이 이어지는 그 산을 한 주먹으로 부수어 조각 내버리니, 부서져 조각난 산골짜기 사이로 흐르는 물은 춘하추동에 상관없이 한결같이 흘러갑니다. 이것은 비유로 한 말입니다. 법을 확철히 깨칠 것 같으면 무위진인을 알고 살불살조하고 살활자재한 큰 수완을 발휘하여 억천만겁토록 다하도록 자유자재하게 쓸 수 있습니다.

---

65 『續傳燈錄』 권23 T.51 p.627b;『嘉泰普燈錄』 권11 X.79 p.364a;『禪宗頌古聯珠通集』 권39 X.65 p.725c;『指月錄』 권29 X.83 p.722a 등에는 "一擘華山分兩路"로 되어 있다. "分破華山千萬重"이라는 구절은 『碧巖錄』 32칙 T.48 p.172a;『無門關』 3칙 「俱胝竪指」 T.48 p.293b 등에 보인다.

4. 주인의 할(喝)과 손님의 할(喝)

1) 재범(再犯)은 용서치 않는다

　　　상당　　유승출예배　　　사변할
　　上堂에 有僧出禮拜어늘 師便喝하니라.

　　　승운　노화상　　막탐두호
　　僧云, 老和尙은 莫探頭好로다.

　　　사운　이도　　　낙재십마처　　승　변할
　　師云, 爾道하라. 落在什麽處오? 僧이 便喝하니라.

　　　우유승문　　　　여하시불법대의
　　又有僧問하되 如何是佛法大意오?

　　　사변할　　　승　예배　　사운　이도　　　호할야무
　　師便喝한대 僧이 禮拜어늘 師云, 爾道하라. 好喝也無아?

　　　승운　초적　　대패　　　사운　과재십마처
　　僧云, 草賊이 大敗로다. 師云, 過在什麽處오?

　　　승운　재범　불용　　　사변할
　　僧云, 再犯을 不容이로다. 師便喝하니라.

　임제스님이 상당하자, 어떤 스님이 법상 앞으로 나와서 절을 하였다. 임제스님이 곧장 '할!' 하니 그 스님이 말했다.

　"노스님께서는 쓸데없이 남의 속을 떠보지 않는 것이 좋을 것입니다."
임제스님이 "네가 말해 보아라. 이 고함은 어디에 귀착되느냐?" 하였다.
그 스님이 별안간 '할!' 했다.
또 다른 한 스님이 물었다.
"어떤 것이 불법의 큰 뜻입니까?"
임제스님이 '할!' 하자 그 스님이 절을 함에, 임제스님이 말했다.
"말해 보아라. 너는 훌륭한 고함이었다고 생각하느냐?"
"좀도둑이 크게 실패하였습니다."
"허물이 어디에 있느냐?"
"다시 죄를 범하면[再犯] 용서치 않겠습니다."
임제스님이 바로 '할!' 했다.

이 법문에서는 두 스님이 등장하여 임제스님과 법거량을 합니다. 두 스님이 비슷하게 임제스님에게 응대하고 있는 것 같지만 사실은 다릅니다. 어떻게 다른지 봅시다.

임제스님이 상당하자 법상 앞에 한 스님이 나와서 절을 하니까 임제스님은 벽력같이 고함을 질러버립니다. 절을 하는데 왜 고함을 지른단 말입니까? 그러니까 그 스님이 "노화상께서는 쓸데없이 남의 속을 떠보지 않는 것이 좋을 것입니다, 사람을 시험하지 않는 것이 좋을 것입니다."라고 말합니다. 자기는 절을 했는데 임제스님이 무섭게 고함을 지르니, "이 늙은이야, 왜 그런 시시한 짓을 하느냐!"고 한 것입니다.

임제스님이 "네가 한번 말해봐라. 내가 지금 내지른 고함의 요체가 어디에 있느냐?" 하고 물으니 그 스님도 벽력같이 소리를 지릅니다. 그런데 소리만 지르면 되는 줄 알고 함부로 소리를 지르다가는 맞아 죽습니다. 소리 지를 때 지르고, 절할 때 절해야 합니다. 절하면 안 될 때 절하고, 고함지르면 안 될 때 고함지르면 요샛말로 뼈도 못 찾습니다. 참말로 깨친 사람끼리 고함칠 때 고함치고, 절할 때 절하며 살활이 자재한 법을 써야 합니다. 공연히 무조건하고 미친놈마냥 고함을 치면 그것을 맹가할방(盲枷瞎棒)[66]이라 합니다. 봉사가 천지를 분간 못하고 주먹을 내두르고 고함을 지르는 것과 무슨 차이가 있습니까?

또 다른 한 스님은 "어떤 것이 불법대의(佛法大意)냐?"고 물었다가 임제스님이 고함을 치자 절을 했습니다. 임제스님이 "네가 한번 말해봐라. 내가 고함을 잘 쳤느냐?"고 묻습니다. 이것은 몰라서 물은 게 결코 아닙니다. 그러자 그 스님은 "초적(草賊) 대패(大敗)라", 좀도둑이 크게 실패했다고 대답합니다. 초적(草賊)은 약삭빠른 좀도둑을 말합니다. 이 좀도둑이 도적질도 제대로 해보지 못하고 주인한테 붙잡혀 맞아 죽게 되었다, 아주 크게 패해버렸다는 말입니다. 여기서는 그 스님이 주인(主)이 되어서는 손님이 된 임제스님에게 "이런 좀도둑 같은 놈아, 도적질하려는 네 속마음을 나에게 들켜버렸어." 하고 말한 것입니다.

임제스님이 "나의 허물이 어디에 있기에 네가 그런 소릴 하느냐?"고

---

66 제대로 된 안목을 갖추지 못한 채로 맹목적으로 휘두르는 몽둥이질. "황벽이 주장자를 집어 들고 바로 때리자 임제가 주장자를 잡고 말했다. '노화상아, 함부로 방망이를 휘두르지 마시오. 나중에도 사람을 잘못 때리겠습니다 그려!'"(『景德傳燈錄』 권12 T.51 p.290c, 黃蘗拈起拄杖便打, 師捉住拄杖曰, '遮老漢, 莫盲枷瞎棒, 已後錯打人.')

물으니, 그 스님이 "다시 죄를 범하면 용서하지 않겠다. 죄를 한번이나 짓지 자꾸 죄를 짓다가는 용서받지 못한다."고 말하니, 임제스님이 고함을 벽력같이 질러버립니다.

"초적(草賊)이 대패(大敗)로다", 좀도둑이 크게 패했다는 이 말뜻을 잘 알아야 합니다. 왜 좀도둑이 대패했다고 했는지, 이것이 어느 곳으로 누구한테 귀결하는 말인지, 이것을 알 것 같으면 임제스님의 이 법문뿐만 아니라 모든 삼세제불과 대조사의 법문을 다 알 수 있습니다.

삼세제불과 역대조사 모두가 '초적(草賊), 좀도둑'이 아닌 사람이 하나도 없습니다. 전체가 다 크게 실패한 좀도둑입니다. 저 영산회상에서 부처님이 꽃을 꺾어들고(擧拈花), 가섭이 미소 지은 일은 교외별전의 생명 중의 생명입니다. 그렇지만 이것도 사실 알고 보면 '좀도둑이 대패한 것'으로서 부처님도 좀도둑이고, 가섭도 좀도둑이고, 부처님이 꽃을 들어보였던 행위도, 가섭이 미소한 것도 모두 좀도둑이 대패한 일일 뿐입니다.

그러면 왜 교외별전 소식으로 세존이 염화를 하고 가섭이 미소한 그 참뜻을 부지런히 공부해도 알기 어려운 판국에, 어째서 그것을 "좀도둑이 대패했다"라고 하느냐, 이 뜻을 바로 알아야 합니다.

석가와 가섭이 대패한 좀도둑일 뿐만 아니라 팔만대장경 전체가 식창우고지(拭瘡疣故紙),[67] 썩은 고름이나 닦아 내버린 아무 짝에도 못

---

[67] 식창우고지(拭瘡疣故紙): 식부정고지(拭不淨故紙)라고도 한다. 고지(故紙)는 측간에서나 쓰는 휴지 또는 불필요한 물건을 비유하며, 오래된 전적을 뜻하기도 한다. "보리와 열반은 나귀를 묶어두는 말뚝이고, 십이분교는 귀신의 장부요 고름을 닦는 휴지이다."(『續古尊宿語要』 권6 X.68 p.519a, 菩提涅槃, 是繫驢橛, 十二分教, 是鬼神簿, 是拭瘡疣紙.) 성철스님의 『百日法門』上 서문에도 "팔만대

쓰는 휴지입니다. 그렇지만 부처님과 가섭존자가 법문한 뜻을 확실히 알아야만 좀도둑이 대패라 할 수 있는 것이고, 또 팔만대장경 전체를 식창우고지라 할 수 있는 것이지, 정법안장·교외별전을 바로 깨치지 못하고 건방지게 입으로만 그런 소릴 했다가는 입지옥여전사(入地獄如箭射), 화살을 쏜 것같이 빠르게 산 채로 지옥에 들어간다는 말입니다. '좀도둑이 대패'라는 말이나 '썩은 고름이나 닦은 휴지'라는 말은 분명히 아는 사람만이 할 수 있는 말이지, 알지도 못하면서 흉내만 내다가는 결국에 생함지옥(生陷地獄), 산 채로 지옥에 떨어지고 맙니다.

그러니까 근본이 어느 곳에 있느냐 하면 오직 깨쳐야 되지 깨치기 전에는 아무 소용없습니다. 임제스님의 법문이 전부 다 이렇습니다. 깊은 데서 한 법문인데 말만 따라가면 모두 죽고 맙니다. 말만 따라가지 말고, 말 그 너머에 있는 깊은 뜻을 알아차릴 수 있어야 합니다. 겉으로 보면 아이들 장난하는 것 같지 않습니까? 그렇지만 그게 아닙니다. 뜻은 저 깊은 데 있습니다.

2) 손님과 주인의 구별이 분명하다

_{시일 양당수좌 상견   동시 하할   승   문사}
是日에 **兩堂首座**가 **相見**하고 **同時**에 **下喝**하니 **僧**이 **問師**호되
_{환유빈주야무   사운 빈주역연}
還有賓主也無아? **師云, 賓主歷然**이로다.

장경은 고름 닦은 휴지로다(八萬藏敎, 是拭瘡疣故紙)."라는 구절이 보인다.『百日法門』上(장경각, 1992) 참조.

師云, 大衆아, 要會臨濟賓主句인댄 問取堂中二首座하라 하고 便下座하다.

그날 양당의 두 수좌가 서로 만났는데, 동시에 '할!' 하니 이를 본 한 스님이 임제스님께 물었다.
"손님[賓]과 주인[主]의 구별이 있습니까?"
"손님과 주인의 구별이 분명하다."
그러고는 임제스님이 말했다.
"대중들이여! 손님과 주인에 관한 임제의 법문을 알고자 한다면 선당의 두 수좌에게 묻도록 하라." 하고는 바로 법좌에서 내려왔다.

임제스님이 상당하여 법문하던 날, 양당 수좌가 설법당 마당에서 서로 딱 만났습니다. 양당수좌란 전당(前堂) 수좌와 후당(後堂) 수좌를 가리키는데, 방장 다음가는 부방장이라 할 수 있습니다. 총림에는 본래 둘을 둡니다. 전당에도 부방장이 있고 후당에도 부방장이 있습니다. 양당수좌 둘이 만났으면 서로 반갑게 인사를 해야 될 것 아닙니까? 그런데 동시에 서로 보고 무슨 원수나 진 것처럼 고함을 벼락같이 질러버리거든요.

이것이 법입니다. 무슨 원수진 것도 아니고 괜히 그런 것도 아닙니다. 그 스님들은 임제스님 아래에서 부방장을 하고 있는 만큼 아주 깊이 깨치고 법을 아는 스님들입니다. 실지로 할(喝)을 알고 할 줄 아는 스님이니, 앞에 말한 맹가할방(盲枷瞎棒) 식으로 봉사가 눈먼 주먹질하듯이 한 행위가 아닙니다. 참으로 눈 밝은 스님들이 법을 바로 알고 주고받은 것입니다.

어떤 스님이 그 광경을 보고 임제스님께 "두 스님이 서로 보고 고함을 질렀는데 빈주(賓主)가 있습니까, 없습니까?" 하고 물으니, 임제스님은 "참으로 손님(賓)과 주인(主)이 뚜렷이 나뉘었다."고 대답합니다.

다시 임제스님은 "나의 빈주구(賓主句)를 너희가 알고 싶거든 두 부방장에게 물어보라." 하고는 법좌에서 내려왔습니다. 임제의 빈주구(賓主句)라는 건 법 중의 최고 법문인데 "너희가 당중(堂中)의 두 수좌에게 가서 묻고 배우라"는 말입니다. 수좌 둘이 지금 서로 보고 할을 했는데 확실히 빈주가 역연하니까 누구든지 임제의 빈주구(賓主句)를 알고 싶은 스님이 있거든 두 수좌스님에게 가서 배우라고 합니다. 두 수좌를 전적으로 인가하고 칭찬한 말입니다.

여기에 대하여 자명(慈明)스님의 게송을 하나 소개하겠습니다.

일 할 분 빈 주　　조 용 일 시 행
一喝分賓主하고, 照用一時行이라.
약 회 개 중 의　　일 오 타 삼 경
若會箇中意인댄, 日午打三更이로다.[68]

한 번의 고함에 손님과 주인이 나누어지고,

조(照)와 용(用)을 일시에 행해지니.

---

68 『人天眼目』권1 T.48 p.304c ; 『續傳燈錄』권3 X.79 p.533c ; 『禪林僧寶傳』권21 X.79 p.533c ; 『智證傳』X.63 p.171a ; 『天聖廣燈錄』권18 X.78 p.507c 등에 실려 있다. 다만, 제3구의 '若會'가 『人天眼目』에는 '會得'으로 『續傳燈錄』과 『禪林僧寶傳』등에는 '要會'로 되어 있는 점이 다르다.

만약 이 일의 근본 뜻을 알진댄
　　한낮에 삼경을 알리는 종을 치도다.

　고함 한 번에 손님과 주인이 나눠졌다고 하였습니다. 고함에 무슨 모양이 있고 구별이 있다고 손님과 주인을 알아볼 수 있느냐 말입니다. 부처도 조사도 찾아볼 수 없지만 부처도 조사도 찾아볼 수 없는 그 고함 가운데 빈주(賓主), 손님과 주인이 분명합니다.

　또 조(照)와 용(用)을 일시에 행한다는 것은 선조후용(先照後用)이니 후조선용(後照先用)이니 하는 사조용(四照用)이라는 법의 하나입니다. 사조용에 대해서는 나중에 살펴볼 기회가 있을 것입니다.

　조용(照用), 비춤과 작용을 일시에 행한다는 것은 손님과 주인의 역할을 일시에 행한다는 것과 통하는 말입니다. 한 번 법문하는 데 조(照)와 용(用)도 구족하고, 한 번의 고함에 손님과 주인도 분명히 구족합니다. 또, 마찬가지로 한 번의 고함에 빈주(賓主)를 뚜렷이 나누고 조(照)와 용(用)을 한꺼번에 쓸 수 있는 자재한 수완을 가진 스님이라야만 비로소 종사(宗師)요, 참으로 깨친 스님이라 할 수 있습니다.

　'일할분빈주'하고 '조용일시행'하는 이 근본 뜻을 확실히 안다면 한낮 12시에 삼경(三更)임을 알리는 종을 치는 것과 같다고 하였습니다. 삼경은 한밤중 자시(子時)에 치는 종인데, 한낮인 오시(午時)에 삼경을 친다니, 그 무슨 말입니까? 대명중천(大明中天)에, 태양이 저 하늘 한가운데 떠 있는 한낮인데 캄캄한 한밤중에 치는 삼경종(三更鐘)을 친다니 밤낮이 분명히 다른데 어떻게 그런 일이 있을 수 있겠습니까? 이 이치를 알아차려야 '일할분빈주, 한 번의 고함에 손님과 주인이 나누어지고, 조용일시행, 비춤과 작용이 일시에 행해진다'는 뜻을 알 수 있게 됩니다.

이 법문에 대해서 원오스님이 『벽암록』에서 하신 말씀이 있습니다.

왕 칙 기 행　　제 후 피 도
王勅既行이면 諸候避道라.[69]

천자가 칙령을 내리면 제후들이 모두 길을 피하네.

천자의 조칙을 받은 칙사가 길을 달려가면 제후라 할지라도 길을 피해 엎드려야 합니다. 칙사는 천자의 심부름하는 사람이고 제후 왕들이 그보다 더 높지만, 칙사는 엄연히 천자의 대리인이고 제후는 천자의 신하입니다. 그래서 칙사를 만나면 제후 왕들도 길을 비켜선다는 뜻입니다. 이 뜻을 알면 '한 번의 할에 손님과 주인이 나뉜다'는 말뜻 또한 알 수 있습니다.

설명이 오히려 대중을 더 얽어매는 것 같지만, 이것이 전부 다 고인의 공안인데, 공안이나 법에 대해서는 그대로 소개할 뿐이지 절대로 설파하는 것이 아닙니다. 설파를 하면 자기도 죽고, 남도 죽고, 다 죽습니다. 설파한 사람도 죽고 듣는 사람도 다 죽습니다. 다만 이 법문만 소개하는 것입니다. 설파를 바라지 말고 자기가 실제로 깨쳐 스스로 알아야 합니다.

---

[69] 『碧巖錄』 43칙 T.48 p.180b.

5. 법을 구하는 마음가짐

1) 임제스님이 불자를 든 뜻은?

上堂에 僧問호되 如何是佛法大意오?
師竪起拂子하니라. 僧이 便喝하니 師便打하다.
又僧問호되 如何是佛法大意오?
師亦竪起拂子한대 僧이 便喝이어늘 師亦喝하니 僧이 擬議라.
師便打하니라.

임제스님이 상당하자 한 스님이 물었다.

"어떤 것이 불법의 큰 뜻입니까?"

임제스님이 불자(拂子)를 세워 들자 그 스님이 별안간 '할!' 하니, 임제스님이 바로 후려쳤다.

또 다른 스님이 물었다.

"어떤 것이 불법의 큰 뜻입니까?"

임제스님이 또 불자를 세워 드니 그 스님이 '할!' 했다.
임제스님도 역시 '할!' 했다. 그 스님이 우물쭈물하자 임제스님이 바로 때렸다.

임제스님이 상당하자 한 스님이 나와 "어떤 것이 불법의 큰 뜻입니까?" 하고 물으니, 임제스님은 불자(拂子)[70]를 척 들어 보입니다. 그러자 그 스님이 별안간 고함을 질렀고 임제스님은 바로 몽둥이로 후려쳐버립니다.

이번에는 같은 상황에서 다른 스님이 반대로 먼저 고함을 치니 임제스님이 똑같이 고함으로 대응합니다. 그 스님이 바로 응수를 못하고 머뭇거리자 역시 몽둥이로 후려칩니다. 절하고 예배하는 것은 공경을 표하는 행위 같고, 고함치는 것은 좀 타박하는 것같이 보이지만, 알고 보면 그 뜻이 고함이나 절하는 데 있지 않습니다.

임제스님이 아무리 몽둥이로 두드리고 고함을 지르기를 소나기 내리듯 한다고 해도 향상일로(向上一路), 깨달음에 이르는 한 길은 자신이 터득해야 합니다. 방할(棒喝)이 최상승법이니 나도 이제 얼른 깨쳐서 할도 하고 방도 후려치고 좀 해봐야겠다는 생각이 날 수도 있습니다. 하지만 제대로 터득하지도 못한 채로 할이나 방을 써먹다가는 그 자리에서 자신이 방이나 할을 당하고 쫓겨날 것입니다.

---

70 불자(拂子): 털이나 실을 모아 다발을 만들고 손잡이를 붙인 것으로 모기나 곤충을 쫓는 도구. 후에는 불사법요(佛事法要)를 할 때 의식용 법구(法具)로 쓰이게 되었다. 선종(禪宗)에서는 상대를 점검하거나 자신의 선기를 드러내는 수단으로 많이 활용된다.

'향상(向上)의 종취(宗趣)'는 심행처멸(心行處滅)이요 언어도단(言語道斷)이라, 생각으로 이리저리 분별할 방도도 없고 말로 표현하거나 모색할 길도 끊어진 경계입니다. 그러므로 참다운 정법안장, 참다운 향상종취, 참다운 공부란 몽둥이질이나 고함으로도 미치지 못한다는 점을 알아야 합니다. 임제스님이 '할'을 하고 덕산스님이 '방'을 쓰고 이러니, 그것이 무슨 큰 법인 줄이나 착각하고 대단한 무엇이 있다고 생각하는데, 무엇보다도 '방' 밖의 뜻, '할' 밖의 뜻을 알아야 합니다.

혹 법문을 듣다보면 같은 말이나 행위를 어떨 때는 치켜세우다가 어떨 때는 반대로 내동댕이치고, 죽였다 살렸다, 앉혔다 세웠다, 칭찬하다 타박하기도 하니 정신을 차릴 수 없다고 생각할 것입니다. 그러나 송장은 여기서 다 죽어나가지만 정안을 갖추고 깨친 사람은 이 가운데서도 정신을 차리고 살아납니다.

2) 누가 내게 일돈방(一頓棒)을 때려주겠느냐?

師乃云, 大衆아! 夫爲法者는 不避喪身失命이니라.
我二十年에 在黃檗先師處하야 三度問佛法的的大意라가
三度蒙他賜杖하야 如蒿枝拂著相似하니라.
如今에 更思得一頓棒喫하니 誰人이 爲我行得고?
時에 有僧이 出衆하여 云하되 某甲이 行得이니다.

師拈棒與他한대 其僧이 擬接이어늘 師가 便打하다.
사 염 방 여 타　　 기 승　 의 접　　 사　 변 타

곧 이어서 임제스님이 말했다.
"대중들이여! 무릇 불법의 진리를 구하는 이는 목숨 잃는 것도 피하지 말아야 한다. 나는 20년 전에 황벽스님 회상에 있으면서 세 차례 불법의 큰 뜻을 물었다가 세 차례 다 몽둥이로 얻어맞았지만, 마치 쑥대[蒿枝]로 살짝 쓰다듬는 것과 같았다. 지금 다시 한 차례 일돈방, 20방의 방망이를 얻어맞고 싶은데, 누가 나를 때려 주겠는가?"
그때 한 스님이 대중 가운데서 나와 말했다.
"제가 때려 드리겠습니다."
임제스님이 몽둥이를 집어 건네주자, 그 스님이 받아 쥐려는 순간 임제스님이 곧바로 그 스님을 때렸다.

법을 배우고자 하는 사람이라면 상신실명(喪身失命), 몸뚱이가 상하고 뼈가 부서져 가루가 되어 죽는다 하더라도 피해서는 안 됩니다. 참으로 법을 배우고자 발심한 사람은 위법망구(爲法忘軀), 법을 위해서 몸을 잊을 수 있어야 합니다. 법에 뜻을 둔 사람이 몸이 상하고 목숨 잃는 것을 겁내고 피한다면 진정으로 발심한 것이 아닐 뿐더러 법을 배울 만한 그릇도 아닙니다.

나도 전에 그런 사람을 더러 봤습니다. 어떨 때는 법을 물으러 온 사람을 때려주거든요. 그러면 "그냥 좋게 말하지, 왜 때립니까?" 하면서 대듭니다. 내가 그 사람이 미워서 보기 싫어 때리는 것이 아니잖아요? 그런 것도 이해를 못하면서 무엇하러 나한테 와서 법을 묻느냐 말입니다. 불법공부에서 위법망구(爲法忘軀), 법을 위해 몸을 잊는 것이 제일 중요한 바탕입니다. 법을 묻는 사람에게 발심하고 공부 좀 열심히 잘하라고 일부러 욕도 하고 모질게 야단도 치고 합니다. 그러면 "아니 뭐 성철이 아니면 내가 법 배울 데가 없나." 하면서 획 하고 달아나 평생 안 찾아오는 사람도 있습니다.

그런 발심으로는 미래 겁이 다하도록 공부해도 성취하지 못합니다. 우리 대중은 다 잘 알겠지만, 부처님에게도 '야차설반게(夜叉說半偈)'[71]라는 본생담이 있잖아요. 『열반경』에 나오는 반쪽 게송을 들으려고 부처님은 과거생에 자기 생명을 내놓았습니다. 또, 혜가스님은 달마스님의 법을 전해 받고자 눈 속에 밤새 서 있다 끝내 자기 팔을 잘랐습니다. 불법을 위해 상신실명, 몸을 상하고 목숨을 잃는 따위는 잊은 것입니다. 그런 발심이 아니면 안 됩니다.

우리나라 신라에 혜통(惠通)[72]이라는 유명한 스님이 있었습니다. 당

---

71 야차설반게(夜叉說半偈): 세존이 과거세에 설산에서 수행하실 때의 일화에서 나온 말. 『大般涅槃經』 권14 「聖行品」 T.12 pp.450a12~451a1 참조. 석존이 과거세에 설산동자(雪山童子)이던 때에 보살행을 닦으면서 대승 경전을 구하다가 얻지 못하고, 설산에 들어가 좌선을 하였다. 그때 제석천왕이 동자를 시험하기 위해 나찰로 변신하여 칠불통계게(七佛通誡偈) 가운데 전반게(前半偈)인 "제행무상(諸行無常) 시생멸법(是生滅法)" 여덟 자를 읽었다. 동자가 듣고 기뻐하며 후반게를 일러 달라고 애걸하니, 나찰은 배가 고파서 읽을 수 없다고 하였다. 동자가 무엇을 먹고 싶으냐고 물으니, 사람의 더운 살과 끓는 피가 먹고 싶다고 대답하였다. 동자는 만일 후반게(後半偈)를 일러주면 자신의 몸과 살을 보시하겠다고 약속하였다. 나찰은 그의 용맹정진에 감격하여 본신을 나타내고 "생멸멸이(生滅滅已) 적멸위락(寂滅爲樂)"이라는 후반게를 들려주었다.
72 혜통(惠通): 생몰년 미상. 신라의 승려로 해동진언종의 개조. 문무왕 때 당나라에 들어가 선무외스님께 법을 전해 받았다. '왕화상'이라고도 불린다.

시에 선무외(善無畏)⁷³라고 하는 인도의 큰스님이 당나라에서 법을 펴고 있다는 말을 듣고 혜통스님은 수륙 수천 리를 건너 당나라에 들어가 선무외스님을 친견합니다.

"그래, 너는 어디서 왔느냐?"

"신라에서 왔습니다."

"그래, 무엇하러 왔느냐?"

"법을 배우러 왔습니다."

"중원 사람도 법을 배우기 힘든데, 신라는 저 변방의 오랑캐 나라가 아닌가? 그런 데서 온 녀석이 무슨 법을 배운단 말이냐? 나가라."

선무외스님의 안목으로 척 보니, 신라에서 온 혜통이라는 이 스님이 법을 배울 발심을 한 사람이라, 그러니 더욱 내쫓았다 말입니다.

"스님, 제가 부모형제까지 고향에 남겨두고 스님께 법을 배우기 위해 수륙 수천 리를 멀다않고 왔는데 쫓아내시면 어떻게 합니까?"

"너는 법을 배울 자격이 없어. 변방의 저 오랑캐 나라 신라 사람인 네가 무슨 법을 배운단 말이냐. 나가거라!"

아무리 사정을 해도 받아들여지지 못했습니다. 가서 사정을 해도

---

73 선무외(善無畏): 637~735. 중인도(中印度) 출신으로 범명(梵名)은 술바게라승하(戍婆揭羅僧訶)이다. 13세에 왕위를 물려받았지만 형에게 양보하고 출가했다. 달마국다(達摩鞠多)를 사사하여 총지유가삼밀교를 전수받았다. 예종 때 경전을 가지고 중국에 건너왔으며, 현종 때 교주로 존칭되었다. 개원(開元) 5년(717)에 황명을 받들어 보리원(菩提院)에서 한역에 종사하였다. 한역한 경전으로는 『허공장보살능만제원최승심다라니구문지법(虛空藏菩薩能滿諸願最勝心陀羅尼求聞持法)』, 『대비로자나경공양차제법소(大毘盧遮那經供養次第法疏)』, 『소바호동자경(蘇婆呼童子經)』, 『소실지갈라경(蘇悉地羯囉經)』 등이 있다.

또 쫓아내고 또 쫓아내고 3년을 그렇게 쫓겨났다고 합니다. 혜통스님이 선무외스님을 보자니, 죽었으면 죽었지 법을 안 가르쳐주려 하거든요. 그래서 혜통스님은 결심했습니다.

"내가 법을 배우려고 수천 리 길을 왔는데 그냥 쫓겨 갈 수 있나? 여기서 생화장을 해야겠다."

숯불을 한 가득 달궈 시뻘개진 쇠 화로를 선무외스님이 있는 방장실 앞에 가지고 가서 화로를 자기 머리에 얹었습니다. 머리에 불덩어리 화로를 얹고 있으려니 잠시 후 그만 탁 하고 머리가 터지는 소리가 납니다. 이 소리를 듣고 선무외스님이 문을 열어 보니 혜통스님이 벌건 화로를 이고 있거든요. 선무외스님은 화로부터 얼른 집어던지고 야단을 칩니다.

"왜 죽으려고 화로를 이고 있는가?"

"다른 일은 돌아보지도 않고 3년을 노력해도 기어이 스님께서는 가라고만 하시니 재가 되어 고국으로 날아갈지언정 절대로 그냥은 갈 수 없습니다."

선무외스님은 혜통의 그 결연한 마음을 보고 공부할 것을 허락해 줍니다. 그래서 그곳에서 법을 전부 전해 받습니다. 나중에 머리의 상처가 다 낫고 보니 그 흉터가 왕(王) 자 모양 같았습니다. 그래서 혜통스님을 왕(王)화상이라고도 부르게 되었다고 합니다. 왕화상은 한국에서는 말할 것도 없고 중국 역사에서도 일본 역사에서도 자주 언급되는 큰스님입니다. 법을 배우려 한다면 왕화상처럼 불피상신실명(不避喪身失命), 몸이 상하고 뼈가 부서져 목숨을 잃더라도 겁내 피하지 않고 어떻게 해서든지 법을 배우고 말겠다는 결심이 있어야 합니다.

왕화상은 고국 신라에 들어와서도 불사를 많이 했습니다.

이렇듯 참으로 철저한 발심을 해야 합니다. 발심도 못하고서 무슨 공부를 이룰 수 있습니까? 발심도 않고 공부도 하지 않으면서 공부가 안 된다는 말만 하거든요. 여기서 서울에 가려면 한걸음이라도 떼야 하잖아요? 앉은뱅이처럼 앉아가지고 서울이 안 보인다고 하면 어쩌란 말입니까? 불법을 성취하고자 한다면 왕화상처럼 자기 생명도 잊고 몸뚱이도 돌보지 않는 매서운 발심이 필요합니다. 그렇지 않고 소소한 생각에 휘둘리면 억천만겁이 지나도록 공부해봤자 아무 소용이 없습니다.

사나운 호랑이도 제압할 만큼 뛰어나고 활발한 선기를 펼친 것으로 이름난 황벽희운(黃檗希運) 스님 밑에서 임제스님이 깨칠 수 있었던 것도 철저한 발심을 하였기 때문입니다. 임제스님은 당시의 일을 이렇게 말합니다.

"내가 20년 전에 황벽선사 회상에서 세 차례나 '불법의 큰 뜻이 무엇입니까?' 하고 물었다가 세 차례 다 20방씩 두드려 맞았다. 그런데 지금 생각해 보니 쑥대로 등을 쓰윽 쓸어내리는 것 같았다."

처음 두드려 맞을 때는 공부가 안 되어 몰랐기 때문에 천지가 무너져 캄캄하고 온몸이 쇠망치로 얻어맞은 듯 아팠다는 말입니다. 그런데 나중에 깨치고 나서 보니, 황벽불법(黃檗佛法)이 무다자(無多子)라, 황벽스님의 불법이 너무도 간단하여 단순하더라는 것입니다. 호지(蒿枝)는 쑥 가지, 쑥대입니다. 그 쑥대로 아무리 맞은들 뭐가 그리 아프겠습니까? 하지만 이전에 황벽스님의 뜻을 모르고 맞을 때는 천지가 무너지는 듯 아팠는데 이제 깨치고 나니 쑥대로 몸을 한 번 쓱 스치

는 것과 마찬가지로 별것 아니더라는 겁니다.[74]

"이제 다시, 그때 황벽스님에게 맞은 것처럼 일돈방, 20방을 얻어맞고 싶은데 누가 나를 때려주겠는가?"라고 합니다. 정말 때리라는 말로 알고 덤볐다가는 큰일 납니다. 이것이 법문입니다.

그때 한 스님이 대중 가운데 나와서 그러면 "제가 한 번 때려보겠습니다. 나한테 맞아보십시오." 하고 달려듭니다. 천지도 모르고 덤비는 그 스님에게 임제스님이 "자, 그럼 네가 나를 한 번 때려봐라." 하고 몽둥이를 줍니다. 그 스님이 몽둥이를 받으려는 순간에 임제스님은 바로 때려버렸습니다. 어떻게 보면 마치 아이들 장난하는 것 같지만 그것이 아닙니다. 큰스님들이 본래 법을 쓰는 수단이 이러합니다.

설두중현 스님이 이 법문을 평한 말씀이 있습니다.

임제　　방거교위　　수래태속
臨濟가 放去較危하니 收來太速이라.[75]

임제스님이 놓아줄 때는 위험한 듯하더니, 거두어들일 때는 신속했다.

늦출 때는 위험하지 않고 잡아당길 때 위험하기 마련인데 반대로

74　"황벽선사가 때린 삼돈방(三頓棒)은 쑥 가지처럼 가벼웠건만, 가난한 사람(임제)은 오래 묵은 빚(번뇌 망상)만 쓸데없이 생각하였다. 원래 황벽의 불법에는 이러니저러니 복잡한 것은 없었다."(『續古尊宿語要』권4 X.68 p.450b, 先師三頓棒, 輕似蒿枝, 貧兒思舊債. 元來黃檗佛法無多子.)
75　『雪竇語錄』권3 T.47 p.686a, "師云, 臨濟放處較危, 收來太速."; 『禪門拈頌說話』614칙 H.5 p.476c.

"놓아줄 때는 위험한 듯하더니, 거두어들일 때는 빨랐다."고 평했습니다. 잡아들이기도 하고 풀어주기도 하며(一擒一縱) 살활자재한 수단을 보였다는 말입니다.

그 뒤에 송원(松源)스님이 여기에 대하여 또 평을 합니다.

사 염기주장 운 임제 거령이행
師가 拈起拄杖하고 云, 臨濟는 據令而行하나

부지고부황벽
不知孤負黃檗이라.

설두 진력담판 야지견득일변
雪竇는 盡力擔板이니 也只見得一邊이라.

차도 천복절문재십마처 척하주장
且道하라. 薦福節文在什麽處오? 擲下拄杖하다.[76]

송원스님이 주장자를 척 들고, "임제는 법령에 따라서 행하였지만 황벽스님을 저버린 줄을 알지 못했고, 설두는 힘써 판때기를 짊어졌으니 다만 앞 한쪽만 보았을 뿐이다."고 하였다.
말해보라. 내가 말한 근본 뜻이 어디에 있느냐?
(송원스님이 주장자를 던졌다.)

송원숭악 스님이 주장자를 척 들고 임제와 설두 두 스님을 모두 평(評)합니다.

임제스님에 대해서는 법령에 따라서 엄정하게 행하기는 하였지만 황벽스님의 뜻을 저버린 줄을 몰랐다고 하였습니다. 여기서는 부처가

---

76 『松源崇嶽語錄』 권상 X.70 p.85b.

와도 두드려 패지 않을 수 없습니다. 고부(孤負)는 여러모로 도와줌에도 달갑게 여기지 않고 본의에 어긋나는 짓을 한다는 말입니다. 임제스님이야말로 황벽스님의 법을 받아 깨쳐서 그 법을 엄정하게 시행하였는데, 어째서 그 뜻을 저버렸다고 하였을까요? 이것은 잘못 말한 것이 아닙니다. 확실히 황벽스님을 저버리고 가장 배반한 사람이 누구냐 하면 임제스님입니다.

또, 설두스님에 대해서는 담판한(擔板漢)이라 하였습니다. 담판한이란 판때기를 등에 짊어진 사람을 말합니다. 앞만 보고 뒤는 보지 못하는 사람을 비판하는 말입니다. '놓아줄 때[放]는 위험한 듯하더니, 거두어들일 때[收]는 빨랐다'며 거두어들인 부분만을 치켜세운 설두스님의 평을 두고 송원스님은 설두스님이 임제스님의 양 측면을 보지 못했다고 다시 비판한 것입니다.

송원스님의 평만 보면 설두스님이 임제스님을 제대로 보지 못했다는 말 같지만 그 말에도 깊은 뜻이 담겨 있는 줄 알아야 합니다. 송원스님이 마지막에 "말해보라, 내가 말한 근본 뜻이 어디에 있느냐?"라고 말하고는 주장자를 집어던진 데에서 임제스님과 설두스님을 각각 평한 바로 그 뜻을 알아차려야 합니다. 천복(薦福)은 송원스님 자신을 지칭합니다. 송원스님이 요주(饒州) 천복선원(薦福禪院)에 주석하신 적이 있기에 자신을 가리킨 말씀입니다. 절문(節文)은 말이나 글의 핵심적인 내용을 뜻합니다.

6. 진퇴양난의 관문

1) 칼날 위의 일

上堂^{상당}에 僧問^{승문}호되 如何是劍刃上事^{여하시검인상사}오?
師云^{사운}, 禍事禍事^{화사화사}로다! 僧^승이 擬議^{의의}한대 師便打^{사변타}하다.

임제스님이 상당하자 한 스님이 물었다.
"어떤 것이 칼날 위의 일입니까?"
"위험하다, 위험해!"
그 스님이 무언가 말하려고 머뭇머뭇하자, 임제스님이 그대로 주장자로 후려쳤다.

'칼날 위의 일'이란 바로 본분사, 본래면목을 비유합니다.[77]

---

[77] "'칼날 위의 일'이란 본분사[此事]에 대해 말하자면 한 자루 칼과 같다는 뜻이다. '위험하다, 위험해'라고 한 말은 머뭇거리면 목숨을 잃는다는 뜻이다. 그 스님이 과연 머뭇거렸기 때문에 곧바로 때린 것이니, 이것이 바로 칼날 위의 일을 활용해보인 것이다."(『禪門拈頌說話』 621칙 H.5 p.483c. 劍刃上事者, 若論此事, 如一口劍也. 禍事禍事者, 擬議則喪身失命也. 其僧果然擬議故便打, 是用得劍刃上事也.)

"날카로운 반야 지혜의 칼날이 사려분별을 끊어버린 일은 어떤 것입니까? 하고 한 스님이 물으니 임제스님은 "화사화사(禍事禍事), 대단히 위험하고 위험하다."고 답해줍니다. 보통 하는 말 같지만 뜻은 다른 데 있습니다. 이것을 쉽게 표현한다면 "혈일범천(血溢梵天), 피가 온 세상에 꽉 차서 대범천까지 피가 넘쳐 올라간다."고 하겠습니다.

2) 방아 찧다가 발 떼는 것을 잊다

問호되 秖如石室行者가 踏碓忘却移脚하니 向什麽處去오?
師云, 沒溺深泉이니라.

한 스님이 물었다.
"저 석실행자가 방아를 찧다가 발 떼는 것을 잊었다 하니 어느 곳으로 간 것입니까?"
임제스님이 말했다. "깊은 샘 속에 빠져버렸다."

석실행자(石室行者)는 청원행사(青原行思) 스님의 4세손입니다. 석실선도(石室善道)라는 스님입니다. 당나라 무종(武宗) 때 폐불(廢佛)을 만나 억지로 환속(還俗)을 당했어요. 그 뒤에 대중천자(大中天子)인 당 선종(宣宗)이 즉위해 폐불사태를 끝내고 불교를 복구시켰는데, 이 스님은 그 후 가사(袈裟)를 입지 않고 그냥 속인처럼 행자로서 늘 절에 살았습니다. 아주 확철히 도를 깨쳐 고불고조(古佛古祖)와 전혀 다름이 없는 대도인이었지만 방아를 찧어 대중스님 시봉하는 일을 평생토록 했습니다. 도가 높았어도 다시 스님으로 돌아오지 않고 늘 행자 신분으로 심부름이나 하면서 평생을 지냈다고 합니다.

그 석실행자가 방앗간에서 디딜방아를 밟다가 발을 떼는 것을 잊고 말았다고 하였습니다. 방아를 밟기는 밟지만 밟는다는 생각도 없고 밟지 않는다는 생각도 없이 발을 디디고는 놓을 줄 모르고 또 놓고는 디딜 줄 모르는, 완전히 무심경계에서 삼매에 들었다는 말입니다. 승(僧)이니 속(俗)이니 하는 생각도 없고 방아를 밟으면서도 밟는다는 생각도 없이 저 깊은 삼매에 든 것입니다.

어떤 스님이 삼매에 머물러 죽은 송장처럼 움직일 줄 모르고 있다며 폄훼(貶毀)하는 생각으로 "디딜방아를 밟는 것도 잊고 어디로 간 것이냐?"고 묻습니다. 어느 곳으로 갔기에 모든 것을 잊어버리고 송장처럼 앉을 줄도 설 줄도 모르고 있느냐 이것입니다. 임제스님은 "저 깊은 샘 속에 빠져버렸다."고 답합니다. 송장같이 깊은 무심에 빠져가지고 죽은 것과 마찬가지로 움직이지도 못한다는 표현 같지만 그 내용은 표현하고는 틀리니 말속에 담긴 뜻을 잘 살펴야 합니다.

3) 알거나 알지 못하거나 모두 틀리다

師乃云, 但有來者하면 不虧欠伊하야 總識伊來處노라.
若與麼來하면 恰似失却이요 不與麼來하면 無繩自縛이니
一切時中에 莫亂斟酌하라. 會與不會에 都來是錯이라.

분명여마도　　　　일임천하인폄박　　　구립진중
分明與麼道거니와 **一任天下人貶剝**하노라. **久立珍重**하라.

임제스님이 이어서 말했다.
"나는 나에게 찾아오는 어떠한 사람에 대해서도 잘못 보는 일이 없으니, 나는 그가 어디서 왔는지 모두 알아낸다.
만약 이처럼 온다면 그 사람은 자기를 잃어버린 것과 같고, 만약 이처럼 오지 않는다면 그는 오랏줄이 없는데도 스스로 묶여 있는 것과 같으니, 항상 어느 때라도 함부로 어림잡아 짐작하지 마라.
알거나 알지 못하거나 모두가 틀린 것이다. 나는 분명히 말하거니와 천하 사람들이 다 비방한다 해도 상관하지 않겠다. 오래 서 있었으니, 편안히 쉬어라."

임제스님은 "산승은 어떤 사람이 찾아오더라도 그 사람의 무엇이든 그냥 보는둥 마는둥 간과하지 않고 전부를 알아낸다."고 하였습니다. 실제로 어디에서 왔는지를 알아맞힌다는 뜻이 아니라 찾아온 그 사람의 근본 입장과 경지가 어떠한지를 안다는 말입니다. 공부의 깊이가 어떠한지 명경(明鏡)에 비추어 보듯이 상대를 환히 꿰뚫어본다는 것입니다.

'만약 누군가 이렇게 순순히 온다면[與麼來], 자기 생각은 아예 없고 고분고분하게 온다면 그 사람은 자기의 모든 것을 잃어버린 것과 마찬가지'라는 말은 모든 것을 잃어버렸다는 뜻이고, 반대로 '이렇게 순순하게 오는 것이 아니라면[不與麼來]', 덜렁거리며 거칠고 밉상스러운 모습으로 온다면 아무 새끼줄도 없는데 스스로를 꽁꽁 묶어 움직이지도 못하는 송장과 같을 뿐이라는 뜻입니다. 여마래(與麼來) 불여마래(不與麼來), 이렇게 순순히 오든 순순하게 오지 않든 이래도 송장이고 저래도 송장입니다. 여마래와 불여마래는 상대되는 양변(兩邊)의 경우를 말합니다. 양변이라는 것은 생멸이므로 송장이 아닐 수 없으니, 하루 어느 때에라도 이렇다느니 저렇다느니 함부로 헤아려서는 안 됩니다. 절대로 양변에 머물지[住] 말라는 뜻입니다.

우리가 공부를 하는 것은 확철히 깨쳐 올바른 견성(見性)을 하는 것이 공부의 근본입니다. 회(會), 안다는 것은 깨쳐서 견성한다는 것이고, 불회(不會)는 아직 깨치지 못해 견성하지 못했다는 말입니다. 그렇다면 깨쳐 공부를 성취하는 것이 우리의 목표가 아니겠습니까? 그런데 그게 아닙니다. 설사 공부를 해서 큰 깨침을 얻었다 해도 실제에서 보면 죽은 송장이고 깨치지 못한 사람도 역시 송장입니다.

앞에서 말한 여마(與麼)와 불여마(不與麼)는 상대 양변으로 서로 의지해 있기 때문에 불법하고는 천리만리 어긋난 것입니다. 양변 생멸에 머문 회여불회(會與不會), 아는 것과 알지 못하는 것도 마찬가지입니다. 그렇기 때문에 설사 불법을 알아도 송장이요 불법을 몰라도 송장이라 하는 것입니다. 성불해도 삼십방(三十棒) 맞을 잘못이요, 성불하지 못해도 삼십방 맞을 잘못입니다. 그러면 어찌하란 말일까요? 이렇게도 할 수 없고 저렇게도 할 수 없거든요. 옛날 조사스님들은 늘 법을 이렇게 씁니다.

덕산스님은 항상 몽둥이 하나 들고 있다가 아무라도 올 것 같으면 "도득(道得)이라도 삼십방이요 도부득(道不得)이라도 삼십방이라, 분명히 말해도 삼십방이요, 말하지 못해도 삼십방이다."⁷⁸라며 몽둥이로 때렸습니다. 제대로 말하지 못했다면 맞아야겠지만 제대로 말해도 왜 맞아야 할 잘못이라는 걸까요?

앞에서 살펴본 여마래와 불여마래와 같은 이치입니다. 이 양변에서 완전히 벗어나야 참으로 대도를 성취하는 것이니, 확철대오하여 초군정안(超群正眼)을 갖춘 사람이라야만 여기서 살아날 수 있습니다. 팔만대장경을 다 외워도 소용이 없고 지견이 설사 불조를 뛰어넘는다 해도 소용이 없습니다. 오직 정문유안(頂門有眼), 저기 이마에 제삼의 눈이 박힌 사람이 되어야만 이 소식을 바로 알 수 있습니다.

임제스님은 자신의 분명한 이 말에 천하 사람들이 어떻게 평하든지 그 사람들한테 맡겨두고 상관하지 않겠다고 했습니다. 천하 사람들이 비판하는 대로 맡기겠다는 것은 사실 자기가 이런 말하기 전에 자신부터 이미 죽었다는 것을 말한 것입니다. 그렇다면 이렇게 해도 죽고 저렇게 해도 죽고, 이렇게 하지 않아도 죽고 저렇게 하지 않아도 죽고, 제대로 말을 해도 죽고 제대로 말을 하지 못해도 죽는다면 어찌해야 한다는 말일까요?

성철이 한마디 해보겠습니다.

의 천 장 검　　　광 찬 란　　　산 호 지 지　　　일 고 고
倚天長劍이 光燦爛하고, 珊瑚枝枝가 日杲杲로다.

하늘을 기댄 장검의 빛이 찬란하고,⁷⁹

78　『禪門拈頌說話』 672칙 H.5 p.516a, "德山, 見僧入門便棒."; 같은 책, 632칙 p.489a, "道得也三十棒, 道不得也三十棒."
79　일체의 분별과 속박 그리고 번뇌 망상을 단칼에 베어버리는 선사의 기개를 엿

바닷속 산호 가지가지마다 번쩍번쩍 빛이 난다.[80]

장검이 어떻게나 긴지 저 북두칠성에 기대어 놓을 수 있을 만큼 장대한 검의 그 칼날 빛이 삼천대천세계를 다 비추고도 남는다는 말입니다. 북두칠성에까지 미치는 그런 장검이 어디 있을 것이며 검광(劍光)이 삼천대천 시방법계를 비추는 그런 칼이 또 어디 있겠느냐 말입니다. 하지만 실지로 그런 칼이 있습니다. 그리고 저 바다 가운데 산호(珊瑚) 숲이 있거든요. 산호 숲에 햇빛이 비쳐서 가지가지마다 번쩍번쩍 찬란하더라. 이 뜻을 안다면 임제스님이 말씀하신 뜻도 분명히 알 수 있을 것입니다.

억! [성철스님이 한번 고함을 치고 법좌에서 내려왔다.]

볼 수 있다.
80 산홋가지에 달빛이 비추어 밝게 빛나듯이 이러니저러니 덧붙일 군더더기 하나 없이 그대로 분명히 드러나 있는 경계를 표현하신 말씀이다.

7. 고봉정상(高峰頂上)과 십자가두(十字街頭)

상당운
上堂云,

일인　　재고봉정상　　무출신지로　　일인　　재십자가두
一人은 **在孤峰頂上**하야 **無出身之路**요, **一人**은 **在十字街頭**하야

역무향배　　나개재전　　　나개재후
亦無向背니 **那箇在前**이며 **那箇在後**요?

부작유마힐　　　부작부대사　　　진중
不作維摩詰하며 **不作傅大士**하노니 **珍重**하라.

임제스님이 상당하여 말했다.

"한 사람은 높디높은 산봉우리 꼭대기에 있으니 몸을 벗어날 길이 없고, 한 사람은 번화한 네거리에 있으면서 앞도 없고 뒤도 없도다.

누가 앞에 있고 누가 뒤에 있느냐? 유마힐(維摩詰)이라고도 하지 말고, 부대사(傅大師)[81]라고도 하지 말라. 편히 쉬어라."

---

[81] 부대사(497~569)는 중국 양나라 사람으로 속성은 부(傅) 씨, 이름은 흡(翕)이며 선혜대사(善慧大士)라고도 부른다. 동토의 유마, 미륵의 분신이라고도 불린다. 『전등록』 제28권과 『속고승전』에 전한다. 그 외 『심왕경』은 선승들이 많이 인용하고 있다. 특히 아래의 시는 유명하다.
"빈손에 호미들고(空手把鋤頭)

이 법문은 대대(待對)로 이루어져 있습니다. 한 사람은 저 수미산 상상봉처럼 높은 산꼭대기에 올라 앉아 있으니 출신(出身), 몸을 벗어날 길이 없다고 하였습니다. 도(道)를 성취해 부처와 조사도 따라갈 수 없는 제일 높은 곳에 앉아 있는데, 왜 몸을 벗어날 길이 없는가? 여기에 깊은 뜻이 있습니다. 다른 한 사람은 서울 종로 네거리와 같은 십자가두(十字街頭)에서 왔다 갔다 하지만 앞도 없고 뒤도 없다고 하였습니다. 사통팔달(四通八達)해서 이리로도 저리로도 통하지 않는 길이 없는 곳이 십자가두(十字街頭)인데 왜 앞으로 향하거나 뒤로 돌아설 길이 없다고 하였을까요?

고봉정산에 있는 사람과 십자가두에 있는 사람 가운데 누가 앞에 있고 누가 뒤에 있느냐고 묻습니다. 결국 유마힐(維摩詰)이라고 하지도 말고 부대사(傅大士)라고도 하지 말라는 것입니다. 유마힐은 부처님 당시에 살았던 인도의 거사이고, 부대사는 쌍림부대사(雙林傅大士) 또는 선혜대사(善慧大士)라고도 불리는 분으로 남조(南朝) 양(梁)나라 때의 거사입니다.

이제, 내가 한마디 해보겠습니다.

　　　　권 괘 구 의 운 시 불　　　각 장 진 어 부 명 수
　　　　權掛垢衣云是佛이나, 却裝珍御復名誰오?[82]

　　걸어가며 물소 타네(步行騎水牛)
　　사람이 다리위를 가는데(人從橋上過)
　　다리는 흘러도 물은 흐르지 않네(橋流水不流).″
82　『景德傳燈錄』 권29 「同安察禪師十玄談」 T.51 p.455c ; 성철스님 『백일법문』 서문 참조.

때 묻은 옷을 방편으로 걸어놓고 부처라 하나,
도리어 보배로 단장하면 다시 누구라 할까?

아주 더럽고 다 떨어진, 때 묻은 누더기 옷을 걸어놓고 방편상 부처라 부른다는 말입니다. 대도(大道)를 성취해 천상천하무여불(天上天下無如佛), 하늘 위에도 하늘 아래에도 부처님 같은 분이 없고, 시방세계역무비(十方世界亦無比), 시방세계에 또한 비교할 수 없는 분이 부처님인데 왜 때가 묻어서 차마 눈뜨고 볼 수 없는 더러운 옷을 걸어놓고 부처라 한다는 것일까요? 여기에 뜻이 있습니다.

반대로 이번에는 아주 좋은 옷에 산호, 칠보, 영락 등 온갖 보배로 장엄하여 놓으면 누구라 불러야 할까요? 그것을 부처라 해야 되겠는가? 중생이라 해야 되겠는가? 이 뜻을 알면 앞의 말도 알 수 있습니다. 이것은 깨쳐야 알지 깨치기 전에는 모릅니다.

진중(珍重)하라.
그대들 자중자애하라.

8. 가사(家舍)와 도중(途中)

<small>상당   운</small>
上堂하여 **云**,
<small>유일인   논겁재도중   불리가사   유일인   이가사</small>
有一人은 **論劫在途中**호되 **不離家舍**하고 **有一人**은 **離家舍**호되
<small>부재도중   나개합수인천공양   변하좌</small>
不在途中하니 **那箇合受人天供養**고? **便下座**하다.

임제스님이 법좌에 올라 말했다.
"한 사람은 무궁한 세월을 길 위에 나와 있으면서도 집을 떠나지 않고, 한 사람은 집을 떠났으나 길에도 있지 않다. 어느 쪽이 인간과 천상의 공양을 받을 만한가?"
그러고는 법좌에서 바로 내려왔다.

임제스님이 상당하여 이르시되, 한 사람은 영원토록 길 위에 사는데 항상 자기 집을 떠나지 않고 자기 집안에 있다고 합니다. 이것은 말이 안 되는 것 아닙니까? 그러면 사람이 둘이란 말입니까? 한 사람의 몸이 둘로 나뉘어 하나는 길 가운데 있고 다른 하나는 집 안에 있다는 말인가요? 그것이 아닙니다. 영원토록 항상 길 가운데 있지만 그

사람은 절대로 집을 떠난 일이 없습니다. 그리고 또 다른 한 사람은 집을 떠났지만 또한 길 가운데에도 있지 않습니다. 이 두 사람 중 어떤 사람이 인천의 공양을 받을 만한가라고 묻고는 법좌에서 내려오셨습니다.

한 사람은 자기 집을 떠나지 않고 항상 길 가운데 사는데, 다른 사람은 자기 집을 떠나 살지만 길 가운데(途中)에 있지 않습니다.

혹 이리저리 사량복탁(思量卜度)으로 따져보면 별것 아닌 것 같지만 그것이 아닙니다. 아주 뜻이 깊은 곳에 있습니다. 그럼 어떤 사람이 인천(人天)의 공양을 받아야 되겠나 하는 것입니다.

대혜종고(大慧宗杲) 스님이 이 법문에 대해 평(評)한 것이 있습니다.

적신이로
賊身已露로다.[83]

도적의 몸이 벌써 드러났구나.

왜 도적의 몸이 드러났다고 하였을까요? 앞서 임제스님의 법문과 아무 관계가 없는 말처럼 보이기도 합니다. 아무 관계도 없는 말처럼 보이지만 실지에 있어서는 임제스님의 법문에 대해 제대로 한마디 이르고 있음을 알아야 합니다.

한 사람은 길 가운데 있는데 집을 떠나지 않았고, 다른 한 사람은 집을 분명히 떠났는데 길 가운데 있지 않다고 한 이 법문에 대혜종고

---

[83] 『正法眼藏』권2 X.67 p.594b. 『禪門拈頌說話』 628칙 설화(說話)에서는 "바로 그 자리에서 다 드러냈다는 뜻이다."(H.5 p.487b, 立處現露也)라고 평하였다.

선사가 "도적의 몸이 벌써 드러났다"고 평한 이 뜻을 알아야 앞의 임제스님 말뜻을 알 수 있습니다. "도적의 몸이 드러났다"고 한 말뜻을 모를 것 같으면 앞의 임제스님 말씀의 뜻을 절대 모릅니다. 도적은 임제스님을 비유한 것이고, 그 몸이 드러났다는 것은 임제스님이 말하고자 한 뜻을 조금도 숨김없이 다 말씀하셨다는 의미입니다.

송원(松源)스님의 평(評)도 한번 보겠습니다.

<blockquote>
안관동남 의재서북
眼觀東南하고 意在西北이라.[84]
</blockquote>

눈은 동남쪽을 바라보나 마음은 서북에 있도다.

눈은 동남쪽을 보고 있는데 뜻은 저 서북쪽에 있다 하니 서로 반대쪽에 있습니다. 이것도 적신이로(賊身已露)와 같은 맥락의 말이니, 사량복탁으로 따져 이리저리 계교(計較)를 내서는 알지 못합니다. "도적의 몸이 드러났다" 하는 말이든지, "눈은 동남쪽을 보는데 근본 뜻은 서북쪽에 있다" 하는 말이든지 임제스님이 앞에서 하신 법문의 말씀에 한 번에 완전히 통해야 할 수 있는 말입니다. 이것을 모르면 바라보는 곳과 마음을 두고 있는 곳이 다르다는 뜻입니다. 대혜스님이 적신이로(賊身已露)라고 한 평과도 통합니다. 임제스님은 마치 도적처럼 앞의 사람[家舍]과 뒤의 사람[途中] 누구에게도 치우치지 않고 있는 듯이 속임수를 쓰면서도 차이를 분명히 드러내 보였다는 평입니다. 하지만 임제스님의 법문 말씀을 한 번에 완전히 통해야지 이리저리 헤

---

84 『松源崇嶽語錄』 권상 X.70 p.83a.

아리기만 해서는 천 날 만 날 법문을 들어도 소용없습니다. 이 뜻이 어디에 있느냐?

여기에 대해서 나, 퇴옹이 한마디 하겠습니다.

天共白雲曉하고 水和明月流여!⁸⁵
천공백운효　　수화명월류

하늘은 흰 구름과 같이 밝아오고
물은 밝은 달과 함께 흘러가누나!

저 흰 구름과 함께 새벽 하늘이 밝아옵니다. 밤이 캄캄하고 하늘에 구름이 꽉 끼었다가 날이 새서 새벽이 되면 천지가 훤해지거든요. 밤에 달이 환히 뜨면 계곡물은 물에 비친 달과 함께 흘러갑니다. 이 뜻을 알면 앞의 스님들이 하신 법문의 뜻을 알 수 있습니다. 날이 밝으면 푸른 하늘과 흰 구름이 서로 어우러져 드러나고, 물은 물속에 비친 달과 함께 흘러갑니다. 모두 자연 그대로의 조화로운 풍광입니다.

이 뜻을 이해한다면 '도적의 몸이 드러났다', '눈은 동남쪽에 있는데 뜻은 서북쪽에 있다', '한 사람은 도중(途中)에 있는데 자기 집을 떠나지 않았고, 또 한 사람은 자기 집을 분명히 떠났는데 또 길 가운데에도 있지 않다'라고 한 뜻을 분명히 이해할 수 있을 것입니다.

오늘은 해제일(解制日)입니다. 실지로 이런 법문을 분명히 깨치고 해제하는 사람이 있는지 모르겠습니다. 깨치지 못한 사람은 화두공부를 아주 부지런히 해야 합니다. 아무 생각 없이 앉아 마치 바위가 사

---

85 『人天眼目』 권6 T.48 p.331c.

람 쳐다보듯이, 바위가 사람 얘기 천년만년 들은들 무슨 소용이 있습니까? 그것은 피차 아무 소용이 없습니다.

먼젓번에 법문을 하는데 그때 대학생들이 와서 좀 들은 모양입니다. 대학생들이 이튿날 백련암에 올라와 함께 얘기를 하던 중에 어제 법문한 얘기가 나왔습니다. "그래, 너희들 어제 법문 들어보니 어떻더냐?" 하고 내가 물어봤습니다. 그러니까 "꼭 어쩐지 중국말 듣는 것 같더라."고들 합니다. 소리는 들리는데 말뜻을 알아들을 수 없었다는 것이지요. 귀가 있어도 틔지 않으면 이렇습니다. "그런데 중국말이 아니라 한국말 듣는 것같이 말 좀 알아들을 수 있는 대학생들 혹 있나?" 하니까, "우리는 전부 중국말로 들었지 한국말로는 하나도 안 들렸습니다."라고 합니다. 듣기는 분명히 들었는데 듣는 귀가 안 열렸던 모양입니다.

여기 대중들 중에는 중국말로 듣는 대중은 없을 성 싶은데 중국말 듣는 식이 되어서야 되겠습니까? 법문을 들을 때는 법문의 낙처(落處) 즉, 핵심을 바로 알아차려 의심이 없어야 합니다. 의심을 없게 하려면 불철주야 오매불망 화두공부에 용맹정진해야 합니다.

어쨌든 우리가 선방에 들어와 결제(結制), 해제(解制)를 하며 공부하고 있으니 모름지기 불고신명(不顧身命), 몸과 목숨을 돌아보지 말고 위법망구(爲法忘軀), 법을 위해 몸은 잊고서 용맹심으로 정진해서 제대로 깨친 사람이 얼른 하나라도 더 나와야 되지 않겠습니까? 날씨도 덥고, 해제일이니 오늘은 그만하겠습니다.

[하안거 해제일, 1974년 9월 1일(음 7월 15일)]

9. 삼구(三句)와 삼현삼요(三玄三要)[86]

1) 삼구(三句)

상당   승문   여하시제일구
上堂에 **僧問**하되, **如何是第一句**오?

사운 삼요인개   주점측   미용의의주빈분
師云, **三要印開**에 **朱點側**이요 **未容擬議主賓分**이로다.

임제스님이 상당하자 한 스님이 물었다.

"무엇이 제1구입니까?"

"삼요(三要)의 도장을 찍으니 붉은 점이 비뚤어지고, 말을 하려고 머뭇거리기도 전에 주인과 손님이 분명히 나누어진다."

---

86 중국 선종의 언어관은 대체적으로 불립문자(不立文字) → 불리문자(不離文字) → 불립문자(不立文字)의 과정을 거쳤다. 초기엔 일체의 언어·문자·이론을 마설(魔說)·희론(戱論)·사어(死語) 등으로 부르며 배격했다. 나아가 언어를, 증오(證悟)의 장애물로 파악했다. 이러한 언어관은 물론 선종의 태동과 밀접한 관련이 있다. 전쟁과 반란이 끊이지 않았던 위진남북조 시대의 혼란한 시대적 분위기 속에서 태동한 초기 선종의 언어 속에는 교종의 언어를 죄악시 하고, 하층과 기층 민중이 사용하던 말들이 많이 혼입됐다. 똥 닦는 휴지, 똥 막대기, 호미, 괭이, 삼베 등등이 이를 방증한다. 당시는 불립문자의 시대였다. 그러다 안록산 사사명의 반란이 평정된 이후(763) 시승(詩僧) 등이 출현하는 등 출가자들의 지적 수준이 높아지고 선종의 사상적 체계가 잡혀갈 즈음, 언어와

임제스님이 상당을 하셨는데, 한 스님이 나와서 "어떤 것이 제1구(第一句)입니까?" 하고 물으니, 임제스님은 "삼요인(三要印), 삼요의 도장을 찍으니 붉은 점이 삐뚤어졌다."고 말합니다.

삼요인(三要印)은 우리 종문(宗門)의 아주 깊은 진리를 도장에 비유한 것입니다. 주점측(朱點側), 그 진리의 도장을 찍었는데 비뚤어지고 말았다, 우리가 인주(印朱)를 묻혀 도장을 찍을 때는 반듯해야 하는데 잘못됐다는 말입니다. 중국 판본을 보면 주점측(朱點側)이 대개 주점착(朱點窄)으로 된 곳들이 더러 있습니다. 역시 주점(朱點), 붉은 점이

선 사이엔 점차 떨어지기 힘든 관계가 형성됐다. 송고·염고·평창 등 새로운 문자적 형식들이 출현해 선을 설명하기 시작했다. 소위 불리문자의 시대였다. 이러한 시대적 분위기는 북송 말기까지(1127) 계속됐다. 그러나 정강의 사변으로 북송이 망하고, 문자에 의지해서는 결코 선리를 증득할 수 없을뿐더러 죽음이라는 절체절명의 순간에 선이 전혀 힘을 발휘할 수 없다는 사실을 체득한 선승과 사대부들은 다시금 불립문자의 세계에 발을 들여놓았다. 소위 말하는 간화선과 묵조선의 시대가 도래한 것이다. 여기서 주목할 것은 제2기, 즉 불리문자의 시대에 등장하는 선종의 언어에는 신비화(神秘化)·현학화(玄學化)의 경향이 나타나기 시작한다는 점이다. 임제의 삼현삼요, 조동종의 군신오위 등이 대표적이다. 따라서 임제의 삼구와 삼현삼요를 접할 때 이러한 역사적 언어학적 변천 과정을 염두에 두고 읽을 필요가 있다. 그래야만 현실의 살아있는 선의 언어를 만날 수 있기 때문이다. 한편, 성철 큰스님께서 여러 선사들의 송고를 끌어와 삼현삼요를 고구정녕하게 평석하신 뜻은 독자들을 진정한 깨달음의 세계로 나아가도록 하기 위한 배려가 담겨 있다. 지금의 선림에 미만(彌滿)해 있는 선에 대한 잘못된 이해와 억측들을 넘어서 올바른 진정견해를 확립하고자 노심초사하는 노사(老師)의 염원이 그 안에 들어있다. 그렇기에 삼현삼요를 읽을 때, 선사들이 개당설법 할 때 향을 사르어 법을 이음을 천명하는 '염향사법(拈香嗣法)'과 사법사(嗣法師)의 계보를 밝히는 '사법전등(嗣法傳燈)'으로 한국불교의 법맥에 대한 각종 이설들을 잠재운 『한국불교의 법맥』(장경각. 1990)과 그 책에 수록된 「백파의 파경(破鏡)」, 「승고의 삼현에 대한 잘못된 이론」 등을 함께 읽으면 삼현삼요에 대한 의미를 더욱 분명하게 파악할 수 있을 것이다.

잘못됐다는 말입니다. 삼요인을 찍기도 전에 그 도장을 바로 찍었다고 볼 수 없는데 벌써 도장을 찍는다느니 어쩌고 하게 되면 벌써 진리와는 멀게 되어버린 것입니다.

머뭇머뭇하며 생각으로 헤아리는 것을 의의(擬議)라고 하는데, 그러한 망설임이나 주저함이 끼어들기도 전에 이미 주빈분(主賓分), 주인과 손님이 분명히 나누어진다는 말입니다. 어떤 사람은 머뭇거리며 조금도 의심하지 않는데 벌써 손님과 주인이 분명히 드러났다고 번역하기도 하는데, 그렇게 하면 반대의 뜻이 되어버립니다.

손님이니 주인이니 하고 나누는 것은 본분사(本分事)와는 동떨어진 얘기로, 향상일로(向上一路)의 관점에서 보면 거리가 멀어도 한참 먼 해석입니다. 한 생각 내기 전에 벌써 빈주(賓主), 손님과 주인이 나누어져 일을 그르치고 만다는 의미로 보는 관점이 타당합니다. 결국 삼현삼요(三玄三要)라 하는 거창하고 깊은 진리의 도장이 번뜩이는 순간, 그때 진리는 벌써 부서져버리고, 한 생각 내기 전에 손님이니 주인이니 하고 나누어져 진리와는 완전히 어긋나버렸다고 하는 말입니다.

이것을 잘못 보고 반대로 해석하는 경우가 많습니다. 한 생각이 일어나기 전에 주인과 손님이 분명하여 진리가 드러났다고 반대로 새기는데 그렇게 보면 임제의 제1구(第一句)라는 것은 꿈에도 모르고 하는 말입니다. 다음에 내가 설명을 더 하겠습니다.

問하되 如何是第二句오?

師云, 妙解豈容無著問이며 漚和爭負截流機리오!

"무엇이 제2구입니까?" 하고 어떤 스님이 물으니 임제스님이 말했다.

"근본지인 문수보살[妙解]이 어찌 무착(無著)의 후득상대지의 물음을 용납할 수 있겠으며, 방편의 차별상대지가 어찌 평등절대지를 저버릴 수 있겠는가!"

"어떤 것이 제2구(第二句)입니까?" 하고 묻습니다.

묘해(妙解)라 하면 문수보살(文殊菩薩)을 가리키기도 하고 그 대지 문수(大智文殊)의 지혜 또는 참된 견지를 뜻하기도 합니다. 무착(無著) 스님이 오대산에 가서 문수보살과 문답을 한 일이 있습니다.[87] '문수보살이 어찌 무착의 물음을 용납하겠는가'라는 말은 참으로 근본지를 깨달은 문수보살일진대 어떻게 무착과의 대화 문답이 성립 가능하겠는가라는 말입니다. 문답을 세워 설왕설래하는 것은 저 진리 밖에서

---

87 "문수가 무착에게 물었다. '남방에서는 어떻게 불법을 이어서 지켜나가고 있는가?' '말법시대의 비구들이 계율을 거의 지키지 않고 있습니다.' '대중은 얼마나 되는가?' '3백 또는 5백 정도입니다.' 이번에는 무착이 문수에게 물었다. '이곳에서는 어떻게 불법을 이어서 지켜나가고 있습니까?' '범부와 성인이 함께 살고 용과 뱀이 뒤섞여 있다.' '대중은 얼마나 됩니까?' '전삼삼 후삼삼이니라.'"(『汾陽無德語錄』권중 T.47 p.609c, 文殊問無著, '南方如何住持?' 著云, '末法比丘, 少奉戒律.' 云, '多少眾?' 著云, '或三百或五百.' 無著却問, '此間如何住持?' 殊云, '凡聖同居, 龍蛇混雜.' 云, '多少眾?' 殊云, '前三三後三三.') 문수가 '범부와 성인이 함께 살고 용과 뱀이 뒤섞여 있다'라고 한 말은 어떠한 우열이나 차별도 없음을 의미한다. '전삼삼 후삼삼'에서 삼삼은 9를 가리키며 헤아릴 수 없는 극칙의 만수(萬數)를 뜻한다. '앞뒤로 가득 찼다'는 의미이다. 후에 이 문답은 무착이 문수보다 한 수 아래였다는 관점에서 단순히 읽히지 않고 참구할 공안으로 거듭 논의된다. 『碧巖錄』35칙 T.48 p.173b;『禪門拈頌說話』1436칙 H.5 p.913b 참조.

하는 일이요, 참다운 진리는 문답에 있지 않으며, 석가도 달마도 입을 댈 수 없는 부분인데 하물며 무착이 어떻게 입을 열어 물을 수 있겠는가라는 뜻입니다.

구화(漚和)는 산스크리트(upāya)를 음사한 말인데 방편이라는 뜻입니다. 근본지에 있어서는 입을 열어 말할 수 없는 것이지만 중생을 위해 할 수 없이 방편문(方便門)을 펼칩니다. 근본지의 경지에서는 무착의 후득 상대지를 인정하지 않으나 방편의 차별상대지가 망상의 흐름을 완전히 끊어버린 대지문수의 근본지혜에 어찌 어긋날까보냐는 것입니다. 대지문수의 근본지혜가 부처도 설 수 없고 조사도 설 수 없는 경계에서의 작용이라고는 하지만 한결같이 그렇게만 한다면 중생은 도저히 손잡을 곳도 발 디딜 곳도 없게 되어버립니다. 그러니까 할 수 없이 방편문을 열어 중생을 인도하는데 방편의 차별상대지가 결코 문수보살의 평등절대지를 저버리는 것은 아니라는 말입니다. 『법화경』에도 이런 말이 있습니다. "제법(諸法)의 적멸상(寂滅相)은 불가이언선(不可以言宣)이나 이방편력고(以方便力故)로 위오비구설(爲五比丘說)하니라.[88] 제법적멸상(諸法寂滅相)을 말로는 도저히 형용할 수 없지만 방편의 힘으로 오비구(五比丘)를 위해 설했다."는 말입니다.

문수보살의 근본의 진리[妙解]에 있어서는 무착(無著)뿐만 아니라 삼세제불과 역대조사도 말 붙일 수 없고 상신실명(喪身失命)하고 말지만, 중생을 위해 할 수 없이 펼친 방편문이 또한 문수보살의 평등절대

---

[88] 『法華經』 권1 「方便品」 T.9 p.10a, "諸法寂滅相, 不可以言宣, 以方便力故, 爲五比丘說, 是名轉法輪."

지의 진리에 크게 어긋나는 것은 아니라는 것입니다. 부득이하게 방편문의 차별상대지를 열어 중생을 이끌고 나중에 가서 중생이 완전히 제도되면 그때 필요 없어진 방편문을 버리면 되는 것이거든요. 강 건널 때는 배가 필요하지만 건너고 난 뒤에는 배가 필요 없는 이치와 같습니다. 중생이 다 제도(濟度)되면 그때는 방편이 필요 없습니다.

　　　　문　　여하시제삼구
　　　問하되, 如何是第三句오?
　　　　사운　간취붕두농괴뢰　　추견　도래이유인
　　　師云, 看取棚頭弄傀儡하라 抽牽이 都來裏有人이로다.

"무엇이 제3구입니까?" 하고 물으니, 임제스님이 답했다.
"무대 위의 꼭두각시놀음을 잘 보아라. 줄을 당겼다 놓았다 하며 움직이는 것이 모두 무대 뒤의 사람에게 달려 있는 것이다."

한 스님이 "어떤 것이 3구입니까?" 하고 임제스님에게 묻습니다. 붕두(棚頭)란 요즘의 무대(舞臺) 같은 것입니다. 그리고 괴뢰(傀儡)라는 것은 꼭두각시나 허수아비입니다. 무대 위의 꼭두각시 놀리는 것을 잘 살펴보라는 말입니다. 인형극을 보면 무대 뒤나 아래에서 사람이 줄로 조종하며 이리저리 놀리고 하잖아요. 꼭두각시가 스스로 움직일 수 있나요? 밀고 당기고 왔다 갔다 하는 것이 순전히 무대 뒤에서 사람이 조종하는 것이지 절대로 그 자체가 움직이지 못합니다. 이것은 순전히 남에게 끌려 다니며 바람이 부는 대로 물결이 치는 대로 움직일 뿐, 자기 정신이 하나도 없는 사람입니다. 이것이 제3구(第三句)입니다.

2) 삼현삼요(三玄三要)

師又云, 一句語에 須具三玄門이요 一玄門에 須具三要니
<small>사우운 일구어 수구삼현문 일현문 수구삼요</small>

有權有用이라. 汝等諸人은 作麼生會오? 下座하다.
<small>유권유용 여등제인 작마생회 하좌</small>

임제스님이 또 말했다.
"한 구절[一句]에 반드시 '세 가지 현묘한 방편'을 갖춰야 하고, 하나의 현묘한 방편엔 반드시 '세 가지 핵심'을 갖춰야 하니, 방편도 있고 활용도 있다. 그대들은 어떻게 이해하느냐?" 하고는 법좌에서 내려오셨다.

임제스님 말씀을 겉으로만 보면 제1구, 제2구, 제3구로 단계를 나눠서 말한 것 같지만 맥락을 보면 그것이 아닙니다. 왜냐하면 일구(一句)에 수구삼현(須具三玄) 즉, 제1구든 제2구든 제3구든 각각 하나의 구에 삼현(三玄)을 다 갖추고 있다고 하였고, 또 각각의 하나의 현문(玄門)에 삼요(三要)를 다 갖추고 있다고도 했습니다. 그러니 제1구에도 삼현삼요(三玄三要)가 다 갖춰져 있고, 제2구와 제3구에도 삼현삼요(三玄三要)가 다 갖춰져 있는 것입니다. 그렇게 본다면 제1구라고 수준이 높고 제3구라고 수준이 낮은 게 아닙니다.

그런데 『임제록』뒤에 보면 이런 말이 또 나옵니다. "제1구를 바로 알면 조사와 부처의 스승이 되고, 제2구에서 바로 알면 인간과 천상의 스승이 되고, 제3구에서 알면 자기도 제도하지 못한다."[89]라는 구

---

89 『臨濟錄』 T.47 p.502a, "若第一句中得, 與祖佛爲師, 若第二句中得, 與人天

절이 있습니다. 여기서는 분명히 수준, 단계, 심천(深淺)이 있는 듯이 말하고 있습니다. 그래서 제3구가 가장 낮은 것이 아니냐고 생각할 수도 있지만, 앞서 "하나하나의 구(句)에 각각 모두 삼현삼요(三玄三要)를 갖추고 있다."고 한 임제스님 법문을 제대로 살펴보면 제1구라고 해서 깊고 제3구라고 해서 얕지 않다는 점은 분명히 알 수 있습니다.

그렇다면 본래의 뜻이 어디에 있다고 보아야 할까요? "제1구에서 천득(薦得), 즉 터득하면 불조위사(祖佛爲師), 부처와 조사의 스승이 되고, 제2구에서 천득하면 인천위사(人天爲師), 인간과 천상의 스승이 되고, 제3구에서 천득하면 자구불료(自救不了), 자기도 스스로 제도하지 못한다."라고 차별지어 한 말씀은 "제1구, 제2구, 제3구가 모두 삼현삼요(三玄三要)를 다 갖추고 있다."고 한 말씀과 표현상으로는 일견 모순되어 보이지만 그렇지 않습니다. 이것은 공부를 해 확철히 깨쳐야 알 수 있는 것이지, 깨치지 못하고 말만 따라가서는 절대로 모릅니다.

옛날 조사스님들도 이에 대하여 여러 가지로 자신의 말을 많이 붙였습니다.

"제1구에서 바로 알면 자기 스스로도 제도하지 못하고, 제2구에서 바로 알면 인간과 천상의 스승이 되고, 제3구에서 바로 알면 조사와 부처의 스승이 되리라."[90]고 임제스님과는 반대로 말한 경우도 있습니

爲師, 若第三句中得, 自救不了."

90 이와 정확히 일치하는 구절은 찾지 못하였으나 『원오어록』에 다음과 같은 구절이 보인다. "한 구절을 가지고 있다면 부처와 조사의 스승이 될 만하고, 한 구절을 가지고 있다면 인간과 천상의 스승이 될 만하고, 한 구절을 가지고 있다면 스스로도 구제하지 못한다. 예컨대 번뇌의 흐름을 끊되 삼구에 떨어지지 마라."(『圜悟語錄』 권4 T.47 p.731c, 有一句子, 堪與祖佛爲師, 有一句子, 堪與人天爲師, 有一句子, 自救不了. 只如截斷衆流不落三句.); "그는 활구를 참구하지 사구를

다. 사실 모든 법이라는 것은 살활종탈(殺活縱奪)이고 수방자재(收放自在)하며 자재무애(自在無碍)하니, 살리든지 죽이든지 놓아두든지 빼앗든지, 거두든지 내버려 두든지에 자재하여 마음에 걸림이 없는 방편입니다. 죽일 때라고 나쁜 것이 아니고 살릴 때라고 좋은 것만은 아닙니다. 그러므로 살리든 죽이든, 주든 빼앗든, 거두든 내버려 두든 어떠한 방편이나 경계를 접할 때마다 참으로 분명한 바른 눈[正眼]을 갖춰 그 근본 뜻을 바로 깨쳐야 휘둘리지 않을 수 있습니다. 근본 뜻을 알지 못하고 말만 따라가서는 동풍이 불면 동풍에 넘어지고 서풍이 불면 서풍에 넘어지고, 바람 부는 대로 물결치는 대로 이리저리 엎어지기만 할 뿐 영원토록 고인(古人)의 뜻을 모르고 맙니다. 이것은 실지로 언구(言句)에 있지 아니하고 뜻이 저 깊은 데 있기 때문입니다.

제1구, 제2구, 제3구를 제시해 분명히 우열을 나눈 듯 보이면서 왜 또 우열이 없다고 하는지 모순된다고 생각할지 모르지만, 분명히 우열이 있으면서도 우열이 절대로 없다는 점을 알아야 합니다. 임제스님은 제1구에서 바로 터득하면 부처와 조사의 스승이 될 만하다고 하였는데 이후 큰스님들은 제1구에서 바로 터득하면 자기 자신도 구제하지 못한다고 하였습니다. 또 임제스님은 제3구에서 터득하면 자기 자신도 구제하지 못한다고 하였는데 이후 큰스님들은 반대로 제3구에서 터득하면 부처와 조사의 스승이 될 만하다고 하였습니다. 사실

참구하지 않는다. 활구에서 깨달으면 영겁토록 망령되지 않겠지만 사구에서 깨달으면 자신도 구제하지 못하리라. 불조의 스승이 되고자 한다면 반드시 활구에서 분명히 알아차려야 한다."(『圜悟心要』 권상 X.69 p.453c, 他參活句不參死句. 活句下薦得, 永劫不忘, 死句下薦得, 自救不了. 若要與祖佛爲師, 須明取活句.)

에 있어서 보면, 제3구를 바로 알 것 같으면 부처와 조사의 스승이 된다는 예전 큰스님들의 뜻을 바로 알아야 합니다. "제1구가 제3구이고, 제3구가 제1구이기도 한가 보다."라고 쉽게 생각하고 넘어가면 억천만 겁이 지나도 그 근본 뜻을 놓치고 맙니다. 공부를 부지런히 해 완전히 깨쳐야 되지, 확철히 깨치기 전에는 모르는 것입니다.

10. 삼구(三句)와 삼현삼요(三玄三要)에 대한 선사들의 송

● **삼구(三句)**

1) 제1구(第一句)

'무엇이 제1구냐'고 묻는 한 스님의 질문에 임제스님은 "삼요인개(三要印開)에 주점측(朱點側)이요 미용의의주빈분(未容擬議主賓分)이로다. 삼요의 도장을 찍으니 붉은 점이 비뚤어지고, 말을 하려고 머뭇거리기도 전에 주인과 손님이 분명히 나누어진다."고 답했는데, 이에 대해 여러 선사들이 읊은 송을 보겠습니다.

(1) 풍혈연소(風穴延沼)[91] 스님의 송

수성변할
隨聲便喝이라.[92]

묻자마자 곧바로 고함을 친다.

91　풍혈연소(風穴延沼): 896~973. 북송(北宋) 때 임제종 스님. 남원혜옹(南院慧顒)의 현지(玄旨)를 얻었다. 951년에 광혜사(廣惠寺)를 사액 받았으며 20여 년간 머물렀는데 대중이 100명 이하인 적이 없었다고 한다.
92　『風穴語錄』古尊宿語錄7 X.68 p.44c ;『人天眼目』권1 T.48 p.301c.

'어떤 것이 제1구냐'고 자기에게 묻는다면 풍혈스님은 "묻자마자 벼락같이 고함을 질러버리겠다."고 합니다. 여기에는 "삼요인개주점측(三要印開朱點側)"이니 "미용의의주빈분(未容擬議主賓分)"이니 하는 이런 말도 필요 없다는 말입니다.

(2) 도오오진(道吾悟眞)[93] 스님의 송

직하 충운제   동산   절왕래
直下에 **衝雲際**요, **東山**에 **絶往來**라.[94]

곧바로 구름을 뚫고 올라가고,
동산에 사람의 왕래 끊어졌네.

저 늠름한 기상(氣像)으로 구름을 뚫고 하늘에 올라가고 동산에는 사람의 왕래가 완전히 끊어졌다는 말입니다. 운제(雲際)란, 말 그대로 구름이 떠 있는 저 높은 곳을 가리키는데, 속세를 벗어난 세계를 뜻하기도 합니다. 조사어록에 "장부자유충천기(丈夫自有衝天氣)요 불향여래행처행(不向如來行處行)이라."[95] 장부에게는 본래 하늘을 찌를 듯한 기운이 있으니, 부처가 간 길을 따라 가지 않는다는 말입니다. 그러니까 이것은 불조(佛祖)를 능가하는 무서운 기운, 기개를 말하는 것입니다. 장부라고 한다면 제아무리 뛰어난 어떤 사람의 자취라 할지라도

---

93 도오오진(道吾悟眞): 송나라 때 임제종 스님. 석상초원(石霜楚圓)의 법을 이었다. 호남성(湖南省) 담주(潭州) 도오산(道吾山) 흥화사(興化寺)에 주석하였다.
94 『道吾眞語要』古尊宿語錄19 X68 p.126c ; 『人天眼目』권1 T.48 p.301c.
95 『聯燈會要』권28 X.79 p.251c.

그것을 그대로 흉내 내지 않는다는 말입니다.

어떤 것이 제1구냐고 물으면 도오오진(道吾悟眞) 선사 자신은 당장 저 하늘을 뚫고 올라가듯이 부처와 조사를 초월해 아주 높은 곳에 서겠다는 것이며, 동산(東山)에 부처와 조사도 얼씬거리지 못하게 하겠다는 것입니다. 일반 사람들의 왕래를 끊어버리겠다는 말이 아니라 임제스님을 둘러싸고 이러니저러니 말하는 부류들의 왕래, 나아가서는 부처나 조사도 자취를 붙일 수 없게 하겠다는 말입니다. 직하(直下)에 충운제(衝雲際)하는 이 장면에서는 부처와 조사도 거기 가서는 얼씬거릴 수 없을 뿐만 아니라 상신실명(喪身失命)하는 곳이라, 부처와 조사도 자취를 끊으리라는 말입니다.

(3) 해인초신(海印超信)⁹⁶ 스님의 송

나타　　분노
那吒⁹⁷가 忿怒라.⁹⁸

팔비나타가 분노하니라.

96　해인초신(海印超信): 송나라 때 임제종 스님. 낭야혜각(瑯琊慧覺)의 법을 이었다. 강소성(江蘇省) 소주(蘇州) 정혜원(定慧院)에 주석하였다.

97　나타(那吒): 범어는 Nalakūvara이다. 나라구발라(那吒鳩跋羅), 나타구벌라(那吒俱伐羅), 나라구바(那羅鳩婆)라고도 음사하고, 나타태자(那吒太子), 나나천(那拏天)이라고도 한다. 비사문천왕(毘沙門天王)의 다섯 왕자 중 한 왕자인데, 국왕과 국토를 수호하는 선신(善神)으로 일컬어지기도 한다. 선문에서는 대적할 상대가 없을 정도로 강력한 존재를 나타낸다. "총림에 뼈를 쪼개어 아버지에게 돌려드리고 살을 갈라 어머니에게 돌려드린다는 말이 있다. 그러나 대소승의 경전에서는 증거할 문구를 찾을 수 없으니 무엇에 의거하여 이 말을 나오게 된 것인지 모르겠다. 내가 알지 못하는 것이리라."(『祖庭事苑』 권6 「那吒」 X.64 p.399c, 叢林有析骨還父, 析肉還母之說. 然於乘教無文, 不知依何而爲此言. 愚未之知也.)

98　『建中靖國續燈錄』 권7 X.78 p.684b; 『人天眼目』 권1 T.48 p.301c.

나타는 일명 팔비나타(八臂那吒)라고도 하는데 여덟 개 팔을 가진
나타라는 말입니다. 머리가 세 개에 팔이 여덟이라는 말도 있고 머리
가 다섯에 팔이 여섯이라는 말도 있습니다. 어찌 되었든 그런 무시무
시한 형상을 한 사람이 분노하니 누구라고 그 앞에 얼씬댈 수 있겠어
요? 임제스님의 이 제1구가 부처도 조사도 얼씬하지 못하는 그런 무
서운 지경이라고 말한 것입니다.

(4) 운봉문열(雲峰文悅)[99] 스님의 송

_{수수과슬}
垂手過膝이라.[100]

손을 드리우니 무릎 아래로 내려간다.

손을 드리우니 무르팍 밑으로 내려가 버린다는 것입니다. 이것은 부
처님의 삼십이상(三十二相) 중의 한 모습이기도 합니다. 만승천자(萬乘
天子)되는 전륜성왕 같은 사람을 말하는데 팔이 어찌나 긴지 무르팍
밑에까지 쑥 내려갑니다. 이것은 아주 단순한 표현 같지만 참으로 무
섭고 깊은 뜻이 있는 말입니다.

풍혈스님이 '말 떨어지자마자 할(喝)을 한다'고 한 말과 같은 취지입

---

99 운봉문열(雲峰文悅): 998~1062. 송나라 때 임제종 스님. 7세 때 용흥사(龍興
寺)에서 출가하였고, 제방을 돌아다니다 19세 때에 강서성(江西省)에 있던 대
우수지(大愚守芝)를 친견하고 그 법을 이었다. 수지가 입적한 뒤에는 동안원(同
安院)의 혜남(慧南)을 친견하고 수좌가 되었다. 그 후에는 호남성(湖南省)의 법
륜사(法輪寺), 남악(南嶽) 운봉사(雲峰寺) 등지에 주석하기도 하였다.
100 『雲峰悅語錄』古尊宿語錄40 X.68 p.261c ; 『人天眼目』권1 T.48 p.301c.

니다. 제1구의 소식을 그나마 조금이라도 형용(形容)한 것이지만 누구도 완전히 바로 이르지는 못합니다. 임제스님도 직설적으로 자세히 표현하지는 않았습니다. 다만 구름을 그려 달을 더욱 두드러지게 묘사하듯[101] 어떻게라도 형용해보려고 한 것입니다.

2) 제2구(第二句)

다음은 제2구에 대한 송입니다. 임제스님은, "근본지인 문수보살에게 진리의 문답은 필요 없으니 문수보살이 어찌 무착이 묻는 것을 용납할 수 있겠는가? 그렇지만 할 수 없이 중생을 위해 방편문을 열어 중생을 인도하는데, 무착의 후득상대지를 인정하지 않으나 방편의 차별상대지는 문수보살의 평등절대지를 저버리지 않으니, 진리에 어긋난 것이 아니다."라고 했습니다.

(1) 풍혈연소(風穴延沼) 스님의 송

미 개 구 전 착
未開口前錯이여.[102]

입 열기 전에 틀렸다.

---

101 홍운탁월법(烘雲托月法). 달을 그리는 것이 아니라 구름을 그려 달을 드러내는 기법. 즉, 구름을 채색해서 달을 두드러지게 하는 것이다.
102 『人天眼目』권1 T.48 p.301c. 『風穴語錄』古尊宿語錄7 X.68 p.44c에는 "未問已前錯"으로 실려 있다.

"입을 열기도 전에 벌써 틀려버렸다, 묻고 안 묻고 관계없이 입을 열기도 전에 다 틀려 버렸다"는 것입니다. 앞서 제1구에 대한 답에서 풍혈스님은 한 생각 내기 전에 이미 틀렸으니 고함을 질러 버리겠다고 했었습니다.

(2) 도오오진(道吾悟眞) 스님의 송

面前에 渠不見이요, 背後에는 稱冤苦로다.[103]

얼굴 앞에서는 그를 알아보지 못하고,

등 뒤에서는 원망하고 욕을 하네.

바로 눈앞에서는 알아보지 못하고 등 뒤에서 원망을 하고 욕을 하고 있다는 말입니다. 이 소식을 알아야 제2구 소식을 알 수 있습니다.

(3) 해인초신(海印超信) 스님의 송

衲僧이 罔措여.[104]

눈 밝은 선객도 쩔쩔 매는구나.

납승(衲僧)을 청안납승(淸眼衲僧), 명안납승(明眼衲僧)이라고도 합니

---

103 『道吾眞語要』 古尊宿語錄19 X.68 p.126c;『人天眼目』 권1 T.48 p.301c.
104 『建中靖國續燈錄』 권7 X.78 p.684b;『人天眼目』 권1 T.48 p.301c.

다. 사리를 꿰뚫어보는 살아 있는 눈[活眼睛]을 가진 사람이란 뜻입니다. 그런 납승, 납자(衲子)라 하면 부처나 조사가 오더라도 하나도 겁 날 게 없고 무엇이든 종횡자재한데 왜 '납승(衲僧)이 망조(罔措)라' 하는가? 정안을 갖춘 무서운 납승도 제2구 앞에서는 어찌할 줄 모르고 그만 쩔쩔 맨다 말입니다.

(4) 운봉문열(雲峰文悅) 스님의 송

만리 애주
萬里崖州라.[105]

머나먼 애주로다.

애주(崖州)[106]는 저 아래 중국 최남단 해남도(海南道)에 있는데 중국 중심지에서 제일 멀리 떨어진 곳입니다. 중원에서 애주까지 수만 리입니다. '어떤 것이 제2구냐' 물을 때 벌써 만리애주(萬里崖州), 제2구와는 천리만리 밖으로 멀리 떨어져 어긋나버렸다는 말입니다. 이와 같은 말들이 어느 정도는 제2구의 소식을 표현하고 있기는 하지만 온전히 형용해 내지는 못합니다.

---

105 『雲峰悅語錄』古尊宿語錄40 X.68 p.261c ; 『人天眼目』권1 T.48 p.301c.
106 애주(崖州): 지금의 중국 최남단 하이난(海南)성 싼야(三亞), 땅끝 낭떠러지라는 뜻. 고대에는 귀신이 드나드는 문이라는 뜻의 '귀문관(鬼門關)'이라 불렸다. 관리들이 땅끝인 이곳으로 많이들 좌천되었기 때문에 붙여진 명칭이다.

3) 제3구(第三句)

그럼, 또 어떤 것이 제3구냐?

임제스님은 "저 무대 위의 꼭두각시놀음을 잘 보아라. 무대 뒤에서 다른 사람이 줄을 당겼다 놓았다 하며 조종하는 것이지 제정신으로 노는 것이 아니다."라고 했습니다.

(1) 풍혈연소(風穴延沼) 스님의 송

<u>명 파 즉 불 감</u>
明破則不堪이라.[107]

분명히 밝히는 일은 감히 하지 못한다.

불법(佛法)은 분명히 설파(說破)하려 하면 그 즉시 그르치고 만다는 말입니다. 말을 해버리면 돌이키지도 못할뿐더러 본래의 뜻을 드러내지도 못한다는 겁니다. 이러니저러니 말하는 순간 벌써 불법과는 만리애주(萬里崖州)라, 천리만리 어긋나버립니다.

(2) 도오오진(道吾悟眞) 스님의 송

<u>두 상 일 퇴 진</u>　　<u>각 하 삼 척 토</u>
頭上一堆塵이요, **脚下三尺土**로다.[108]

---

107 『風穴語錄』古尊宿語錄7 X.68 p.44c ; 『人天眼目』권1 T.48 p.301c.
108 『道吾眞語要』古尊宿語錄19 X.68 p.126c ; 『人天眼目』권1 T.48 p.301c.

머리 위에는 한 무더기 먼지요,

다리 밑에는 흙이 석 자로다.

머리 위로는 먼지가 수북이 쌓였고, 발은 땅속 깊이 파묻혀 있다는 말입니다.

(3) 해인초신(海印超信) 스님의 송

西天此土라.[109]
<small>서 천 차 토</small>

서천이 이 땅이다.

지금 여기 이곳 땅이 부처님의 나라 인도 서천(西天)이다.

(4) 운봉문열(雲峰文悅) 스님의 송

糞箕掃箒[110]라.
<small>분 기 소 추</small>

똥이나 담는 삼태기요 더러운 빗자루라.

분기(糞箕)는 똥 같은 오물이나 쓰레기를 담는 도구인데 쓰레받기 모양의 삼태기이고 소추(掃箒)는 아주 형편없고 더러운 빗자루입니다.

---

109 『建中靖國續燈錄』 권7 X.78 p.684b;『人天眼目』 권1 T.48 p.301c.
110 『雲峰悅語錄』 古尊宿語錄40 X.68 p.261c;『人天眼目』 권1 T.48 p.301c.

똥거름을 담아 나르는 삼태기나 빗자루나 더러운 물건이기도 하지만 그 더러운 것을 치워 나르는, 일상에서 꼭 필요한 물건이기도 합니다.

제3구를 이렇게 표현했는데 어떻든 말만 따라가서는 근본적으로 제3구를 알 수는 없습니다. 아까도 말했지만 여기서도 보면 삼구에 분명히 깊고 얕은 차별이 분명히 있습니다. 그러나 사실에 있어서는 각각이 삼현삼요를 다 갖추고 있거든요. 모르고 보면 분명히 심천이 있지만 알고 보면 심천이 없습니다. 심천이 없는 이 도리를 알아야 합니다. 분명히 심천이 있는 것을 왜 심천이 없다고 할까요?

● 삼현삼요(三玄三要)

다음으로는 삼현삼요(三玄三要)를 살펴보겠습니다. 여기에 대해서는 임제 정맥으로 내려오는 분양선소(汾陽善昭)[111] 스님과 그 제자인 자명초원(慈明楚圓)[112] 스님의 송(頌)을 중심으로 이야기해보려 합니다.

---

111 분양선소(汾陽善昭): 947~1024. 송나라 때 임제종 스님. 출가한 후에 여러 곳을 유력(遊歷)하며 선지식들을 찾아다녔다. 수산성념(首山省念)의 법을 이었다. 분양의 태자원(太子院)에서 선지(禪旨)를 선양하였다. 시호는 무덕선사(無德禪師)이다.『분양무덕선사어록(汾陽無德禪師語錄)』,『분양소선사어록(汾陽昭禪師語錄)』,『분양소선사어요(汾陽昭禪師語要)』 등을 남겼다.

112 자명초원(慈明楚圓): 986~1039. 자명선사(慈明禪師)로 불린다. 문인 황룡혜남(黃龍慧南)이『자명선사어록』을 엮었다. 자명초원의 법을 이은 황룡혜남과 양기방회(楊岐方會) 아래에서 황룡과 양기 두 파가 갈라져 나왔다.

1) 분양선소(汾陽善昭) 스님의 삼현삼요(三玄三要) 송

(1) 삼현(三玄)

① 제1현(第一玄)

<small>조용   일시전   칠성   상찬란   만리   절진연</small>
照用이 **一時全**하니, **七星**이 **常燦爛**하고, **萬里**에 **絕塵烟**이라.[113]

비춤과 작용을 일시에 갖추니,

일곱 개 별을 새긴 비수가 항상 찬란히 빛나고,

만리에 티끌과 연기가 다 사라졌네.

조용(照用)이 일시전(一時全)하니,

비춤과 작용을 일시에 갖추니,

비춤과 작용을 한순간에 완전히 제1현에 포함하고 있다는 말입니다. 조용(照用)이 동시(同時)라는 말입니다. 조(照)와 용(用)이 쓰임이 다른데 어째서 일시에 완전하다고 하는가?

칠성(七星)이 상찬란(常燦爛)하고,

일곱 개 별을 새긴 비수가 항상 찬란히 빛나고,

옛날 이름난 보검(寶劍)에 칠성검이란 것이 있었는데 그 칼에 칠성을 새겨 넣었다고 합니다. 그 칼을 한번 휘두르면 천하 없는 사람이라도 그 칼은 이기지 못한다고 하는, 천하무적의 무서운 칼입니다. 칠성을

---

113 『汾陽語錄』권하 「三玄三要頌」 T.47 p.628b; 『人天眼目』권1 T.48 p.302a.

새겨 넣은 보검이 찬란한 빛을 뿜어내며 모습을 드러낸다는 말입니다.

만리(萬里)에 절진연(絶塵烟)이라.
만리에 티끌과 연기가 다 사라졌네.

만리에 티끌 먼지와 연기가 끊겼다는 것은 전쟁이 종식되었다는 비유입니다. 칠성검에 다 맞아 죽고 생명 있는 것이 하나도 없습니다. 사람이 있어야 다니면서 티끌도 일고, 사람이 살아 있어야 불도 때고 연기도 날 것 아닙니까? 그런데 칠성검이 한 번 번뜩이니 천리만리에 사람이든 무엇이든 일체 생명이 다 죽어버렸습니다. 칠성 비수검이 모든 생명을 다 죽이듯이 제1현이 아주 무서운 것이라는 분양스님의 평입니다.

② 제2현(第二玄)

구추이사 첨   의의천시과   열면의쌍견
鈎錐利似[114]**尖**하니, **擬議穿腮過**하고, **裂面倚雙肩**이라.[115]

갈고리와 송곳 날카롭기가 더욱 예리하니,
헤아리고 머뭇거리는 순간 뺨을 꿰뚫고,
찢어진 낯짝이 두 어깨에 걸쳐져 있네.

구추이사첩(鈎錐利似尖)하니,
갈고리와 송곳 날카롭기가 더욱 예리하니,
갈고리와 송곳의 날카롭기가 아주 예리하고 뾰족해서 닿기만 해도

---

114 『人天眼目』(권1 T.48 p.302a)에는 '似'가 '更'으로 되어 있다.
115 『汾陽語錄』 권하 「三玄三要頌」 T.47 p.628b ;『人天眼目』 권1 T.48 p.302a.

찔려 죽는 판입니다. 갈고리는 사물을 끌어당기는 데 쓰는 도구이고 송곳은 찔러 밀어 넣는 도구입니다. 상대의 근기에 따라 자유자재하게 펼치는 작용을 비유합니다.

의의천시과(擬議穿腮過)하고,
헤아리고 머뭇거리는 순간 뺨을 꿰뚫고,

머뭇거리며 헤아리는 순간, 갈고리와 송곳 같은 날카로운 물건에 바로 뺨을 꿰뚫리고 만다는 말입니다. 왜 뺨이냐? 그냥 볼때기가 아니라, 어느 부위인가 하면 뺨 아래 귀밑 부분 급소에요. 물고기로 치면 숨을 쉬는 아가미 같은 부위입니다. 그곳을 찔리고 만다는 말입니다.

열면의쌍견(裂面倚雙肩)이라.
찢어진 낯짝이 두 어깨에 걸쳐져 있네.

쪼개지고 찢긴 얼굴이 양 어깨에 걸쳐 있다 말입니다. 이것도 비유로 한 말입니다. 제2현이라는 것은 뭐든 닿으면 다 찔러 죽이듯이 여기 와 어리대면 누구든지 생명을 잃는다는 것입니다.

③ 제3현(第三玄)

묘용구방원　　수기명사리　　만법체중전
妙用具方圓하여, **隨機明事理**하니, **萬法體中全**이라.[116]

묘한 작용에 모나고 둥긂을 다 갖추어,
상대의 능력에 따라 현상과 이치를 밝혀주니,

---

[116] 『汾陽語錄』 권하 「三玄三要頌」 T.47 p.628b;『人天眼目』 권1 T.48 p.302a.

만법이 본바탕 가운데 완전하도다.

묘용구방원(妙用具方圓)하여,
묘한 작용에 모나고 둥긂을 다 갖추어,
제3현(第三玄)의 대기묘용(對機妙用)에는 일체만법이 거기에 원만 구비해 있습니다. 네모진 것을 방(方)이라 하고 둥근 것을 원(圓)이라 합니다. 네모진 것과 둥근 것은 대비되는 개념이죠. 그런데 이것을 다 갖추었다고 했어요. 여기서 방원(方圓)은 자유자재한 수단을 상징적으로 뜻하는 말입니다.

수기명사리(隨機明事理)하니,
상대의 능력에 따라 현상과 이치를 밝혀주니,
방(方)과 원(圓), 어떠한 형태, 수단으로든 자유자재한 방편을 갖추고 있는 데다 상대의 능력, 근기(根機)에 따라서 사리를 밝혀줍니다. 기틀을 따라 법을 쓰되 사(事)나 이(理) 모든 것이 다 분명합니다. 이것이 또한 묘한 작용입니다.

만법(萬法)이 체중전(體中全)이라.
만법이 본바탕 가운데 완전하도다.
이러한 제3현의 대기묘용(對機妙用)에 일체 만법이 원만히 구비되어 있습니다.

여기까지가 삼현에 대한 분양스님의 송(頌)입니다.

(2) 삼요(三要)

다음은 삼요(三要)란 무엇이냐에 대한 분양스님의 송(頌)입니다.

① 제1요(第一要)

_{근경구망} _{절짐조} _{산붕해갈} _{쇄표진}
根境俱忘에 **絶朕兆**하고, **山崩海竭**에 **灑飄塵**이라.

_{탕진한회} _{시득묘}
蕩盡寒灰라야 **始得妙**라.[117]

육근 육경을 모두 잊으니 모두 자취 끊어지고
산 무너지고 바다 마르니 바람에 티끌로 흩어지니
식은 재마저도 다 없어져야 비로소 묘라 할 수 있네.

근경구망(根境俱忘)에 절짐조(絶朕兆)하고,
육근 육경을 모두 잊으니 모든 자취 끊어지고,
어떠한 자취도, 조짐도 찾아보려야 찾아볼 수가 없습니다. 근경(根境)이 다 없어져 버렸는데 그 무슨 현상이 건립될 수 있나? 일체의 자취가 다 사라진 곳이라 말입니다.

산붕해갈(山崩海竭)에 쇄표진(灑飄塵)이라.
산 무너지고 바다 마르니 바람에 티끌로 흩어지고
산이 무너져 내리고 바닷물이 마르는 것은 예나 지금이나 보통 일

---

117 『汾陽語錄』 권하 「三玄三要頌」 T.47 p.628b ; 『人天眼目』 권1 T.48 p.302a.

이 아니고 무슨 일인가 일어날 큰 조짐입니다. 그런 가운데 바람에 먼지마저 바람에 나부끼며 다 날려갑니다.

탕진한회시득묘(蕩盡寒灰始得妙)라.
식은 재마저도 다 없어져야 비로소 묘라 할 수 있네.

식은 재마저도 완전히 탕진한 뒤라야만 비로소 묘(妙)라고 할 수 있습니다. 산이 무너지고 바다도 말라버리고 조그만 티끌 하나, 식은 재 하나라도 거기에 남아 있으면 안 됩니다. 전부 싹 쓸어버려야 됩니다. 그렇기 때문에 제1요에 있어선 부처도 설 수 없고 조사도 설 수 없는데 중생이니 뭐니 하는 것은 더 말할 것도 없습니다.

부처도 조사도 설 수 없는데 팔만대장경이고 어록이고 『임제록』이고 이런 것도 다 여기에는 들어설 자리가 없습니다. 모르는 사람들을 위해서 할 수 없이 임제스님도 이런 소리 저런 소리 구구하게 하고 있는 것입니다. 이런 것을 방편설(方便說)이라 하지 않았습니까? 실제 진리는 언설과는 떨어져 있는데, 말로는 표현할 수 없는 것인데, 중생이 미혹하여 알지 못하니 하는 수 없이 방편으로 이런 말도 하고 저런 말도 한다 말입니다. 그리고 이 말 또한 방편으로 하는 말입니다.

② 제2요(第二要)

구추찰변정교묘　　　종거탈래체전기　　　투갑칠성광황요
鉤錐察辨呈巧妙하니, 縱去奪來掣電機요, 透匣七星光晃耀니라.[118]

---

[118] 『汾陽語錄』 권하 「三玄三要頌」 T.47 p.628b ; 『人天眼目』 권1 T.48 p.302a.

갈고리와 송곳을 살펴 교묘하게 잘 쓰니,
죽이고 살림이 번갯불같이 빠르고,[119]
칼집을 벗어난 칠성검 빛이 찬란하구나.

구추찰변정교묘(鉤錐察辨呈巧妙)하니,
갈고리와 송곳을 살펴 교묘하게 잘 쓰니,

해전(海戰)을 할 때 사람을 걸어서 죽이는 갈고리나 찔러서 죽이는 창을 보니 아주 교묘하게 잘 쓴다는 말입니다. 조사스님들이 살활자재(殺活自在)하게 법을 쓰는 수단을 표현한 말입니다. 법을 확철히 깨쳐 대기대용(大機大用)으로 살활자재하게 법을 활용하는 작용을 비유한 표현입니다.

종거탈래체전기(縱去奪來掣電機)요,
죽이고 살림이 번갯불같이 빠르고,

종거(縱去)는 턱 놓아 보내는, 살린다는 말이고, 탈래(奪來)는 빼앗아 오는, 죽인다는 말입니다. 죽이고 살리고 하는 것이 번갯불이 번쩍번쩍하는 그것보다도 더 빠르고 더 무섭다는 것입니다. 번갯불이 번쩍할 때 무슨 생각할 여지가 있습니까? 붙잡을 수 있나요? 그와 마찬가지로 살활자재한 대기대용으로 번갯불이 번쩍번쩍하듯이 그렇게 신속하고 무섭게 법을 쓴다는 말입니다.

---

119 "바로 그 자리에서 분명한 깨달음을 얻고자 한다면 눈은 유성처럼 빨라야 하고 기틀은 번갯불을 잡아챌 만해야 한다."(『無門關』 T.48 p.294a, 若也直下明得, 眼似流星, 機如掣電.)

투갑칠성광황요(透匣七星光晃耀)니라.

칼집을 벗어난 칠성검 빛이 찬란하구나.

칼집에서 빼낸 칠성 칼날의 빛이 삼천대천세계를 두루 비치니까 거기에서는 실지로 모든 것이 다 상신실명(喪身失命)하고 맙니다. 이런 무서운 것을 표현한 말입니다.

③ 제3요(第三要)

<u>불용수구불하조</u>　　<u>임기일곡초가성</u>　　<u>문자진교래반조</u>
不用垂鉤不下釣니, **臨機一曲楚歌聲**이여, **聞者盡敎來反照**라.[120]

낚시 갈고리와 낚시 바늘을 드리울 것 없으니,

때 맞춰 초나라 노래 한 곡조 노랫소리,

듣는 이 모두에게 생각을 돌이키게 하네.

불용수구불하조(不用垂鉤不下釣)니,

낚시 갈고리와 낚시 바늘을 드리울 것 없으니,

낚싯대를 드리울 필요가 없다고 하였습니다. 고기를 잡으려고 갈고리를 내리고 낚시 바늘을 드리워 놓은 것처럼 사람을 끌어들여 죽이려고 할 필요가 없다는 말입니다.

임기일곡초가성(臨機一曲楚歌聲)이여,

---

120 『汾陽語錄』 권하 「三玄三要頌」 T.47 p.628b ; 『人天眼目』 권1 T.48 p.302a. 『人天眼目』에는 "不用垂鉤幷下釣, 臨機一曲楚歌聲, 聞者盡敎來反照〈一作聞了悉皆忘反照〉"와 같이 되어 있다.

때 맞춰 초나라 노래 한 곡조 노랫소리여,

옛날 한나라 유방(劉邦)과 초나라 항우(項羽)와의 싸움에서 유방이 항우를 대패시켰어요. 항우는 마지막에 사면초가(四面楚歌), 사방에서 들려오는 초나라 노랫소리에 초나라 병사들이 다 도망가니 모든 일이 실패하고 끝났음을 알고 비분한 마음을 노래로 부르고 스스로 죽었다 하지 않습니까?

장량(張良)[121]이 항우를 잡으려고 계명산(鷄鳴山)에서 초나라 곡조를 실은 옥퉁소를 불게 했습니다. 항우의 병사들이 초나라 가락의 옥퉁소 소리를 듣고는 어찌나 떠나온 고향 초나라 생각이 나던지, 노래를 따라 부르며 자기 고향으로 가려고 흩어져 버렸습니다. 상황이 이러니 어떻게 항우 혼자서 싸울 수 있나요? 결국 항우도 죽음을 선택하거든요. 역발산기개세(力拔山氣蓋世), 힘은 산을 뽑고 기운은 천하를 덮을 만한 그런 장사였던 항우도 초나라 한 곡조 노랫소리에 죽어간다는 말입니다.

법을 깨쳐 대조사가 되어 정말 항우 같은 기개(氣槪)로 법을 쓴다 하더라도 여기 와서는 그만 초나라의 한 곡조 노랫소리에 무너져 죽는 판입니다.

문자진교래반조(聞者盡敎來反照)라.

듣는 이 모두에게 생각을 돌이키게 하네.

---

121 장량(張良): B.C.250~B.C.186? 중국 한나라의 책사. 건국 공신. 자는 자방(子房). 시호는 문성(文成). 소하(蕭何)와 한신(韓信)과 함께 한나라 건국의 3걸로 불린다.

제정신을 바로 차리고 결국 법을 바로 알게 된다는 말입니다. 그런데 어떤 전승에는 반대로 된 구절을 전하기도 합니다. 즉 "문료(聞了)에 실개망반조(悉皆忘反照)라."¹²² 초가일성(楚歌一聲)을 듣고 반조(反照)하는 것을 완전 다 잊어버렸다는 것입니다. 그런데 실지에 있어서 둘은 완전히 똑같은 말입니다. 한쪽은 반조한다고 하고, 다른 한쪽은 반조를 잊어버렸다고 하는데 어떻게 같은 말이냐고 혹 의아하게 생각할지도 모르지만, 내용을 알고 보면 반조를 잊어버렸다 하는 것이나 반조한다는 것이나 내용은 똑같습니다. 요점이 어디에 있느냐면 일곡초가성(一曲楚歌聲), 한 곡조 초나라 노랫소리가 사면에서 들려오면 항우 목숨은 죽은 목숨인 것입니다.

(3) 총송(總頌)

분양스님이 삼현삼요(三玄三要) 전체를 아울러 총송(總頌)을 했습니다.

삼현삼요사난분　　득의망언도이친
三玄三要事難分하니, **得意忘言道易親**이라.
일구명명해만상　　중양구일　국화신
一句明明該萬象하니, **重陽九日**에 **菊花新**이여!¹²³

삼현삼요의 일 참으로 분별하기 어려우니,

뜻은 얻고 말은 잊어야 도와 쉽게 가깝게 되네.

---

122 『人天眼目』 권1 T.48 p.302a.
123 『汾陽語錄』 권상 T.47 p.597b; 『人天眼目』 권1 T.48 p.302b.

한 구절에 명백히 만상을 갖추었으니,
음력 9월 9일에 국화꽃이 싱그럽구나!

삼현삼요사난분(三玄三要事難分)하니,
삼현삼요의 일 참으로 분별하기 어려우니,

삼현삼요에 무슨 깊은 진리가 담겨 있다고 집착하지 말라는 말입니다. 그것이 본분사, 일대사를 다 해결해 줄 수 있는 만병통치약은 아닙니다.

득의망언도이친(得意忘言道易親)이라.
뜻은 얻고 말은 잊어야 도와 쉽게 가깝게 되네.

득의망언(得意忘言),[124] 뜻을 얻고 나면 말은 잊어버려야 도(道)에 조금 쉽게, 가깝게 다가갈 수 있다는 말입니다. 삼현삼요를 설법한 임제스님의 뜻을 알고 그 말은 잊어버려야 합니다. 말만 따라가서는 끝내 삼현삼요의 뜻은 모릅니다. 그러니까 삼구(三句)든 삼현(三玄)이든 삼요(三要)든 그 말은 완전히 잊고 임제스님이 말씀한 뜻을 바로 깨쳐야 한다는 것입니다.

일구명명해만상(一句明明該萬象)하니,
한 구절에 명백히 만상을 갖추었으니,

---

124 "통발은 물고기를 잡기 위한 것이니 고기를 잡고 나서는 그 통발을 잊고, 올무는 토끼를 잡기 위한 것이니 토끼를 잡고 나서는 그 올무를 잊게 마련이다. 말은 뜻을 얻기 위한 것이니 뜻을 얻으면 그 말을 잊는다."(『莊子』「外物」, 筌者, 所以在漁, 得魚而忘筌, 蹄者, 所以在免, 得免而忘蹄. 言者, 所以在意, 得意而忘言.)

한마디 말씀이 명명백백하여 삼라만상, 천삼라(天森羅) 지만상(地萬象)을 전부 포함한다는 것입니다. 삼천대천 진법계(盡法界) 허공계(虛空界)의 부처고 조사고, 불법이고 세간법이고 할 것 없이 일체 진리가 그 한마디 법문에 원만히 구족해 있다는 말입니다.

중양구일(重陽九日)에 국화신(菊花新)이여!
음력 9월 9일에 국화꽃이 싱그럽구나!

중양구일(重陽九日), 음력 9월 9일에 노랗게 갓 핀 국화가 참 새롭고 또 새롭다, 싱그럽고 싱그럽다는 것입니다. 이 소식을 바로 알 것 같으면 임제스님 법문뿐만 아니라 모든 불조의 대기대용을 알 수 있습니다.

불조(佛祖)도 상신실명(喪身失命)하는 저 무서운 깊은 곳을 바로 깨쳐야만 중양구일(重陽九日)에 국화신(菊花新), 음력 9월 9일에 국화꽃이 싱그럽다 한 소식을 알 수 있지 그냥 말만 따라가면 영원토록 이 뜻은 모릅니다. 국화라 한다고 국화 따라 갔다가는 허수아비가 되어 그 사람은 영원히 죽고 마는 것입니다.

2) 자명초원(慈明楚圓)스님의 삼현삼요(三玄三要) 송

(1) 삼현(三玄)

① 제1현(第一玄)

  삼세제불 의하선 수자몽리 생경박
  三世諸佛이 **擬何宣**가? **垂慈夢裏**에 **生輕薄**이요,

단좌환성낙단변
端坐還成落斷邊이니라.[125]

삼세제불들이 무슨 말씀 전하려 했을까?
자비로 베푸신 방편은 꿈속인 양 경박한 생각 일으키고,
꼿꼿이 앉아 좌선만 하니 도리어 단견에 떨어지고 마누나.

삼세제불(三世諸佛)이 의하선(擬何宣)가?
삼세제불들이 무슨 말씀 전하려 했을까?

제1현(第一玄)에 대해서는 삼세제불도 입을 대어 말할 수 없습니다. 무상정각을 성취한 삼세제불도 이에 대해서는 말을 덧붙이지 못하고 설명하지 못한다는 말입니다. 그 뜻이 참으로 저 깊은 속에 있습니다.

수자몽리(垂慈夢裏)에 생경박(生輕薄)이요,
자비로 베푸신 방편은 꿈속인 양 경박한 생각 일으키고,

자비를 베풀어 말로 할 수 없는 것을 하는 수 없이 방편을 열어 교학(敎學)을 펼치지만, 꿈속에서 꿈 장난 하는 것으로 잠 깬 사람의 일이 아닙니다. 삼세제불들이 자비심에서 베푼 방편의 교설들이 모두 마치 미혹한 꿈속에 빠져 경박한 생각을 일으키게 할 뿐, 불법은 아니라는 말입니다.

단좌환성낙단변(端坐還成落斷邊)이니라.
꼿꼿이 앉아 좌선만 하니 도리어 단견에 떨어지고 마누나.

---

125 『慈明語錄』古尊宿語錄11 X.68 p.68a ; 『人天眼目』 권1 T.48 p.302b.

그렇다면 자비란 방편의 교학도 펴지 않고 가만히 앉아 아무 말도 하지 않고 좌선만 하고 있으란 말인가? 그렇다면 방편인 교학도 쓰지 않고 죽은 고목처럼 좌선에만 몰두하는 모습은 또 어떤가? 이번엔 모든 것이 다 끊어진 단견(斷見)에 떨어져버리고 만다 말입니다. 그러니까 방편을 열어 무슨 교설을 장황히 늘어놓아도 진리와는 벌써 어긋나버리고, 입을 딱 다물고 가만히 좌선만 하고 있어도 진리와는 다 틀어져 불법을 성취하지도 못하고 불교를 알지도 못하고 만다는 것입니다.

자명(慈明)스님 말씀은, 제1현(第一玄), 여기에 대해서는 삼세제불도 도저히 입을 열어서 말할 수 없는 것인데 공연히 방편의 교학으로 이런저런 말을 하더라도 결국 상신실명(喪身失命)이고, 말을 않고 가만히 좌선에만 몰두하더라도 상신실명이라는 말입니다. 그래서 이전에 덕산스님께서도 항상 하신 말씀이 있잖아요? "도득야(道得也)라도 삼십방(三十棒)이요, 도부득야(道不得也)라도 삼십방(三十棒)이니라."¹²⁶ 네가 말을 제대로 해도 30방을 두드려 패고 네가 말을 하지 못해도 30방을 두드려 패겠다는 말입니다. 이것이나 저것이나 다 같은 소식입니다.

② 제2현(第二玄)

영리납승 안미명 석화전광 유시둔
靈利衲僧이 **眼未明**이요, **石火電光**도 **猶是鈍**이니,

양미순목 섭관산
揚眉瞬目이나 **涉關山**이라.¹²⁷

---

126 『禪門拈頌說話』 672칙 H.5 p.516a, "德山, 見僧入門便棒."; 같은 책, 632칙 p.489a, "道得也三十棒, 道不得也三十棒."
127 『慈明語錄』 古尊宿語錄11 X.68 p.68a; 『人天眼目』 권1 T.48 p.302b.

영리한 납승도 아직 눈이 밝지 못하고,
부싯돌 불과 번갯불도 오히려 느리니,
눈썹 움직이고 눈 깜박이나 첩첩 산들이 가리고 있네.

영리납승(靈利衲僧)이 안미명(眼未明)이요,
영리한 납승도 아직 눈이 밝지 못하고,

영리한 납승은 명안납승(明眼衲僧), 벽안납승(碧眼衲僧)과 같이 아주 확철히 깨쳐 정안을 갖춘 사람인데 그런 영리납승도 여기서는 눈이 멀었다 하니, 도안(道眼)을 제대로 밝히지 못한 상태라는 말입니다. 이 무슨 도리(道理)이건대 불법을 바로 깨친, 참말로 눈이 열린 그런 납승도 왜 봉사라 하는가? 그렇지만 아무리 정안을 갖췄다 하더라도 여기서는 봉사가 아니려야 아닐 수가 없습니다.

석화전광(石火電光)도 유시둔(猶是鈍)이니,
부싯돌 불과 번갯불도 오히려 느리니,

부싯돌을 탁! 치면 돌에 불이 번쩍하지 않습니까? 얼마나 빠른가요? 그렇지만 그렇게 빠른 돌불이나 번갯불도 여기에 있어서는 오히려 참으로 둔하다, 너무 느리다 말입니다.[128]

---

128 "생각으로 헤아리지 않아도 이미 핵심을 벗어나버리고, 생각으로 헤아리는 바로 그 순간엔 산에 가로막힌 듯 멀어지고 만다. 부싯돌이 번쩍이고 번갯불이 치듯이 마주하든 마주하지 못하든 목숨을 잃지 않을 수 없다. 말해 보라! 이 도리는 어떤 것일까?"(『圜悟語錄』권2 T.47 p.720b, 未擬議已蹉過, 正擬議隔關山. 擊石火, 閃電光, 搆得搆不得, 未免喪身失命. 且道! 此理如何?)

양미순목(揚眉瞬目)이나 섭관산(涉關山)이라.

눈썹 움직이고 눈 깜박이나 첩첩 산들이 가리고 있네.

양미순목(揚眉瞬目)은 눈썹을 치켜세우고 눈을 깜박이는 일상의 동작을 말합니다. 일상에서 누구나 눈 깜박이고 눈썹 치켜세우는 이러한 동작에 마음의 작용을 드러낸 것입니다. 주장자나 불자를 세우거나 할(喝)을 하는 행위 등도 이와 같습니다. 여기에서는 무언가 알아내려고 골똘히 생각하고, 안 보이는 것을 보려고 애쓰는 모습을 표현했다고 보아도 무방합니다. 미세하게나마 법을 보여주었지만 여전히 첩첩이 산으로 가로막힌 지경입니다. 난관(難關)에 봉착했다는 말입니다. 앞이 툭 트여야 뭘 볼 수 있는데 산으로 첩첩이 가로막혔으니 무슨 방법으로 앞을 볼 수 있나 말입니다. 그러니까 법을 쓴다고 뭔가를 가져다 작용을 하는 것도, 이것은 사실에 있어서 법을 쓰는 것이 아니고 오히려 법에서 천리만리 정반대로 달아나버린다는 것입니다.

③ 제3현(第三玄)

萬象森羅宇宙寬이로다. 雲散洞空에 山嶽靜이요

落花流水는 滿長川이라.[129]

만상삼라가 우주에 넓게 펼쳐져 있도다.

구름 흩어지고 골짜기 비니 우뚝 솟은 산 선명하고,

떨어진 꽃잎은 끝없이 강물에 가득 흐르네.

---

[129] 『慈明語錄』古尊宿語錄11 X.68 p.68a;『人天眼目』권1 T.48 p.302b.

만상삼라우주관(萬象森羅宇宙寬)이로다.
만상삼라가 우주에 넓게 펼쳐져 있도다.

드넓은 우주에 삼라만상이 거칠 것 없이 펼쳐져 있습니다.

운산동공(雲散洞空)에 산악정(山嶽靜)이요,
구름 흩어지고 골짜기 비니 우뚝 솟은 산 선명하고,

구름이 흩어졌다는 것은 날이 맑게 개었다는 말입니다. 구름이 흩어지고 나니 골짜기도 환히 드러나고 산도 깨끗한 자태를 드러낸 모습입니다.

낙화유수(落花流水)는 만장천(滿長川)이라.
떨어진 꽃잎은 끝없이 강물에 가득 흐르네.

낙화유수는 봄날의 경치를 표현할 때 쓰는 문구입니다. 경치 좋은 기암괴석 사이로 흐르는 물에 꽃잎도 함께 떠내려가는 정말 춘삼월 호시절, 태평한 좋은 시절을 말합니다.

이것이 제3현(第三玄)을 표현한 송입니다. 앞에서는 모두 죽는 소리, 무서운 소리만 하더니 이번에는 따뜻한 봄 산천에 꽃잎이 떠내려가는 그런 아름다운 풍광으로 제3현을 표현했습니다. 그러나 표현은 다르지만 내용은 같습니다.

(2) 삼요(三要)

① 제1요(第一要)

<small>기화성현묘　　　의의섭장도　　대두이전도</small>
豈話聖賢妙리오! **擬議涉長途**여, **攛頭已顚倒**라.[130]

성현이라도 신묘함을 어찌 말할 수 있으리오!
헤아리고 머뭇거리면 먼 길을 가게 되니,
머리를 들면 벌써 거꾸러져 버리도다.

기화성현묘(豈話聖賢妙)리오!
성현이라도 신묘함을 어찌 말할 수 있으리오!
부처니 조사니, 또 문수보현이니 관음세지니 하는 그런 제불보살(諸佛菩薩)들도 여기에 있어서는 어떻다고 말을 못한다 말입니다.

의의섭장도(擬議涉長途)여,
헤아리고 머뭇거리면 먼 길을 가게 되니,
한 생각 머뭇머뭇하며 분별하는 순간 만리애주(萬里崖州)로 멀어져 버리니, 천리만리로 근본 뜻과는 어긋나고 만다는 말입니다.

대두이전도(攛頭已顚倒)라.
머리를 들면 벌써 거꾸러져 버리도다.

---

[130] 『慈明語錄』古尊宿語錄11 X.68 p.68a;『人天眼目』권1 T.48 p.302b.

또, 고개를 들어 무언가 제기하려 하자마자 벌써 꺼꾸러져버립니다. 제1요라는 것은 불조(佛祖)라도 상신실명(喪身失命)하는 곳이기 때문에 거기서 한 생각 내게 되면 벌써 저 천리만리 법과는 멀어져버리고, 조금 안다고 고개를 들고 어떻게 하기도 전에 벌써 넘어져 송장이 돼버린다는 말이니 모두 같은 말입니다.

② 제2요(第二要)

<u>봉정</u> <u>고건소</u> <u>신통자재래</u> <u>다문</u> <u>문외규</u>
峰頂에 **敲楗召**하니, **神通自在來**한대, **多聞**은 **門外叫**라.[131]

높은 산꼭대기에서 대중 소집 목탁 울리니,
오백나한들이 신통 자재하게 모였는데,
아난은 문 밖에서 울부짖고 있구나.

봉정(峰頂)에 고건소(敲楗召)하니,
높은 산꼭대기에서 대중 소집 목탁 울리니,

건(楗)은 건(犍) 자와도 통용되는데 건치(犍稚)라는 용구를 말합니다. 절에서 때를 알리기 위해 소리를 내는 악기의 일종인데 종이나 경쇠 같은 것입니다. 이 구절은 가섭존자가 부처님 말씀을 결집하려고 필발라굴(畢鉢羅窟)[132]에서 대중을 모으는 것을 묘사한 것입니다.

---

131 『慈明語錄』古尊宿語錄11 X.68 p.68a ; 『人天眼目』권1 T.48 p.302b.
132 필발라굴(畢鉢羅窟): 또는 칠엽굴(七葉窟). 중인도 마갈타국 왕사성 가까운 곳에 있던 석실. 부처님이 입멸하신 그해에 대가섭을 상좌로 하여, 부처님의 유법(遺法)을 결집한 곳. 굴 위에 필발라나무가 무성하였으므로 필발라굴이라 하고, 또는 대가섭의 본래 이름을 따라서 붙인 이름이라고도 함.

신통자재래(神通自在來)한대,

오백나한들이 신통자재하게 모였는데,

신통하여 자유자재한 500여 명의 아라한들이 필발라굴에 다 모여 들었다는 것입니다.

다문(多聞)은 문외규(門外叫)라.

아난은 문 밖에서 울부짖고 있구나.

다문(多聞)은 부처님 설법을 가장 많이 듣고 기억하여 다문제일(多聞第一)이라 불렸던 아난존자를 가리킵니다. 팔만대장경이 전부 다 아난의 입에서 나왔잖아요. 그렇게 천추만고에 둘도 없는 다문제일입니다. 그렇지만 불법을 바로 못 깨쳤으니 송장과 한가지거든요. 그래서 가섭한데 쫓겨나 저 문 밖에서 울고 있다 말입니다.

이것이 무슨 말입니까? 500나한들은 다 와서 참여하는데 부처님 법문을 제일 많이 기억하고 있는 아난존자는 쫓겨나서 울고 있다니, 이 소식을 바로 알아야 합니다.

③ 제3요(第三要)

起倒令人笑나, **掌內握乾坤**하고, **千差都一照**라.[133]

일어났다 엎어졌다 하며 남의 비웃음 사지만,

손바닥 안에는 하늘과 땅을 틀어쥐고서,

---

[133] 『慈明語錄』古尊宿語錄11 X.68 p.68a ; 『人天眼目』 권1 T.48 p.302b.

삼천대천세계의 모든 차별을 한가지로 평등하게 비추네.

기도영인소(起倒令人笑)나,
일어났다 엎어졌다 하며 남의 비웃음 사지만,

단순히 엎어졌다 일어났다 한다는 말이 아닙니다. 기도(起倒)는 상대를 자유자재하게 다루는 수단을 표현한 것입니다. 여기서는 불조(佛祖)가 대기대용을 가지고 살활자재(殺活自在)하게 행동하는 이것이 결국은 기도(起倒), 엎어지고 자빠지는 일에 불과하다는 것입니다. 활(活)은 일어나는 것이고 살(殺)은 자빠졌다는 말과 같습니다. 부처와 조사가 대기대용으로 중생을 제도할 때, 다시 말하자면 엎어졌다 자빠졌다 할 때, 참말로 아는 사람의 견해로 보면 웃을 일이란 말입니다. 사실, 알고 보면 부처니 조사니 하는 사람들이 출현해서 중생을 제도하고 무진법문을 설하는 것 같지만 실제로는 참말로 우스운 일들이라는 말입니다.

이 도리는 깊이 살피고 새겨봐야 합니다. 이전 스님들이 늘 하는 말씀이 있잖아요. 부처와 조사가 법문하는 것은 결국 멀쩡한 눈에 모래를 뿌리는 것과 한가지라고. 성한 사람 눈에다 모래를 뿌리면 어찌 되겠어요? 결국 바른 눈을 갖춘 스님들이 볼 때는 팔만대장경이라는 것도 멀쩡한 사람 눈에 모래를 뿌리는 것과 한가지라는 것이거든요. 사람을 죽이는 설비상(雪砒霜)과 한가지이다, 이 말입니다. 얼른 볼 때는 삼현이 어쩌고 삼요가 어쩌고 이렇게 종횡으로 설하는 임제스님이 천하제일 같지만, 참으로 눈을 바로 뜬 명안납자(明眼衲子)에게 "이 미친 임제, 덕산이 아닌가? 좀 가만히 있지 못하겠는가?" 하는 뼈아픈 일침을 맞을 수밖에 없습니다.

장내악건곤(掌內握乾坤)하고,
손바닥 안에는 하늘과 땅을 틀어쥐고서,
넘어뜨리기도 하고 일으켜 세우기도 하면서 남들의 비웃음을 사지만, 손바닥 안에는 하늘과 땅, 세상 전체를 틀어쥐고 있습니다.

천차도일조(千差都一照)라.
삼천대천세계 모든 차별 한가지로 평등하게 비추네.
손바닥 안에 삼천대천세계, 진법계허공계(盡法界虛空界)를 다 거머쥐고 앉았는데, 모든 것이 천차만별로 거기에 환하고 무애자재하게 비치지 않는 게 하나도 없습니다. 천차만별의 삼라만상을 하나의 이치로 평등하게 비춥니다. 차별된 수단을 쓰지만 그 수단을 쓰는 이치는 하나라는 것입니다.

(3) 총송(總頌)

보여통현사 　　　 방할요임시
報汝通玄士하나니, 棒喝要臨時라.
약명단적지 　　 반야 　태양휘
若明端的旨하면, 半夜에 太陽輝리라.[134]

그대들, 현묘한 이치에 통달한 이들에게 말하노니,
몽둥이로 때리고 고함침은 때에 맞게 해야 할지니라.

---

134 『慈明語錄』古尊宿語錄11 X.68 p.68a ;『人天眼目』권1 T.48 p.302b.

만약 분명한 뜻을 환히 밝힌다면,
한밤중에 태양이 빛나리라.

보여통현사(報汝通玄士)하나니,
현묘한 이치에 통달한 그대들에게 말하노니,
현현묘묘(玄玄妙妙)한 진리에 통달했다는 사람에게 한마디 하겠다는 말입니다. 이목농명(耳目聾瞑), 귀먹고 눈먼 사람에게야 한마디 한들 무슨 소용이 있습니까? 참으로 바로 깨쳐서 좀 알았다 하는 그대들한테 내, 한마디 하겠다는 것입니다.

방할요임시(棒喝要臨時)라.
몽둥이로 때리고 고함침은 때에 맞게 해야 할지니라.
방(棒)이든 할(喝)이든 그때그때 적절하게 써야 한다는 말입니다. 병에 따라 약을 처방하듯이 해야 하고, 죽이기도 하고 살리기도 하되 상황에 맞아야 합니다. 살활임시(殺活臨時)라 해도 마찬가지입니다. 상황을 보아 가면서 쓸 뿐 어떠한 일정한 법은 없습니다.

약명단적지(若明端的旨)하면,
만약 분명한 뜻을 환히 밝힌다면,
단적이란, 불법의 근본적인 뜻을 말합니다. 그것은 무엇에 가려지고 감춰져 있는 것이 아니라 확연히 분명하게 드러나 있습니다. 그 핵심, 요체를 명백히 알아차리는 겁니다.

반야(半夜)에 태양휘(太陽輝)리라.

한밤중에 태양이 빛나리라.

캄캄한 밤중에 태양이 찬란하게 비추고 있다는 이것이 우리 조사문중의 참으로 깊은 진리이고 이것을 바로 깨쳐야 합니다. 그렇다면 캄캄한 밤중에 무슨 태양이 빛난다는 것입니까? 대낮 정오에 삼경을 알리는 신호가 울린다[日午打三更]는 말이나 같습니다. 어떤 분별도, 차별적 대립도 사라진 경계입니다.

실제로 '반야(半夜)에 태양휘(太陽輝)' 하는 이 근본 이치를 확철히 깨치면 삼현(三玄)이니 삼구(三句)니 삼요(三要)니 하는 것은 손바닥 위에 구슬 보듯이 환하게 볼 수 있습니다. 하지만 이를 깨치지 못하면 아무리 눈을 뜨고 천리만리를 본다고 해도 봉사나 다름없고, 아무리 귀가 밝아 천리만리 밖의 소리를 환히 다 듣더라도 귀머거리일 뿐입니다.

공부를 부지런히 해 자성을 확철히 깨쳐야 비로소 한밤중에 해가 뜨는 소식도, 대낮에 울리는 삼경 종소리의 소식도 알 수 있고, 내가 오늘 한 법문의 뜻도 알 수 있습니다.

결국은 부지런히 화두공부 하라는 말입니다. 어떨 때는 칠성검을 뽑아 들고 부처도 죽이고 조사도 죽이네 어쩌네 하고, 또 어떨 때는 산도 무너지고 바다도 마르는 경계 운운하니 대단한 얘기인 것 같지만, 사실 알고 보면 웃을 일입니다. 모를 때는 몰라서 웃고, 알고 보면 참말로 같잖아서 웃는 것입니다. 여러분 중에도 같잖아 웃는 사람이 생겨야 할 것 아닙니까?

11. 성철스님의 삼구, 삼현, 삼요에 대한 총평

　임제스님의 삼현삼요(三玄三要) 법문에 대해서는 대강은 살펴본 셈입니다. 그런데 이 법문을 오해하는 경우가 아주 많습니다. 근본적으로 어떤 것이 제일 큰 오해인가 하면 삼현(三玄)을 공부의 차제(次第)로 잘못 생각하는 것입니다. 예전에 고탑주(古塔主)라는 스님이 있었는데『운문록(雲門錄)』을 보다가 깨쳤다 생각하고 운문스님의 법을 이었다고 자처하면서 결국 삼현(三玄)을 공부하는 차제, 그러니까 순서, 차례, 단계로 만들어버렸습니다.[135]

---

135 고탑주는 천복승고(薦福承古, ?~1045)의 별칭이다. "종일토록 묵묵히 선덕들의 큰 가르침을 깊이 궁구하다 하루는 운문스님의 어록을 보고 홀연히 깨달음을 발하였다. 이로부터 자취를 감추고 명성을 구하지 않았으며, 운거홍각의 탑이 있는 곳에 거처하였다. 사방의 학자들이 몰려들었는데, (스님이 탑에 거처하는 것을 보고) 고탑주라 불렀다."(『천복어록(薦福語錄)』X.73, p.54b, 終日默然, 深究先德洪規, 一日覽雲門語, 忽然發悟. 自此韜藏, 不求名聞, 棲止雲居弘覺禪師塔所. 四方學者奔湊, 因稱古塔主也.) 천복승고 스님이 삼현을 차제로 본 것에 대한 비판은『천복어록(薦福語錄)』에「제고탑주론삼현삼요법문(題古塔主論三玄三要法門)」이란 제하로 실려 있는데, "어째서 한 구에 삼현삼요를 갖추고 있지 않다고 의심하는가(『천복어록(薦福語錄)』X.73 p.54c, 何疑一句之中不具三玄三要)."라는 구절이 보인다. 혜홍각범(惠洪覺範)이 지은『석문문자선(石門文字禪)』에 이와 동일한 제목이 실려 있는 것으로 보아 각범의 글을『천복어록』에 실어 놓은 것으로 보인다. 혜홍각범의 이 글은『석문문자선(石門文

제1현(第一玄)이라는 것은 뭐냐? 체중현(體中玄)이다. 체중현이라는 것은 삼계유심(三界唯心), 만법유식(萬法唯識)의 도리를 깨쳐서 화엄 사종법계(四種法界)의 무애도리를 아는 것이다. 이것은 교리 아닙니까? 고탑주(古塔主) 스님은, 삼계유심(三界唯心)은 일체유심조(一切唯心造)라는 것이요, 만법유식(萬法唯識)은 일체가 모두 마음의 작용이라는 것을 깨달아 이사무애(理事無礙)니 사사무애(事事無碍)니 하는 무애도리를 아는 것이요, 이것이 바로 체중현(體中玄)이라고 합니다.

우리 대중들도 지금까지 들어봤지만, 어디 삼현(三玄)이라는 게 그런 것인가요? 여기서는 부처도 어리댈 수 없고 조사도 어리댈 수 없는데, 유심이니 유식이니 해가면서 또 거기에 이법계(理法界)니 사법계(事法界)니 이사무애(理事無礙)니 사사무애(事事無碍)니 그런 해석이 맞기나 한가요? 그런데 고탑주(古塔主) 스님은 이것이 체중현(體中玄)이라고 말합니다. 이것은 참말로 번뇌 망상이 그대로 있는 일종의 불법지견(佛法知見)일 뿐입니다. 번뇌 망상에 물든 중생의 경계일 뿐이니 이것을 체중현이라고 할 수 없습니다.

그리고 또 고탑주스님은 이어서 말하기를, 공부를 꾸준히 더 해나가면 체중현의 사사무애 도리를 벗어나 한 층계 더 올라가는데 그것이 구중현(句中玄)이라고 합니다. 거기에 가서는 일체의 번뇌 망상이 다 떨어져서 무심(無心)한 도리에 들어가게 된다고 합니다. 쇄쇄락락(灑灑落落)이라 하고 쇄락지경(灑落之境)이라고도 합니다. 번뇌 망상을 찾아보려야 찾아볼 수 없고, 속박에서 벗어나 무엇에도 구애되지 않

字禪)』권 제25에 실려 있다. 『가흥대장경(嘉興大藏經)』제23冊, 臺北:新文豊出版社, 1987年, p.702c.

는 자유로운 경지를 말합니다. 이무애니 사무애니 유심이니 유식이니 하는 그런 불법지견(佛法知見)도 찾아보려야 찾아볼 수 없는 한층 나아간 단계라는 것입니다. 공안에 정전백수자(庭前柏樹子)나 구자무불성(狗子無佛性), 마삼근(麻三斤) 같은 이런 본분(本分) 도리가 있다고 합니다.

그렇지만 아직까지도 최고의 구경이라고 할 수는 없다고 고탑주스님은 말합니다. 번뇌 망상과 불법지견을 완전히 떠났으니 이전 단계보다는 좀 낫지만 번뇌 망상을 떠났다고 생각하는 병(病), 또 쇄락지경과 무심에 안주하는 병이 있지 않느냐는 것입니다. 그렇기 때문에 거기에서도 한 걸음 더 나아가서 현중현(玄中玄)으로 들어가야 된다고 합니다. 현중현이란, 양구방할(良久棒喝)입니다. 소리를 지르고 몽둥이로 때리고 하는 그런 법문을 현중현이라 하고 그것이 최고의 구경이라고 말합니다.

간단히 말하면, 화엄도리, 사사무애도리를 제1현 체중현(體中玄)이라 하고, 조사의 공안 곧 정전백수자(庭前柏樹子)니 조사서래의(祖師西來意)니 하는 것을 제2현 구중현(句中玄)이라 하고, 양구방할(良久棒喝)의 침묵하거나 소리 지르고 몽둥이로 때리고 하는 이것을 제3현 현중현(玄中玄)이라고 했습니다.

고탑주스님의 견해를 따르면, 사사무애도리니 유심유식의 도리니 화엄도리니 이런 것은 교리(敎理)이니까 말할 필요가 없지만, 정전백수자나 구자무불성의 도리보다 양구방할 하는 그것이 더 깊은 도리란 말이 됩니다.

조주스님의 정전백수자 공안이 임제스님의 할(喝)만 못한 것이라고 한다면 이것은 꿈에도 불법을 모르는 사람입니다. 실제로는 임제의 할을 바로 알면 조주의 정전백수자도 아는 것입니다. 법을 바로 깨친 거기에는 심천이 없습니다. 결국 고탑주스님은 삼현삼요 도리를 철저히 알지 못했기 때문에 삼현을 공부해 나가는 차제이고 계단이라고 망담(妄談), 망설(妄說)을 한 것입니다. 고탑주스님의 이런 말은 임제스님이 말씀한 취지와는 근본적으로 어긋나 있습니다.

임제스님은 삼현(三玄)의 현 하나에 삼요(三要)가 다 갖추어져 있다고 했습니다. 제1현에도 삼요를 갖추고 있고, 제2현에도 제3현에도 삼요를 갖추고 있다고 했거든요. 예로부터 이렇게 다들 말합니다. 제1요라는 것은 대기(大機)를, 큰 기틀을 말하는 것이고, 제2요라 하는 것은 대용(大用)을 말하는 것이고, 제3요란 것은 기용제시(機用齊示), 대기대용을 한 번에 쓰는 것이라고 말입니다.

하나의 현 가운데 삼요가 분명히 다 갖추어져 우열(優劣)이 없습니다. 삼현은 우열이 본래 없는 것인데 그것을 공부하는 차제로 또 계단적으로 말한다면 그것은 임제스님 말씀과는 근본적으로 천리만리 벗어나는 말입니다.

고탑주스님의 이같은 망설에 대해 그 뒤 임제 정맥으로 내려오는 큰스님들 모두가 다 하나같이 공격했습니다. "눈먼 사람이 후대 다른 사람들의 눈까지 멀게 만들려고 한다. 고탑주는 공연히 쓸데없는 말을 하여 참말로 불조의 은혜를 저버리고 결국 종문의 역적이 되어 반역을 하는가?"

중국 임제종에서뿐 아니라 선종이 정통으로 내려오는 나라에서는 고탑주스님의 설을 절대 배격하고 누구든지 인정하지 않습니다.

그런데 고려시대 우리나라에서 어찌된 일인지 보조(普照)스님은 이 견해를 많이 인용합니다. 『절요(切要)』 끝머리에 삼현을 공부 차제로 인용하고, 『간화결의론(看話決疑論)』에서도,[136] 『원돈성불론(圓頓成佛論)』에도 고탑주의 망설을 인용합니다. 『절요』와 『간화결의론』에서는 단지 인용을 했을 뿐이지만, 『원돈성불론』에 가서는 "고탑주가 공부하는 차제를 이렇게 배열했는데 그것은 비록 임제의 본의는 아니지만 고탑주 말을 빌려가지고 내가 인용한다." 하면서 조금 발뺌하는 주(註)[137]를 달았습니다.

『절요』 끝머리와 『간화결의론』에서는 삼현을 공부 차제로 인용하면서도 아무 언급도 하지 않았으니, 보조스님은 선사로서 무지의 허물이 분명히 있다고 볼 수 있겠습니다. 그런데 『원돈성불론』에 가서는 분명히 "그것이 임제스님의 본의는 아니다"라고 밝히고 있습니다. 그렇다고 한다면 임제스님의 본의를 제대로 알고 있는 것이 분명하고 그래서 이전에 자신의 견해가 잘못되었다는 것을 정말로 안 것이 아닌가, 혹 이렇게도 이해할지 모르겠습니다.

그렇지만 그것은 그렇게 간단한 것이 아닙니다. 정말 모르고 범하는 것은 오히려 허물을 용서할 수 있지만, "지이고범(知而故犯)은 생함지옥(生陷地獄)이라", 알고도 고의로 범하면 산 채로 지옥에 떨어지는 잘못입니다. 임제스님의 삼현삼요가 우열을 가른 것이 아니라는 뜻을 분명히 알았으면 그것을 공부하는 차제라고 잘못 말하는 사람의 설을 철저히 때려 부수고 배격해야 마땅하지, 무엇 때문에 "임제의 본의

---

136 『看話決疑論』 H.4 p.734b 참조.
137 『圓頓成佛論』 H.4 p.728c, "此中三玄, 雖非臨際本意, 且順古師之意, 明之."

는 아니지만 고탑주 뜻을 따라서 내가 이것을 인용한다."는 말을 하느냐 말입니다. 이것은 아무리 누가 어떻게 변명하더라도 보조스님 자신이 잘못 보았다는 것만은 사실입니다.

조동종(曹洞宗)에 동산오위(洞山五位)라는 유명한 법문이 있습니다. 동산양개(洞山良价, 807~869) 스님이 정중편(正中偏), 편중정(偏中正), 정중래(正中來), 편중지(偏中至), 겸중도(兼中到) 다섯 가지로 제창한 방법입니다. 동산(洞山)스님의 수제자(首弟子)되는 조산본적(曹山本寂) 스님은 그에 대해서 "이것은 순전히 법 자체를 말하는 것이지, 공부하는 심천, 단계는 아니다."라고 딱 잘라서 말했습니다.[138]

그런데 일본 임제종의 중흥조라고까지 불리는 백은혜학(白隱慧鶴, 1685~1768) 같은 선사들도 그렇고, 삼현을 공부하는 차제에 배대하는 것처럼 동산오위를 공부하는 차제에 배대하는 일이 벌어집니다. 이 또한 동산오위를 제대로 모르는 사람들의 이야기입니다. 동산오위는 공부하는 차제가 아니라고 분명히 밝히고 있습니다. 조산본적(曹山本寂) 스님은 "누구든지 이것을 공부하는 차제로 본다면 동산오위의 근본 뜻에 배치된 것이다."라고 아주 정확히 말해놓았습니다. 그럼에도 불구하고 그 밑의 아손(兒孫)들이 동산오위를 공부하는 차제로 오도(誤導)하여 동산오위에 먹칠을 하고 아주 망쳐버렸습니다.

임제스님의 삼현의 경우도 그렇고 이런 일은 흔히 벌어집니다. 교가(敎家)에도 보면 그런 일이 있었습니다. 현수법장(賢首法藏, 643~712)은

---

138 『曹山語錄』권하 「解釋洞山五位顯訣」 T.47 p.541c 참조.

화엄종을 집대성한 분인데 현수스님을 이어 받은 스님은 청량징관(淸凉澄觀, 738~839)입니다. 청량징관 스님은 현수법장이 입적한 후 40여 년 뒤에 태어났지만 그 사상을 계승하였습니다. 현수법장 생전에 그 문하에 제자가 없었느냐 하면 그렇지 않습니다. 혜원(慧苑, 673~743?)법사라고 『화엄간정기(華嚴刊定記)』를 지은 제자가 있었습니다. 혜원법사는 현수법장의 제자지만 그 사상을 계승하지 않았습니다. 그래서 청량징관 스님이 나서서 현수법장의 뜻을 바로 세우면서 "독수(毒樹)가 생정(生庭)하니 부득불벌(不得不伐)이라."[139] 독한 나무가 집 안에 났으니 베어버리지 않으려야 베지 않을 수 없다고 한 일이 있습니다.

화엄종에서 현수법장은 최고 권위를 갖습니다. 청량징관 스님은 그 현수법장의 법을 이어받아 화엄종을 계승하고자 하는데, 혜원법사는 비록 그 현수법장 밑에서 공부하고 승계하였지만 현수법장의 정도(正道)에는 어긋났다 말입니다. 완전히 독수(毒樹)가 자라난 것과 같은 지경이니 혜원법사의 말을 듣다가는 화엄종을 망치게 되겠으니까 할 수 없이 '혜원이라는 독수에 도끼질하지 않을 수 없다'고 한 말입니다. 이 이야기는 『화엄현담(華嚴玄談)』에 자세히 나와 있습니다.

---

[139] 『華嚴經疏鈔玄談』 권2 X.5 p.707a.

4장
시중

1. 사료간(四料簡)

먼저는 삼구(三句)·삼현(三玄)·삼요(三要)를 설명했고, 오늘은 사료간(四料簡)에 대한 이야기입니다.

임제스님이 법을 쓰는 수단은 마치 중국의 이름난 병법가 손빈(孫臏)이나 오기(吳起)가 전략을 펼치는 것과 같다는 그런 평이 있습니다. 법을 쓰는 기량이 아주 살활자재하고 신출귀몰해 누구도 따라갈 수 없을 만큼 특출하기 때문입니다. 그런데 그 법을 쓰는 근본이 바로 사료간에 있습니다. 사료간을 이해하기 쉽지 않습니다만, 이것을 알아야 임제스님의 선법에 통할 수 있습니다. 그런데 이것은 실제로 깨쳐야 알지 깨치기 전에는 모르는 것입니다. 그럼에도 대강(大綱)이라도 어떻게 된 내용인지 한번 살펴보겠습니다.

師가 晚參에 示衆云, 有時에는 奪人不奪境이요
有時에는 奪境不奪人이요 有時에는 人境俱奪이요
有時에는 人境俱不奪이니라.

임제스님이 오후 법회에서 대중에게 말했다.

"어떤 때는 사람[人:주관]은 빼앗으나 경계[境:객관]는 빼앗지 않으며, 어떤 때는 경계는 빼앗으나 사람은 빼앗지 않으며,
어떤 때는 사람과 경계를 모두 빼앗으며,
어떤 때는 사람과 경계를 모두 빼앗지 않는다."

총림(叢林)에는 조참(早參)과 만참(晚參)이 있습니다. 아침에 법문하는 것을 조참이라 하고, 오후에 법문하는 것을 만참(晚參)이라 합니다. 임제스님이 그날 오후에 대중에게 사료간 법문을 하셨다는 것입니다. "어떤 때는 사람을 빼앗고 경계는 빼앗지 않는다." 주관은 버리지만 객관은 버리지 않고 그대로 둔다는 뜻입니다. 또, "어떤 때는 그 반대로 경계를 빼앗고 사람은 빼앗지 않는다." 객관은 부정하여 버리지만 주관은 그대로 둡니다. 결국에는 주관과 객관을 다 버리기 위해서입니다. "어떤 때는 사람과 경계를 다 빼앗아버린다." 주관과 객관을 완전히 버리는 것입니다. "어떤 때는 사람과 경계를 다 빼앗지 않는다." 사람과 경계를 모두 빼앗으면 사람과 경계를 모두 빼앗지 않는 것이 되어서 주관과 객관이 완전히 성립됩니다. 다 빼앗아버린다는 말은 쌍차(雙遮) 즉, 부정이고 다 빼앗지 않는다는 말은 쌍조(雙照) 즉, 긍정입니다. 쌍조는 사람과 경계라는 주관과 객관이 서로 융합하여 자재함을 말합니다.

이것이 임제스님의 유명한 사료간입니다. 참으로 깨치지 않고서는 사료간을 호호탕탕(浩浩蕩蕩)하게 온전히 쓸 수가 없습니다. 사료간의 근본 골자는 양변을 완전히 빼앗는 동시에 양변을 완전히 빼앗지 않

는다는 데에 있습니다. 이것이 바로 쌍차쌍조의 이치로, 임제의 사료
간도 중도를 알아야 알 수 있지 중도를 모르면 모릅니다. 중도를 알아
야 참으로 임제의 정법을 알 수 있으며, 그래야 법에 맞는 방(棒)과 할
(喝)도 시행할 수 있습니다. 그렇지 못하다면 한쪽에 집착하는 변견(邊
見)에 떨어져 임제스님과는 영원히 등지고 맙니다. 임제스님이 법을
쓰는 것 전체가 이 네 가지에 뿌리를 두고 있습니다만, 참 어려운 법문
입니다.

1) 사람은 빼앗고 경계는 빼앗지 않는다

_{시 유 승 문　　여 하 시 탈 인 불 탈 경}
時有僧問호되 **如何是奪人不奪境**고?
_{사 운　후 일　　발 생 포 지 금　　영 해 주 발 백 여 사}
師云, 煦日에 **發生鋪地錦**이요 **嬰孩垂髮白如絲**로다.

그때 한 스님이 임제스님에게 물었다.
"어떤 것이 사람은 빼앗고 경계는 빼앗지 않는 경지입니까?"
"따스한 봄날에 만물이 소생하니 대지는 비단을 깔아놓은 듯
하고, 어린아이의 늘어뜨린 머리카락은 명주실처럼 하얗구나."

따뜻한 봄날이 되면 겨우내 움츠렸던 초목에 싹이 돋아나고 꽃이
곱게 피지 않습니까. 그 모습이 마치 대지에 한 폭의 비단을 깔아놓은
것같이 그렇게 보기가 좋다는 말입니다. 그 다음 구절에서는 어린아
이가 머리를 땋아 길게 늘어뜨리고 있으니 하얗기가 마치 명주실 같
다고 하였습니다. 어린아이의 머리는 검어야 될 텐데 반대로 백발이라

고 표현하였습니다. 앞 구절은 탈인(奪人)에 대한, 뒤의 구절은 불탈경(不奪境)에 대한 말입니다.

경계를 빼앗지 않고 사람을 빼앗는 수단, 탈인불탈경(奪人不奪境)을 임제스님은 이와 같이 표현하신 것입니다.

그 뒤에 임제스님의 정맥으로 내려오는 스님들의 송을 살펴보겠습니다.

(1) 풍혈연소(風穴延沼) 스님의 송

_{신출홍로금탄자} _{추파사리철면문}
新出紅爐金彈子하여, **箠破闍黎鐵面門**이라.[140]

벌겋게 달아오른 화로에서 쇠 탄알을 바로 꺼내어,
쇠처럼 두꺼운 사람의 얼굴을 깨부숴버리네.

벌겋게 달아오른 화롯불 속에서 달궈진 쇠 탄알이 얼마나 뜨겁겠습니까? 그 쇠 탄알을 꺼내자마자 바로 사리의 얼굴에 겨눠 쏜다는 것입니다.

사리(闍黎)는 아사리라고도 하는데, 여기서는 보통 사람이라고 생각하면 됩니다. 몽둥이나 주먹도 아니고 단단한 쇠로 만들어진 탄알을 그것도 벌겋게 달구어 사람의 낯에 쏘니 사람 낯이 어찌 되겠습니까? 이것이 경계는 그대로 두고 사람은 빼앗는다는 뜻을 송(頌)한 풍혈스님이 하신 법문입니다.

---

[140] 『人天眼目』 권1 T.48 p.300c.

(2) 수산성념(首山省念) 스님의 송

人前에 把出하야, 遠送千峰이로다.¹⁴¹
<small>인전   파출   원송천봉</small>

많은 사람들 앞에서 한 사람을 끌어내서,
천 봉우리 먼 산 밖으로 쫓아내버리네.

수산스님은 풍혈스님의 제자입니다.
여러 사람 앞에서 한 사람을 끌어내서 천만 봉우리가 삐쭉삐쭉 솟아있는 먼 산 밖으로 쫓아버린다는 말입니다.

(3) 법화전거(法華全擧) 스님의 송

다음은 분양선소(汾陽善昭) 선사의 제자 법화전거(法華全擧) 스님의 송을 보겠습니다.

白菊乍開重日暖이요, 百年公子는 不逢春이라.¹⁴²
<small>백국사개중일난   백년공자 불봉춘</small>

흰 국화 피어나고 중양절 따뜻한데,
백 살 공자는 아직도 봄을 맞이하지 못하네.

중일(重日)은 음력 9월 9일 중양절을 말합니다. 중구(重九)라고도 하

---

141 『人天眼目』권1 T.48 p.301a.
142 『人天眼目』권1 T.48 p.301a.

고 국화절이라고도 불리는 이날은 큰 명절이기도 합니다. 국화가 갓 피어나는 때로 날도 덥지도 춥지도 않은 좋은 계절이지요.

백년공자란 실제 나이가 백 살 된 공자라는 말이 아니고 죽은 사람을 가리킵니다. 생년불만백(生年不滿百)이란 시구를 떠올리면 이해가 될 것입니다. 백년이라는 말에는 죽음이란 뜻도 포함되어 있습니다. 죽은 사람이 봄을 맞이할 수 없겠지요? 이 구절은 바로 사람을 빼앗음, 탈인(奪人)을 표현한 것입니다.

(4) 자명초원(慈明楚圓) 스님의 송

자명초원 스님은 법화전거(法華全擧) 스님과 같이 분양선소(汾陽善昭) 스님의 제자로 사형사제인데 이렇게 송했습니다.

神會가 曾磨普寂碑더라.[143]
<small>신회   증마보적비</small>

신회가 일찍이 보적의 비를 갈고 있네.

신회(神會, 686~760)는 육조혜능 스님의 제자고 숭산보적(嵩山普寂, 651~739)은 신수(神秀)스님의 제자로 나이로는 신회스님보다 서른 살 넘게 더 많습니다. 신수스님은 오조홍인 스님의 상좌로 그 문하에서 교수사(敎授師)를 지내며 법을 이어받을 만한 가장 유력한 제자였습니다. 그런데 글도 전혀 모르는 일자무식으로 방아만 찧던 당시의 행

---

[143] 『人天眼目』 권1 T.48 p.301a.

자 혜능스님이 결국에는 오조스님의 의발을 전수받고 육조가 됩니다. 선가에 남능북수(南能北秀)라는 말이 있는데, '남종의 혜능, 북종의 신수'를 일컫는 말입니다. 이후 혜능과 신수스님의 제자들은 각각 남종선과 북종선의 정통성을 확보하고자 경쟁하였고, 그중에도 혜능스님의 제자 신회스님이 독보적이었던 것으로 알려져 있습니다. 북종선을 크게 선양하던 보적스님도 신회스님의 배격을 받았다고 합니다. '신회가 보적의 비를 갈고 있네'라고 한 것은 사실 여부를 떠나 이러한 역사적 배경을 비유로 삼아 탈인불탈경(奪人不奪境)의 뜻을 표현한 것입니다.

이것이 "사람을 빼앗고 경계는 빼앗지 아니한다."는 임제스님 법문에 대한 옛날 큰스님들의 평(評)입니다. 이 밖에도 많은 평이 있지만 오늘은 몇 스님의 송을 추려서 소개하였습니다.

2) 경계는 빼앗고 사람은 빼앗지 않는다

승운 여하시 탈경불탈인
僧云, 如何是奪境不奪人고?
왕령이행천하편 장군새외절연진
王令已行天下遍이요 將軍塞外絶烟塵이로다.

어떤 스님이 임제스님에게 물었다.
"어떤 것이 경계는 빼앗고 사람은 빼앗지 않는 경지입니까?"
"왕의 법령이 천하에 두루 잘 시행되고,
변방의 장수는 전쟁을 종식시켰네."

수도에선 황제가 법령을 잘 시행하여 태평성대를 이루고, 변방에선 장군이 엄중하게 명령을 시행해 전쟁할 일이 없도록 만들었다는 말입니다. 새외(塞外)는 국경 밖, 변경을 뜻하고 연진(烟塵), 연기와 먼지가 끊어졌다는 말은 말 달리고 봉화를 올리며 전쟁할 일이 없어졌다는 비유적 표현입니다.

기내(畿內) 즉, 천자의 구역에서는 천자의 명령을 따르고 변방에서는 장군의 명을 따른다(寰中天子, 塞外將軍)는 말이 있습니다. 왕은 나라 안에서, 장군은 나라 밖 경계에서 각자 내우외환이라는 대상과 조건을 사라지게 만든 것을 이렇게 표현한 것입니다. 이것이 "경계는 빼앗고 사람은 빼앗지 않는다."는 말씀의 의미입니다. 임제스님 정맥으로 내려오는 큰스님들이 평한 말씀을 살펴보겠습니다.

(1) 풍혈연소(風穴延沼) 스님의 송

추초사분 두뇌열   난운초탄   영유존
芻草乍分에 **頭腦裂**이요, **亂雲初綻**에 **影猶存**이로다.[144]

꼴풀 나누어지는 순간 머릿속도 갈가리 찢어지고,
어지러운 구름 흩어져도 그림자는 여전히 남아 있네.

추초(芻草)는 소 같은 가축의 먹이로 쓰는 키 작은 풀을 말합니다.

---

[144] 『人天眼目』권1 T.48 p.301a.

(2) 수산성념(首山省念) 스님의 송

　　　타료부증진　　　원가난해면
　　打了不曾瞋이라, **冤家難解免**이로다.[145]

　때려도 그 사람 화를 내지 않으니,
　원수를 면하기 어렵겠구나.

　사람을 때렸는데, 맞은 사람 쪽에서 상대를 않고 화를 안 냅니다. 원수를 원가(冤家)라고도 하는데, 원수를 면하기 어렵다고 하였습니다. 맞고도 화를 안 내는데, 어째서 원수를 면하기 어렵다고 할까요?

(3) 법화전거(法華全擧) 스님의 송

　　　대지　　절소식　　　유연독임진
　　大地에 **絕消息**하고, **儵然獨任眞**이라.[146]

　대지에 소식이 다 끊어져버리니,
　유유히 홀로 천진하게 놀고 있구나.

　일체 만물이 다 대지에 살고 있는데 왜 소식이 끊어졌다고 했을까요? 일체 만물의 터전인 대지에 자연의 소식이 끊긴 경계를 말합니다. 유연(儵然)은 무엇에도 얽매이지 않고 자유자재함을 형용하는 말입니다. 융통자재하게 활동한다는 뜻입니다. 홀로 천진하게 임의자재하게

---

145 『人天眼目』 권1 T.48 p.301a.
146 『人天眼目』 권1 T.48 p.301a.

놀고 있다, 이것은 또 무슨 말이겠습니까? 온 산하대지에는 아무 소식도 없습니다. 이 소식이라는 건 보통 사람이나 동물의 소식뿐만이 아니라 여기서는 불법이니 세간법이니, 부처니 조사니, 사료간이니 삼현이니 삼구니 하는 이런 소식을 말합니다. 그런데 여기서는 그런 소식을 전혀 찾아볼 수 없다는 것입니다. 그렇기 때문에 오히려 임의자재하게 마음대로 법을 쓰면서 천진하게 놀고 있다는 말입니다.

(4) 자명초원(慈明楚圓) 스님의 송

須信壺中에 **別有天**이라.[147]
(수신호중) (별유천)

호리병 속에 별천지가 있도다.

호중(壺中)은 호리병 또는 두루미병이라 하는 것인데, 목과 주둥이는 좁고 길며 배는 항아리 단지처럼 둥근 병의 속을 말합니다. 중국의 『후한서(後漢書)』「비장방전(費長房傳)」에 나오는 고사입니다.

시장에서 약을 파는 어떤 노인이 호리병 하나를 가지고 있었습니다. 그런데 시장이 파하면 이 호리병 속으로 들어가는 겁니다. 이 광경을 본 비장방이란 사람이 기이하게 여겨 노인을 찾아갔고, 마침내 노인을 따라 비장방도 호리병 속으로 들어가게 되었어요. 병 속으로 따라 들어가 봤더니 지금까지 보지 못한 별유천지, 다른 세상입니다. 아주 경치도 좋고 뭐 없는 물건이 없습니다. 이로부터 이 세상에서는 도

---

147 『人天眼目』 권1 T.48 p.301a.

저히 찾아볼 수 없는 세계를 호중천(壺中天)·호중천지(壺中天地)라 하는데, 한마디로 별천지라는 말입니다.

결국, "경계는 빼앗고 사람은 그대로 둔다"는 이 소식을 알려면 참말로 호리병 속에 극락세계, 화장찰해(華藏刹海)가 있음을 보아야 합니다. 이 점을 알아야 사람은 그대로 두고 경계를 빼앗는다고 한 말뜻을 알 수 있습니다. 이것은 말이 쉽지 정말 어려운 일입니다.

먼저도 삼현, 삼요, 삼구 법문을 했는데 누가 와서 나에게 "우리가 가만 들어보니 귀에 무슨 말이 들리기는 하는데 하나도 알아들을 수 없으니, 결국 스님 혼자 법문하는 것이지 우리한테는 아무 이익이 없습니다."라고 이런 말을 했어요. 그런데 법은 본디 설파(說破)하지 않는 것입니다. 이 말을 못 알아듣는다면 나뿐만 아니라 천만조불(千萬祖佛)이 나와 미래 겁이 다하도록 설명해준다 해도 역시 알지 못합니다.

지금까지 소개한 큰스님들의 말씀은 임제스님 법문을 아주 분명히, 청천백일(靑天白日)같이 정말 잘 표현한 것입니다. 임제스님이 참말로 크게 깨치고 하신 말씀인데 그것을 설파하지도 않으면서 분명한 말로 표현하고 있습니다. 그렇게 표현을 잘해도 못 알아듣는다 하는 것은 눈 감고 앉아서 태양이 안 보인다고 하는 말이나 똑같습니다. 눈 뜬 사람은 하늘에 해가 지금 어떻고 구름이 어떻고 산이 어떻고, 이렇게 다 말할 수 있지만 눈 감고 앉아가지고 "아이고, 맨날 당신 혼자 하는 소리지, 나는 암만 봐도 안 보인다." 하면 어쩌란 말입니까?

그래, 이제 눈뜬 사람과 같이 해가 어떻고 달이 어떻고 별이 어떻고 이런 소리를 하려면 같이 눈을 떠야지, 눈 감고 앉아서 자꾸 무슨 소린지 모르겠다고 하면 그것은 참 곤란한 말입니다. 지금도 아마 "이게 무슨 소리인가?" 하면서 못 알아듣겠다고 하는 사람이 더러 있을 것입니다. 이렇게 말하면 대중을 무시한다고 할는지 모르지만, 지난번에도 나 보고 그런 말을 하는 사람이 있어 하는 말입니다. 결국 어떻게 하든지 눈 뜰 작정부터 먼저 하자는 말입니다.

3) 사람과 경계를 모두 빼앗는다

僧云, 如何是人境을 兩俱奪고?
師云, 并汾絕信하야 獨處一方이로다.

어떤 스님이 물었다.
"어떤 것이 사람과 경계를 모두 빼앗는 경지입니까?"
"병주(并州)와 분주(汾州)는 소식이 끊어지고
각기 한 지방에서 독립하였네."

사람은 그냥 두고 경계를 빼앗느니, 경계는 그대로 두고 사람을 빼앗느니, 또 사람과 경계를 다 빼앗느니, 이 말부터 무슨 말인지 이해가 안 될 수도 있습니다. 공부해야 알 수 있습니다.

병분(并汾)은 병주(并州)와 분주(并州)라는 땅 이름으로 중원에서 저 북방으로 멀리 떨어진 곳입니다. 절신(絕信)은 모든 음신(音信), 즉 소식을 전할 길이 끊어져버렸단 말입니다. 당시에는 인편으로 소식을 전할 수밖에 없는데 변경인데다 전쟁 등이 일어나면 소식이 끊기고 맙니다. 그래서 고립된 채 중원대륙과 연락이 단절되곤 합니다. 이것으로써 사람과 경계를 다 빼앗는다는 뜻을 표현한 것입니다. 병주와 분주는 아주 먼 지방인데다 모반이 자주 일어나 소식이 완전히 끊어져 그쪽에서는 이쪽 소식을 모르고, 이쪽에서는 그쪽 소식을 모른 채 서로 무관하게 살듯이 사람과 경계를 모두 빼앗을 때가 그러하다는 말입니다.

(1) 풍혈연소(風穴延沼) 스님의 송

蹋足進前^{섭족진전}에 須急急^{수급급}이요, 促鞭當鞅莫遲遲^{촉편당앙막지지}하라.[148]

발을 디뎌 앞으로 나아감에 서둘러야 하고,
말고삐를 당기고 채찍질로 재촉해[149] 더디 굴지 마라.

이것도 사람과 경계를 다 빼앗는다는 것을 표현한 말입니다. 무엇 때문인지 급하게 발을 내딛어 앞으로 나가는데 달음박질 쳐 빠르게 얼른 좇아가라는 것입니다. 첫 구절에서는 걸음을 서둘러 가는 것으로 사람을 빼앗는 경지를, 다음 구절에서는 말을 채찍질하여 내달리는 것으로 경계를 빼앗는 경지를 드러내었습니다.

---

148 『人天眼目』권1 T.48 p.301a.
149 '鞅'은 말의 목이나 배에 매어 수레를 끄는 가죽 끈을 말한다. 여기서는 말고삐로 해석해 보았다. 매우 바쁘고 번거롭다는 '鞅掌'의 뜻으로 해석해도 무방하다. 『詩經』「北山」에 "누구는 세상을 피해 한가로이 지내고, 누구는 나랏일로 바쁘구나.(或棲遲偃仰, 或王事鞅掌.)"라는 구절에서 나온 말이다.

(2) 수산성념(首山省念) 스님의 송

<ruby>萬人作一塚<rt>만인작일총</rt></ruby>인데, <ruby>時人盡帶悲<rt>시인진대비</rt></ruby>라.[150]

수많은 사람들이 무덤 하나에 묻히니,
당시 세상 사람들이 모두들 슬퍼하는구나.

수많은 사람을 묘 하나에 묻는다 하나 이것은 천만 명을 끌고 와 한 곳에 묻어버렸다 해도 괜찮습니다. 천만 명이나 되는 사람을 한 구덩이에 몰아넣고 묘를 하나 만들어 놓았습니다. 당시 사람들이 그 비참한 일에 대하여 슬퍼하고 있습니다. 이 구절은 사람과 경계를 다 빼앗아버린다는 뜻을 표현한 말입니다.

(3) 법화전거(法華全擧) 스님의 송

<ruby>草荒人變色<rt>초황인변색</rt></ruby>이요, <ruby>凡聖兩俱忘<rt>범성양구망</rt></ruby>이라.[151]

풀 우거지고 사람들 낯빛도 변하니,
범부와 성인을 모두 잊어버렸네.

초황(草荒)은 풀이 거칠다, 잡초만 무성하게 우거져 황폐하다는 말입니다. 풀이 유들유들하고 빛깔도 좋고 촉감도 좋아야 하는데 잡초

---

150 『人天眼目』 권1 T.48 p.301a.
151 『人天眼目』 권1 T.48 p.301a.

만 우거져 황폐하고 사람들 낯빛도 경계 따라, 세월 따라 변하는 모습을 짚었습니다.

이를 통해 범부고 성인이고 할 것 없이 모두 잊어버린다는 뜻을 표현한 것입니다. 여기 와서는 중생도 설 수 없고 부처도 설 수 없는 그런 무서운 경지를 말하고 있습니다.

(4) 자명초원(慈明楚圓) 스님의 송

環中天子勅이요, 塞外將軍令이라.[152]
(환중천자칙)   (새외장군령)

대궐에서는 천자의 조칙이 내려지고,
변방에서는 장군의 명령이 행해지네.

환중(環中)은 넓게는 천자의 명령이 미치는 영지를 뜻합니다. 천자는 대궐에서 조칙을 내리고 장군은 변방에서 군령을 발표합니다. 천자의 조칙과 장군의 군법이라는 것은 다 엄정하고 무서운 명령 아닙니까? 이 역시 사람과 경계를 다 빼앗는다는 뜻을 표현한 말입니다.

4) 사람과 경계를 모두 빼앗지 않는다

僧云, 如何是人境을 俱不奪고?
(승운) (여하시인경) (구불탈)

---

[152] 『人天眼目』 권1 T.48 p.301a.

　　　　사운　왕등보전　　　야로구가
師云, **王登寶殿**하니 **野老謳歌**로다.

어떤 스님이 물었다.
"어떤 것이 사람과 경계를 모두 빼앗지 않는 경지입니까?"
"제왕은 보배 궁전에 오르고 시골노인은 태평가를 부르네."

앞에서는 사람과 경계를 모두 빼앗은 경지를 물었고, 이번에는 반대로 사람과 경계를 모두 빼앗지 않는 경지를 물었습니다. 임제스님이 답합니다.
"임금이 저 보배 궁전에 올라서니, 들에서 일하는 백성들은 좋아서 노래를 부르고 춤을 춘다." 임금은 임금 자리에서 치세를 잘하고 백성들은 아무런 박해 없이 자기 삶의 터전에서 생활을 만족스럽게 영위한다는 말입니다. 그리하여 저 시골의 촌 노인조차 태평가를 부른다는 것입니다. 앞에서는 모두 다 죽이는 판이었는데 여기서는 모두 다 살아나는 판입니다.

(1) 풍혈연소(風穴延沼) 스님의 송

　　상억강남삼월리　　자고제처백화향
常憶江南三月裏에, **鷓鴣啼處百華香**이라.[153]

항상 강남의 삼월을 떠올리노라면,
자고새 울고 온갖 꽃 향기로웠지.

---

153 『人天眼目』 권1 T.48 p.301a.

강남의 봄날 풍경이 고스란히 사람의 기억 속에 담겨 있습니다. 사람과 경계를 모두 빼앗지 않는 수단을 이와 같이 표현한 것입니다. 강남은 중국 양자강 남쪽, 항주와 소주 등지를 가리키는데 풍광이 빼어나기로 유명한 곳을 아울러 강남이라고 합니다.

중국의 시인 백거이(白居易)는 「억강남(憶江南)」이란 시에서 "해 뜰 때의 강가 꽃은 불꽃보다 더 붉고, 봄날 강물은 쪽빛보다 더 푸르렀지. 강남 땅을 어찌 추억하지 않을 수 있으리오(出江花紅勝火, 春來江水綠如藍. 能不憶江南.)"라며 강남을 그리워하기도 했습니다.

백거이가 붉은 꽃과 푸른 강물로 강남의 풍광을 그려냈다면, 풍혈 스님은 자고새와 만발한 온갖 꽃으로 추억하고 있습니다. 그 풍경은 자고새가 울어 꽃향기가 더욱 진동하는 것인지, 꽃향기가 진동하여 자고새가 따라 우는지 알 수 없을 만큼 조화롭게 어우러진 모습입니다.

(2) 수산성념(首山省念) 스님의 송

문처분명답처친
問處分明答處親이라.

물음이 분명하니 대답도 확실하구나.

물음이 분명하기 때문에 대답도 확실하고 정확할 수 있다는 말입니다. 여기서 친(親) 자는 확실하다, 딱 들어 맞다는 뜻입니다. 그 반대로 물음이 시원찮으면 어떻겠습니까? 대답도 시원찮을 수밖에 없습니다. 이것을 "문처부진(問處不眞)이면 답래노망(答來鹵莽)이라, 물음이 진실하지 못하면 대답도 변변치 못하다."¹⁵⁴라고 합니다.

(3) 법화전거(法華全擧) 스님의 송

_{청 풍 반 명 월}　　_{야 로 소 상 친}
清風伴明月이요, **野老笑相親**이라.

맑은 바람은 밝은 달을 동무하고
촌 늙은이는 친구와 서로 웃고 있네.

맑은 바람이 밝은 달을 동무하고 들판의 백성들도 서로 싸우지 않고 웃음소리 내며 잘 지내는 태평성세란 말입니다. 달빛이 환하게 비추고 있는데 더하여 맑은 바람이 솔솔 불어 참 좋습니다. 청풍명월(清風明月)이 함께하고 백성이 화목하니 좋은 시절이라는 말입니다.

(4) 자명초원(慈明楚圓) 스님의 송

_{명 월 청 풍}　_{임 왕 래}
明月清風이 **任往來**라.

밝은 달과 맑은 바람이 마음대로 오가는구나.

명월과 청풍이 마음대로 오고 갑니다. 달이 천지를 훤하게 비추고 게다가 맑은 바람이 불어오니 참 좋더라는 말입니다.

---

154 『碧巖錄』 39칙 T.48 p.177b.

이것이 소위 임제의 사료간(四料簡)입니다. 사료간은 법을 살활자재하게 쓰는 수단입니다. 칼로 사람을 죽이고 살리는 게 아니라 법을 가지고 능수능란하게 사람을 죽이고 살리는 지도 방편입니다. 한마디로 적수단도(赤手單刀)로 살불살조(殺佛殺祖)한다는 것입니다. 빈손에 눈에 보이지 않는 무서운 칼을 가지고 보통 사람을 죽이고 살리는 건 말할 필요도 없고 부처도 죽이고 조사도 죽이고 마음대로 한다는 말입니다. 그런 동시에 또 법을 가지고 사람을 살리고, 활불활조(活佛活祖), 부처도 살리고 조사도 살립니다. 결국 일체 모든 생명을 죽이고 살리는 데 무애자재한 수단을 네 가지로 압축해 보인 것이 사료간입니다.

이것은 앞에서 말했지만 깨쳐야 알지 깨치기 전에는 알 수 없습니다. 그러니 얼른 마음의 눈부터 떠야 하겠습니다.

5) 불감혜근 선사의 사료간 송과 총송[155]

임제스님의 정맥으로 내려오는 불감혜근(佛鑑慧懃, 1059~1117) 선사가 사료간에 대해 게송으로 말씀한 것이 있어 소개합니다.

(1) 탈인불탈경(奪人不奪境) 송

첫 번째는 사람은 빼앗고 경계는 빼앗지 않는다는 탈인불탈경(奪人

---

[155] 이하 다섯 수의 송은 『人天眼目』 권1 T.48 p.301b 참조.

不奪境)에 대한 게송입니다.

옹두주숙인개취　　임상연농화정홍
甕頭酒熟人皆醉한데, **林上烟濃花正紅**이라.
야반무등향합정　　추천수재월명중
夜半無燈香閤靜한데, **鞦韆垂在月明中**이니라.

잘 익은 단지 술에 사람들 모두 취하였는데,
안개 짙은 숲속에 꽃은 한창 붉어라.
한밤 등불도 꺼진 채로 처자의 내실은 고요하기만 한데,
밝은 달 아래 그네만 드리워져 있구나.

옹두주숙인개취(甕頭酒熟人皆醉)한데,
잘 익은 단지 술에 사람들 모두 취하였는데,
단지에 잘 익은 술을 맛나게 마시고 모두들 취해버렸다는 말입니다.

임상연농화정홍(林上烟濃花正紅)이라.
안개 짙은 숲속에 꽃은 한창 붉어라.
우거진 수풀에 안개는 자욱하고 꽃은 천자만홍(千紫萬紅)으로 피어 아름다운 춘삼월 호시절입니다.

봄날이 되어 만산에 초목이 우거지고 붉은 꽃이 지천에 피어 향기로우니, 잘 익은 술 한껏 마시고 춤도 추고 노래도 하니 이보다 더 좋은 세상이 어디 있습니까? 세간 사람들은 이것을 극락세계라 할 것입니다. 이렇게 사람들은 다 취해 잠들었는데 희뿌옇게 안개 낀 숲속에 붉게 피어난 꽃들은 만발해 있습니다. 사람과 풍광을 대비시켜 그림

처럼 그려낸 모습입니다.

야반무등향합정(夜半無燈香閤靜)한데,
한밤 등불도 꺼진 채로 처자의 내실은 고요하기만 한데,
　향합(香閤)은 젊은 여인들이 거처하는 규방으로, 한밤중에 등불도 켜지 않은 채로 집안에 사람도 없어 고요하기만 하단 말입니다.

추천수재월명중(鞦韆垂在月明中)이니라.
밝은 달 아래 그네만 드리워져 있구나.
　규방은 이처럼 고요하고 적적하기만 한데, 여인이 낮에 탔을 그네만이 나무에 드리운 채 밝은 달빛만 비출 뿐 적적요요하다는 말입니다.
　이것이 탈인불탈경(奪人不奪境), 사람은 뺏는데 경계는 빼앗지 않고 그대로 둔다는 수단에 대한 불감스님의 게송입니다.

(2) 탈경불탈인(奪境不奪人) 송

두 번째는 반대로 경계는 빼앗는데 사람은 빼앗지 않는다는 탈경불탈인(奪境不奪人)에 대한 게송입니다.

　　앵 봉 춘 난 가 성 활　　　인 봉 시 평 소 검 개
　　鶯逢春暖歌聲滑이요, 人逢時平笑臉開라.
　　기 편 낙 화 수 수 거　　　일 성 장 적 출 운 래
　　幾片落花隨水去오! 一聲長笛出雲來로다.

따뜻한 봄날 맞아 꾀꼬리 노랫소리 경쾌하고,

태평시절 만난 사람들 활짝 웃음 웃네.
떨어진 꽃잎들이 얼마나 많이 강물 따라 흘러갔을까!
한 가락 긴 피리소리가 구름을 뚫고 들려오네.

앵봉춘난가성활(鶯逢春暖歌聲滑)이요,
따뜻한 봄날 맞아 꾀꼬리 노랫소리 경쾌하고,
꾀꼬리가 따뜻한 봄날을 만나 지저귀는데 그 소리가 곱고 아름다워 듣기에 참 좋더란 말입니다.

인봉시평소검개(人逢時平笑臉開)라.
태평시절 만난 사람들 활짝 웃음 웃네.
전쟁도 없이 태평하고 풍년이 들어 모든 것이 풍성한 시화연풍(時和年豊), 태평성대를 만나 사람들은 입이 저절로 벌어지고 웃지 않으려야 웃지 않을 수 없을 만큼 평화롭습니다. 누구도 진심(瞋心), 성을 내거나 싸울 일이 없는 평화로운 시대더란 말입니다.

기편낙화수수거(幾片落花隨水去)오!
떨어진 꽃잎들이 얼마나 많이 강물 따라 흘러갔을까!
흐드러지게 피었던 봄꽃은 자연스레 떨어져 또 자연스럽게 흐르는 강물을 따라 흘러갑니다. 강물도 떨어진 꽃잎을 무심하게 흘려보냅니다.

일성장적출운래(一聲長笛出雲來)로다.
한 가락 긴 피리소리가 구름을 뚫고 들려오네.

봄꽃도 져서 강물 따라 흘러가버린 때에 구름 안개 자욱한 산봉우리 어디선가 듣기 좋은 피리소리가 한 가락 들려오니 이것이 탈경불탈인(奪境不奪人), 경계는 뺏고 사람은 그대로 둔다는 구절에 대한 평입니다. 그림처럼 그려지지 않습니까?

(3) 인경양구탈(人境兩俱奪) 송

세 번째는 사람과 경계를 다 빼앗아버리는 인경양구탈(人境兩俱奪)에 대한 게송입니다.

堂堂意氣走雷霆한대, 凜凜威風掬霜雪이로다.
將軍令下斬荊蠻하니, 神劍一揮千里血이라.

당당한 의기에 천둥소리도 달아나니,
늠름한 위풍으로 서릿발 같은 검을 쥐었노라.
변경의 장군이 영을 내려 오랑캐들 목 베니,
신령한 검을 한 번 휘두름에 천리가 피바다로다.

당당의기주뢰정(堂堂意氣走雷霆)한대,
　당당한 의기에 천둥소리도 달아나니,
어떻게나 의기가 당당한지 뇌성벽력도 그 사람을 보고 무서워서 도망을 갑니다. 세상에 뇌성벽력을 쫓아내는 그런 사람이 어디 있는가 말입니다. 그렇지만 이 사람의 의기가 하도 당당하여 뇌성벽력조차 무서워 달아난 경계를 말하는 것입니다.

늠름위풍국상설(凜凜威風掬霜雪)이로다.
늠름한 위풍으로 서릿발 같은 검을 쥐었노라.

법을 바로 알게 되면 뇌성벽력보다 더 무섭고, 모든 생명을 시들게 하여 죽게 만드는 눈서리보다 더 무섭습니다. 법의 근본 자체가 그와 같습니다. 거기에다 위풍당당한 모습으로 서릿발같이 날카로운 칼을 쥐고 있으니, 눈앞의 무엇이건 베어버릴 기세입니다.

장군령하참형만(將軍令下斬荊蠻)하니,
변경의 장군이 영을 내려 오랑캐들 목 베니,
국경 밖의 장군이 호령해 남쪽 오랑캐의 목을 한칼에 베어버렸습니다.

신검일휘천리혈(神劍一揮千里血)이라.
신령한 검을 한번 휘두름에 천리가 피바다로다.
신령한 칼을 단 한 번 휘둘러 천 리까지 피가 흐르도록 만들었다는 말입니다.

임제스님은 그런 무서운 법을 깨쳤기 때문에 법을 써도 이렇게 무섭게 씁니다. 이것은 사람과 경계를 다 뺏는 데서 하는 말입니다.

(4) 인경구불탈(人境俱不奪) 송

네 번째는 사람과 경계를 모두 빼앗지 아니한다는 인경구불탈(人境俱不奪)에 대한 게송입니다.

사람과 경계를 그대로 두는 그것은 무엇이냐고 물으니 임제스님은 "왕등보전(王登寶殿)에 야로구가(野老謳歌)라." 임금이 보배 궁전에 올라서니 들판의 사람들이 다 노래를 부르고 춤을 춘다고 말했습니다. 앞에서는 온 천하대지 삼천대천세계가 전부 피바다가 되는 형국인데 이번에는 온통 꽃밭이 되는 판입니다. 죽일 줄만 알고 살릴 줄 몰라서도 안 되는 것이고, 살릴 줄만 알고 죽일 줄 몰라서도 안 됩니다. 참말로 모든 생명이 죽는 무서운 곳이 있는 동시에 일체 생명이 다 살아나는 곳이 있습니다. 즉, 모든 생명이 죽는 이곳이 바로 모든 생명이 살아나는 곳이고, 모든 생명이 살아나는 이곳이 또 모든 생명이 죽는 곳이라는 말입니다. 그래서 죽이는 것이 살리는 것이요 살리는 것이 죽이는 것이라고도 하며, 이것을 두고 살활이 자재하고 무애하다고 하는 것입니다. 죽일 줄만 알고 살릴 줄은 모르고, 살릴 줄만 알고 죽일 줄 모르면 법이 아닙니다.[156]

---

156 『벽암록』 평창의 다음 취지와 통한다. "이 본분사에 대해 말하자면 사람을 죽이고도 눈도 깜작하지 않는 솜씨가 있어야 한다. 줄곧 놓아주기만 하고 잡아들이지 않거나, 줄곧 죽이는 수법만 쓰고 살리는 수법을 쓰지 못한다면, 사람들에게 조롱당함을 면치 못할 것이다."(『碧巖錄』 85칙 T.48 p.210c, 若論此事, 須是殺人不眨眼底手脚. 若一向縱而不擒, 一向殺而不活, 不免遭人怪笑.)

성조천자좌명당　　사해생령진안침
聖朝天子坐明堂하니, **四海生靈盡安枕**이라.

풍류연소도금준　　만원도화홍사금
風流年少倒金樽하고, **滿院桃花紅似錦**이라.

성스러운 왕조의 황제가 명당에 앉았으니,
사해의 만백성이 모두 편안히 베개를 베도다.
풍류를 아는 호걸남아가 술동이를 기울이고,
화원에 가득한 복숭아꽃이 비단처럼 붉어라.

성조천자좌명당(聖朝天子坐明堂)하니,
성스러운 왕조의 황제가 명당에 앉았으니,
요순 같은 성인 천자가 궁궐에 자리하고 앉아 정치를 잘하고 있다, 선정(善政)을 펴고 있습니다.

사해생령진안침(四海生靈盡安枕)이라.
사해의 만백성이 모두 편안히 베개를 베도다.
그러니 온 천하 백성들이 태평무사하게 아무런 근심 없이 베개를 베고 잠들 만큼 잠자리가 편안합니다. 요순 같은 천자가 정치를 잘하니까 백성들이 편하고 좋아서 싸울 일이 없고 베개를 편히 베고 잘 뿐, 특별히 할 일이 없다는 말입니다.

풍류연소도금쥰(風流年少倒金樽)하고,
풍류를 아는 호걸남아가 술동이를 기울이고,
풍류연소는 풍류를 아는 호걸남자를 말하고, 금준이란 술동이를 아름답게 부르는 말입니다. 풍류를 아는 젊은 사내는 호기롭게 술 한 동이를 다 마셔버렸습니다.

만원도화홍사금(滿院桃花紅似錦)이라.
화원에 가득한 복숭아꽃이 비단처럼 붉어라.

후원에 복숭아꽃이 가득 피었는데 붉기가 비단 같습니다. 붉은 비단을 펼친 듯 복숭아꽃이 피어 있는 후원에서 풍류소년들이 화려한 술통에 담긴 술을 한껏 마시며 즐거워하고 있습니다.

사람과 경계를 다 빼앗아 버리는 인경양구탈(人境兩俱奪)에 대해서는 칼을 한 번 번쩍 휘둘러 천리만리를 피바다를 만들었다고 표현하였고, 사람과 경계를 다 빼앗지 아니한다는 인경구불탈(人境俱不奪)에 대해서는 아름다운 술통에 담긴 좋은 술을 한 잔 마시고 노는데 비단을 펼친 듯 복숭아꽃이 만발한 태평세계로 표현을 하였습니다.

(5) 사료간((四料簡) 총송(總頌)

마지막으로 불감혜근 선사의 총송(總頌)인데, 사료간을 총괄해 설한 게송입니다.

　　천 계 만 학 귀 창 해　　　사 색 팔 만 조 제 도
　　千溪萬壑歸滄海하고, **四塞八蠻朝帝都**로다.
　　범 성 종 래 무 이 로　　　막 장 광 견 축 다 도
　　凡聖從來無二路니, **莫將狂見逐多途**라.

무수한 시냇물과 계곡물 바다로 흘러가고,
변방의 오랑캐들 도성으로 배알하러 오네.
범부와 성인은 본래 두 길이 아니니,
삿된 견해로 이리저리 여러 길 쫓지 마라.

천계만학귀창해(千溪萬壑歸滄海)하고,
무수한 시냇물과 도랑물은 푸른 바다로 흘러가고,
천 곳 계곡물과 만 갈래 골짜기물이 각각 동으로도 서로도 흘러가지만 결국 가는 곳은 바다더란 말입니다.

사색팔만조제도(四塞八蠻朝帝都)로다.
사방 변방의 여덟 오랑캐들은 황제의 도성으로 배알하러 오네.
나라가 커서 사방팔방으로 백성이 흩어져 살지만 결국 모이는 곳은 수도 장안입니다. 물이 아무리 천 갈래 만 갈래로 흘러내리지만 모두 바다로 가서 모이고, 사방팔방에 오랑캐와 백성이 흩어져 살지만 결국 장안 서울에 모인다는 말입니다. "대도통장안(大道通長安)이라", 모든 길은 장안으로 통한다[157]는 뜻입니다. 본분의 일은 하나로 통한다, 귀결된다 이 말입니다.

---

157 "어떤 것이 도입니까?' '담장 밖에 있다.' '그것을 물은 것이 아닙니다.' '어떤 도를 물은 것이냐?' '대도를 물었습니다.' '대도는 장안으로 통한다.'"(『趙州語錄』古尊宿語錄14 X.68 p.85b, 問, '如何是道?' 師云, '墻外底.' 云, '不問者箇.' 師云, '問什麼道?' 云, '大道.' 師云, '大道通長安')

범성종래무이로(凡聖從來無二路)로다.

범부와 성인으로 갈리는 두 길이란 본래부터 없으니,

범인(凡人)은 정말로 서푼어치도 못되고 성인(聖人)은 저 하늘 꼭대기에 있는 거룩한 존재 같고, 중생(衆生)은 미래 겁이 다하도록 지옥에만 살고 부처는 영원토록 극락세계에만 사는 것 같지만 그게 아닙니다. 눈이 멀어 아무것도 모르는 봉사가 하는 말일 뿐, 알고 보면 중생이 부처이고 부처가 곧 중생입니다. 범부가 성인이고 성인이 범부란 말입니다. 중생과 부처가 둘이 아니고 범부와 성인이 둘이 아닙니다. 이것을 확실히 알아야지, 너는 범부고 나는 성인이고, 나는 부처고 너는 중생이라 하면 벌써 그 사람은 법을 모르는 사람입니다.

막장광견축다도(莫將狂見逐多途)라.

제멋대로의 견해로 쓸데없이 여러 길을 쫓아다니지 마라.

길은 천 갈래 만 갈래여서 이리로도 가고 저리로도 가고 동으로도 가고 서로도 가고 어디로든 향해도 모두 길인 것 같지만 그렇지 않다는 말입니다. 대도투장안(大道透長安), 모든 길은 결국 장안으로 통하여 있으니 서울로 가는 길은 하나뿐입니다. 갈 길을 몰라 이리 가고 저리 가고 하는 것은 결국 눈먼 봉사나 정신없는 사람들의 일입니다. 그들은 이 길로 가다가 자빠지고 또 저 길로 가다가 자빠지고 넘어집니다. 법을 모르기 때문에 지옥으로 가서 자빠지고 또 극락세계에 가서 자빠지고, 천상으로 가서 자빠지고 축생으로 가서 자빠지고, 사생육도에서 자빠지고 엎어지고 한다 말입니다.

부처도 찾아볼 수 없고 중생도 찾아볼 수 없고, 범인도 찾아볼 수 없고 성인도 찾아볼 수 없는데, 어디에서 극락이나 지옥을 찾아볼 수 있느냐 말입니다. 방편으로, 거짓말로 화장세계(華藏世界)라느니 뭐라느니 하는 것일 뿐 그것은 본시 한길일 뿐입니다. 공연히 눈을 감은 채 앉아 엎어지고 넘어지고 이리 갔다 저리 갔다 하지 말고 눈을 똑바로 뜨고 온 삼천대천세계를 한길로 통하는 큰길로 걸어가야 되지 않겠느냐? 우리가 성도(成道)한다, 무상대도(無上大道)를 성취한다고 하지만 그것은 꿈속에서 하는 말입니다. 대도(大道)를 간다는 것은 천 갈래 만 갈래 길을 우왕좌왕하지 않고 극락도 내버리고 지옥도 내버리고 천상도 내버리고 축생도 내버리고 한길을 걸어간다는 말이니 중생이니 부처니 하는 말은 전부 꿈속에서 하는 잠꼬대입니다.

대도(大道)는 무애자재한 부사의해탈경계(不思議解脫境界)를 말하니, 생각으로는 미래 겁이 다하도록 미칠 수 없는 것이고 분별망상으로는 미래 겁이 다하도록 설명해도 설명할 수 없습니다. 부처님이 팔만대장경을 설했지만 이 길은 설명을 못했습니다. 부처님이 설명했다고 하면 그것은 새빨간 거짓말입니다. 부처님이 설명했다는 것은 이 길을 가는 방향을 어렴풋이 조금 얘기해 준 것일 뿐입니다. 부처님 자신이 심지법문을 철두철미하게 설명해 놓고도 이 근본법이라는 것은 부처님 자신뿐 아니라 삼세제불 역대조사가 일시에 출현해 미래 겁이 다하도록 설명하더라도 털끝만큼도 설명하지 못한다고 했습니다.

이 근본법이라는 것은 말로도 설명할 수 없고 문자로도 표현할 수 없고 사량분별(思量分別)로도 생각할 수 없습니다. 오직 깨쳐야만 이 길을 바로 알 수 있습니다. 범부와 성인, 극락과 지옥, 중생과 부처라 하는 이것저것을 다 잊어버려 어떻게도 해볼 도리가 없는 법 그 자체가 근본법입니다.

오늘 내가 임제스님의 사료간을 얘기했는데 그 네 가지에 집착한다면 실상 한 가지 법도 모르는 것입니다. 팔만사천법문을 요약하면 네 가지라는 것일 뿐 사실은 한 가지도 없습니다. 중생이 하도 모르니까 부득이해서 사료간이니 삼현이니 삼구니 삼요니 하는 것이지 실지로 삼구가 따로 있고 삼현삼요가 따로 있고 사료간이 따로 있다고 하면 그 사람은 임제스님의 법문을 제대로 이해하지 못한 것입니다.

임제스님이 하신 말씀 그게 무슨 소린가 하고 말에만 집착한다면 이런 사람은 미래 겁이 다하도록 남의 종노릇만 하는 산송장이나 다름없습니다. 눈을 깜박거리고 손을 꼼지락거리니 살아 있는 것 같지만 사실에 있어서 근본법을 모르면 전부 산송장입니다. 어떻게 해서든지 참으로 법을 아는 출격대장부가 되어 임제를 만나도 두들겨 패 잡을 수 있고 부처를 만나도 네가 무엇이냐고 큰소리 칠 수 있는 생생하게 살아 있는 사람이 되어야 합니다. 말만 자꾸 따라 갔다가는 영원토록 공부를 성취하지 못합니다.

그럼, 어떻게 해야 이것을 우리가 바로 성취하겠습니까? 화두공부를 부지런히 해서 얼른 깨쳐야 합니다. 공연히 모여앉아 가지고 법문 듣는다고 하지 말고 스스로 공부를 부지런히 해 살아 있는 임제의 법문, 살아 있는 부처님의 법문을 들어야 되지 않겠는가 말입니다. 이것은 실제로 알고 보면 아무것도 아닙니다. 옛날 조사스님도 그런 말씀 했잖아요? 팔만대장경도 식창우고지(拭瘡疣故紙)라고, 팔만대장경이 고름 닦은 더러운 휴지쪼가리만도 못하다고 했는데, 나는 팔만대장경

전체가 다 사람 죽이는 설비상(雪砒霜)이라고 하겠습니다. 임제의 사료간이니 삼현이니 삼요니 하는 것은 아는 사람이 볼 때는 멀쩡한 눈에다 고춧가루를 뿌리는 격입니다. 작은 모래알 한 톨이라도 눈에 들어가면 불편한데 멀쩡한 눈에다 고춧가루를 집어넣으면 어찌되겠어요? 영원히 눈이 멀어버릴 것 아닙니까?

이 법문이라는 것도 아는 사람이 볼 때는 사람 죽이는 설비상인데 모르는 사람은 서로 먹으려고 다투어 달려듭니다. 법문이 비상인 줄도 모르고 달려들지 말고, 얼른 눈을 떠 설비상 같은 것을 뺏어 저 태평양 한복판으로 집어 던져버리는 큰 대장부가 나와야 합니다.

억! [성철스님이 고함을 치시고 법상을 내려왔다.]

2. 참되고 올바른 견해[眞正見解]

1) 깨달음을 구하지 않아도 저절로 이르리라

師乃云, 今時學佛法者는 且要求眞正見解니 若得眞正見解면 生死不染하고 去住自由하여 不要求殊勝이나 殊勝이 自至니라.

임제스님은 이어서 말했다.

"오늘날 부처님 법을 배우는 수행자들은 무엇보다도 반드시 참되고 올바른 견해, 진정견해(眞正見解)를 구해야 할 것이니, 만약 그대들이 참되고 올바른 견해를 얻는다면 나고 죽음에 물들지 않고, 가고 머무름에 자유로워져 수승함을 구하려 하지 않아도 수승함이 저절로 이뤄진다.

불법을 배우는 사람은 반드시 참되고 올바른 견해[眞正見解]를 구해야 합니다. 참되고 올바른 견해를 얻으면 삶과 죽음[生死]에 물들지 않아서 가든지 머물든지 자유자재할 것이며 수승함, 즉 깨달음[殊勝]을 애써 구하지 않아도 깨달음이 저절로 이른다는 것입니다.

불법을 배우는 사람의 구경목표는 참되고 올바른 견해, 즉 진정견해(眞正見解)를 깨닫는 데 있습니다. 팔정도에도 정견(正見)이 있으니 정견을 얻어야 한다는 말입니다. 정견을 보통 바른 견해라 하는데, 바른 견해란 어떤 것입니까? 부처님처럼 구경각을 성취한 것을 바른 견해라 합니다. 그전에는 전부 사지사견(邪知邪見), 삿된 지식, 삿된 견해입니다. 이것을 잘 알아야 합니다.

바른 견해는 사량분별이나 언어문자로 얻을 수 있는 견해가 아닙니다. 참되고 올바른 견해란 불교의 구경각인 아뇩다라삼먁삼보리를 성취한 것을 말합니다. 부처님 이후 제1조 마하가섭(摩訶迦葉)으로부터 달마대사에 이르는 인도 28조와 달마대사를 중국 선종의 초조로 하여 혜능에 이르는 중국의 6대 조사, 즉 삼삼조사(卅三祖師)로 이어진 천하의 정안종사(正眼宗師)들은 정안, 바른 눈을 가지고 확철히 구경각을 성취한 분들입니다. 진정견해를 성취한 조사들입니다.

부처님 당시에도 정견(正見) 즉, 진정견해(眞正見解)에 대한 논란이 많이 있었습니다. 『가전연경(迦旃延經)』에 나오는 다음 문답이 대표적입니다.[158] 부처님의 10대제자 중 한 사람으로 논의제일(論議第一)인 가전연이 부처님께 묻습니다.

"정견을 얻지 못하면 제아무리 불법(佛法)을 따르고 중노릇을 천년만년 한다 해도 부처님의 제자가 아니니 정견을 얻어야 한다고 하시는데, 부처님께서 말씀하시는 정견이란 어떤 것입니까?" 그러자 부처님께서는 "유(有)와 무(無)를 완전히 떠난 중도(中道)가 정견이다."라고

---

[158] 『雜阿含經』 권12 T.2 p.85c18-26 참조.

하셨습니다.

일체 세간법이든지 출세간법이든지 무슨 법이 되었든지 간에 거기에 이름을 붙이려고 하면 결국은 유(有)가 아니면 무(無)에 떨어지고 만다. 그러므로 유무(有無) 양변은 중도(中道)가 아니고 불법(佛法)이 아니라는 말씀입니다.

부처님은 다섯 비구를 만나 최초로 설법한 초전법륜(初轉法輪)에서도 중도를 강조하셨습니다. 소위 '중도대선언'이라 하는 것인데, 부처님이 성도(成道)하고 다섯 비구에게 최초로 법문하시면서 "나는 중도를 정등각(正等覺)했다."고 하셨습니다.[159] 여기서 말씀하신 중도란 바로 정견이니, 깨친 그 자체가 유무 양변을 여읜 중도정견(中道正見)입니다.

그런데 중도를 혹 교리(敎理)로만 여기고 임제스님이 말한 진정견해, 곧 정견과 무슨 관계가 있나 이렇게 생각하는 사람도 더러 있을 것입니다. 혹은 교리적 취지를 담아 표현하고 혹은 선적(禪的) 맥락 속에서 표현해 각기 표현은 달라 보이지만 내용은 같습니다. 부처님이 증득한 대각, 그 자체가 양변을 여읜 중도이니, 그것이 곧 열반묘심이요 정법안장이며 구경각이요 묘각이요 아뇩다라삼먁삼보리심입니다.

임제스님이 말씀한 진정견해라는 것도 일상적으로 말하는 바른 견

---

[159] "비구들아, 너희들은 이와 같이 상대되는 두 가지 견해를 응당 버려야 한다. 내가 이제 너희들에게 중도를 말해줄 것이니, 너희들은 분명히 듣고 항상 부지런히 닦고 익히도록 하라. 무엇을 중도라 하느냐? 정견, 정사유, 정어, 정업, 정명, 정정진, 정념, 정정, 이와 같은 여덟 가지 법을 중도라 한다."(『方廣大莊嚴經』 권11 「轉法輪品」 T.3 p.607b, 比丘, 汝等當捨如是二邊. 我今爲汝說於中道, 汝應諦聽. 常勤修習. 何謂中道? 正見, 正思惟, 正語, 正業, 正命, 正精進, 正念, 正定, 如是八法, 名爲中道.)

해라는 정도의 뜻이 아니라 최고의 구경각을 성취한 그 경지를 의미합니다. 임제스님은 정안을 갖추고 진정견해를 얻은 선사로서 누구든지 진정견해를 얻기만 하면 일체의 생사에 물들지 아니하고 가고 머무름에 자유자재한 해탈경계를 성취할 수 있음을 힘주어 말씀하신 것입니다.

수승(殊勝)은 일체 만법이 원만구족하고 무애자재한 경계, 즉 깨달음을 말합니다. 단지 뛰어나다는 뜻이 아니라, 부처님이 성취하신 것과 같이 하나도 빠짐없이 다 원만히 성취한 깨달음을 수승이라 합니다. 말은 쉬워보여도 뜻은 아주 저 깊고 넓은 곳에 있습니다.

2) 남의 잘못된 주장에 속지 말라

<small>도류　　지여자고선덕　　개유출인지로　　여산승지시인처</small>
道流야! **秖如自古先德**은 **皆有出人底路**니라. **如山僧指示人處**는
<small>지요이불수인혹　　요용변용　　갱막지의</small>
秖要爾不受人惑이라. **要用便用**하야 **更莫遲疑**하라.

수행자들이여! 옛날부터 훌륭한 큰스님들은 모두가 사람을 깨달음으로 인도하는 특별한 길을 가지고 있었다. 지금 산승이 그대들을 가르치는 핵심은 다만 '그대들이 남의 잘못된 주장에 속지 말라'는 것이다. 자신의 지혜의 바른 안목을 사용하고 싶으면 곧바로 사용하고 결코 머뭇거리거나 의심하지 말라.

자고로, 옛날부터 큰스님들은 나고 죽음의 길을 완전히 해탈한 대자유인이었습니다. 선덕은 구경각을 성취한 사람, 참으로 철두철미하

게 견성해서 성불한 고승대덕을 가리키니, 임제스님이 선덕이라 할 때는, 먼저 공부한 선배란 말이 전혀 아니고 정견을 성취한 사람을 말하는 것이지, 진정견해를 성취하지 못한 사람은 선덕이 아닙니다.

산승(山僧)은 임제스님 자신을 말하니, 스님들이 자신을 겸손하게 지칭하는 말입니다. 임제스님이 사람들을 지도하는 핵심처는 '다른 사람에게 속지 말라는 것'에 있으니, '바른 안목을 갖추고서 쓸 때는 그대로 쓰고 조금도 머뭇거리거나 주저하며 의심하지 말고 자유자재하게 법을 쓰라'고 합니다.

여기서 제일 골자(骨子)가 되는 것은 '다른 사람에게 속지 말라'는 이 말씀입니다. 일반적으로 말하듯이 다른 사람에 속지 않는다는 말만이 아니고, 부처한테도 속지 말고 조사한테도 속지 말아야 합니다. 부처나 조사가 어찌 사람들을 속이겠습니까! 부처나 조사가 방편으로 시설한 언행에 스스로가 속는 것일 뿐입니다. 확철히 깨쳐 정안을 갖추어야만 이러저러한 말들에 흔들리지 않고 물들지 않을 수 있습니다. 그래서 다른 사람한테 속지 말라고 한 것입니다. 부처에게도 속지 않고 조사에게도 속지 않을 만큼 자신의 안목을 갖추어야 합니다.

방편으로 이리 튕기고 저리 튕긴 것일 뿐인데, 그때마다 이것이 진실인가 저것이 진실인가 하고 우왕좌왕하며 무언가를 움켜쥘 수 있다고 속아 넘어갑니다. 이전 큰스님들도 최후에 제자를 인가할 때 "오불기여야(吾不欺汝也)라", 오늘부터 내가 너를 속이지 못한다는 말을 많이 했습니다. 제자들에게 악의로 속이는 것은 아니지만, 어떻게 하든지 하루바삐 확철히 깨치도록 하기 위해 이리도 속이고 저리고 속이고 하는데, 그것이 우리 불교의 방편가설(方便假說)입니다. 방편가설을 행한 사람이 속인 것이 아니라 그에 속은 사람이 스스로 속은 것입니다. 그렇지만 출격대장부는 그 어떤 부처나 조사의 방편시설(方便施說)에도 속지 않습니다. 그런 사람이 되어야만 참으로 초불월조(超佛越祖), 부처도 뛰어넘고 조사도 뛰어넘는 대장부라 할 수 있습니다. 부처한테도 속지 말고 조사한테도 속지 말아야 하는데 다른 사람은 더 말할 게 뭐 있겠습니까? 천하 사람들에게 다 속지 않는다 해도 부처나 조사한테 속으면 그것도 안 되는 것입니다.

그래서 결국 법을 성취한다는 것은 다른 사람한테 속지 않아야 하는 것인데, 이 다른 사람이란 중생을 말하는 것이 아니라, 부처와 조사를 말하는 것이고 바로 자기 자신을 가리키는 것이기도 합니다. 공부를 성취했다는 것은 부처에게도 속지 않고 조사에게도 속지 않아서, 공부를 지시(指示)하고 인가(認可)하는 큰스님이 마침내 "금일시지오불기여야(今日始知吾不欺汝也)라."[160] 오늘에야 비로소 내가 너를 속이지 못함을 알았다고 하는 이 말을 바로 들을 수 있는 출격대장부가 되어야 합니다. '속지 말라'는 말의 뜻은 공부를 성취해 봐야 아는 말입니다.

3) 자신을 철저히 믿지 않음이 병이다

여금학자부득 병재심처 병재불자신처 이약자신불급
如今學者不得은 **病在甚處**오? **病在不自信處**라. **爾若自信不及**하면

즉변망망지 순일체경전 피타만경회환 부득자유
即便忙忙地하고 **徇一切境轉**하여 **被他萬境回換**하고 **不得自由**요.

---

160 『居士傳』 권54 X.88 p.288b.

요즈음 공부하는 그대들이 참되고 올바른 견해를 얻지 못하는 그 병통이 어느 곳에 있는가? 그 병은 스스로를 철저하게 믿지 못하는 데 있다. 그대들이 만약 자기 스스로를 철저하게 믿지 못하면, 곧 허둥지둥 바깥의 일체 경계를 쫓아다니며 온갖 경계에 이끌리고 휘둘려 자유롭지 못하게 된다.

도를 닦는 사람들이 진정견해를 얻지 못하는 까닭은 그 병이 어느 곳에 있는가 하니, 정지정견(正知正見)을 얻지 못하고 속고만 있다는 것입니다. 부처한테도 속아 살고 조사한테도 속아 살고 자꾸 속아가며 사는데 그 병이 어느 곳에 있느냐 하면 자기 스스로를 믿지 않는 데 있다는 것입니다.

그럼 자신을 믿는다면 무엇을 믿는다는 말인가? 믿는다는 것은 신해(信解)의 믿음이 아니라 구경(究竟)의 믿음, 증신(證信)을 말합니다. 발심에 증발심(證發心)이 있고 해행발심(解行發心)이 있고[161] 그렇지 않습니까? 그와 마찬가지로 믿음에도 증신(證信)이 있는데 구경을 성취한 믿음을 말합니다. 신해수증(信解修證)[162]에서 불법을 신해(信解)한

---

[161] 실차난다(實叉難陀) 역, 『대승기신론(大乘起信論)』 권하 T.32 pp.588c-590a 참조. 『대승기신론』에서는 신성취발심(信成就發心)·해행발심(解行發心)·증발심(證發心) 등 삼종발심(三種發心)을 제시하고 있다. 신성취발심은 보살십신위(菩薩十信位)에서 신심(信心)이 성취되어 십신위(十信位)에 들어가서 직심(直心), 방편심(方便心), 대비심(大悲心)을 일으키는 것. 해행발심은 법공(法空)의 이치를 이해하고 육바라밀을 행하며, 일체의 행을 닦되 집착이 없으며 수행이 원만해진 후에 회향심을 발하는 것. 증발심은 올바른 진여의 이치를 증득하고 중생을 이롭게 하고자 하는 것.
[162] 신해수증(信解修證): 교학에서 부처님의 법을 공부하는 데 반드시 거쳐야 할 과정을 크게 네 단계로 나눈 것. 신(信)은 부처님의 법을 믿는 것, 해(解)는 부

다고 할 때 말하는 그런 정도의 믿음이 아니라, 『신심명(信心銘)』의 믿음이 구경을 성취한 믿음[證信]이듯이 결국 구경각을 성취한 믿음입니다. 쉽게 이야기하면 즉심시불(卽心是佛), 오직 자기 마음이 부처임을 깨치는 것이 참된 믿음입니다.

그대들이 만약 자기 자신이 부처임을 증신(證信)하지 못한다면 정신없이 분주하게 일체의 경계에 휘둘리며 동풍이 불면 동쪽으로 서풍이 불면 서쪽으로, 바람 부는 대로 물결치는 대로 자기중심은 하나도 없이 흔들리며 이리 자빠지고 저리 자빠지고 칠전팔도(七顚八倒), 일곱 번이고 여덟 번이고 간에 번번이 넘어지고 엎어지게 될 것입니다. 그래서 일체 경계에 이리저리 휘둘리고 수만 가지 경계에 얽매여서 자유는 하나도 없게 됩니다. 자기 자신이 부처라는 확실한 신심을 갖추어야 한다고 임제스님은 힘주어 말하고 있습니다.

4) 그대는 조사인 부처와 다름이 없다

이약능헐득념념치구심　　변여조불불별
爾若能歇得念念馳求心하면 **便與祖佛不別**이니라.

이욕득식조불마　　　지이면전청법지시　　학인
爾欲得識祖佛麽아? **祇爾面前聽法底是**니 **學人**이

신불급　　변향외치구　　설구득자　　개시문자승상
信不及하고 **便向外馳求**라 **設求得者**라도 **皆是文字勝相**이요

종부득타활조의
終不得他活祖意니라.

처님의 법을 확실하게 이해하는 것, 수(修)는 삶 속에서 실천 수행하는 것, 증(證)은 실천 수행을 통해 깨달음을 증득하는 것이다.

그대들이 만약 한 생각 한 생각마다 밖으로 치달려 구하는 마음을 쉴 수만 있다면, 조사인 부처와 다를 바가 없다. 그대들은 조사인 부처를 알고자 하는가? 바로 나의 면전에서 법문을 듣고 있는 그대 자신이 조사인 부처다. 공부하는 수행자들이 이를 철저히 깨닫지 못하기에 곧장 저 밖으로 내달려 조사인 부처를 찾아 헤매고 있다. 설사 밖에서 무언가 구해 얻는다 해도 모두 번지르르한 문자일 뿐, 끝내 살아 숨 쉬는 저 조사의 생생한 마음은 얻지 못한다.

보통은 치구(馳求)라 하면 세상에서 재물과 명예와 지위 따위를 구하는 것을 말하는데, 여기에서 치구심(馳求心)이란 부처가 되고 싶고 조사가 되고 싶은 마음을 말합니다. 생각 생각마다에서 부처가 되고 싶고 조사가 되고 싶은 마음, 밖으로 치달리며 구하려는 그 마음을 내려놓는다면 조사나 부처와 다르지 않다는 것입니다.

부처가 되고 싶고 조사가 되고 싶은 생각도 없으면 뭘 하란 말이냐고 생각할 수 있습니다. 그러나 부처가 되어야 할 필요가 있고 조사가 될 필요가 있는 사람이라면 아직 자유가 없음이니, 공부를 성취하지 못한 사람입니다. 치구심을 버린 사람이라야 부처도 조사도 구할 필요가 없는 대자유인의 경지에 이른 사람, 부처도 조사도 구하지 않는 출격대장부라 할 수 있습니다. 부처를 구하고 조사를 구해야만 하는 처지에 있는 사람이 부처나 조사와 같을 수는 없습니다. 부처도 필요 없고 조사도 필요 없어야, 조사인 부처와 다름이 없는 사람입니다.

부처니 조사니 하는 것은 중생의 병에 대한 약입니다. 병이 다 나았는데 약이 무슨 필요가 있습니까? 병이 있을 때 약이 필요한 것이지, 병이 나아서 건강한 사람에게 약이 무슨 필요가 있습니까? 아직까지 약을 써야 한다면 건강한 사람이 아니므로, 여전히 부처라는 약도 필요하고 조사라는 약도 필요한 것입니다.

여기서 한 가지 주목할 점은 '불조(佛祖)'라 하지 않고 '조불(祖佛)'이라 하신 임제스님의 표현입니다. 조사가 부처와 똑같은 지위에 있다는 점을 강조하기 위해 임제스님이 처음 이렇게 말씀하셨습니다. 조사라 하면 으레 부처님보다는 한 단계 아래라고 흔히 오해하기 쉽습니다. 그렇지만 실제 종문에서 말하는 조사(祖師)는 완전히 구경각을 성취하여 견성성불한 분으로, 모든 면에서 부처님과 똑같이 원만구족한 사람을 조사라 하지, 그렇지 못한 사람은 조사라 하지 않습니다. 조금이라도 부처님만 못한 점이 있다면 조사가 아닙니다. 그 점을 분명히 드러내기 위해 임제스님이 조불(祖佛), 즉 '조사라는 부처', '부처라는 조사'라는 의미에서 강조해 표현한 말입니다.

'너희가 조사인 부처를 알고 싶은가' 하고 임제스님이 묻습니다. 그것은 다름 아닌 지금 나의 면전에서 법문을 듣고 있는 그대가 바로 조불, 조사인 부처라고 임제스님은 말합니다. 일체중생은 누구든지 부처나 조사와 똑같은 품성을 다 갖추고 있습니다. 그런데 중생은 어리석어서 아직까지 깨치지 못한 것일 뿐이고, 부처와 조사는 본래 자성을 완전히 깨친 것뿐으로서 서로 차별이 없고 동등합니다. 그러니만큼 나의 면전에서 법문을 듣고 있는 바로 그대가 조사인 부처라는 것을 알라는 말씀입니다.

"부처를 따로 구하고 조사를 따로 구하지 말라. 네가 곧 부처고 네가 바로 조사다." 나는 아직 중생이고, 나는 아직 배우는 사람일 뿐, 조사인 부처와는 십만 리로 멀리 떨어져 있다고 생각한다면 그것은 자신을 아직 바로 알지 못하기 때문입니다. 자기를 바로 알고, 바로 깨치고, 바로 보면 자기 자신 그대로가 부처고 조사이니 '조사인 부처'입니다. 그런데 배우는 학인들이 그것을 믿지 못하고, 밖으로만 향하여 자꾸 이리 구하고 저리 구하느라 헛되이 바쁘다는 것입니다.

이렇게 밖으로 내달려 무엇을 얻는다 할지라도 모두 번지르르한 문자만 얻을 뿐 참다운 살아 있는 조사의 뜻은 얻지 못합니다. 문자승상(文字勝相)이란 팔만대장경 전부를 말합니다. 팔만대장경을 다 통달해 그것을 거꾸로 외우고 모로 외우고 할 정도로 수승한 교학적 지혜를 가지고 있어도 자성을 바로 깨치지 못한다면 조사도 부처도 아닙니다. 부처와 조사란 문자승상, 곧 언어 문자라는 번지르르한 모양에 있는 것이 아니라 오직 자성을 깨치고 자심을 깨치는 데 있습니다. 지금 바로 나의 면전에서 청법하고 있는 '이 사람'을 바로 깨쳐야 합니다. 지금 이 사람을 바로 깨칠 것 같으면 조사인 부처인데, 왜 공연히 번지르르한 문자 속만 파고드는가 말입니다. 오직 힘써 내 마음을 믿고 바로 깨치라는 말씀입니다.

5) 일 없는 사람[無事人]

莫錯하라. **諸禪德**아, **此時**에 **不遇**하면 **萬劫千生**을 **輪回三界**하고
徇好境掇去하야 **驢牛肚裏生**이로다.

_{도류} _{약산승견처} _{여석가불별}
道流야! **約山僧見處**건대 **與釋迦不別**이라.
_{금일다반용처} _{흠소십마} _{육도신광} _{미증간헐}
今日多般用處에 **欠少什麼**오? **六道神光**이 **未曾間歇**이라.
_{약능여시견득} _{지시일생무사인}
若能如是見得하면 **祗是一生無事人**이니라.

착각하지 말라. 참선하는 여러 선덕(禪德)들이여. 지금 바로 자신이 부처라는 사실을 깨닫지 못한다면 천생만겁토록 삼계에 윤회하며 자기가 좋아하는 달콤한 경계만 쫓아 취하다가 나귀나 소의 배 속에 태어날 것이다. 도 닦는 수행자들이여! 산승의 입장에서 분명히 말하건대, 지금 여기의 자기는 석가세존과 다름이 없다. 지금 여러 가지로 마음을 쓰는 가운데 무엇이 부족하단 말인가? 여섯 갈래[六道:6근]의 신령스러운 빛이 잠시도 쉰 적이 없었다. 만약 이와 같이 볼 수 있는 견해를 얻을 때, 비로소 참으로 평생 아무 일 없는 사람[無事人]이 된다.

"착각하지 말라." 앞에서 신(信)에도 증신(證信)이 있다고 했는데 오직 즉심시불(卽心是佛), 마음 그대로가 부처라는 이 진실을 믿는 것이 증신(證信), 깨달은 믿음이고 그 외에 마음 밖에서 팔만대장경이든 부처든 조사든 그 무엇을 구하더라도 이것은 증신이 아닙니다. 그러니까 '착각하지 말라'는 것은 문자를 비롯한 그 무엇에도 집착하지 말고 오직 자기 마음을 바로 깨치고 자성을 바로 보라는 말입니다.

만약 지금 바로 자신이 부처라는 사실을 깨닫지 못한다면 모든 경계에 바람이 부는 대로 표류하며 만겁천생을 삼계에 윤회하게 됩니다. 이렇게 사생육도에 한없이 윤회하면서 소의 배 속에도 나고 나귀나 말의 배 속에도 나고, 그뿐인가 저 고양이 배 속에도 나며 온갖 지옥에 떨어진다 말입니다.

참된 공부를 해 자심·자성을 바로 깨쳐야지 그러지 못하고 밖으로만 헤매고 언어 문자에만 골몰하면서 성불하기를 바란다면 사생육도에 윤회하는 것을 면치 못합니다.

임제스님 자신의 견처에서 보면, '자기가 석가와 다르지 않다', 즉 동등하다고 말합니다. 임제스님이 조사라 하더라도 어찌 석가모니불하고 같을 수 있는가. 혹 이렇게 생각할지 모르지만 그렇지 않다는 것입니다. 임제스님이 깨친 것이나 석가모니불이 깨친 것이나 또 임제스님이 법 쓰는 것이나 석가모니불이 법 쓰는 것이나 똑같습니다. 앞에서 조불불별(祖佛不別), 조사인 부처와 다르지 않다고 하지 않았습니까? 이것은 과장도 허풍도 아닌 사실 그대로를 말한 것입니다. 실제에 있어서는 임제스님뿐 아니라 정맥으로 내려오는 조사스님들이 석가모니나 달마와 조금도 다름이 없이 구경각을 성취한 사람들입니다.

지금에 여러 가지로 법을 씀에 조금도 모자라거나 부족함이 없고 안이비설신의(眼耳鼻舌身意)라는 육도에서 신령스러운 광명이 잠시도 끊어진 적이 없습니다. 온 삼천대천세계에서 자유자재하게 부처님과 같이 법을 씁니다. 보통 중생은 순전히 업(業)에 따라 놀아나지만 참으로 공부를 성취하여 마음을 깨치고 보면 육도 전체에 대광명이 미래 겁이 다하도록 비추고 있습니다.

조사뿐만 아니라 도를 닦는 누구라도 이렇게 자기를 바로 본다면 참말로 일생 아무 일 없는 사람, 대자유를 성취한 사람이 될 것입니다. 무사인(無事人)이란 부처도 조사도 구할 필요가 없는 경지의 사람을 말합니다. 약간의 견처(見處)나 소득처(所得處)를 얻은 정도를 말하는 것이 아닙니다. 구경각을 성취해서 병제약제(病除藥除), 중생이라는 병도 없애고 부처라는 약도 필요 없는 사람이 일 없는 사람, 무사인(無事人)입니다. 십지보살(十地菩薩)이나 등각(等覺)도 아직은 일 있는 사람, 유사인(有事人)일 뿐입니다.

참으로 완전히 자유로운 사람인 일 없는 사람[無事人]은 유불일인(唯佛一人), 오직 부처님 한 분뿐이라고도 합니다. 그러나 석가모니부처님 한 분뿐인 것은 아니고, 임제스님도, 그 밖의 정안종사들도 다 부처님처럼 불법의 구경각을 성취한 무사인(無事人), 참으로 대자유를 성취한 사람입니다. 모두 저 높고 깊은 데서 말한다는 것을 알아야 합니다.

3. 삼종불신(三種佛身)

1) 결코 밖에서 구하지 말라

大德아! 三界無安이요 猶如火宅이라 此不是爾久停住處니
無常殺鬼가 一刹那間에 不揀貴賤老少니라.
爾要與祖佛不別인댄 但莫外求어다.
爾一念心上의 淸淨光은 是爾屋裏法身佛이며 爾一念心上의
無分別光은 是爾屋裏報身佛이요 爾一念心上의 無差別光은
是爾屋裏化身佛이니 此三種身은 是爾卽今의 目前聽法底人이라.
祇爲不向外馳求하여 有此功用이니라.

대덕들이여! 삼계가 편안하지 않아서 마치 불타는 집과 같으니, 이곳은 그대들이 오래 머물러 살 곳이 못 된다. '무상(無常)'이라는 덧없는 죽음의 귀신이 한 찰나 사이에 귀하거나 천하거나 늙거나 젊거나를 가리지 않고 목숨을 빼앗아 간다.

그대들이 조사인 부처와 다르지 않은 경지를 바란다면 결코 밖에서 구하지 말라. 그대들 한 생각 마음에 갖추어진 청정한 광명이 그대 자신 속의 법신불(法身佛)이요, 그대들 한 생각 마음에 갖추어진 분별없는 광명이 그대 자신 속의 보신불(報身佛)이요, 그대들 한 생각 마음에 갖추어진 차별 없는 광명이 그대 자신 속의 화신불(化身佛)이다. 이 세 가지 불신(佛身)은 바로 지금 나의 눈앞에서 법문을 듣고 있는 그대들 자신이다. 오직 밖으로 치달려 구하지 않을 때, 삼신(三身)의 이런 공용(功用)이 있다.

삼계는 한 곳도 편안한 곳이 없으니 마치 불난 집과 같습니다.[163] 화택유(火宅喩),[164] 불난 집의 비유는 『법화경』에 나오는 이야기가 아닙니까? 불난 집과 같은 이 삼계는 오래 머물러 있을 곳이 못 되니 화급히 벗어나야 합니다. 무상이라는 살인귀가 눈 깜짝할 사이에 귀천노소, 귀하거나 천하거나 늙었거나 젊거나를 가리지 않고 전부 잡아가버리니, 결국은 모두 죽어 사생육도를 윤회하게 됩니다. 인간의 육신이 끊

---

163 "삼계는 편안하지 못하니 마치 불타는 집과 같다네. 온갖 고통으로 가득 차 있어 대단히 두렵기 그지없는 곳이라네. 항상 나고 늙고 병들고 죽음이라는 근심이 있으니, 이같은 불길이 치성하게 타오르며 꺼지지 않노라."(『法華經』 권2 「譬喻品」 T.9 p.14c, 三界無安, 猶如火宅. 衆苦充滿, 甚可怖畏. 常有生老, 病死憂患, 如是等火, 熾然不息.) ; "세상 모든 것들은 죽기 마련이요 삼계는 편안한 곳이 없느니라. 모든 하늘에서 비록 즐거움을 누리더라도 복이 다하면 죽느니라. 모든 세간을 살펴보건대 태어나고 죽지 않는 것은 없느니라. 생사에서 벗어나고자 할진대 응당 참된 도를 행해야 할지니라."(『法句經』 권상 「世俗品」 T.4 p.566b, 世皆有死, 三界無安. 諸天雖樂, 福盡亦喪. 觀諸世間, 無生不終, 欲離生死, 當行道眞.)
164 『法華經』 권2 「譬喻品」 T.9 pp.12b-16b 참조.

임없이 변화하다 끝내는 덧없이 소멸하고 마는 것을, 목숨을 빼앗아 가는 죽음의 신에 비유해 표현한 말씀입니다. 불교의 근본이 생사윤회를 해탈하는 데 있기에 임제스님이 이렇게 말씀하신 것입니다.

지금은 이 세간이 참 편한 것 같지만 사실은 불난 집 속에 있는 것과 마찬가지인데, 사람은 자신이 서 있는 입장에 가로막혀 자기 자신이 어디에 있는지 잘 모릅니다. 사람이 볼 때 더러운 똥구덩이 속에 있는 구더기는 그곳이 극락세계인 줄 압니다. 그렇게 중생도 자신이 구더기처럼 더러운 곳에 있는 줄 모르고 이 세상이 그저 참 편한 곳이라 여기며 살아가고 있습니다. 그러니까 우리는 부처님과 조사스님 말씀들을 바로 믿고 깨쳐 이 생사윤회를 하루빨리 면해야 하지 않겠습니까?

'그대들이 부처님처럼 구경각을 성취하려면 밖에서 구하지 말라.' 자심(自心)을 바로 알고 자성(自性)을 바로 깨쳐야 밖으로 치달리며 구해서는 팔만대장경을 다 외워도 소용이 없습니다. 외구(外求), 밖에서 구한다는 말은 자기 마음을 깨치고 자기 자성을 보는 것 외의 일체 행위를 의미합니다. 팔만대장경을 공부하는 것도 다 밖에서 구하는 일입니다.

그대들 본래 마음에 갖추어진 청정한 빛이 자기의 법신불이요, 분별없는 빛은 자기의 보신불이요, 차별 없는 빛은 자기의 화신불이니, 자기 자신에게 삼신불이 다 갖추어져 있다고 하였습니다. 자기 마음속에 있는 삼신불을 바로 깨치면 이 사람이 조사이고 이 사람이 부처이므로 팔만대장경이 아니라 더한 무엇이라 할지라도 밖에서 구하지 말라는 말씀입니다.

이 삼종불신은 지금 눈앞에서 가르침을 듣고 있는 견문각지(見聞覺知) 속에 있습니다. 김(金) 씨가 있고 박(朴) 씨가 있고 이(李) 씨가 있듯이 삼종불신이 따로 있는 줄 오해하기 쉬운데 그것이 아닙니다. 나누어 보니 법신이니 보신이니 화신이니 하는 것이지 동체이용(同體異用), 본체는 같은데 쓰임이 다른 것입니다. 몸뚱이는 한 몸뚱인데 쓰는 데 있어서 혹은 법신이라고도 하고 혹은 보신이라고도 하고 혹은 화신이라고도 하는 것입니다.

자기 속에 있는 본래의 자성을 바로 깨칠 것만 같으면 이와 같은 삼신불의 원만 구족한 공용이 있을 것이지만, 그러지 못하고 밖으로 치달아 구하려 한다면 설사 팔만대장경을 다 외우더라도 이런 공용을 얻지 못하고 성불도 못하고 조사도 되지 못합니다.

2) 삼종불신이란 명칭과 말일 뿐이다

據經論家하면 取三種身하야 爲極則하나 約山僧見處건대
不然하니 此三種身은 是名言이며 亦是三種依니라.
古人이 云하되 身依義立이요 土據體論이라하니 法性身과
法性土는 明知是光影이니라.

경론을 공부하는 스님들은 이 세 종류의 불신(三身)을 체득하는 것을 불법의 최고의 가르침으로 삼지만, 산승의 보기에는 그렇지 않다. 이들 불신이란 오직 명칭과 말일 뿐이며 세 가지 의

지처[三種依]로 발생된 것일 뿐이다. 옛 사람들은 '불신은 뜻에 의지해 세운 것이고, 불국토는 법성의 본체에 의지해 논한 것이다.'[165]고 말했다. 이렇게 볼 때 법성의 불신과 법성의 불국토는 이 자성(自性)의 그림자임을 분명히 알아야 한다.

경론가는 법신·보신·화신, 삼종신(三種身)을 '최고의 가르침[極則]'으로 여기지만 임제스님 자신의 견처에 의거해 보면 그렇지 않다는 것입니다. 이 삼종신이라는 것은 한낱 이름에 불과하며 세 종류의 의지처에 지나지 않는다는 것입니다. 옛사람이 말한 뜻에 비추어 보아도 법성신과 법성토는 모두 마음·자성·진여당체의 그림자에 불과하니 그림자는 분명코 실지가 아닙니다. 여기서 고인(古人)은 현장스님의 제자인 자은규기(慈恩窺基) 스님을 가리킵니다.

방편상 어쩔 수 없어 법신이니 보신이니 화신이니 하고 말하는 것이지 진여자성에 입각하여 보면 그림자이지 실체가 아닙니다. 그러니까 누구든지 교가(敎家)에서 말하는 법신이니 보신이니 화신이니 하는 분별을 극칙(極則)으로 알고 여기에 구애되거나 집착하지 말고 자성을 바로 깨쳐야 합니다. 자성을 바로 깨치고 보면 법신이고 보신이고 화신이고 하는 것이 다 거짓말이요 헛소리인 줄 알게 될 것입니다.

---

165 "자성신과 법성토 그대로가 곧 진여의 이치이다. 비록 자성신과 법성토의 체에는 차별이 없지만 각각이 부처와 법에 속하는 것은 상과 성이 다르기 때문이다. 의상을 자성신이라 하고 체성을 법성토라 하며, 각상을 자성신이라 하고 법성을 법성토라 한다."(『大乘法苑義林章』 권7 T.45 p.370b, 自性身土, 卽眞如理. 雖此身土體無差別, 而屬佛法. 相性異故, 以義相爲身, 以體性爲土, 以覺相爲身, 以法性爲土.)

삼신불은 자성의 광영(光影), 그림자일 뿐 실제로 있는 게 아닙니다. 이름이 삼신불일 뿐 실제가 아니니, 자성(自性)만 깨칠 것 같으면 여기에 일체구족(一切具足)이 갖추어집니다. 그러니 공연히 삼신을 따로 분별하여 집착하고 의지할 필요가 무엇 있겠느냐 말입니다.

4. 모든 부처님의 본원

1) 자성의 그림자를 희롱하는 사람

_{대덕} _{이차식취농광영지인} _{시제불지본원} _{일체처}
大德아! **爾且識取弄光影底人**이 **是諸佛之本源**이요 **一切處**가
_{시도류} _{귀사처}
是道流의 **歸舍處**니라.

대덕들이여! 그대들은 이 마음의 그림자를 희롱하는 사람이 모든 부처님들의 근본이요, 일체의 모든 곳의 삶의 모습이 수행자들이 돌아가 쉬는 진리의 고향인 줄 알아야 한다.

대덕들이여! 마음의 그림자[光影]를 희롱하는 정체를 알아내야 한다. 사실 마음의 그림자의 근본 실체가 진여자성입니다. 이 마음의 그림자 외에 따로 무엇이 있는 것같이 생각하면 큰일 납니다. 어떻게 보면 병 주고 약 주는 격입니다. 앞 단에서는 마음의 그림자에 집착하지 말라고 해놓고, 마음의 그림자의 정체를 알아내라고 하니 말입니다. 이것은 마음의 그림자의 실체를 보지 못하고 광영에 집착한 사람을 보고 말한 것일 뿐, 마음의 그림자를 내놓고 진여자성이 따로 없고 진

여자성을 내놓고 마음의 그림자가 따로 없는데, 중생은 마음의 그림자만 봤지 진여자성을 보지 못한 것입니다. 불조는 진여자성만 보았지 마음의 그림자를 보지 못한 것입니다. 아무리 마음의 그림자가 진여자성이라 하더라도 마음의 그림자만 보고 진여자성을 보지 못하면 이것은 외도입니다. 그러니 마음의 그림자를 따라가지 말고 마음의 그림자의 근본 실체인 진여자성을 바로 깨치라는 말입니다.

진여자성을 바로 깨치면 이것이 모든 부처님의 본원이고 일체처가도 배우는 이들의 귀사처, 즉 돌아가 의지할 곳이 아님이 없고 안심입명처(安心立命處)가 아님이 없습니다. 마음의 그림자를 따라가면 중생이 되고 마음의 그림자의 근본 실체인 진여자성을 바로 깨치면 부처와 조사가 되는 것인데, 이것이 모든 부처님의 본원이라는 말입니다. 마음의 그림자를 따라가지 않고 그림자의 실체인 진여자성을 바로 보는 이것이 바로 자유자재한 구경(究竟)의 안심입명처입니다.

2) 무엇이 법을 설하고 들을 줄 아는가?

시이사대색신　　　불해설법청법　　　　비위간담　　불해설법청법
是爾四大色身도 **不解說法聽法**하며 **脾胃肝膽**도 **不解說法聽法**하며
허공　　불해설법청법　　　　시십마　　해설법청법
虛空도 **不解說法聽法**하나니 **是什麼**가 **解說法聽法**고?
시이목전역역지　　　물일개형단고명　　시저개　해설법청법
是爾目前歷歷底하고 **勿一箇形段孤明**한 **是這箇**가 **解說法聽法**이니
약여시견득　　　변여조불불별
若如是見得하면 **便與祖佛不別**이라.

그대들의 사대(四大)로 이루어진 육신은 법을 설하거나 법을 들

을 줄 모르며, 오장육부도 법을 설하거나 법을 들을 줄 모르며, 허공도 법을 설하거나 법을 들을 줄 모른다.

그렇다면 대체 무엇이 법을 설하고 법을 들을 줄 아는가? 그대들 눈앞에 역력하고 뚜렷하고, 형체도 초월한 홀로 밝은 이것이 바로 법을 설할 줄 알고 법을 들을 줄 아는 것이다. 만약 이와 같이 바로 알 것 같으면 그대가 조사인 부처와 다르지 않다.

그대들의 사대색신(四大色身)도 법을 설하지도 듣지도 못하며, 비위간담(脾胃肝膽)도 법을 설하지도 듣지 못하며, 허공도 법을 설하지도 듣지 못하는데, 그렇다면 무엇이 법을 설하고 법을 들을 줄 아느냐는 것입니다. 바로 그대의 목전(目前)에 역력고명(歷歷孤明), 홀로 밝아 분명하고 형용하려야 형용할 수도 없는 형체를 초월한 이것, 한 물건이 있는데, 오직 이 한 물건만이 법을 설할 수도 있고 들을 수도 있습니다. 만약 이러한 이치를 바로 알 것 같으면 조사인 부처, 부처인 조사와 다름이 없다고 임제스님은 가르치고 있습니다.

그런데 사대색신도 비위간담도 허공도 법을 설하지도 듣지 못한다고 하면서 전체를 다 부수어버린 까닭은 사대색신에 집착하고 비위간담에 집착하며 허공에 집착하는 사람에게 임제스님이 하신 말씀일 뿐, 사실은 일체가 다 설법하고 청법하고 있습니다. 광영이라는 마음의 그림자를 보지 말고 진여자성을 깨치면 일체가 대기대용이지만, 진여자성을 보지 못하고 마음의 그림자만 따라간다면 사대색신뿐 아니라 법신·보신·화신이라 하는 것도 모두가 진여자성의 그림자일 뿐입니다. 근본 요점은 눈앞의 한 물건을 깨치는 데에 있습니다.

3) 한순간도 단절됨이 없어야 한다

> 단일체시중 갱막간단   촉목개시   지위정생지격
> **但一切時中**에 **更莫間斷**이면 **觸目皆是**언마는 **秪爲情生智隔**하고
> 상변체수   소이   윤회삼계   수종종고
> **想變體殊**로다. **所以**로 **輪回三界**하야 **受種種苦**하나니
> 약약산승견처   무불심심   무불해탈
> **若約山僧見處**건대 **無不甚深**하며 **無不解脫**이니라.

다만 모든 시간 가운데 한순간도 단절됨이 없다면 눈에 보이는 것 그대로가 모두 진리의 나타남이다. 단지 분별심이 일어나 지혜의 작용이 막히고, 생각이 변하면 본체와 달라진다.[166] 그런 까닭으로 삼계에 윤회하며 가지가지 고통을 받는 것이다. 그러나 산승의 견처에서 보면 일체만법이 깊고 깊은 미묘법이 아님이 없고 해탈경계가 아님이 없다.

자성의 광명은 시간적으로 보아 조금도 단절됨이 없고 공간적으로 보아도 시방법계를 두루하고도 남는 것입니다. 크기로 말하자면 시간적으로는 무시무종(無始無終)이며, 공간적으로는 무량무변(無量無邊)입니다. 그래서 이것을 바로 깨치면 영원토록 단절됨이 없고 저 시방법계 천만억겁을 둘러싸고도 남음이 있습니다.

---

166 마음이 분별 작용을 일으켜 본체 또는 근본이 달라짐을 말함. "유정중생의 근본은 지혜라는 바다에 의존하여 그것을 근원으로 삼고, 심식(心識)을 함유한 유정의 무리는 모든 법신(法身)을 본체로 삼는다. 다만 분별심이 일어나 지혜가 가로막히기 때문에 날마다 쓰면서도 알지 못하고 생각이 변하여 본체와 달라지는 것이다."(『黃龍語錄』 T.47 p.631c, 有情之本, 依智海以爲源, 含識之流, 總法身而爲體. 只爲情生智隔, 於日用而不知, 想變體殊.)

눈에 보이는 것마다 불법 아닌 것이 없고 부처의 대기대용 아닌 것이 없습니다. 자성을 바로 깨친 사람이므로 마음의 그림자는 하나도 없습니다.

그러나 망정(妄情)이 생기면 근본 지혜가 가로막혀 버리니, 해가 중천에 떠 있더라도 구름에 가리면 해를 보지 못하는 것처럼 망상이라는 구름이 본래 바른 지견을 가려버립니다. 그래서 또 생각이 일어나면 생각의 모양이 이리저리 변하고 바뀌어 온갖 천차만별의 차별이 생겨나는 것입니다.

본래 자성을 바로 깨치면 시간과 공간을 초월해서 미래 겁이 다하도록 온 시방법계에 두루하고도 남는데, 번뇌 망상의 망정이 일어나면 이것을 바로 보지 못하고 바로 쓰지 못하게 되는 것입니다. 그러니까 이 망상지견을 완전히 벗어버리고 참으로 진여자성을 바로 깨쳐야 합니다. 그렇지 않으면 삼계로 윤회해서 모든 고통을 받게 됩니다.

임제스님은 자신의 견처를 요약해서 "무불심심(無不甚深), 일체 만법이 무상심심미묘법(無上甚深微妙法)이 아닌 것이 없고, 무불해탈(無不解脫), 해탈경계 아닌 것이 하나도 없다."고 하였습니다. 다만, 중생이 자기 본래 자성은 깨치지 못하고 자꾸 그림자를 따라가니 생사윤회하는 고통이 연속된다는 것입니다.

깨친 사람에게는 지옥도 극락세계이지만 깨치지 못한 사람에게는 극락세계도 지옥입니다. 지옥과 극락은 별다른 곳에 있는 것이 아니고 자성을 깨쳤느냐 깨치지 못했느냐에 있습니다. 중생은 극락세계를 지옥으로 쓰고, 깨친 사람은 지옥을 극락세계와 같이 씁니다. 깨친 사람만이 어느 곳을 가든지 어느 때든지 참으로 심심미묘해서 자유자재한 해탈경계가 아닌 것이 없는 세계에 살 수 있습니다.

　이것이 실지로 우리가 불교에서 찾는 근본 목표입니다. 대자유자재한 경계를 성취해야 되는데 이것은 마음을 깨쳐야 깨치기 전에는 이룰 수 없는 것이니 우리 모두들 열심히 화두공부에 정진합시다.

5. 심법무형(心法無形)

1) 일심(一心)도 없다

道流야! 心法이 無形하야 通貫十方하야 在眼曰見이며
在耳曰聞이요 在鼻嗅香하고 在口談論하며 在手執捉하고
在足運奔이라.
本是一精明이 分爲六和合이니 一心이 旣無하면 隨處解脫이로다.
山僧與麽說은 意在什麽處오? 祇爲道流가 一切馳求心을
不能歇하야 上他古人閑機境이니라.

수행자들이여! 마음의 법칙은 형상이 없어서 온 시방세계를 관통하고 있다. 눈으로는 본다 하고, 귀로는 듣는다 하며, 코로는 냄새 맡는다 하고, 입으로는 이야기한다고 하며, 손으로는 잡는다 하고, 발로는 바쁘게 걷는다고 한다.[167] '본래 깨끗하고 밝은

---

167 달마대사의 제자인 바라제(波羅提) 존자의 게(偈) 중에 나오는 구절. "태에 있

하나의 정화(精華)[一精明: 心]'가 나뉘어 6화합(六和合)[168]이 돼 18계의 경험세계를 이룬다.[169] 그러므로 한 마음마저 이미 없는 줄 알면 가는 곳마다 해탈이다.

산승이 이렇게 말하는 것은 그 뜻이 어디에 있겠는가? 수행자들이 이것저것 구하며 밖으로 치달리는 마음을 쉬지 못하고 저 옛사람들의 쓸데없는 기용(機用)과 방편 경계에 끄달려 놀아나기 때문이다.

을 때는 신(身)이라 하고, 세상에 나오면 사람이라 하고, 눈에 있을 때는 본다고 하고, 귀에 있을 때는 듣는다고 하고, 코에 있을 때는 향을 맡는다고 하고, 혀에 있을 때는 담론한다고 하고, 손에 있을 때는 움켜쥔다고 하고, 발에 있을 때는 돌아다닌다고 합니다. 두루 나타내면 갠지스 강의 모래알처럼 많은 세계를 모두 갖추고 있고, 거두어들이면 티끌 하나에 들어 있습니다. 아는 자는 이것이 불성임을 알지만 모르는 자는 정혼(精魂)이라고 부릅니다."(『景德傳燈錄』 권3 T.51 p.218b, "在胎爲身, 處世名人, 在眼曰見, 在耳曰聞, 在鼻辨香, 在口談論, 在手執捉, 在足運奔, 遍現俱該沙界, 收攝在一微塵, 識者知是佛性, 不識喚作精魂.)

168 안이비설신의(眼耳鼻舌身意) 6근(根)과 색성향미촉법(色聲香味觸法) 6경(境)의 화합. "같게는 하나의 정묘하고 명백한 것이지만 나뉘면 여섯 가지로 화합한다'는 말은 이런 뜻이다. 하나의 정묘하고 명백한 것이란 일심이고, 여섯 가지 화합은 육근이다. 이 육근이 각각의 경계와 화합하는데, 눈은 색과 귀는 소리와 코는 냄새와 혀는 맛과 몸은 촉각 대상과 뜻은 법과 화합한다. 그 사이에 육식이 발생하여 십팔계가 된다. 하지만 십팔계가 실재하지 않음을 안다면, 여섯 가지 화합이 하나의 정묘하고 명백한 것일 뿐이리니, 그것이 바로 마음이다.『傳心法要』T.48 p.382a, 同是一精明, 分爲六和合. 一精明者, 一心也, 六和合者, 六根也. 此六根各與塵合, 眼與色合, 耳與聲合, 鼻與香合, 舌與味合, 身與觸合, 意與法合. 中間生六識, 爲十八界. 若了十八界無所有, 束六和合, 爲一精明, 一精明者, 即心也.)

169 "육근 또한 이와 같이 원래 일정명에 의지하나, 나뉘어 여섯으로 화합한 것이니, 하나가 쉬면 여섯 가지 작용이 모두 성립하지 않네."(『首楞嚴經』권6 T.19 p.131a, "六根亦如是, 元依一精明, 分成六和合, 一處成休復, 六用皆不成.)

수행자들이여, 마음법은 형상이 없어서 시방세계를 꿰뚫는데 눈에 있으면 본다 하고, 귀에 있으면 듣는다 하며, 코에 가서는 향기를 맡는다 하고, 손을 가지고는 거머지고, 발로는 이리저리 다닙니다.

그런데 중생에게는 모든 것이 다 생사경계요 생사망견이지만, 참으로 깨친 사람에게는 모든 것이 무불심심(無不甚深), 깊고 깊어 미묘한 법이 아님이 없고 무불해탈(無不解脫), 해탈경계가 아님이 없으며, 대기대용(大機大用)이요 전기대용(全機大用) 아님이 없습니다. 육도신광미증간헐(六道神光, 未曾間歇), 안·이·비·설·신·의 여섯 갈래의 신령스러운 빛이 일찍이 한순간도 끊어진 적이 없으니, 육도신광이 다 전기대용 아닌 것이 하나도 없습니다. 그런데 중생은 눈 캄캄한 봉사처럼 그런 광명을 모르니, 자꾸 엎어지고 자빠지고 사생육도에 생사윤회를 합니다.

본래 이 밝고 정묘한 구슬인 자성 하나가 나뉘어 육화합이 되는 것입니다. 자성이라는 구슬 하나가 나뉘어 육화합이라는 소위 18계가 되니, 서로 상대인 육근(六根)과 육경(六境)이 화합해 육식(六識)이 생겨 18계가 되고, 모든 차별생멸이 생기게 된 것입니다.

어떠한 차별생멸이 생겨도 한마음도 볼 수 없다는 이치를 깨달으면 모든 것이 다 해탈입니다. 자기 마음을 한 번 깨칠 것 같으면 마음이라 하는 것도 얻어보려야 얻어 볼 수 없습니다. 마음이라는 것도 억지로 말하자니 마음이라 하는 것이지 손으로 집어서 물건 주듯이 줄 수 있는 형상이 있는 것이 마음이 아닙니다. 말을 못 알아들으니까 억지로 표현해 마음이라 하기도 하고 자성이라 하기도 하고 부처라 하기도 하고 온갖 말로 표현하는 것일 뿐입니다.

일심기무(一心旣無), 한마음이 없으면, 마음이라 하든 자성이라 하든, 부처라 하든 조사라 하든 이런 모든 것이 다 없어져서 찾아보려야 찾을 수 없게 되고 보면 어느 곳에서나 해탈하지 못할 것이 없습니다. 만약 내 마음속에 부처도 있고 조사도 있다고 한다면 마음에 걸리고 부처에 걸리고 조사에 걸리고 자성에 걸려 이리 거꾸러지고 저리 넘어져서 해탈과는 끝내 거리가 멀어지고 맙니다. 참다운 해탈이란, 부처라는 생각, 조사라는 생각, 또 마음이라는 생각, 자성이라는 생각, 이런 모든 것에서 완전히 벗어나야 하는 것이니, 이것이 대무심경계입니다. 그렇게 모든 것에서 다 벗어나 버렸으니 무심한 경계에서 무엇에도 걸리지 않고 자유자재한, 바로 대해탈의 경계입니다.

임제스님이 이와 같이 법문한 뜻이 어디에 있는가? 공부를 한다는 사람들이 자꾸 밖으로 내달리며 부처를 구한다, 조사를 구한다, 마음을 구한다, 자성을 구한다 하며 마음을 쉬지 못하고, 또 견성해야 한다며 견성에 매달리고 성불해야 한다며 성불에 매달리기만 하니, 그렇게 해서는 천년만년 지나도 자유인이 되지 못한다는 진실을 말하기 위함에 있습니다.

옛사람의 쓸데없는 기용과 방편 경계에 한눈이 팔려 부처라 하면 부처란 말에 엎어지고 자빠지고, 조사라 하면 조사에 가서 엎어지고 자빠지는 어리석음을 짚고 있는 것입니다.

그러므로 우리는 부처에도 조사에도 한눈팔지 않고 성불도 견성도 구하지 않는 사람이 되어야 하지 않겠습니까? 그런데 이 말은 견성도 이제 다 필요 없는 사람, 병이 다 나아서 약이 필요 없는 사람에게나 해당하는 말입니다. 아직 병도 낫지 않은 사람이 약 같은 것 필요 없다고 하면 그 사람은 필경 죽고말지 않겠습니까? 아직 병 있는 사람은 약을 써야 합니다. 성불도 해야 되고, 견성도 해야 합니다.

2) 삼아승기겁이 공임을 알라

道流야! 取山僧見處건대 坐斷報化佛頭라.
十地滿心은 猶如客作兒요 等妙二覺은 擔枷鎖漢이요 羅漢辟支는
猶如廁穢요 菩提涅槃은 如繫驢橛이니 何以如此오?
祇爲道流不達三祇劫空일새 所以有此障礙니라.

수행자들이여! 산승의 견해에서 보자면 보신불·화신불의 머리를 앉은자리에서 꺾어버려야 한다. 십지(十地)의 수행을 완전히 성취한 보살도 천박한 거지와 같고, 등각·묘각도 목에 형틀 쓰고 발에 족쇄 찬 죄인이며, 아라한과 벽지불은 뒷간의 똥오줌과 같고, 깨달음과 열반의 경계도 마치 나귀 매어두는 말뚝과 같다. 어째서 그러한가? 수행자들이 삼아승기겁이 공(空)한 것임을 알지 못하기에 이런 장애가 있는 것이다.

임제스님은 자신의 견처대로 말한다면 보신불이니 화신불이니 하는 것은 바로 그 자리에서 꺾어버리겠다, 밟아서 다 부숴버리겠다고 합니다. 말하자니 보화불(報化佛)이라 한 것이지 법신불도 포함됩니다. 좌단(坐斷)이란 철저하게 기세를 꺾어버리다, 부수다, 깨뜨리다라는 뜻

입니다. 좌(坐)는 꺾을 좌(挫)와 통용되고 단(斷)은 완전히 부정하는 뜻을 강조하는 말입니다. 삼신불의 머리 꼭대기 위에 서야지 그것을 구해서는 안 됩니다. 병이 다 나은 사람은 법신불이고 보신불이고 화신불이고 석가고 달마고 그 무엇에도 의지하지 않습니다. 그래서 살불살조(殺佛殺祖), 부처도 죽이고 조사도 죽이고 마음대로 합니다. 이것은 저 삼신불의 머리 꼭대기에 올라서야 함을 말씀하신 것입니다.

십지만심(十地滿心)은 십지 법운지(法雲地) 보살의 지위에 오른 것을 말합니다. 원만 구족한 수행의 결과로 더 이상 억지로 할 일이 없는 경지에 이른 보살입니다. 그런데 그런 십지보살도 오히려 남의 집으로 얻어먹으러 다니는 거지나 다름없다고 하였습니다. 삼신불도 발로 콱 밟아버리는 사람에게 십지보살이니 무슨 보살이니 하는 것이 무슨 소용이 있겠습니까?

등묘이각(等妙二覺)은 보살수행 계위에서 최후 경지에 이른 등각(等覺)과 묘각(妙覺)을 아울러 이르는 말입니다. 불과위(佛果位)를 성취하기 바로 직전의 지위입니다. 그러나 그 등각과 묘각도 저 감옥에 들어가 칼을 쓰고 갇혀 있는 죄인이라는 것입니다. 왜 등각과 묘각을 옥에 갇혀 있는 죄인이라 할까요? 결국 등각이니 묘각이니 하는 것도 중생의 병을 위해 등각이니 묘각이니 하는 것이지, 병이 다 나은 사람한테는 등각도 묘각도 필요 없습니다. 등각·묘각을 볼 때도 저 감옥안에 갇혀 있는 죄인같이 보는 그런 사람이 되어야 합니다.

아라한은 일체의 번뇌를 남김없이 끊어 아라한과를 증득한 최고의 성인이요, 연각(緣覺)이라고도 하는 벽지불은 스승 없이 스스로 연기법을 깨달은 성인입니다. 아라한이라는 지위는 유식으로 말한다면 제

8아뢰야식만 남았지, 제6식과 제7말나식(末那識)은 다 끊어진 수행자들입니다. 아라한과 벽지불 모두가 성인이건만, 그런 성인들을 저 변소의 똥덩어리나 마찬가지로 더러운 것에 비유했습니다.

깨달음과 열반도 한낱 노새를 묶어 놓는 말뚝과 같다고 하였습니다. 말뚝에 묶인 노새에게 무슨 자유가 있겠습니까? 저 말뚝을 빼 없애버리고 자기 마음대로 다녀야 할 텐데, 매어 있으니까 거기서만 맴돌 뿐 자유가 전혀 없습니다. 보리니 열반이니 하는 것도 결국엔 사람을 묶어 속박하고 죽이는 비상(砒霜)일 뿐이니, 보리열반도 구하지 말라는 것이 임제스님의 견처입니다.

존귀한 지위에 오른 성인들과 궁극의 가치들을 모두 천하고 더러운 것에 갖다 붙인 까닭은 무엇일까요? 십지라 하면 십지에, 등묘이각이라 하면 등묘이각에, 나한벽지라 하면 나한벽지에, 보리열반이라 하면 보리열반에 묶여서 이 모든 것을 속박으로 만들고 마니, 그 원인은 삼아승기겁이 진공(眞空)이라는 도리를 모르는 데 있기 때문이라는 것입니다.

자성진공처(自性眞空處)에서는 부처나 조사도 상신실명하는데 삼신불이고 등묘이각이고 나한벽지불이고 보리열반이고 간에 무엇을 세울 수나 있겠습니까? 참으로 자성 진공을 깨치지 못했기 때문에 이러한 속박과 장애에 걸려드는 것입니다. 확철히 깨친다면 삼아승기겁의 시간과 공간에 제약을 받지 않습니다. 부처도 설 수 없고 조사도 설 수 없는 진여자성 진공을 성취해야 이런 장애를 받지 않지, 그렇지 않으면 영원토록 자유로울 수 없다는 말입니다.

여기서 참고로 한 예를 더 살펴보겠습니다. 예전에 덕산스님도 부처나 조사를 똥덩어리라 하고 등각과 묘각은 계를 파괴한 범부[破戒凡夫]라 하고 부처님의 교법인 십이분교(十二分敎)는 고름이나 닦는 휴지 쪼가리라고 말한 적이 있습니다.[170] 운문스님은 덕산스님의 이 말에 대해 "찬불찬조(讚佛讚祖)는 수시덕산노인시득(須是德山老人始得)이로다. 부처를 찬탄하고 조사를 칭찬하려면 덕산노인 정도는 되어야 한다."[171]고 하였습니다. 운문스님은 설봉스님의 제자이고, 덕산스님의 손주상좌 됩니다. 그런데 모순되지 않습니까? 덕산스님은 부처와 조사를 오랑캐, 똥덩어리라고 욕을 해놨는데 운문스님은 그 법문을 듣고서는 '부처를 칭찬하고 조사를 찬탄하는 것은 덕산스님이 가장 훌륭하게 했다'라고 하였으니 말입니다. 이 말뜻을 바로 알면 임제스님의 뜻도, 덕산스님의 뜻도, 그리고 운문스님의 뜻도 알 수 있습니다.

다만, 그 표면적인 말만 따라가서는 안 됩니다. 석가가 손을 잡고 끌더라도 확 뿌리치고, 달마가 와서 손을 붙잡자고 해도 탁 털어버리고, 자기 생각대로 자기 밥은 자기가 먹고사는 그런 납자라야 참으로 깨

---

170 "덕산의 늙은이인 나의 입장에서 보면 그렇지 않다. 이 경계에는 부처도 없고 법도 없다. 달마는 냄새 나는 늙은이이며, 십지보살은 똥이나 짊어지는 하찮은 자이며, 등각과 묘각은 계를 파괴한 범부이며, 보리와 열반은 나귀를 묶어두는 말뚝이며, 십이분교는 귀신의 장부요 고름 닦는 휴지이며, 사과삼현과 초심에서 십지까지는 오래된 무덤을 지키는 귀신이다. 스스로 구제할 수도 없으니 부처는 달마의 똥막대기일 뿐이다."(『聯燈會要』권20 X.79 p.173a, 德山老漢, 見處卽不然. 這裏佛也無祖也無. 達磨, 是老臊胡;十地菩薩, 是擔屎漢. 等妙二覺, 是破戒凡夫;菩提涅槃, 是繫驢橛;十二分教, 是鬼神簿, 拭瘡疣紙;四果三賢, 初心十地, 是守古塚鬼. 自救得也無, 佛是老胡屎橛.);『禪門拈頌說話』676칙 H5 p.517b 참조.
171 "부처와 조사를 찬양하려면 모름지기 덕산노인 정도는 되어야 한다."(『宗門拈古彙集』권23 X.66 p.135b, 雲門偃云, '讚佛讚祖, 須是德山老人始得');『禪門拈頌說話』676칙 H.5 p.517b 참조.

친 납자라 할 수 있습니다. 운문스님 말도 따라가지 말고 덕산스님 말도 따라가지 말고 어떻든지 하루바삐 우리들 마음의 눈을 뜨고 마음을 깨쳐야 할 것입니다.

3) 진정한 도인은 깨달음을 구함이 없다

若是眞正道人인댄 終不如是니 但能隨緣消舊業하고
약시진정도인   종불여시   단능수연소구업

任運著衣裳하여 要行卽行하며 要坐卽坐하야
임운착의상   요행즉행   요좌즉좌

無一念心希求佛果니 緣何如此오?
무일염심희구불과   연하여차

古人이 云하되 若欲作業求佛이면 佛是生死大兆[172]라 하니라.
고인   운   약욕작업구불   불시생사대조

만약 진정한 도인이라면 마침내 이와 같지 않으니, 다만 인연을 따라 묵은 업장을 없애며, 형편 닿는 대로 자유롭게 옷 입으며, 가고 싶으면 가고, 앉고 싶으면 앉을 뿐, 한 생각이라도 깨달음을 구하는 마음을 가지지 않는다. 어떤 인연으로 그러한가? 옛사람이 이르기를, "만약 업을 지어 부처를 구하고자 한다면 부처가 오히려 나고 죽는 윤회의 큰 조짐이다."라고 했기 때문이다.

바른 눈[正眼]을 갖춘 참된 수행자라면 삼아승기겁이 공이라는 도리를 깨쳐서 삼신불이고 십지보살이고 등각·묘각이고 아라한·벽지

---

[172] 『景德傳燈錄』 권29 「梁寶誌和尚大乘讚十首」 T.51 p.449b, "若欲作業求佛, 業是生死大兆."

불이고 보리열반이고 간에 무엇에든 장애받지 않습니다. 다만 인연을 따라서 묵은 업장[舊業], 즉 자기가 공부를 성취하기 전에 지은 업장을 없앨 뿐입니다. "증실상무인법(證實相無人法)하니 찰나멸각아비업(刹那滅却阿鼻業)이라,[173] 실상을 증득하면 인·법이 없으니 찰나에 아비지옥의 업을 없애버린다."라고 『증도가』에서 말한 것처럼 아비지옥의 업일지라도 찰나에 소멸되는 것입니다.

임운(任運)은 자연 그대로에 맡긴 자유자재한 경계를 말합니다. 마음대로 옷을 갈아입고 싶으면 갈아입고, 가고 싶으면 가고, 앉고 싶으면 앉을 뿐, 한 생각 혹은 한 찰나에라도 부처님의 깨달음을 얻기를 바라지 않습니다. 불과(佛果)를 성취하는 일이야말로 수행자의 근본 목표라고 할 수 있지만 바른 눈을 갖춘 진정한 도인이라면 부처님의 깨달음도 필요 없는 사람이 되어야 합니다. 아무리 관세음보살의 감로수가 좋다 해도 병이 있는 사람에게나 감로수이지, 병이 없는 사람에게야 무슨 필요가 있겠습니까? 관세음보살의 감로수병을 뺏어다 집어던져 깨뜨려버리는 그런 수행자가 되어야 합니다. 부처님의 깨달음[佛果]이고 무엇이고 간에 아무것도 필요 없는 사람, 부처도 조사도 모두 초월한 참으로 대자유인이 되어야 한다는 말입니다.

그렇다면 무슨 인연으로 이와 같이 될 수 있는가?

"만약 목적의식을 가지고 부처를 구하고자 한다면 그 부처는 오히려 나고 죽는 윤회의 큰 계기가 된다(若欲作業求佛, 佛是生死大兆)."고 하였습니다. 이는 양나라 지공(誌公, 418~514)이 지은 「대승찬십수(大乘

---

[173] 『證道歌』 T.48 p.395c.

讚十首)」 가운데 나오는 구절입니다. 본래는 약욕작업구불(若欲作業求
佛), 만약 업을 지으면서 부처를 구하고자 한다면, 업시생사대조(業是
生死大兆), 그 지은 업이 바로 생사윤회의 큰 조짐이 될 뿐인데, 임제스
님은 '업(業)' 자를 '불(佛)' 자로 바꾸어서 인용하였습니다. '업(業)' 자
를 '불(佛)' 자로 바꿈으로써 임제스님만의 분명한 뜻을 더욱 선명하게
드러낸 것입니다.

지공스님이 하신 말씀은 작업구불(作業求佛), 어떤 의도를 가지고
부처를 구하려고 노력하는 것은 구불구조(求佛求祖), 부처를 구하고
조사를 구하는 것, 즉 불과(佛果)를 구하는 것입니다. 다른 건 말할 것
도 없고 무엇보다 참말로 부처도 필요 없고 조사도 필요 없는 바른 눈
을 가진 도인이 되어야 합니다. 부처가 필요하고 조사가 필요한 이런
사람이면 벌써 구하고 닦고 해야 할 일이 있는 것이니, 그렇다면 이것
은 진정견해를 갖춘 바른 도인이 아니며, 해탈한 사람이 아니며, 정안
을 갖춘 사람이 아니며, 임제스님 같은 사람이 아닙니다.

6. 참된 자기

1) 그대들에게 단지 한 부모가 있을 뿐이다

<small>대덕   시광가석</small>
大德아! **時光可惜**하라.
<small>지의방가파파지   학선학도   인명인구   구불구조</small>
祗擬傍家波波地에 **學禪學道**하며 **認名認句**하며 **求佛求祖**하며
<small>구선지식의탁   막착</small>
求善知識意度이로다. **莫錯**하라.
<small>도류   이지유일개부모   갱구하물   이자반조간</small>
道流야! **爾祗有一箇父母**어니 **更求何物**고? **爾自返照看**하라.
<small>고인 운   연야달다실각두   구심헐처즉무사</small>
古人 云하되, **演若達多失却頭**라가 **求心歇處即無事**로다.

대덕들이여! 부디 시간을 소중히 아껴야 한다.

바른 길을 벗어나 머뭇머뭇 옆길로 들어서 분주히 돌아다니며 선을 배우네, 도를 배우네 하며 어구들과 경구들을 배워 언어문자에 집착하고, 부처를 구하고 조사를 구하며, 선지식을 찾아 그 뜻을 시험해 보고자 한다. 이런 잘못을 저지르지 마라.

수행자들이여! 다만 그대들 안에 진실된 한 부모(父母)가 있을

뿐인데, 또 무엇을 더 구하려 하는가? 그대들 스스로 자기 내면을 깊이 반조하라.

옛사람이 말하기를, '연야달다(演若達多)가 자기 머리를 잃어버렸다고 찾아 헤매었지만, 찾아 구하는 그 마음을 쉬었을 때 곧바로 아무 일이 없었다.'[174]라고 하지 않았는가?

일찰나 사이에 목숨을 잃고 육도를 떠돌다 보면 소의 배 속에 들어갈지 돼지의 배 속에 들어갈지 어떻게 알겠습니까? 그러므로 사람 몸을 받은 금생에 시간을 아껴 부지런히 공부해야 합니다.

방가파파지(傍家波波地)라는 말은 바른 길, 즉 자신이 가야할 길에서 벗어나 옆길로 들어서서 엄벙덤벙하고 허둥지둥하는 것을 뜻합니다. 자성(自性)을 살펴 마음을 닦지 않고 공연히 자꾸 밖으로만 부산하게 허둥대면서 끌려 다니는 것을 표현한 말입니다. 모두들 선을 배우네 도를 배우네 하며 언어문자에 집착하고, 부처와 조사를 구하고, 선지식을 찾아 그 뜻이 어떠한지 자기 생각으로 이리저리 헤아리기 일쑤입니다.

그러나 이것을 참된 공부요 수행이라 착각해서는 안 됩니다. 오직 지금 부지런히 화두를 참구할 일이지, 화두공부 하는 외에는 전체가

---

174 "홀연 미친 증세를 그치면 머리를 밖에서 얻으려 하지 않을 것이나, 설령 미친 증세가 그치지 않은들 어찌 머리를 잃어버린 것이겠느냐! … 그 미친 증세를 그치면 곧 보리이니, 수승하고 청정하며 밝은 마음은 본래 법계 어디에나 두루 있으며 다른 사람으로부터 얻을 수 있는 것이 아니다. 어찌 힘들여 수고함에 의지하여 핵심을 닦아 증득하는 것이겠느냐!"(『首楞嚴經』 권4 T.19 p.121b, 忽然狂歇, 頭非外得, 縱未歇狂, 亦何遺失! … 歇即菩提, 勝淨明心, 本周法界, 不從人得, 何藉劬勞肯綮修證.)

방가파파지, 밖으로 옆길로 들어서서 분주하게 이리저리 내달려 봤자 헛일일 뿐입니다. 그러니까 어떻게 하든지 시간을 아껴 화두를 부지런히 참구해 부처도 필요 없고, 조사도 필요 없고, 팔만대장경도 필요 없고, 이전 큰스님들의 조사들 어록도 다 필요 없는 참으로 자유자재한 사람이 되어야 합니다.

그대들 자신에게 다만 한 부모가 있는데 다시 무엇을 구하려 하느냐고 임제스님은 따져 묻습니다. 여기서 부모란 자기의 본원이자 본래면목을 뜻합니다. 차별하고 분별하는 마음이 일어나기 이전의 근원적인 자기의 본래 마음, 진실한 하나의 본원을 '부모'라는 상징적 언어로 표현한 것입니다. 이처럼 자기에게 본래면목이 갖추어져 있으니 스스로 반조해 보라, 내면을 깊이 응시하여 비추어 보라, 지혜의 눈으로 참된 자기를 발견하라, 너의 자성을 바로 잘 살펴보라는 말입니다. 본래인(本來人)인 자기를 두고서 밖으로만 치달리며 제아무리 존귀한 무엇을 추구한다고 한들 모두 헛일이요 망상일 뿐이라는 말입니다. 연야달다(演若達多)의 이야기를 언급한 것도 그런 이유에서입니다.

연야달다가 자기 머리를 잃어버렸다고 찾아 헤맸지만 그 찾아 구하는 마음을 그치고 나니 그대로 보리(菩提), 깨달음이더라는 것입니다. 『능엄경(楞嚴經)』에 나오는 이야기입니다. 연야달다는 인도사람인데 얼굴이 참 잘났어요. 얼굴이 잘났으니 항상 거울을 봅니다. 거울 속의 자기를 보면서 스스로 즐거워했단 말입니다. 늘 이렇게 거울 보는 것을 낙으로 삼고 있었는데 한번은 그만 정신이 돌아버려 거울을 들여다보니 자기 얼굴이 보이지 않습니다. 큰일 났다고 여겨 자기 얼굴을 찾아 온 동네를 찾아 헤매고 다녔습니다. 이것을 두고 사두멱두(捨頭

覓頭), 머리를 버리고 머리를 찾는다고 합니다. 소를 타고 소를 찾는다는 기우멱우(騎牛覓牛)와 같은 말입니다.

그런데 그 미친 마음이 그치고 머리를 찾으려는 생각도 그치고 보니 자기 머리는 그대로 있더라는 것입니다. 결국 아무 일이 없었던 것입니다. 자성에 어두운 중생은 자기 머리가 그대로 붙어 있는 줄도 모르고 밖으로 자기 머리를 찾아다니는 연야달다와 같습니다.

십지등각도 아직까지 연야달다라는 것을 알아야 합니다. 자기에게 본래 있는 것을 바로 보고 망상을 완전히 그쳤을 때라야 비로소 아무 일없이 자유자재한 경계를 마주할 수 있습니다.

2) 밥값을 갚을 날이 있으리라

<small>대덕　　차요평상　　막작모양</small>
大德아! **且要平常**인댄 **莫作模樣**하라.
<small>유일반불식호오독노　　변즉견신견귀　　지동획서</small>
有一般不識好惡禿奴하야 **便即見神見鬼**하며 **指東劃西**하며
<small>호청호우　　여시지류　　진수저채　　향염로전</small>
好晴好雨하나니 **如是之流**는 **盡須抵債**하야 **向閻老前**하야
<small>탄열철환유일　　호인가남녀　　피저일반야호정매소착</small>
吞熱鐵丸有日이니라. **好人家男女**가 **被這一般野狐精魅所著**하야
<small>변즉날괴　　할루생　　색반전유일재</small>
便即捏怪하니 **瞎屢生**이여! **索飯錢有日在**로다.

대덕들이여! 일상에서 평상심을 유지하는 것이 중요하니, 조작된 마음으로 남의 모양을 흉내 내지 말라.

좋고 나쁨도 구별하지 못하는 머리 깎은 노예 같은 나쁜 무리

들이 곧잘 나는 신을 보았다, 귀신을 보았다 하고 동쪽이니 서쪽이니 하고 가리키며 쓸데없이 떠들며, '야, 맑은 날씨가 좋다, 야, 비 오는 날이 좋다' 하며 안목 없이 나타난 경계를 따라가며 중얼거린다. 이러한 무리들은 모두 빚을 지고 반드시 염라대왕 앞에 가서 뜨거운 쇳덩이를 삼키는 과보의 고통을 받는 날이 있을 것이다. (도에 나아갈 수 있는 자질을 갖춘) 좋은 집안의 훌륭한 남녀들이 이들 여우나 도깨비 같은 삿된 무리에 홀려 곧장 괴상한 짓들을 하고 있다. 눈먼 바보 놈들아! 시주의 은혜를 헛되이 한 밥값을 차곡차곡 갚을 날이 반드시 있을 것이다.

임제스님은 무엇보다 평상심(平常心)이 중요하니 이리저리 조작된 마음으로 본뜨고 흉내 내지 말라고 하였습니다. '도란 무엇이냐'는 질문에 예전 조사스님도 '평상심시도(平常心是道)'[175]라 했습니다. 밥 먹고 옷 입고, 앉고 일어서는 일상이 도(道)라는 말입니다. 그렇다면 도를 닦을 필요도 공부를 할 필요도 없다는 말인가? 흔히 이렇게 오해하는 사람이 있습니다. 그러나 이 평상심이란 구경대무심지(究竟大無心地)를 성취한 깨달음 그 자체입니다. 일체를 해탈해 대무심지를 성취하여 무엇을 구하려는 생각도 없고, 부처도 조사도 필요 없는 마음

---

175 "평상심이 도이다. 무엇을 평상심이라 하는가? 조작도 없고, 옳거니 그르거니 하는 시비도 없으며, 취하고 버리는 마음도 없으며, 단(斷)이나 상(常)이라는 생각도 없으며, 범부니 성인이니 하는 마음도 없는 것이다."(『馬祖廣錄』 X.69 p.3a, 平常心是道. 何謂平常心? 無造作, 無是非, 無取捨, 無斷常, 無凡無聖.) ; "(조주가 물었다.) '어떤 것이 도입니까?' 남전이 말했다. '평상심이 도이다.'"(『景德傳燈錄』 권10 T.51 p.276c, '如何是道?' 南泉曰, '平常心是道.')

이 평상심(平常心)입니다. 그러기에 남을 모방할 필요도 없고 흉내 낼 필요도 없으며 본받을 필요도 없습니다.

임제스님도 말하지 않았습니까? 가고 싶으면 가고 오고 싶으면 오고, 앉고 싶으면 앉고 서고 싶으면 서고, 옷 입고 싶으면 옷 입고 밥 먹고 싶으면 밥 먹는다고. 부처도 조사도 팔만대장경도 아무것도 필요 없는 그런 대해탈경계에서 평상(平常)이라 한 말이지, 미혹한 중생의 경계 그대로를 평상이라 말한 것은 아닙니다. 평상심이 도이니 수행도 성불도 필요 없다고 생각한다면 이것은 남쪽을 북쪽으로 착각하는 것과 같습니다.

머리만 깎았을 뿐이지 수행도 무르익지 못하고 식견도 없는 무리들이 귀신이라도 본 양 의심하고 두려워하며, 동이니 서니 하며 불필요한 말을 함부로 늘어놓으며, 눈앞에 보이는 경계에 따라 이리저리 좌우되고 물드는 행태를 비판합니다. 이러한 부류는 염라대왕 앞에 가서 뜨거운 무쇠철환을 삼키며 그동안 시주들에게 진 빚을 다 갚아야 할 것이다, 결국 지옥에나 떨어질 중들이라는 말입니다.

이런 부류들에게는 부처와 조사가 보여도 견신견귀(見神見鬼), 부처 귀신을 보고 조사 허깨비를 보는 것이나 마찬가지입니다. 귀신을 보고 도깨비를 본다는 것은 부처와 조사를 다 포함해서 하는 말입니다. 부처라는 도깨비도, 조사라는 도깨비도 눈에 보이지 않고, 부처도 조사도 필요 없는 사람이 되어야만 진정한 무사인(無事人)입니다. 만약 그렇지 못하고 부처가 눈에 보이고 조사가 눈에 보일 때는 벌써 저 지옥에 떨어져 온갖 고통을 받게 됩니다.

이런 멍텅구리 눈먼 스님들에게는 염라대왕이 밥값 내놓으라고 할 날이 언젠가 반드시 있을 것이란 말입니다. 공부를 부지런히 해 자유자재한 사람이 되어야지 그렇지 못하면 물 한 방울도 마실 자격이 없을 뿐더러 결국 저 염라대왕 앞에 가서 밥 값을 천 배, 만 배, 이자에 이자를 덧붙여 치르게 될 것입니다.

야호정매(野狐精魅)는 귀신에 홀려 미친 사람입니다. 훌륭한 집안의 자제들이 이 여우같은 귀신이 붙은 미친 무리들에게 홀려서 공연히 이리저리 엎어지고 자빠지고 하는데, 부처가 보이고 조사가 보인다 해도 그것은 다 미친 사람과 마찬가지입니다. 부처라는 도깨비도 안 보이고 조사라는 허깨비도 안 보이도록 해야 미친병이 완전히 다 나은 것이지, 십지등각도 아직까지는 야호정매(野狐精魅)에 속고 있는 상태일 뿐입니다.

십지등각을 초월해 부처와 조사도 필요 없는 참으로 대장부가 되어 천상천하에 자유자재하게 된 후에는 부처라 하든 조사라 하든 그때 가서는 뭐라 해도 됩니다. 부처라 해도 괜찮고 조사라 해도 괜찮고, 도둑놈이라 해도 괜찮고 역적이라 해도 괜찮고, 무슨 소리를 해도 그 사람한테는 아무 관계가 없습니다. 만약 그걸 성취하지 못하면 부처라 해도 지옥이요 조사라 해도 지옥일 뿐입니다. 염라대왕 앞에 가서 그동안 얻어먹은 밥값을 이자에 이자를 붙여 다 물어낼 지경이 되면 끝이 없는 무간지옥(無間地獄)을 영원토록 벗어나지 못합니다. 그러니 어떻게 해서든지 우리는 오직 자성을 바로 깨쳐 임제스님이나 석가와 달마 같은 해탈도인이 되어야 합니다. 그것은 어떻든지 공부를 부지런히 하는 데 달려 있지, 이렇게 법문만 천 날 만 날 들어봐야 소용없습니다. 그래, 결국 화두공부 부지런히 해 깨치자 그 말입니다.

7. 사조용(四照用)[176]

<small>시중운 아유시   선조후용   유시   선용후조</small>
示衆云, 我有時에는 **先照後用**하며 **有時**에는 **先用後照**하고
<small>유시   조용동시   유시   조용부동시</small>
有時에는 **照用同時**하며 **有時**에는 **照用不同時**니라.
<small>선조후용   유인재   선용후조   유법재   조용동시</small>
先照後用은 **有人在**요 **先用後照**는 **有法在**요 **照用同時**는
<small>구경부지우   탈기인지식   고골취수   통하침추</small>
駈耕夫之牛하며 **奪飢人之食**이니 **敲骨取髓**하고 **痛下鍼錐**요
<small>조용부동시   유문유답   입빈입주   합수화니</small>
照用不同時는 **有問有答**하며 **立賓立主**하야 **合水和泥**하야
<small>응기접물   약시과량인   향미거이전   요기변행</small>
應機接物이니 **若是過量人**인댄 **向未擧已前**하야 **撩起便行**이라
<small>유교사자</small>
猶較些子니라.

임제스님이 대중에게 말했다.

"나는 어느 때는 비춤[照]을 먼저하고 작용[用]을 나중에 하며,

---

[176] 조(照)는 비추어 관조한다는 의미로 상대의 태도를 살피는 방식으로 지혜의 작용에 해당되며, 용(用)은 작용의 의미로 상대의 태도에 따라 대응하는 방식으로 방편에 해당된다고 봐도 무방하다.

어느 때는 작용을 먼저 하고 비춤을 나중에 하며, 어느 때는 비춤과 작용을 동시에 하며, 어느 때는 비춤과 작용을 동시에 하지 않기도 한다.

비춤을 먼저 하고 작용을 나중에 하는 경우는 중심을 주관[人]에게 둔 것이요, 작용을 먼저 하고 비춤을 나중에 하는 경우는 중심을 대상[法]에 두는 것이다. 비춤과 작용을 동시에 하는 경우는 밭가는 농부의 소를 몰아 가버리고 배고픈 사람의 밥을 **빼앗는** 것처럼, **뼈**를 두드려 골수를 뽑아내고 바늘과 송곳으로 온몸을 아프게 찌르는 것이다. 비춤과 작용을 동시에 하지 않는 경우는 물음도 있고 대답도 있으며, 주인이 되기도 하고 손님이 되기도 하며, 물과 진흙이 서로 합하고 조화롭게 되는 것처럼 근기에 따라 중생들을 제접하는 것이다.

만약 뛰어난 대근기의 사람이라면 앞에서 열거한 법들을 거량하기도 전에 재빨리 떨치고 일어나 가버릴 것이다. 그래야만 조금은 되었다 하겠다."

※육성녹음 파일을 찾지 못한 부분임.

8. 평상의 심법(心法)

1) 억지로 해야 할 일이 없어야 귀한 사람이다

師가 示眾云, 道流야! 切要求取眞正見解하야 向天下橫行하야
免被這一般精魅惑亂이니라.
無事是貴人이니 但莫造作이요 秖是平常이라.

임제스님이 대중에게 말했다.
수행자들이여! 무엇보다도 중요한 것은 참되고 바른 견해[眞正見解]를 갖추고 천하를 거침없이 다니며, 안목 없는 허수아비나 도깨비들 같은 선승들의 엉터리 주장에 현혹되지 말아야 한다. 일이 없어야 귀한 사람이니, 무엇을 하려고 조작된 마음을 일으키지 말고, 평상의 마음 그대로 살면 된다.

도류(道流)는 득도한 수행자나 불도를 닦는 사람을 아울러 이르는 말입니다. 임제스님은 '진정견해'를 여러 번 강조해 말씀하셨는데, 이를 흔히 말하는 사량분별(思量分別)로 알면 큰 오해입니다. 참되고 바

른 견해, 진정견해란 정지정견(正知正見), 바른 지식 바른 견해를 말합니다. 불지견(佛知見), 성불한 이후의 부처님의 지견, 이것이 정지정견이지 십지등각(十地等覺)도 아직 정지정견을 갖춘 것은 아니며 사지사견(邪知邪見), 삿된 지식 삿된 견해일 뿐입니다.

십지등각도 정지정견을 증득한 것은 아니라고 하는 까닭은 무엇인가? 소지장(所知障), 즉 아는 견해가 정지정견을 가리고 있기 때문입니다. 증득(證得)한 견해, 즉 증지(證智)와 사려분별을 통한 이해, 즉 지해(知解)는 분명히 다릅니다. 여기에서 임제스님이 말씀하신 진정견해는 정지정견으로서 진여정지(眞如正知), 진여정견(眞如正見)을 증득한 경지입니다. 이 경지가 아니면 진정견해라 할 수 없습니다. 이것이 바로 구경정각을 이룬 경지이고 열반묘심을 증득한 경지입니다.

불지견을 성취하여 증지를 완전히 깨친 사람이라야 천하무적으로 천하를 횡행할 수 있습니다. 이런 사람이 바로 부처를 만나면 부처를 죽이고 조사를 만나면 조사를 죽이고, 살활(殺活)이 자재하여 살불살조(殺佛殺祖)든 활불활조(活佛活祖)든 조금도 구애됨이 없이 발휘하는 출격대장부입니다.

정매(精魅)는 요괴, 도깨비, 귀신 따위를 가리키는 말입니다. 이런 정매도 출격대장부는 혹란(惑亂)하게 하지 못합니다. 보통의 사람도 제정신만 똑바로 차리고 있으면 귀신이나 도깨비 같은 헛것이 비집고 들어 설 틈이 없지만 정신이 흐릿하고 시원찮으면 이런 헛것이 가물거리며 정신을 미혹하고 어지럽게 합니다.

그런데 여기서 말하고 있는 일반정매(一般精魅)는 단지 귀신이나 도깨비 같은 것에 국한되지 않습니다. 대선지식으로부터 불보살에 이르기까지 모든 집착의 대상을 포함합니다. 눈먼 중생에게는 출격(出格)의 대선지식들도, 불보살도 마음을 어지럽히는 귀신일 뿐입니다. 대선지식과 불보살은 중생을 교화하기 위해 이러저런 방편을 쓸 뿐이고 속일 생각이 전혀 없는데 어리석은 중생이 이를 진실이라 오인하고 속아 넘어가기 때문입니다.

그런 까닭에 공부를 온전히 성취하고 난 뒤라야 천하 대선지식의 혀끝에도 속지 않는다고 하는 것입니다. 아무리 천하 대선지식이 무진변재(無盡辯才)를 가지고 속이려 해도 이런 사람은 속일 수 없습니다. 우리는 참으로 천하 대선지식의 말이라 할지라도 거기에 속지 않아야 합니다. 임제스님이 천하 대선지식도 귀신이나 도깨비 부류에 포함하여 법문하신 행간의 뜻을 읽어야 합니다. 누구든지 참으로 진정 견해를 바로 깨친다면 설사 천하 대선지식뿐 아니라 석가나 달마가 와서 이리저리 속이고 혹란케 하려 해도 할 수 없습니다.

또, 무사인(無事人)이야말로 참말로 귀한 사람이라고 하였습니다. 일체 불법(佛法)이 필요 없는 사람이 바로 일 없는 사람, 무사인(無事人)입니다. 참선을 하느니, 염불을 하느니, 경(經)을 익히느니 하는 이런 일들은 모두 유사인(有事人)에 해당합니다. 성불작조(成佛作祖), 부처가 되고 조사가 되는 것도 유사(有事)일 뿐입니다. 부처도 조사도 구하지 않으며 초불월조(超佛越祖), 부처도 초월하고 조사도 초월한 사람이 바로 무사인(無事人)입니다.

이것은 말하자면 "절학무위한도인(絶學無爲閑道人)"[177]의 경지와 같

---

177 『永嘉證道歌』T.48 p.395c, "배움을 마쳐 할 일이 없는 한가한 도인은, 망상을 없애려 하지도 참됨을 구하려 하지도 않는다."(絶學無爲閑道人, 不除妄想不求眞.)

으니, 배움을 다 마쳐서 더 이상 해야 할 일이 남아 있지 않은 한가한 사람이 무사인(無事人)입니다. 배고프면 밥 먹고 피곤하면 잠잘 뿐(饑來喫飯, 困來卽眠), 더 이상 추구할 별다른 불법이 남아 있지 않습니다. 불법을 배우느니, 보살행을 닦느니 하는 것은 모두 유사인(有事人)의 일입니다. 이런 사람은 출격대장부가 아닙니다. 정견을 성취하지 못한 이런 사람은 부처를 만나면 부처한테 속고, 조사를 만나면 조사한테 속고, 중생을 만나면 중생한테 속으며, 가는 곳마다 이리 자빠지고 저리 자빠지기 바쁘기만 하고 끝내 불법의 문턱에는 들어서지도 못하고 맙니다. 그래서 임제스님은 초불월조(超佛越祖)한 진정견해(眞正見解)를 갖추어 아무 일 없는 사람을 귀하게 여긴다고 한 것입니다.

다만, '조작(造作)하지 말라'고 합니다. 여기서 말하는 조작은 단지 무엇을 만들어 낸다는 뜻이 아닙니다. 불필요하게 억지로 하는 행위 일체를 가리킵니다. 성불작조(成佛作祖) 하는 것이야말로 제일 큰 조작입니다. 성불작조를 추구하는 것은 불법(佛法)과는 정반대로 가는 것입니다. 조작을 완전히 떠나 참말로 절학무위(絕學無爲), 배울 일도 다 떨어져나가 할 일이 없고, 무위무사(無爲無事), 억지로 해야 할 일이 없는 한가한 도인의 생활은 평상(平常)과 조금도 다름이 없습니다. 추울 때는 불을 쬐고 더울 때는 서늘한 바람을 쐬며, 배고프면 밥 먹고 졸리면 자고 그런 것입니다.

그렇다면 공부고 뭐고 필요가 없다는 말인가? 평상심시도(平常心是道)라고도 하니, 되는 대로 지내라는 말인가? 이 말을 이렇게 착각하는 사람들이 더러 있습니다. 그렇지만 이 평상(平常)이란, 저 제8아뢰야의 근본무명까지 완전히 부수고 진여의 정견을 확실히 증득해서 구경각을 성취한 사람의 평상을 말합니다. 구경각을 성취한 무심도인(無心道人)이 바로 무사인(無事人)이고 그의 삶의 경계를 바로 평상이라 하는 것입니다.

여기서 임제스님이 말씀하신 뜻은 확철대오(廓徹大悟)하고 구경각을 성취하여 초불월조의 정지정견을 가진 사람이라야 일 없는 사람(無事人)이요 평상인(平常人)이라는 것입니다. 혼돈하면 안 됩니다. 평상이라 하고 평상심시도라 하니까 공부할 것도 따로 없고 되는 대로, 있는 대로 살라는 말이라고 생각해서는 안 됩니다. 이렇게 말한다면 그런 사람은 전부 다 마구니입니다.

2) 이름뿐인 부처를 구하지 말라

爾擬向外傍家求過하야 覓脚手하면 錯了也로다.
秖擬求佛하니 佛是名句니라. 爾還識馳求底麼아?
三世十方佛祖出來는 也秖爲求法이니 如今參學道流도
也秖爲求法이라.
得法始了요 未得이면 依前輪回五道니라.

그대들이 밖으로 바른 길을 벗어나 옆길로 이리저리 찾아다니며 도움을 얻고자 한다면 벌써 틀렸다. 한결같이 부처를 구하려 하지만 부처란 이름과 글귀일 뿐이다. 그대들이 밖으로 쫓아다니며 부처를 구하려고 하는 그가 누구인지 아느냐?

과거·현재·미래의 삼세와 온 누리 시방의 부처님과 조사님들이 세상에 나오신 뜻은 오로지 불법을 구하기 위함이다. 지금 수행하는 여러분들도 법을 구하기 위함이다. 법을 깨달아 얻었다면 그것으로 마친 것이지만, 법을 깨달아 얻지 못하였다면 예전대로 지옥·아귀·축생·인간·천상 등 다섯 갈래의 길에 떨어져 윤회를 반복한다.

방가구과(傍家求過)란 본길이 아닌 옆길로 들어서서 헤매며 다닌다는 뜻입니다. 자가(自家)의 보장(寶藏), 자기 집의 보물창고는 보지 못하고 엉뚱한 곳에서 찾는 어리석음을 표현한 말입니다. 그러한 행동 속에서 수단을 찾는다면 그것은 틀렸다는 것입니다. 자기 자성을 분명히 깨쳐야지, 그렇지 못하면 전부 다 방가(傍家), 바른길을 벗어나 옆길로 빠진 것입니다. 즉심시불(卽心是佛), 내 마음이 부처라는 것을 믿고 자성을 바로 깨쳐야지 그 외에는 다 그릇된 길입니다. 동쪽으로 가고자 하면서 서쪽으로 가는 형국입니다.

부처를 구한다고 하는데, 부처란 한낱 명칭에 불과한 것입니다. 부처가 어디 삼천대천세계 밖에 실재하는 것이 아니라는 말입니다. 실제는 내 자성이 부처고 자신이 부처인데 그 자성불, 자신불을 버리고 자꾸 밖으로만 돌고 있습니다. 대장경(大藏經)을 보면 부처 불(佛)이라는 글자가 수천만 자 쓰여 있지 않습니까? 그 부처는 다 명구(名句)일 뿐이지 내 자성불과는 아무 관계가 없습니다. 오직 자성을 깨쳐야지, 문자에 불과한 부처는 따라가지 말아야 합니다.

삼세시방(三世十方)의 불조가 출현한 것은 법을 구하기 위함이니, 그 법이라는 것은 언어문자나 다른 것이 아니라 내 마음을 말합니다. 그러니 지금 참학하는 수행자들도 밖으로 경계를 좇아 휩쓸려 다니지 말고 내 마음속에 있는 자심과 자성을 깨쳐야 합니다.

　득법(得法)은 심지법(心地法)을 바로 깨쳤다는 뜻이니, 구경각·정지정견·진정견해를 얻었다는 말입니다. 법을 얻었다면 비로소 모든 일을 다 마친 것입니다. 그러나 만약 마음을 바로 깨치지 못하였다면 오도(五道)에 윤회하게 됩니다. 오도란 지옥·아귀·축생·아수라·인간·천상의 육도에서 아수라를 빼고 말하는 것입니다.

3) 마음 법을 문자 가운데서 찾지 말라

　　　운하시법　　　법자　　시심법　　심법　　무형　　　통관시방
　　　云何是法고? 法者는 是心法이니 心法이 無形하여 通貫十方하여
　　　목전　　현용　　　인신불급　　　변내인명인구
　　　目前에 現用이언마는 人信不及하고 便乃認名認句하고
　　　향문자중구　　　의탁불법　　　천지현수
　　　向文字中求하야 意度佛法하니 天地懸殊로다.

　도대체 법이란 무엇인가? 법이란 이 마음의 법이다. 마음법은 형상이 없어서 온 시방법계를 관통하고, 눈앞에서 언제나 활발하게 작용하고 있다. 그런데 사람들이 이것을 믿는 마음이 부족하여 이름과 글귀를 분별하는 가운데서 제멋대로 불법을 구하며 사량과 분별로 헤아려 이해하려고 하니, 불법과는 하늘과 땅 차이만큼이나 어긋나버린다.

심법(心法)이라는 것은 마음을 근본으로 하는 법이라는 뜻으로 마음의 모든 작용을 가리킵니다. 그런데 이 심법은 일정한 형상이 없어서 정안을 갖춘 부처나 조사라도 이 마음을 보려야 볼 수 없습니다. 부처와 조사도 그 마음자리를 볼 수 없는데 어떤 사람이 그 마음자리를 볼 수 있겠습니까? 또한 이 마음법은 저 무궁무진한 시방법계를 관통하는 동시에 목전에 현전하여 생생하게 작용하고 있습니다. 마음법이라는 것이 조그만 사람 몸뚱이 속에 갇혀 있는 것이 아니라 시방법계를 관통하고 일체중생 각각에 제불보살의 대기대용이 다 현전되어 참으로 부처와 조사를 살리고 죽이는 것을 자유자재로 한다는 것입니다.

미혹한 중생들이 이것을 믿지 못하고 명구(名句)에 눈을 빼앗겨 문자 가운데서 불법을 헤아리기 때문에 마음을 깨치지 못하고 천지현격(天地懸隔), 하늘과 땅 사이의 간격만큼이나 벌어지고 맙니다.

마음이라는 것은 본시 형체가 없지만 온 시방법계에 두루하고도 남는 동시에 대기대용을 목전에 현전하여 살활이 자재합니다. 그렇지만 그것을 믿지 못하고, 알지 못하고, 쓰지 못한 채 공연히 이름이나 말만 좇으며 문자 가운데 불법이 있는가 여기고 자꾸 밖에서 구하고 있다는 취지입니다. 선(禪)이니 교(敎)니 온갖 이론을 전개한다면 그것은 불법하고는 천지현격(天地懸隔)으로 어긋나고 맙니다.

팔만대장경 속에서 불법을 구하려고 하는 것은 얼음 속에서 불을 구하는 것이나 마찬가지입니다. 얼음 속에 무슨 불이 있겠습니까? 문자 가운데서 불법을 구하는 것은 얼음 속에서 불을 구하는 것과 똑같습니다. 임제스님 말씀과 같이 참으로 진정견해를 성취하고자 한다면 자기 마음을 바로 깨치고 자성을 바로 보아야 할 것입니다.

9. 심지법(心地法)

1) 불법의 깊은 뜻[玄旨]

<u>도류</u>야! <u>산승설법</u>은 <u>설심마법</u>고?
道流야! 山僧說法은 說什麽法고?

<u>설심지법</u>이니 <u>변능입범입성</u>하며 <u>입정입예</u>하며 <u>입진입속</u>하나
說心地法이니 便能入凡入聖하며 入淨入穢하며 入眞入俗하나

<u>요차불시이진속범성</u>이라 <u>능여일체진속범성안착명자</u>요
要且不是爾眞俗凡聖이라 能與一切眞俗凡聖安著名字요

<u>진속범성</u>이 <u>여차인안착명자부득</u>이니라.
眞俗凡聖이 與此人安著名字不得이니라.

<u>도류</u>야! <u>파득변용</u>이요 <u>갱불착명자</u>니 <u>호지위현지</u>니라.
道流야! 把得便用이요 更不著名字니 號之爲玄旨니라.

수행자들이여! 산승이 그대들에게 법을 설하는데, 도대체 어떤 법을 말할 것이라고 생각하는가? 심지법(心地法)을 설한 것이다. 심지법은 '범속함'에도 들어가고 '성스러움'에도 들어가며, '깨끗함'에도 들어가고 '더러움'에도 들어가며, '진여'에도 들어가고 '세속'에도 들어가 차별없이 활동한다. 중요한 것은 그대들이 지어 낸 진여·세속·범속함·성스러움의 가치관으로서 모든 진여·세속·범속함·성스러움의 세계에 이름을 붙여줄 수 있는 것이아니다. 원래 진여·세속·범속함·성스러움의 입장에서 이 사람의 참다운 성품에 이름을 붙여줄 수는 없다.

수행자들이여! 심지법을 깨달았으면 손에 잡히는 대로 곧장 사용할 뿐, 다시는 이름을 붙이지 말라! 이를 일러 현지(玄旨) 즉 '신비롭고 그윽한 뜻'이라 한다.

임제스님이 설하는 법은 별다른 것이 아니라 범부의 세계에도 성인의 세계에도 들어가고, 깨끗한 세계에도 더러운 세계에도 들어가며, 진여의 세계에도 세속의 세계에도 들어가는 자재한 심지법입니다.

범부의 세계를 버리고 성인의 세계를 취하는 것도 아니고, 더러운 세계를 버리고 깨끗한 세계를 취하는 것도 아니며, 세속의 세계를 버리고 진여의 세계를 취하는 것도 아닙니다. 그 반대의 경우 또한 아닙니다. 범부와 성인, 깨끗함과 더러움, 진여와 세속 어느 쪽으로든 무애자재하여, 아무것도 취할 것이 없고 아무것도 버릴 것이 없습니다. 이것이 실지로 바른 것입니다. 어떤 것을 버리고 어떤 것을 취한다 하면 중생을 버리고 부처를 취하는 것도 큰 병통일 뿐 올바른 심지법이 아닙니다.

취하고 버리는 모든 것을 놓아버린 그 사람은 어디를 가든지 무애자재합니다. 범부의 세계에 들어간다고 범부가 아니고 성인의 세계에 들어간다고 성인이 아니며, 깨끗한 세계에 들어간다고 깨끗한 것이 아니고 더러운 세계에 들어간다고 더러운 것이 아니며, 진여의 세계에 들어간다고 진여가 아니고 세속에 들어간다고 세속이 아닙니다.

분명히 말하자면 진·속·범·성이면서 진·속·범·성이 아니며, 진·속·범·성이 아니면서 분명히 진·속·범·성입니다. 이것을 부사의해탈경계(不思議解脫境界)라 합니다. 이는 진·속·범·성을 완전히 해탈한 경계, 즉 무애자재한 경계에서 하는 말이지, 진·속·범·성이라는 갇힌 틀에서 하는 말이 아닙니다. 진·속·범·성이라는 틀 안에서 중생과 부처를 가름한다면 이것은 실지에 있어서 불법이 아니며 심지법문이 아닙니다.

진과 속, 범과 성 어느 쪽에도 한정되어 있지 않기에 진(眞)이라고도 속(俗)이라고도 범(凡)이라고도 성(聖)이라고도 이름을 붙일 수 있는 것입니다. 하지만 반대로 진·속·범·성이 나를 진(眞)이라든지, 속(俗)이라든지, 범(凡)이라든지, 성(聖)이라든지 하고 이름 지어 한정하지는 못합니다. 세우든지 폐하든지, 주든지 빼앗든지 전부 근본 권한이 나한테 있지 절대로 외부의 지배를 받지 않습니다. 이래야 비로소 참으로 출격대장부입니다. 이 사람은 부처의 지배도 받지 않고 조사의 지배도 받지 아니하는데, 하물며 부처와 조사 이외의 무엇인가에 지배를 받을 턱이 없습니다. 조금이라도 부처나 조사의 지배를 받는다면 이 사람은 무애자재한 사람이 아니고 죽은 송장입니다.

수행자들이여, 이 이치를 알았다면 무애자재하게 활용할 뿐, 이름[名字]에 집착해서는 안 됩니다. 입황전불간초(入荒田不揀草),[178] 우거진

---

178 "학인이 물었다. '부처님이 세상에 출현하시기 전에는 어떠합니까?' '크게 멍청함이 작게 멍청함만 못하다.' '세상에 출현하신 후에는 어떠합니까?' '작은 멍청함이 큰 멍청함만 못하다.' 그러고는 말씀하셨다. '황폐한 밭에 들어가 가리지 않고 손 가는 대로 아무 풀이나 집는다.'"(『法演語錄』 권상 T.47 p.653b, 僧問, '佛未出世時如何?' 師云, '大憨不如小憨.' 學云, '出世後如何?' 師云, '小憨不如大憨.'

잡초 밭에 들어가 풀을 가려 뽑지 않는다는 말과 통합니다. 황전(荒田)은 풀을 매지 않아 잡풀로 황폐해진 거친 밭입니다. 황폐한 밭을 기름지게 하려면 잡풀을 제거해야 할 터인데, 잡풀을 골라내지 말라고 합니다. 아무리 독한 풀이라도 캐내 버릴 수도 있고 또 그것을 가지고 명약을 만들 수도 있습니다. 선약(仙藥)도 독약(毒藥)으로 작용할 수 있고, 독약도 선약이 될 수 있습니다. 중생이 부처가 되고, 부처도 중생이 되고 마는 이치와 같습니다.

그래서 파득변용(把得便用), 마음을 깨쳐 손에 잡히는 대로 거머쥐어 바로 쓰면 법 아닌 것이 없습니다. 이렇게 다만 무엇에도 구애되지 않고 쓸 뿐, 그것에 이름을 붙이지는 못합니다. 이것을 일컬어 현지(玄旨), 깊고 깊은 뜻이라 하는데, 살활자재하고 무애자재한 대기대용을 표현한 말입니다. 이름을 붙이자니 현지(玄旨)라 하는 것이지 그 이름에도 집착해서는 안 됩니다. 실제 무슨 깊은 뜻이 아니라 이 또한 '가짜의 임시적인 이름[假名]'일 뿐이기 때문입니다.

2) 나의 설법은 천하 사람들과 다르다

산승설법 여천하인별   지여유개문수보현   출래목전
山僧說法은 **與天下人別**하니 **秖如有箇文殊普賢**이 **出來目前**하여
각현일신문법   재도자화상   아조변료야
各現一身問法하되 **纔道咨和尙**하면 **我早辨了也**니라.
노승   온좌   갱유도류래상견시   아진변료야   하이여차
老僧이 **穩坐**에 **更有道流來相見時**에 **我盡辨了也**니 **何以如此**오?

乃云, '入荒田不揀, 信手拈來草.')

_{지위아견처별} _{외불취범성} _{내부주근본} _{견철}
祇爲我見處別하야 **外不取凡聖**하며 **內不住根本**하야 **見徹**하여
_{갱불의류}
更不疑謬니라.

산승이 설하는 법문은 천하 사람 누구와도 다르다. 가령 문수보살과 보현보살[179]이 바로 내 눈앞에 각기 다른 몸으로 나타나 그들이 '화상께 묻습니다'고 하자마자 나는 벌써 바로 알아차려 버린다.

노승이 편안히 앉아 있는 곳에 도를 닦는 어떤 이가 찾아와서 서로 만날 때도 나는 그의 본심을 다 알아차리니, 어째서 그러한가?

산승의 견처는 다른 사람들과 달라, 밖으로는 범인이네 성인이네 하는 분별심을 내지 않고, 안으로는 마음의 근본자리에도 머무르지 아니하여, 철저히 깨쳐 의심쩍어하거나 잘못하는 점이 전혀 없기 때문이다.

임제스님은 자신의 설법이 천하의 누구하고도 다르다고 말하고 있습니다. 문수와 보현이 눈앞에 각각 나타나 임제스님에게 법을 물으려고 운을 떼기도 전에 벌써 다 알아차린다고 합니다. 하지만 이 말 역시 모르는 사람을 위해서 할 수 없이 저 아래 낮은 단계에서 하신 말씀입니다. 말문을 열어 속속들이 이야기하여도 이해하기 어려운 법인데 입도 열기 전에 어떻게 오장육부를 훤히 들여다볼 수 있겠어요?

---

179 문수보살과 보현보살은 석가모니불의 협시보살로, 문수보살이 지(智)·혜(慧)·오(悟)를 상징한다면, 보현보살은 이(理)·정(定)·행(行)의 덕을 상징한다.

임제스님은 밖으로는 범인과 성인을 취사하여 분별하지 아니하고, 안으로는 근본자리에도 머무르지 않으며 철두철미 확실히 깨쳐서 다시는 조금도 의심하거나 잘못함이 없기 때문이라고 말하고 있습니다. 선가에서는 이를 두고 흔히 '입을 열기도 전에 상대의 의중을 감파해 버렸다(未開口已前, 勘破了也)'고 합니다. 이러니저러니 하는 분별이 들어서기 전에 이미 본분 소식을 알아차린다는 말입니다.

임제스님은 문수나 보현뿐 아니라 석가나 달마가 오더라도 그들의 밑천을 환히 다 들여다본다고 했는데, 알고 있다고만 했을 뿐 무엇을 어떻게 안다는 말은 하고 있지 않습니다. 그렇다면 그렇게 큰소리치는 임제스님에게 내가 한마디 하겠습니다.

적(賊)! 적(賊)!
도적놈아! 도적놈아! -
악! [성철스님이 고함치고 법좌를 내려오시다.]

10. 어디에서나 주인공[隨處作主]

사　시중운　도류
師가 示衆云, 道流야!
불법　무용공처　지시평상무사　아시송뇨
佛法은 無用功處요 祇是平常無事니 屙屎送尿하며
착의끽반　　곤래즉와　우인　소아　지내지언
著衣喫飯하며 困來即臥라. 愚人은 笑我나 智乃知焉이니라.
고인　운　　　향외작공부　총시치완한
古人이 云하되, 向外作工夫는 總是癡頑漢이라 하니라.
이차수처작주　　입처개진　　경래　회환부득
爾且隨處作主하면 立處皆眞하여 境來에 回換不得하야
종유종래습기오무간업　　　자위해탈대해
縱有從來習氣五無間業하야도 自爲解脫大海니라.

임제스님이 대중에게 말했다.
　"수행자들이여! 부처님 법은 애써 공부하고 노력할 일이란 없다. 그저 평상 그대로 아무 일 없으면 되는 것이다. 똥 누고 오줌 싸며, 옷 입고 밥 먹으며, 피곤하면 누워 쉰다. 어리석은 사람은 나를 비웃겠지만 지혜로운 사람이라면 이 도리를 알 것이다."[180]

---

[180] 『景德傳燈錄』 권30 「南嶽懶瓚和尙歌」(T.51 p.461b)에 나오는 구절을 임제스님이 인용한 것이다. "나는 하늘에 태어나는 것을 기뻐하지 않고 복전을 소중

"옛사람이 말하기를, '자기 마음 밖을 향하여 공부하는 사람은 도대체가 모두가 어리석고 미련한 놈들이다'[181]라고 하였다."
그대들이 어디를 가나 주인이 되면 자기가 있는 그곳이 모두 참된 곳이라, 어떤 경계가 닥쳐온다 해도 이를 바꿔 놓을 수 없다. 설령 묵은 습기(習氣)와 오무간죄의 업보가 있어도 저절로 해탈의 큰 바다가 될 것이다.

불법무용공처(佛法無用功處), 불법에는 특별히 애쓸 일이 없다는 말입니다. 여기서 용공(用功)은 단지 힘써 노력한다는 뜻이 아니라 불필요하게 이리저리 분별하고 헤아리는 행동을 뜻합니다. 애써 공부할 것이 있으면 불법이 아닙니다. 간경(看經), 염불(念佛), 주력(呪力)뿐만 아니라 참선도, 육도만행(六度萬行)까지도 모두 용공입니다. 무용공처(無用功處)란 부처를 애써 구할 필요도 없는 경계를 말합니다. 불법도 필요 없고, 부처나 조사도 필요 없는 그때라야 불법을 바로 아는 것입니다. 애써 구할 것이 있다면 아직 불법을 모르는 사람입니다.

애써 공부할 것이 없고 힘들여 조작할 일이 없어야 평상무사(平常無事), 평상 그대로 일상에서 모든 것이 성취된 경계입니다. 하지만 부처를 구하고 조사를 구하고 참선을 말하고 염불을 말한다면 애쓸 일이 얼마나 많은 것입니까? 참선하는 것도 일이 크고 염불을 하는 것

히 하지도 않는다. 배고프면 밥을 먹고 피곤하면 잠을 잘 뿐이니, 어리석은 사람은 나를 비웃겠지만 지혜로운 사람이라면 이 도리를 알 것이다.(我不樂生天, 亦不愛福田. 饑來喫飯, 困來卽眠, 愚人笑我, 智乃知焉.)"
181 『景德傳燈錄』권30「南嶽懶瓚和尙歌」T.51 p.461b, "向外覓功夫, 總是癡頑漢."

도 일이 크고 경(經)을 보는 것도 일이 큰 것이 아니냐, 해야 할 일이 남아 있지 않느냐 말입니다. 육도만행이 다 그렇지만 참다운 불법이란 용공이 필요 없고 애써 노력할 것이 없는 데 도달해야 합니다. 애써 궁리하고 특별히 구할 무엇도 없이 일상에서 평상심을 갖는 것이 바로 불도입니다. "똥 누고 싶으면 똥을 누고 오줌 누고 싶으면 오줌을 누며, 옷 입고 싶으면 옷을 입고 밥 먹고 싶으면 밥을 먹으며, 곤하면 드러누워 잠을 잔다. 어리석은 사람은 이 이치를 모르고 비웃지만 지혜로운 이는 그 뜻을 안다."고 나찬화상은 말했습니다. 어리석은 사람은 도인의 평상무사(平常無事)를 보고는 다 똑같이 밥 먹고 옷 입고 하는데 우리와 다를 게 뭐 있나 하면서 비웃어요. 그러나 참으로 지혜로운 사람은 평상 그대로의 모습에서 불도를 구현하고 있음을 알아봅니다. "삼세제불부지유(三世諸佛不知有), 삼세의 부처가 '그것'이 있다는 것을 모른다"는 말입니다. 부처님이 모르는 것이 있을까요? 본래의 자기, 불성을 성취했기에 특별히 인식하고 구할 '그것'이 있다는 것을 알지 못한다는 역설적인 말입니다. 참으로 제불정안(諸佛正眼), 모든 부처님의 바른 눈은 온 시방법계를 두루 보고도 남는 것 같이, 추호도 착오 없이 양안대양안(兩眼對兩眼),[182] 두 눈 대 두 눈으로 서로서로 역력히 알아봅니다.

"자기 마음 밖을 향해 공부하는 사람은 도대체가 모두가 어리석고

---

182 "학인이 물었다. '위산과 앙산이 당시 만났을 때 가래를 꽂아 두고 두 손을 모았던 뜻은 무엇입니까?' '두 눈으로 두 눈을 마주본 것이다.' '줄 없는 거문고에서 나는 소리를 알아주는 이 드문데, 부자(父子) 사이에 격조 높게 줄을 튕겼군요.'"(『大慧語錄』 권1 T.47 p.813c, 僧問, '潙仰當時相見處, 揷鍬叉手意如何?' 師云, '兩眼對兩眼.' 進云, '沒絃琴上知音少, 父子彈來格調高.')

미련한 놈들이다."라는 말은 명찬화상(明瓚和尙)의 말입니다. 북종 신수대사 밑에 보적(普寂)스님이 있고, 보적스님 제자에 명찬화상이 있었습니다. 그런데 명찬화상이 어찌나 게으른지 나찬화상(懶瓚和尙)이라고도 불렸습니다. 자기 공부를 위해 천하의 무슨 일에도 참여하지 않았다고 하는데, 이 명찬화상이 하신 말씀을 임제스님이 끌어와 자성을 바로 깨쳐야 한다는 일성을 던진 것입니다.

"수처작주(隨處作主)하니 입처개진(立處皆眞)이라, 그대들이 어디를 가나 주인, 주인공이 되니 자기가 있는 그곳이 모두 참된 곳이다."라는 말입니다. 이것이 임제스님의 근본 뜻인데 후생(後生)을 위해 하는 수 없이 몇 마디 내가 붙이지 않을 수 없습니다. 어디서든 주인이 되니 아무리 더러운 똥구덩이에 있다 해도 연화대요, 아무리 거친 가시밭에 있다 해도 연화대요, 술집이든 홍등가든 어느 곳에 가 있더라도 그곳이 바로 연화대요 극락세계이니, 화장찰해(華藏刹海)가 아닌 곳이 없습니다. 그래서 입처개진, 있는 그곳이 모두 참된 곳이 됩니다. 무애자재한 경계를 성취한 사람에게는 좋은 경계와 나쁜 경계가 따로 있지 않습니다. 그가 있는 그곳이 바로 참된 곳이기 때문입니다.

예를 들면, 천자(天子)가 앉은 곳은 전부 다 용상(龍床)인 것과 같습니다. 천자가 의자에 앉든, 돌 위에 앉든, 그루터기에 앉든 어디나 용상입니다. 마찬가지로 공부를 깨친 사람이 있는 곳은 전부가 다 진여법계 극락세계 아닌 곳이 없습니다. 그래서 누구든지 밖에서 별다른 경계를 찾을 일이 아니라 눈을 바로 떠야 합니다. 공부를 성취하기만 하면 처소마다 전부 화장찰해요, 부사의대해탈경계(不思議大解脫境界)가 되는 것입니다.

그러므로 어떤 경계가 오더라도 그 사람을 어쩌지 못합니다. 아무리 마구니 소굴에 가 앉았다 해도 그곳이 곧 화장찰해이므로 억천만 마구니가 잡아끌어 내돌리려 해도 절대로 끌려가지 않습니다. 설사 이 사람에게 과거 습기(習氣)가 있어서 오무간업을 지었다 해도 참으로 확철히 깨치면 찰나멸각아비업(刹那滅却阿鼻業)이라, 눈 깜짝할 사이에 아비지옥의 업이 모두 사라집니다. 아비지옥이 저절로 없어져버리는 것입니다. 보통, 업을 지으면 인과가 분명해 과보를 받습니다. 그러나 참으로 바로 깨칠 것 같으면 삼천대천세계 일체가 다 무너지는 판인데 아비지옥이고 뭐고 할 것이 어디 있겠습니까? 설사 과거에 오무간업을 지었다고 해도 과보를 받지 않습니다. 무애자재(無碍自在)한 해탈대해(解脫大海)에서 마음대로 노닌다는 말입니다.

그런데 깨치기만 하면 오무간업이라 할지라도 과보를 받지 않는다고 한 말을 섣불리 오해해서는 안 됩니다. 영가(永嘉)스님도 말하기를, "실상을 증득하면 인도 법도 사라지리니, 찰나 간에 아비지옥의 업이 소멸되리라(證實相無人法, 刹那滅却阿鼻業)."고 하였지만, 그 다음에는 "거리낌 없이 공에만 통달하여 인과를 없다고 한다면, 끝없이 앙화(殃禍)를 부르리라(豁達空撥因果, 茫茫蕩蕩招殃禍)."[183]고 말했습니다. 이 뜻을 잘 이해해 여기에서 분명히 살아나야 합니다. 과보를 받는다는 말도 거짓말이고, 받지 않는다는 말도 거짓말입니다. 받지도 않고 안 받지도 않는 거기에서 자기의 진짜 활로(活路)를 개척하는 것이 깨친 이의 무애자재한 해탈법입니다.

---

183 『永嘉證道歌』 T.48 p.395c ; p.396a.

11. 참된 출가[眞出家]

1) 촉비양(觸鼻羊) 같은 출가인

今時學者總不識法이 猶如觸鼻羊이 逢著物安在口裏하여
奴郞을 不辨하며 賓主를 不分이라. 如是之流는 邪心入道하야
鬧處卽入이어니 不得名爲眞出家人이요 正是眞俗家人이니라.

요즈음 공부하는 수행자들이 법을 전혀 알지 못하는 것이 마치 양이 코를 들이대어 닿는 대로 물건을 모두 입 안으로 집어넣는 행동과 같으니, 머슴인지 주인인지 가리지 못하고, 손님인지 주인인지 구별하지 못한다.

이와 같은 무리들이 삿된 마음으로 불문에 들어와서는 곳곳에서 시끄럽게 하니, 진정한 출가인이라 할 수 없으며 그야말로 꼼짝없는 세속사람보다 더 비속한 이라고 하겠다.

요즈음 참선하는 수행자들은 도대체 이 무애자재한 대해탈을 모르

고 있다는 것입니다.

코에 닿는 것은 무엇이건 입에 넣는 습성을 가진 양을 빗대어 촉비양(觸鼻羊)이라고도 합니다. 종인지 상전인지 가리지 못하고, 손님인지 주인인지 분간하지 못하고, 좋고 나쁜 것도 모르는 눈먼 사람을 마치 이 촉비양과 같다고 비유한 것입니다. 머슴과 주인[奴郞]이 분명하고 손님과 주인[賓主]이 역연한데 머슴과 주인을 가려내지 못하고 손님과 주인도 구별하지 못하고, 선악과 시비와 본말을 분간하지 못하는 바보 멍텅구리가 되면 이것도 외도입니다. 부처도 조사도 찾아보려야 찾아볼 수 없고 중생도 성인도 찾으려야 찾을 수 없지만 분명히 또한 중생은 중생이고 성인은 성인입니다.

"산불시산(山不是山)이요 수불시수(水不是水)라,[184] 산을 봐도 산이 아니고 물을 봐도 물이 아니나, 산산수수(山山水水)가 각완연(各完然)이라.[185] 산은 산이고 물은 물로서 각각 완연하다." 또 마찬가지로 산

---

184 "법좌에 올라 말했다. '노승이 30년 전에 아직 참선하지 않았을 때[未參禪時]는 산을 보면 산이었고 물을 보면 물이었지만, 후에 선지식을 친견하고 깨달은 경계가 조금 있게 되자[有箇入處] 산을 보아도 산이 아니고 물을 보아도 물이 아니었다. 이제 번뇌 망상이 모두 사라진 경지에 이르고 보니[得箇休歇處], 이전 그대로 산을 보면 바로 산일 뿐이고 물을 보면 바로 물일 뿐이다. 대중들이여, 이 세 가지 견해는 같은가, 다른가? 차이를 가려낼 자가 있다면 노승을 친견했다고 인정해주리라.'"(『嘉泰普燈錄』 권6 X.79 p.327a, 上堂曰, '老僧三十年前, 未參禪時, 見山是山, 見水是水, 及至後來親見知識, 有箇入處, 見山不是山, 見水不是水. 而今得箇休歇處, 依前見山只是山, 見水只是水. 大衆, 這三般見解, 是同是別? 有人緇素得出, 許汝親見老僧.')

185 산은 산 그대로, 물은 물 그대로 본연의 모습을 현전(現前)하고 있을 뿐, 덧붙이거나 덜어낼 조금의 그 무엇도 없음을 의미한다. 제법실상(諸法實相)의 이치를 표현하신 말씀이다. "이 법이 법의 위치에 머무니 세간의 차별상도 변함없이 머문다."(『法華經』 권1 「方便品」 T.9 p.9b, 是法住法位, 世間相常住.)라는 말이나, "만법은 본래 한가한데 사람이 스스로 시끄러울 뿐이다."(『黃龍語錄』 T.47

은 산이고 물은 물로서 각각 완연하지만 산은 산이 아니요 물은 물이 아닙니다. 산을 산이 아니라고 하면 산이 아니라는 데 집착하고, 산을 산이라고 하면 산이라는 데 집착하는 이런 사람은 죽은 사람입니다. 이런 부류는 삿된 생각으로 도에 들어간 것입니다. 그래서 이해득실과 시시비비의 분주하고 시끄러운 곳에 들어가 있으니 진정한 출가인이라 할 수 없고 참말로 세속인보다 더 비속한 사람일 뿐입니다.

2) 마불(魔佛)을 분별할 줄 아는 출가인

부출가자 　수변득평상진정견해 　변불변마
夫出家者는 **須辨得平常眞正見解**하야 **辨佛辨魔**하며

변진변위 　변범변성
辨眞辨僞하며 **辨凡辨聖**하나라.

약여시변득 　명진출가
若如是辨得하면 **名眞出家**니라.

약마불 　불변 　정시출일가입일가 　환작조업중생
若魔佛을 **不辨**하면 **正是出一家入一家**니 **喚作造業衆生**이요

미득명위진출가인
未得名爲眞出家人이니라.

지여금 　유일개불마 　동체불분 　여수유합
祗如今에 **有一箇佛魔**하야 **同體不分**홈이 **如水乳合**이라.

---

p.637c, 萬法本閑, 唯人自鬧.)라는 말과 맥이 통한다. 또, 고려 때 선사인 무의자(無衣子) 혜심(慧諶)이 지은 다음 시의 취지에도 이러한 뜻이 잘 드러나 있다. "눈꺼풀은 삼천대천세계를 뒤덮었고, 콧구멍에는 천백억 개의 몸을 감추고 있네. 각자가 장부니 누가 굴욕을 당하겠는가! 맑게 갠 대낮에 사람을 속이지 말라."(『無衣子詩集』권하 「出山相讚」 H.6 p.57b, 眼皮盖盡三千界, 鼻孔盛藏百億身. 箇箇丈夫誰受屈! 靑天白日莫謾人.) 눈꺼풀[眼皮]이나 콧구멍[鼻孔] 모두 본분을 상징하는 선어(禪語)이다. 개개의 사람이 모두 본분을 갖춘 본분인이자 어떤 위세나 부귀·빈천에도 휘둘리지 않는 대장부임을 말하고 있다.

아왕　　끽유　　여명안도류　　마불　구타
鵝王은 **喫乳**나 **如明眼道流**는 **魔佛**을 **俱打**하니라.

이 약 애 성 증 범　　　생 사 해 리 부 침
儞若愛聖憎凡하면 **生死海裏浮沈**이니라.

무릇 출가인은 모름지기 일상 그대로의 참되고 바른 견해[眞正見解]를 얻어 분별할 줄 알아야 하니, 부처와 마구니를 판단하고, 진실과 거짓을 분별하며, 범부와 성인을 가려낼 수 있어야 한다. 만약 이와 같이 분별할 수 있는 사람을 참된 출가인이라고 한다.

만약 부처와 마구니를 올바르게 분별하지 못한다면 그저 세속의 집에서 나왔지만 다시 세속의 집으로 돌아간 것에 불과하니, 이는 죄업을 짓는 중생이지 참된 출가인이라고 할 수 없다.

예를 들면 지금 여기에 하나의 부처와 마구니가 한 몸이 되어 나눌 수 없는 것이 마치 물과 우유가 섞여 혼합된 것과 같다고 하자. 거위왕은 물과 우유가 섞여 있어도 우유만 골라 먹으나,[186] 눈 밝은 수행자라면 마구니와 부처를 모두 물리쳐버릴 것이다. "그대가 만약 성인을 좋아하고 범부를 싫어하는 애증의 분별에 떨어지면 나고 죽음의 고해에서 떴다 잠겼다 부침할 것이다."[187]

※육성녹음 파일을 찾지 못한 부분임.

---

[186] 진위(眞僞), 선악(善惡), 사정(邪正) 등을 분명하게 분별함을 의미한다. "비유하자면 물과 우유가 한 그릇에 담겨 있을 경우에 거위왕은 그것을 마시기는 하되 다만 우유만 마시고 그 물은 그대로 두는 것과 같다."(『正法念處經』 권64 「身念處品」 T.17 p.379c, 譬如水乳, 同置一器, 鵝王飲之, 但飲乳汁, 其水猶存.)

[187] 마지막 구절은 「양보지화상대승찬십수(梁寶誌和尙大乘讚十首)」 가운데 나온다. 『景德傳燈錄』 권29 T.51 p.449b, "更若愛聖憎凡, 生死海裏沈浮."

12. 부처와 마구니

1) 부처도 없고 중생도 없다

문 여하시불마
問, 如何是佛魔오?

사운 이일념심의처   시개마   이약달득만법무생
師云, 儞一念心疑處가 **是箇魔**요 **儞若達得萬法無生**하고

심여환화   갱무일진일법   처처청정   시불
心如幻化하야 **更無一塵一法**하야 **處處淸淨**이면 **是佛**이니라.

연   불여마   시염정이경
然이나 **佛與魔**는 **是染淨二境**이니라.

약산승견처   무불무중생   무고무금   득자변득
約山僧見處건대 **無佛無衆生**이며 **無古無今**이니 **得者便得**이요

불력시절   무수무증   무득무실   일체시중
不歷時節이라 **無修無證**하며 **無得無失**하야 **一切時中**에

갱무별법
更無別法이니라.

설유일법과차자   아설여몽여화   산승소설   개시
設有一法過此者라도 **我說如夢如化**하노니 **山僧所說**이 **皆是**니라.

어떤 스님이 임제스님에게 물었다.

"어떤 것이 부처이고 어떤 것이 마구니입니까?"

"그대가 한순간 의심을 일으키는 그 마음이 마구니이며, 그대가 만약 만법은 남이 없고[萬法無生], 마음은 허깨비 같아서[心如幻化], 하나의 티끌도 하나의 법도 없이 이르는 곳마다 청정하면 이것이 참된 부처이다. 그러나 부처와 마구니는 더러움과 깨끗함이라는 두 가지 상대적 경계일 뿐이다.
산승의 입장에서 보면 부처도 없고 중생도 없으며 옛날도 없고 지금도 없으니, 이 뜻을 깨치는 자는 바로 깨쳐서 오랜 세월을 수행할 필요가 없다. 닦을 것도 없고 깨칠 것도 없으며, 얻을 것도 없고 잃을 것도 없어, 일체의 모든 시간 가운데 다른 특별한 법이 없다.
경전에서도 부처님이 "설사 이보다 더 나은 법이 있다 하더라도 그것은 꿈과 같고 허깨비와 같은 헛된 것이라고 한다."고 했으니, 산승이 말하고자 하는 것도 바로 이것이 전부다.

부처와 마구니란 깨끗함과 더러움이라는 두 가지 상대적 경계로 구분할 때 하는 말이지 실체적 존재는 아닙니다. 그러니까 부처도 버리고 마구니도 버리고, 또 버린다는 생각마저도 버려야 합니다. 중생은, 부처라고 하면 부처에 얽매이고, 마구니라 하면 마구니에 얽매여버립니다. 중생들은 언외(言外)의 뜻을 보지 못하고 표면적 말만 따라가기 쉽습니다. 그래서 임제스님은 늘 기껏 무슨 말씀을 해 놓고는 '절대 내 말 따라오지 말라'고 합니다. 내가 말하는 뜻은 말 밖에 있으니 그것을 알아야지, 말만 따라가다가는 완전히 죽는다고 합니다.
말을 따라가지 않을 수 있는 방법은 별다른 데 있지 않고 다만 화두 공부를 부지런히 하는 데 있습니다. 자기가 근본적으로 봉사나 다름이 없으면 남을 따라가지 않으려야 따라가지 않을 도리가 없습니다. 그러니 남에게 끌려 다니지 않으려면 오직 눈을 뜨는 방법밖에 없습니다. 그래야 부처가 와도 끌려 다니지 않고 조사가 와도 끌려 다니지 않을 수 있습니다. 눈을 뜬다는 말은 자성을 확철히 깨치는 것을 의미합니다.

임제스님은 계속해 말합니다. "내가 보기에는 부처도 없고 중생도 없으며 과거도 없고 지금도 없다. 깨치면 바로 깨쳐서 그만일 뿐 오랜 세월을 필요로 하지 않는다." 닦을 것도 깨칠 것도 없으며 분명히 꿈을 깬 사람에게는 이런저런 천언만어(千言萬語)가 다 쓸데없습니다. 그렇지만 아직 꿈꾸는 사람을 위해서 할 수 없이 이런 방편의 말을 하지 않을 수 없습니다. 법은 얻을 것도 없고 잃을 것도 없습니다. 얻을 것이 있고 잃을 것이 있으면 이것을 어디 법이라 할 수 있습니까? 유달리 특별한 다른 어떤 법이 실체하는 것이 결코 아닙니다. 부처님께서 "설사 이보다 더 나은 법이 있다 하더라도 그것은 꿈과 같고 허깨비와 같은 것이다."라고 말씀하셨다는 것입니다. 무슨 말을 하더라도 결국 그것은 모두 꿈속에서 잠꼬대하는 몽중소견이지 실법은 아니라는 말입니다. "산승이 설법하고자 하는 것도 다 이것이다."라고 임제스님 자신도 이렇게 말한다는 것입니다.

2) 눈앞의 이 사람[目前此人]

　　도류　　즉금목전　　고명역력지청자　차인　　처처　　불체
道流야! **即今目前**에 **孤明歷歷地聽者 此人**이 **處處**에 **不滯**하고

통관시방　　삼계자재　　입일체경차별　　불능회환
通貫十方하고 **三界自在**하여 **入一切境差別**하되 **不能回換**하나니

일찰나간　　투입법계　　봉불설불　　봉조설조
一刹那間에 **透入法界**하여 **逢佛說佛**하며 **逢祖說祖**하며

봉나한설나한　　봉아귀설아귀　　향일체처　　유리국토
逢羅漢說羅漢하며 **逢餓鬼說餓鬼**하야 **向一切處**에 **游履國土**하여

교화중생　　미증리일념　　수처청정　　광투시방
敎化衆生하되 **未曾離一念**하고 **隨處淸淨**하여 **光透十方**하니

만법일여
萬法一如니라.

　수행자들이여! 바로 지금 눈앞에서 홀로 밝고 뚜렷하게 듣고 있는 바로 이 사람은 가는 곳마다 어디에서도 걸림이 없고 시방법계를 두루 관통하여 삼계에 자유자재하게 활동하며, 온갖 차별된 경계에 들어가도 끌려 다니거나 휘말리지 않는다. 한 찰나간에 법계에 뛰어들어 부처를 만나면 부처와 말하고, 조사를 만나면 조사와 말하고, 나한을 만나면 나한과 말하고, 아귀를 만나면 아귀와 말하며, 모든 장소와 국토를 다니면서 중생들을 교화하지만, 일찍이 한 생각[一念]도 떠나본 적이 없다. 가는 곳 어디에서나 모두 청정하고 그 빛이 시방세계를 두루 비추니 만법이 한결같다.

　지금 바로 눈앞에서 홀로 밝고 뚜렷하고 분명하게 법문을 듣고 있는 바로 이 사람은 어디를 가든 아무 것에도 걸리는 것이 없고 시방세계를 관통하여 삼계에 자재무애하고 모든 차별 경계에 들어간다 하여도 이리저리 끌려다니지 않습니다. 회환(回換)은 이리저리 끌려가는

것이니 확실히 눈을 떠 자유자재하다면 누가 어떻게 끌고 가겠습니까? 이 사람은 남이 이렇게 저렇게 마음대로 할 수 없습니다. 이 사람은 바로 지금 임제스님의 법문을 듣고 있는 여러분들이며, 바로 무위진인이며 그대들 자신이 바로 본래인(本來人)이요 평상인(平常人)이며 부처라는 말입니다.

찰나 간에 법계에 들어간다고 하였지만 말로 표현하자니 하는 수 없이 들어가느니 나가느니 말하는 것일 뿐, 법계에 들어가고 나가는 문이 어디 있단 말입니까? 들어가고 나간다면 그것은 법계가 아닙니다. 법계는 본시 출입이 없는 곳이니 거기에 들어간다 할 때는 벌써 죽은 법입니다.

부처를 만나면 부처에 맞게 말하고, 조사를 만나면 조사에 맞게 말하고, 나한을 만나면 나한에 맞게 말하고, 아귀를 만나면 아귀에 맞게 말합니다. 어느 곳을 향하든지 그 국토에서 자유자재하게 돌아다니며 일체 중생을 교화하지만, 단 한 번도 일념(一念)을 떠난 적이 없고 가는 곳마다 청정하여 그 광명이 온 시방법계를 비추고 일체 만법이 일여(一如)하여 둘이 아닙니다.

일체 만법의 무생(無生)을 증득해 유유자적할 때는 부처도 찾아볼 수 없는데 그 무엇을 중생이라 할 것이며, 어떻게 중생을 교화한다고 할 수 있겠습니까? 이것은 말이 안 되지만 그럼에도 중생은 분명히 중생이고 또 부처는 분명히 부처입니다. 부득이 중생과 부처를 나누어 가르고 한바탕 연극을 하는 것입니다.

임제스님 말씀을 보면 일견 모순되지 않는가 생각할 수도 있습니다. 무생 법계를 증득(證得)한다 하면서 부처도 조사도 없다고 하거나, 중생도 마구니도 없다고 하고서는 중생을 교화한다거나 하며 자꾸 엎어졌다 자빠졌다 하거든요. 이것은 임제스님이 엎어지고 넘어지고 싶어 그러는 것이 아니라 어리석은 중생을 위하여 자비심으로 연극을 하는 것입니다. 이것이 연극인 줄 알아야 합니다.

13. 본래무사(本來無事)

1) 바로 지금이 있을 뿐 별다른 시절이란 없다

道流야! 大丈夫兒가 今日에 方知本來無事로다.
祇爲爾信不及일새 念念馳求하여 捨頭覓頭하며
自不能歇하나니라.
如圓頓菩薩이 入法界現身하야도 向淨土中 厭凡忻聖하나니라.
如此之流는 取捨未忘하고 染淨心在니 如禪宗見解는
又且不然하야 直是現今이요 更無時節이니라.

수행자들이여! 대장부라면 오늘에야 비로소 본래 아무 일이 없음을 알 것이다. 다만 그대들이 철저한 믿음이 부족하기 때문에 생각마다 밖으로 법을 찾아 구하면서, 본래 있는 자기 머리는 잊어버리고 다른 곳에서 머리를 찾아 헤매며 스스로 쉴 줄을 모를 뿐이다.

가령 대승의 으뜸이 되는 원돈교(圓頓敎)의 보살들[188]조차도 법계에 들어가 몸을 나투어도 정토에 있으면서 범부를 싫어하고 성인을 좋아한다. 이와 같은 사람들은 취하고 버리는 마음을 쉬지 못하고, 더럽다느니 깨끗하다느니 하는 분별심이 아직 남아 있는 것이다. 그러나 선종의 견해는 절대 그렇지 않으니, 바로 지금 그대로 깨달음을 이룰 뿐 달리 다른 시절이란 없다.

참된 수행을 하여 진정견해(眞正見解)를 얻은 대장부가 오늘에야 비로소 본래무사(本來無事)[189]임을 알게 되었다고 하였습니다. 본시 부처도 찾아볼 수 없고, 마구니도 찾아볼 수 없으며, 일체 만법이 일여(一如)하고 불생불멸(不生不滅)인데, 무슨 일이 있을 수 있겠습니까? 부처가 생기고 마구니가 생기고 또 다른 것들이 생길 때, 그때 일이 있는 것입니다. 일체 만법이 일여하고 전체가 무생법계(無生法界)인데 그 무슨 일이 있겠습니까?

그런데 어째서 일이 생기느냐, 본래 아무 일이 없는 것인데 왜 법상(法床)을 마련하여 법문을 해달라고 하고 또 들어보자고 하는 일이 생겼습니까? 그것은 신불급(信不及) 때문이니, 믿음이 아직 끝까지 미치지 못해서 그렇다는 것입니다. 자성(自性)을 바로 깨치면 남의 말을 들

---

188 수행에서 최고의 자리에 오른 보살.
189 "더 이상 할 일이 없는 사람이라 부르는 까닭은 비로소 본래 할 일이 없다고 말할 수 있기 때문이다. 이미 본래 할 일이 없다면 예컨대 눈앞에 온갖 경계가 무성하게 펼쳐져 육범과 사성이 그곳에서 나오더라도 반드시 그 모든 것을 넘어서야 한다."(『圜悟語錄』권9 T.47 p.753b, 所以喚作無事人, 方始說本來無事. 既是本來無事, 只如目前萬境樅然, 六凡四聖那裏得來, 直須超達始得.)

을 필요가 없습니다. 신득급(信得及), 믿음이 철저해서 자기를 바로 분명히 깨칠 것 같으면 "불지일자(佛之一字)도 오불희문(吾不喜聞)이라.[190] 부처 불(佛)이라는 이 한 글자도 나는 듣고 싶지 않다"라고 한 말뜻을 이해할 수 있을 것입니다.

믿음이 견고하지 못한 까닭에 자성을 깨치지 못하고 염념치구(念念馳求), 생각마다 밖으로 내달려 구하는 것이니, "불용구진(不用求眞)이요 유수식견(唯須息見)이라,[191] 참됨을 구할 필요 없으니 오직 망령된 견해만 그치면 되는 것"입니다. 공연히 부처니 조사니 불법을 구하려고 하는 그것이 제일 큰 병이 되는 것입니다. 그럼 어찌해야 하는가? 무언가 구하려는 망령된 그 생각을 당장에 쉬어버리기만 하면 됩니다. 구하려 할수록 자꾸 더 멀어져버리기 때문입니다. 견성성불하려는 그 생각부터 아주 버려야 그때부터 참다운 대장부라 말입니다.

진여든 불성이든 밖으로 치달리며 구하겠다는 망상은 연야달다라는 사람이 멀쩡히 있는 자기 머리가 없어졌다고 착각하고 머리를 찾아 미친 듯이 돌아다닌 것과 같습니다. 그것을 전도몽상(顚倒夢想)이라 하는 것입니다. 자기 머리가 있는데도 불구하고 머리가 없다고 착각하고 이리저리 찾아 돌아다니는 것을 보면 참 우습기도 하고 불쌍하기도 하고 얄궂은 운명입니다. 어떻게 보면 그것이 중생의 세계입니다.

그런데 홀연히 한 생각 돌이켜 "아! 공연히 내 머리를 찾아다녔구나. 내 머리는 확실히 그대로 있구나." 하는 것을 깨치기만 하면 그때가 바로 아무 일 없는 무사(無事)의 경계요 무사인(無事人)인 것입니다.

---

190 『趙州語錄』古尊宿語錄』13 X.68 p.80c.
191 『信心銘』 T.48 p.376c.

자성을 바로 깨치면 내 법문을 들을 필요도 없고 불법을 찾을 필요도 없고 견성도 화두도 필요 없습니다.

궁극의 가르침인 원돈(圓頓)을 성취한 보살이라도 정토(淨土) 속에서 범부를 싫어하고 성인을 좋아하는 성정을 내며 더럽다느니 깨끗하다느니 하는 분별심을 냅니다. 하지만 정토란 결코 별다른 곳이 아닙니다. 눈을 뜨고 보면 곳곳이 정토 아닌 곳이 없지만, 눈을 아직 완전히 뜨지 못하면 설사 극락세계에 가도 예토(穢土)일 뿐입니다. 이전에 방(龐)거사도 이런 말을 했습니다.

일념심청정　　처처연화개
一念心淸淨하면, 處處蓮花開라.
일화일정토　　일토일여래
一華一淨土요, 一土一如來라.[192]

한 찰나에 마음이 깨끗해지면, 곳곳마다 연꽃이 피어나네.
연꽃마다 한 극락세계요, 한 극락세계마다 아미타여래여.

항상 마음이 청정하므로 처처에 연꽃이 피어 온 시방법계에 꽉 찼습니다. 보통 사람은 아미타불을 부지런히 불러 저 서방극락정토에 가서 연꽃을 보는 줄 알겠지만 그것은 모르는 사람이 하는 말입니다. 한 생각도 일으키지 않고 모든 것을 내려놓아 마음이 청정해지면 온 시방법계에 연꽃이 피지 않은 곳이 없고, 연꽃 하나에 극락세계 하나요, 극락세계마다 아미타여래가 계신다고 방거사가 읊고 있습니다.

---

192 『龐居士詩』 권하 X.69 p.142b.

한 생각 쉬고 쉬어 모든 망상을 다 내려놓아 확철히 깨치면 극락세계와 사바세계가 따로 없습니다. 임제스님도 앞에서 수처작주(隨處作主) 입처개진(立處皆眞)이라, 가는 곳마다 자기가 주인이 되고, 앉고 선 곳이 모두 참되지 않은 곳이 없다고 하였으니 가는 곳마다 아미타불을 안 만나려야 안 만날 수 없고, 가는 곳마다 극락세계 아니려야 아닐 수 없습니다.

중생은 싫다 하고 부처는 좋다고 말한다는 것은 결국 이미 부처가 따로 있고 중생이 따로 있다고 생각하는 차별망상에서 벗어나지 못한 것입니다. 그러나 모든 것을 바로 알 것 같으면 어디나 다 대광명처입니다. 원돈보살이 불교를 좀 알았다고 하지만 정토에 들어간다 하고, 이것은 중생이다 저건 부처다 이런 말을 할 때는 실제로 중생도 부처도 모르는 보살이고 정토도 모르는 보살입니다. 이런 것은 다 버려야 할 변견(邊見)입니다.

사실 취할 것도 버릴 것도 깨끗할 것도 더러울 것도 없습니다. 처처가 극락세계 아닌 곳이 없고 전체가 무생법계인데 어느 법을 취하고 어느 법을 버리겠습니까? 삼천대천세계가 전부 진금(眞金)세계입니다.

선종견해는 그렇지 않아서 곧 바로 현금(現今)일 뿐 다시 딴 시절이 없습니다. 실지에 있어서 현금이라 말한 것은 시간을 가지고 말하는 것이 아니라, 거래금(去來今), 과거·현재·미래 삼세를 완전히 떠나서 하는 말입니다. 삼세를 떠나서 확철히 깨쳐놓고 보면 바로 그 자리, 그 곳, 그 처소, 그 시절, 이것이 실지에 있어서 참다운 세계입니다. 참다운 세계라는 것도 붙지 못하지만 현금(現今), 현재·지금이라 하니까 시간을 가지고 말하는 줄 알면 실제 현재·지금이라는 것을 모르는 것입니다. 여기서의 현금(現今), 현재·지금은 시간과 공간을 초월한 자리에서 하는 말입니다.

2) 만 냥 황금을 쓰는 사람

^{산승설처} ^{개시일기약병상치} ^{총무실법} ^{약여시견득}
山僧說處는 **皆是一期藥病相治**요 **總無實法**이니 **若如是見得**하면
^{시진출가} ^{일소만냥황금}
是眞出家라 **日消萬兩黃金**이니라.

산승이 말하는 요지는 모두가 그때그때의 병에 따라 약을 쓰는 데 있을 뿐 따로 실다운 법이 있는 것이 아니다. 만약 이와 같이 알기만 한다면 이것이 참다운 출가이며, 하루에 만 냥의 황금도 쓸 수가 있다.

약과 병은 미혹함과 깨달음[迷悟]의 관계처럼 상대적 관계에서 성립하는 개념입니다. 병이 있기 때문에 약이 필요하고 병이 없다면 당연히 약도 필요치 않습니다. 또한 병을 고치는 것이 약이기도 하지만 약의 독성으로 인해 병이 나기도 합니다. 약병상치(藥病相治)라는 말은 병에 따라 약을 적절히 쓴다는 뜻에 국한되지 않습니다. 방편상 약을 써서 병을 치유하고 나면 그 약마저도 함께 버려버려서 병도 약도 필요 없게 한다는 적극적 뜻을 내포하고 있습니다. 미혹함이라는 병을 벗어나 깨달음이라는 약에도 집착하지 않는 경지를 비유적으로 표현한 말입니다.

할 수 없어서 자비로 하는 말이지 실법은 아니란 말입니다. 자비심

에서 할 수 없이 방편을 펼칠 뿐인 것이니, 병을 치료하기 위해 약을 쓰는가 하면 약을 써서 일부러 병을 만들기도 하는 등 거기에는 진실한 법, 실체적 법이란 있지 않습니다. 즉, "단유언설도무실(但有言說都無實), 다만 언설만 있지 실법은 하나도 없다."[193]는 바로 그 말입니다. "총무실법(總無實法), 따로 진실한 법이 있는 것이 아니다."[194]라고 말한

---

193 "그대들은 여래장 가운데 본성이 색인 진공(眞空)과 본성이 공인 진색(眞色)이 청정한 본래 그대로 법계에 두루 퍼져 있다가 중생의 마음을 따라 아는 크기에 응하고 업을 따라 발현한다는 것을 알지 못하는구나. 세간에선 제대로 몰라 인연과 자연의 성품에서 기인한 것으로 잘못 알고 있지만, 이것은 모두 마음으로 분별하고 헤아리는 것이어서 다만 언설이 있을 뿐 실법은 전혀 없다."(『首楞嚴經』 권3 T.19 p.117c, 汝元不知, 如來藏中, 性色眞空, 性空眞色, 淸淨本然, 周遍法界, 隨衆生心, 應所知量, 循業發現. 世間無知, 惑爲因緣及自然性, 皆是識心分別計度, 但有言說, 都無實義.)

194 유위법을 포함하여 제법(諸法)을 실체적 존재로 보지 않는 사유를 드러내는 구절이다. 대표적으로 『金剛經』의 구절을 비롯하여 몇몇 예를 들어보면 다음과 같다. "모든 유위법은 꿈·허깨비·물거품·그림자와 같고, 이슬이나 번갯불과 같으니, 응당 이러할 뿐이라고 관하라."(『金剛經』 T.8 p.752b, 一切有爲法, 如夢幻泡影, 如露亦如電, 應作如是觀.) ; "제법의 실상이란 일체법을 가리키는 것이니, 그것은 더럽지도 깨끗하지도 않다. 왜 그러한가? 일체법은 자성이 공이어서 중생도 없고, 남도 나 자신도 없다. 일체법이 허깨비와 같고 꿈과 같으며, 메아리나 그림자와 같으며, 아지랑이나 사라지는 무엇과 같다."(『大智度論』 권96 「薩陀波崙品」 T.25 p.731b, 諸法實相者, 所謂一切法, 不垢不淨. 何以故? 一切法自性空, 無衆生, 無人無我. 一切法, 如幻如夢, 如響如影, 如炎如化.) ; "배우는 이들이 자신의 머리와 같은 근거를 잃어버리고 그림자를 진실로 오인하는 것을 보았기 때문에 옛사람들이 어쩔 수 없이 방편을 베풀어 그들로 하여금 자신의 본지풍광을 알고 본래면목을 분명히 보도록 한 것일 뿐이지, 결코 실법을 전해준 일은 없었다."(『大慧語錄』 권23 T.47 p.910a, 古人不得已, 見學者迷頭認影, 故設方便誘引之, 令其自識本地風光, 明見本來面目而已, 初無實法與人.) ; "부처님께서는 이러니저러니 여러 말씀을 하시고, 조사들은 전면적으로 온통 드러내 보이거나 반만 드러내 보이고 한 까닭은 방편상 해진 옷을 걸친 것과 같으니, 그 어디에도 실법이라곤 전혀 없다."(『續古尊宿語要』 권6 X.68 p.502a, 諸佛橫說竪說, 祖佛全提半提, 權掛垢衣, 初無實法.)

뜻이 바로 여기에 있습니다.

또, 임제스님이 "막착(莫錯)하라, 내 말을 착각하지 말라, 내 말을 좇지 말라."고 노파심에서 곳곳에서 말씀하고 있는 이유이기도 합니다. 그런데 이미 말씀을 해주시고는 그 말을 좇지 말라고 하면 어쩌란 것입니까? 여기에서 우리는 "사자는 흙덩이를 던진 사람을 물지만 개는 저 흙덩이를 따라간다."[195]는 말을 떠올려야 합니다. 임제스님이 때에 따라 이렇게도 말하고 저렇게도 말하고 있지만 그 말뜻의 본질을 정확히 꿰어야지 겉말만 따라 이리저리 쫓아다녀서는 안 된다는 것을 분명히 알아야 합니다.

임제스님 법문뿐만 아니라 모든 법문이 다 그렇습니다. 모든 조사가 출세(出世)하여 횡야설수야설(橫也說垂也說)하고, 부처님 법문만도 팔만사천법문이니 팔만대장경이 되었지 않은가 말입니다. 임제스님이 말씀한 이 법문도 약병상치(藥病相治), 병을 따라 그때그때 약을 쓰는 단순한 방편이라 하였으니 다른 법문은 더 말할 게 뭐 있습니까? 그래서 부처님도 최후에는 "내가 일생동안 한마디도 법문한 일이 없다."[196]고 말씀하신 것입니다.

---

195 "일체의 범부들이 오직 결과만 보고 인연을 살필 줄 모르는 것이 마치 개가 던져진 흙덩이를 좇아가고 던진 사람을 좇지 않는 것과 같다."(『涅槃經』 권25 T.12 p.516b, 一切凡夫, 惟觀於果, 不觀因緣, 如犬逐塊, 不逐於人.) ; 『景德傳燈錄』 권11 T.51 p.286a, "師子齩人, 韓獹逐塊." ; 『大慧語錄』 권10 T.47 p.851c, "師子咬人, 韓獹逐塊."

196 "(부처님께서 대혜보살에게 말씀하셨다.) '나는 어느 날 밤에 최정각을 얻고 나서 어느 날 밤에 열반에 들 때까지 그 중간에 한 글자도 설하지 않았다. 과거에도 말하지 않았고 미래에도 말하지 않을 것이다."(『楞伽經』 권3 「一切佛語心品」 T.16 p.499a, 我從某夜得最正覺, 乃至某夜入般涅槃, 於其中間, 不說一字, 亦不已說, 當說.) ; "나는 일찍이 이 깊고 깊은 반야바라밀다에 상응하는 도리에 대해 한

이렇게만 알 것 같으면 이것이 바로 참된 출가[眞出家]입니다. 부처의 설법과 조사의 법문에 무슨 진실한 법이 있는가 하고 좇아가 듣는 것을 능사로 여긴다면 그것은 참된 출가가 아닙니다. 마치 무슨 진실한 알맹이가 있는 실법(實法)이라도 되는 양 그것을 믿고 의지하며 법문을 듣는다 하면 결국엔 설비상을 먹고 죽고 말 것입니다.

그렇지만 법문을 안 들으면 또 어떻게 되겠습니까? 결국 앉지도 못하고 서지도 못하고 참 곤란한 일입니다. 그러니까 참으로 공부를 하는 수밖에 없습니다. 눈을 뜨려면 공부하는 최고 방법이 참선인데 화두를 드는 것이 그 근본 아닙니까? 화두가 근본이니 법문을 들을 때도 화두를 간단없이 잘 간직하여 들어야 합니다. 이것이야말로 법문 듣는 근본 자세라고 내가 항상 하는 말 아닙니까?

화두만 간단없이 들어야지, 법문 듣는다고 법문 듣는 데 정신이 팔려 화두는 잊어버리고 넋 놓고 앉아 있으면 그 사람은 법문도 제대로 듣는 사람이 아닙니다. 어떤 법문을 듣더라도 화두를 꽉 거머쥐고 놓치지 말아야 합니다. 나중에 그 노장(老將)이 법상에 앉아서 무슨 소리를 했는지 하나도 기억이 없을 정도로 이렇게 좀 열심히 해보자 이것입니다. 그렇게까지 안 되어도 되도록 노력하는 것이 참 출가자의 모습이 아니겠습니까? 일체만법이 다 필요 없는 사람이 되어야 참 출

글자도 설한 적이 없고, 그대도 듣지 않았으니, 도대체 이해한 것이 무엇인가? 왜 그런가? 여러 천자들아, 깊고 깊은 반야바라밀다와 상응하는 도리는 문자와 언설을 모두 멀리 벗어나 있기 때문이다. 이로 말미암아 설하는 자와 듣는 자 그리고 이해하는 자, 모두 얻을 수 없는 것이다."(『大般若經』 권499 「天帝品」 T.7 p.540b, 我曾於此甚深般若波羅蜜多, 相應義中, 不說一字, 汝亦不聞, 云何所解? 何以故? 諸天子, 甚深般若波羅蜜多, 相應義中, 文字言說, 皆遠離故. 由於此中, 說者聽者, 及能解者, 皆不可得.)

가인데, 아직 그러하지 못하니 죽자 살자 화두하고 싸움해야 됩니다.

그래, 지금 여러분 마음속에 화두가 단단히 들려 있는가 보세요. 깨치기 전에는 두말이 필요 없이 노력해야 합니다. 병이 있는데도 약을 내친다면 그 사람은 영원히 병을 고치지 못하고 그만 죽고 말 것입니다. 병이 다 나은 사람은 약이 필요 없지만 병이 있는 사람은 약을 부지런히 먹어야 합니다. 화두라는 근본 약을 부지런히 먹어야 합니다. 그리고 병이 나은 사람은 일소만냥황금(日消萬兩黃金), 하루에 만 냥의 황금이라도 쓸 수 있는 것입니다. 그때 가서는 온 천하 삼천대천세계가 전부 내 물건이니 내 마음대로 만 냥을 쓰든지 억만 냥을 쓰든지 아무 관계가 없습니다.

다시 말하지만 밥을 먹거나 잠을 자거나 혹은 이렇게 법문을 듣는 동안에도 화두를 거머쥐고 한순간도 놓쳐서는 안 됩니다. 그것이 바로 하나의 법에 통하면 만법에 통하는 이치요 또한 만법이 하나로 돌아가는 이치이기 때문입니다.

3) 진정견해(眞正見解)를 구할 뿐 세간의 허물을 책망하지 않는다

도류야! 莫取次被諸方老師印破面門하야 道我解禪解道하라.
辯似懸河하나 皆是造地獄業이니라. 若是眞正學道人은
不求世間過하고 切急要求眞正見解니 若達眞正見解圓明하면

방시요필
方始了畢이니라.

수행자들이여! 그대들은 쉽사리 여러 지방의 노숙(老宿)들에게서 인가 증명서 따위를 받아 가지고 '나는 선을 안다, 도를 안다' 하고 함부로 나불거리지 말라. 강물 흐르듯 법문 솜씨가 유창해도 이는 모두 지옥에 떨어지는 업을 짓는 것이다.
만약 참되고 바르게 도를 배우는 수행자라면 세간의 허물을 책망하지 않고,[197] 간절하게 불법의 바른 견해를 구하려고 노력할 뿐이니, 만약 참다운 바른 견해가 원만하고 명백하게 이루어지면 비로소 남김없이 일을 깨달아 마쳤다 하리라."

수행자들이 참선 공부 좀 어설프게 하다가 무언가 한 소식 깨친 듯이 착각할 때가 있습니다. 그러고는 여기저기로 이름난 노숙(老宿)들을 찾아다니며 인가(認可)를 청하고 실제 인가를 받기도 합니다. 그것이 '제방(諸方)의 노사(老師)가 인파면문(印破面門)이라', 도장을 꽉 찍어 면문(面門)을 부숴버린다는 말입니다. 옳게 알지 못한 것을 옳게 알았다고 잘못 인가한다는 것입니다. 바로 알았으면 더 말할 것이 무엇 있겠습니까? 바르게 깨치지 못한 수행자를 잘못 인가(認可)하는 것은 그 사람을 죽이는 일입니다. 또 그런 가짜 인가를 받고 우쭐대면서 선(禪)을 알았다느니 도(道)를 깨쳤다느니 제멋대로 말하고 다니지

---

[197] "참되게 도를 닦는 이라면, 세간의 허물을 보지 않느니라. 남의 잘못을 보았다면, 자기의 잘못을 도리어 증명하는 것이니, 남은 잘못하고 나는 잘못이 아니라 하면, 내 잘못이요 스스로에게 허물이 있는 것이니라."(『壇經』 T.48 p.351c, 若眞修道人, 不見世間過. 若見他人非, 自非却是左, 他非我不非, 我非自有過.)

말라는 것입니다.

현하(懸河)는 거침없이 세차게 흐르는 강물을 말하니, 구변(口辯), 말재주만 강물이 흐르듯 유창하게 그럴듯한 법문을 대중에게 한다 하더라도 이것은 다 지옥으로 떨어지는 업을 짓는 일일 뿐입니다. 실참실구(實參實究)하여 바로 깨쳐야지[198] 옳게 깨치지도 못한 채로는 대중도 속이고 자신도 속이는 짓이기 때문입니다. 눈먼 선지식을 찾아가 눈먼 인가(認可)를 받고는 선(禪)이 어쩌고 교(敎)가 어쩌고 온갖 소리를 하고 다니는 경우가 있습니다. 이것은 소지장(所知障)이 난 것일 뿐 아무리 좋은 변재(辯才)가 있더라도 지옥업(地獄業)이지 실법(實法)은 아닙니다.

참으로 도를 배우는 사람은 세간의 허물을 책망하지 않고 진정견해(眞正見解)를 구합니다. 진실하고 바른 견해가 원만하고 밝게 되었을 때 비로소 일대사(一大事)·본분사(本分事)를 마쳤다고 할 수 있는 것입니다. 그리고 진정견해를 깨침은 말에 달린 것이 아니라 자기마음, 자성(自性)을 깨치는 데 있습니다.

요컨대, "도재심오(道在心悟)라 기재언설(豈在言說)이리오,[199] 도(道)라는 것은 마음을 깨치는 데 있을 뿐, 어찌 말에 달려 있겠는가?" 하는 바로 그 말입니다. 육조스님도 말씀하시기를, "무상대열반(無上大

---

198 무문혜개(無門慧開)는 "참구를 한다면 진실한 참구이어야 하고, 깨닫고자 한다면 진실한 깨달음을 얻고자 해야 한다"(『無門關』 4칙 T.48 p.293b, 參須實參, 悟須實悟)라고 하였다.
199 "도라는 것은 마음을 깨치는 데 있을 뿐이지, 어찌 말에 달려 있겠는가! 말이란 어리석은 이들을 교화하기 위한 것일 뿐이다."(『宛陵錄』 T.48 p.384a, 道在心悟, 豈在言說! 言說只是化童蒙耳.)

涅槃)이 원명상적조(圓明常寂照)라",²⁰⁰ 최상의 대열반이 원만하게 밝아 항상 고요히 훤히 비추고 있다고 하였습니다. 그것은 자성을 깨치면 바로 알 수 있습니다. 물이 차가운지 따뜻한지는 직접 마셔보아야 아는 이치와 같습니다.²⁰¹ 마찬가지로 진정 견해라는 것은 자기가 실지로 깨쳐야지 깨치기 전에는 잘 모릅니다.

그럼, 왜 진정견해니 뭐니 이런저런 말을 하고 있는가? 그것은 깨치지 못한 사람을 위해 할 수 없이 방편으로 하는 말일 뿐 실법은 아닙니다. 앞에서도 도무실법(都無實法)이라고, 전체가 다 실법이 아니라고, 거짓말이라고 했잖아요?

하여튼 진정견해고 부처고 할 것 없이 모두들 화두공부를 부지런히 해서 올 여름에는 화두를 확철히 깨치고 나와 "내 말 좀 들어보라"고, 밥값을 제대로 내는 사람이 있어야 하지 않겠어? 그렇지 못하면 염라대왕 앞에 가 그 밥값을 다 내야 한다 말이여!

그럼 화두 부지런히 해!

---

200 "최상의 대열반이 원만하게 밝아 항상 고요히 비추거늘, 어리석은 범부는 죽음이라 하고 외도는 단멸이라 집착하네.…헛되이 가명을 제멋대로 세운 것일 뿐이니 어찌 진실한 뜻이겠는가!…범부니 성인이니 하는 견해도 일으키지 말고 열반이라는 견해도 일으키지 말며, 이변 대대와 과거·현재·미래라는 인식도 끊어,…일체법을 분별하되 분별한다는 생각도 일으키지 마라.…그대들이 말을 좇아 알려고 하지 않는다면 조금이라도 이해했다고 인정하리라."(『壇經』 T.48 p.357a, 無上大涅槃, 圓明常寂照, 凡愚謂之死, 外道執爲斷.…妄立虛假名, 何爲眞實義!…不起凡聖見, 不作涅槃解, 二邊三際斷,…分別一切法, 不起分別想…汝勿隨言解, 許汝知少分.)

201 깨달음의 경지는 스스로 체험하여 알 수 있는 것이지 다른 사람에게 전해 받거나 말을 들어 알 수 있는 것이 아니라는 취지의 선어이다. 『壇經』 T.48 p.349b, "如人飮水, 冷暖自知."

14. 의지함 없는 도인[無依道人]

問, 如何是眞正見解오? 師云, 儞但一切入凡入聖하며
入染入淨하며 入諸佛國土하며 入彌勒樓閣하며
入毘盧遮那法界하야 處處皆現國土하야 成住壞空하느니라.
佛出于世하야 轉大法輪하고 却入涅槃하되 不見有去來相貌하야
求其生死하나 了不可得이니라.
便入無生法界하여 處處游履國土하여 入華藏世界하여
盡見諸法空相하여 皆無實法이니라.
唯有聽法無依道人이 是諸佛之母라. 所以로 佛從無依生이요
若悟無依하면 佛亦無得이라. 若如是見得하면 是眞正見解니라.

한 스님이 임제스님에게 물었다.

"무엇이 참되고 올바른 견해입니까?"

임제스님이 말했다.

"그대들은 언제 어디서나 범부의 경지에도 들어가고 성인의 경지에도 들어가며, 물든 더러운 번뇌의 세계에도 들어가고 깨끗한 열반의 세계에도 들어가며, 모든 부처님의 국토에도 들어가며, 미륵의 누각에도 들어가며, 비로자나 부처님의 법계에도 들어가, 곳곳마다에서 그 국토를 나타내며, 성주괴공(成住壞空)한다. 석가모니 부처님께서 세상에 출현하셔서 위대한 진리의 큰 수레바퀴를 굴리시고[轉大法輪] 마침내 열반에 드셨지만, 가고 오는 모습을 볼 수가 없으며, 거기서는 나고 죽음을 찾아도 찾을 수 없다.

곧장 그대로 남이 없는 법계[無生法界]에 들어가서 곳곳마다 국토를 다니면서 화장세계에 들어가서 모든 법이 공한 모습[空相]이어서 전혀 실다운 법이 없음을 투철히 본다. 오직 내 앞에서 법문을 듣고 있는, 어디에도 의지함이 없는 도인[無依道人]이 모든 부처님의 어머니이다.

그러므로 부처는 의지함이 없음으로부터 나온다. 만약 의지함이 없는 자유로운 본성을 깨닫기만 한다면 부처도 또한 얻을 수 없다. 이와 같은 견해를 가지고 볼 수만 있다면 이것이 바로 참되고 올바른 견해이다.

임제스님 법문을 함께 읽으면서 여러분에게 화두공부에 매진하라는 말을 누차 하였습니다. 글을 읽는 것과 화두를 드는 것이 무슨 상관이 있나 하는 사람도 있었을 터입니다. 이즈음에서 적어도 여러분이 화두까지는 아니라도 가지고 있어야 할 의문이 바로 이것입니다. '진정견해란 무엇인가?' 이 법문의 핵심은 바로 '진정견해(眞正見解)'와 '무의도인(無依道人)'에 있습니다. 그러면 찬찬히 살펴보도록 합시다.

"우주의 현실세계는 무한한 시간을 통하여 성립되고[成] 존속하여 머물다가[住] 파괴되어 무너지고[壞], 마침내 공(空)으로 돌아가는 과정을 끝없이 거친다."고 합니다. 이 순서는 삼계의 현실세계에서는 영원히 이어지며 인간 개인생명체의 변화도 이와 같아서 생로병사(生老病死) 또는 생주이멸(生住異滅)한다고 합니다. 그런데 범부와 성인, 더러움과 깨끗함의 세계[凡·聖·染·淨], 제불국토, 미륵누각, 비로자나법계를 따로따로 언급해 놓으니, 거기에 무슨 차별이 있는 것은 아닌가 하고 생각하기 쉽습니다. 하지만 이것은 절대 평등한 일승법계에서 어떤 경우에는 범(凡)이라고도 하고 어떤 경우에는 성(聖)이라고도 하며, 또 어떤 경우에는 염(染)이라고도 하고 어떤 경우에는 정(淨)이라고도 하며, 이름은 각각 천변만화로 차별을 두지만 실제는 조금도 서로 다름이 없습니다.

부처님이 세상에 출현해 대법륜을 굴리고 열반에 들었지만 가고 오는 모습이 없습니다. 사실에 있어서는 부처님이 실제로 출현하신 적도, 열반하신 적도 없다는 말입니다. 부처님이 출현하고 열반하는 모습을 보였다면 그것은 부처님이 아니고, 보았다고 하는 사람도 불법을 모르는 사람입니다. 이처럼 부처님의 법신 자체는 나타났다 사라졌다 함이 없지만 진여법계(眞如法界)에서 여실하게 오고 가시므로 '여래(如來)'²⁰²라 하는 것입니다.

'나고 죽음을 구해도 구할 수 없다'고 한 뜻도 바로 여기에 있습니다. "수처작주(隨處作主)하니 입처개진(立處皆眞)이라." 하신 말씀처럼 어느 곳에 가든지 항상 주인이 되므로 있는 곳마다 참된 곳이 아닌 곳이 없습니다. 어느 곳이든지 처처가 다 비로자나 화장찰해요, 제불정토요, 본지풍광(本地風光)이라는 말입니다. 본지풍광이라 하면 선종에서 설명하는 방식 같고, 극락세계라 하면 아미타불 세계를, 비로자나 법계라 하면 화엄법계 연화장세계를 표현하는 말로 각각이 다른 세계처럼 보일는지 모르지만, 표현은 달라도 내용은 다르지 않습니다.

무생법계(無生法界), 나고 죽음에서 벗어난 세계에 들어가 어느 국토이든 자유자재하게 다니면서 화장세계에 들어가 제법공상(諸法空相), 모든 법이 공한 모양으로 실법(實法)이 없음을 봅니다. 그런데 공상(空相)²⁰³을 본다 하니 또 실제로 그런 모양이 있는가 하고 생각하면 큰

---

202 "여래란, 일심진여자성 가운데서 오시는 까닭에 여래인 것이다. '여'란 변화하지도 달라지지도 않으며 자성을 잃지 않는다는 뜻이니, 그러므로 '여'라 한다. '래'란 진여가 자성을 고수하지 않고 인연에 따라 현현한다는 뜻이다. 그러므로 '래'라 한다. 이것이 바로 '오는 모습을 보이지 않으면서 온다'는 뜻이다. 진여의 성품으로 일체처에 두루 모습을 나타내시지만 실제로는 가고 옴이 없으며 마음이 감흥한 바를 따르기에 나타나고 사라짐이 없다. 또한 경에서는 '여래란 바로 법'이라고도 하였다."(『宗鏡錄』 권31 T.48 p.594c, 夫如來者, 卽一心眞如自性中來, 故云如來. 又如者, 不變不異, 不失自性, 故名爲如. 來者, 卽眞如不守自性, 隨緣顯現, 故名爲來. 斯乃是不來之來. 以眞如性, 遍一切處, 實無去來, 從心所感, 無出沒故. 又經云, '如來者, 卽是法也.') ; "여래에서 '여'는 진실하다는 뜻이고, '래'는 이르다는 뜻이다. 진실에 이르므로 여래라 한다. 무엇을 진실이라 하는가? 이른바 열반을 가리킨다."(『十住毘婆沙論』 권1 「入初地品」 T.26 p.25a, 如來者, 如名爲實, 來名爲至. 至眞實中故, 名爲如來. 何等爲眞實? 所謂涅槃.)

203 "제법의 공상은 생성하지도 소멸하지도 않으며, 더럽지도 깨끗하지도 않으며, 증가하지도 감소하지도 않는다."(『摩訶般若波羅蜜經』 권1 「習應品」 T.8 p.223a, 是

착각입니다. 이 역시 이름을 붙이자니 공(空)이라 하는 것이지 제법실상(諸法實相) 가운데는 공(空)도 없고 불공(不空)도 없습니다. 참말로 무슨 화장세계니 극락세계니 하는 것이 실제 있다는 말이 아닙니다. 본지풍광이라는 세상이 있어서 본지풍광이 아니라, 일체개공(一切皆空)도 볼 수 없고 무애자재한 작용도 볼 수 없는 가운데 고정된 실체를 갖지 않는 무자성공(無自性空)의 진여대용(眞如大用)이 있을 뿐입니다.

"어디에도 의지함이 없이 법문을 듣고 있는 도인이 바로 제불의 어머니이다."라고 하였습니다. 근본 골자(骨子)는 '무의도인(無依道人)'에 있습니다. 의지함이 없다[無依][204]는 것은 어떠한 외적 조건이나 상황에도 좌우되지 않는다는 적극적인 의미를 포함한 말입니다. 조사에도 부처에도 의지하지 않으니 팔만대장경엔들 의지할 까닭이 없습니다.

그런데 어디에도 의지하지 않는다고 하면 자기(自己)라는 그것만은 분명히 정립되어 있는 게 아닌가 하고 혹 오해할 수 있습니다. 자기 본

諸法空相, 不生不滅, 不垢不淨, 不增不減.); "중생들은 무시이래로 심의식에 의해 생사를 유전하는데, 유전하면서도 이를 전혀 알지 못하므로 부처님께서 반야회상에서 제법이 공한 모습을 설하셨으니, 안이비설신의와 색성향미촉법이 모두 공하고 한낱 이름만 있을 뿐이라고 하신 것이다."(『大慧語錄』권19 T.47 p.893c, 衆生無始時來, 爲心意識之所流轉, 流轉時, 渾不覺知, 故佛在般若會上, 說諸法空相, 謂眼耳鼻舌身意, 色聲香味觸法, 皆空徒有名字而已.); "제법이 공상이라 하는 말은 안이비설신의와 색성향미촉법이 모두 공이라는 뜻인즉, 일체의 모든 법이 다만 가명에 불과하며 참으로 실다움[眞實]이 없다는 뜻이다."(『白雲語錄』H.6 p.647a, 說諸法空相, 謂眼耳鼻舌身意, 色聲香味觸法皆空, 則一切諸法 但有假名, 無有眞實.)

204 "지금 바로 무심하기만 하여 일체법이 본래 있는 것이 아니며 얻을 수도 없고, 의지거나 머무를 수도 없으며, 주관도 객관도 없음을 명확히 알고 망념을 일으키지 않는다면 바로 보리를 증득할 것이다."(『傳心法要』T.48 p.380c, 當下無心, 決定知一切法本無所有, 亦無所得, 無依無住, 無能無所, 不動妄念, 便證菩提.)

래면목이라는 것이 완전히 독립해 있으면서 다른 무엇에도 의지하지 않는 것이라고 잘못 생각할 수도 있다는 말입니다. 그러나 그렇게 되면 상대(相對)가 돼서 안 됩니다. "자기(自己)도 상시원가(尙是怨家)라, 자기란 존재도 오히려 원수일 뿐"[205]이라는 말입니다. 자기 자신조차도 의지할 대상이 아닌, 한낱 원수 같은 존재인데 다른 누구에게 의지할 수 있겠습니까? 그래서 자기도 찾아볼 수 없고 의지하는 대상도 없이 무엇에도 좌우되지 않는 주체를 '모든 부처님의 어머니'라 한다고 한 것입니다. 자성(自性)이든, 진여(眞如)든, 법계(法界)든, 무생(無生)이든 그 무엇이라고 이름을 붙이든 조금이라도 의지할 대상을 갖는다면 이것은 불법(佛法)이 아닙니다.

결국 어디에도 의지하지 않는 사람이 되려면 무엇보다도 참 공부를 의지처로 삼아 출발해야 합니다. 참으로 부처를 의지하고 조사를 의지해 공부를 부지런히 해야 어디에도 의지하지 않는 그런 도리를 알게 됩니다. 확철히 대오(大悟)해 진여자성을 완전히 증득(證得)해야지 그전에는 이 무의(無依), 의지하지 않음이 절대로 체득이 되지 않습니다. 해오(解悟)로는 되지 않고 증오(證悟)하여야 합니다. 말로만 아무리 백날 무의(無依)라고 염불해보았자 아무 일도 하지 않고 있으면 망상과 무지만 키울 뿐입니다. 철저히 의지함이 없는 사람이 되려면 이 법문을 철저히 의지해 자성을 깨쳐야 합니다.

선 수행의 근본은 독탈무의(獨脫無依), 혼자 깨쳐서 무엇에도 의지

---

[205] "자기 자신도 원수이거늘 다른 사람에게서 무엇을 얻을 수 있겠습니까!"(『景德傳燈錄』 권20 T.51 p.361c, 自己尙是冤家, 從人得堪作什麼!)

하지 않는 데에 있습니다. 스승을 찾아가 가르침을 구하고 깨달아 인가를 받아야 하지만 반드시 스승에게서 깨달음을 구해야만 하는 것도 아닙니다.[206] 본래는 부처님께서도 스승 없이 홀로 깨달음을 체득하셨다고 선언하셨듯이 무사독오(無師獨悟), 스승 없이 혼자 깨치는 것이 선 수행의 본모습입니다.[207]

다만 결코 간과해서는 안 될 점은, 의지함이 없어야 한다고 해서 되는 대로 무조건 부처고 조사고 경이고 어록이고 다 내버리라는 말이 아닙니다. 그렇게 한다면 이야말로 외도입니다. 화두를 확철히 깨쳐서 무의도인이 되어야만 불법을 증득(證得)한 사람이라 할 수 있고 출가한 목적을 달성했다 할 수 있습니다.

자성을 깨치고 성불하는 길은 무의(無依)에 있습니다. 의지함이 없는 도리를 깨치면 여기서는 부처도 볼 수 없습니다. 이렇게만 분명히

---

[206] "스스로 깨닫지 못한다면 선지식에게 가르침을 구해야 비로소 깨달을 수 있다. 하지만 스스로 깨닫는다면 밖에서 구할 필요가 없다. 외곬으로 저 선지식에게 구하여야만 비로소 해탈할 수 있다고 집착한다면 결코 옳지 않다. 어째서인가? 자기 마음속에 지식이 있어서 스스로 깨닫는 것일 뿐이기 때문이다. 삿되고 어리석음을 일으켜 망념으로 전도된다면 바깥의 선지식이 비록 가르침을 준다 해도 구제하지 못한다. 바르고 참된 반야의 지혜를 일으켜 관조한다면 일찰나에 망념이 모두 소멸될 것이요, 자성을 알아 한 번 깨닫고 나면 곧 부처의 지위에 이를 것이다."(『壇經』 T.48 p.351a, 不能自悟, 須求善知識指示方見. 若自悟者, 不假外求. 若一向執謂須他善知識方得解脫者, 無有是處. 何以故? 自心內有知識自悟. 若起邪迷, 妄念顛倒, 外善知識, 雖有敎授, 救不可得. 若起正眞般若觀照, 一剎那間, 妄念俱滅, 若識自性, 一悟卽至佛地.)

[207] '독탈(獨脫)'의 진정한 뜻은 스승이나 모든 경전을 내버리고 홀로 깨달을 수 있다는 데 있지 않다. "학인이 물었다. '어떠한 성인도 우러르지 않고 자기의 정신을 대단하게 여기지도 않는 경지는 어떤 것입니까?' '모든 사려분별을 그치면 천 명의 성인도 그를 끌어당기지 못할 것이다.'"(『景德傳燈錄』 권11 T51 p.284a, 僧問, '不慕諸聖, 不重己靈時, 如何?' 師曰, '萬機休罷, 千聖不攜.')

바로 안다면 이것을 진정견해(眞正見解)라 합니다. 부처도 없는데 무엇을 볼 수 있겠어요? 의지할 부처마저도 남기지 않고 스스로 견성하였을 때 비로소 독존(獨尊)의 무의도인(無依道人)이 되는 것입니다.

앞에서도 말했듯이 진정견해란 시방법계에 자유자재한 대기대용을 말합니다. 모든 부처와 조사의 대기대용을 진정견해라 했는데, 그러면 그 대기대용이라는 것은 어디에서 나오는가? 무의(無依)에서 나오니, 바로 이 도리를 깨쳐야 대기대용이 현전하고 대기대용이 현전하면 자연히 무의도인이 됩니다.

15. 비밀

1) 문자에 떨어져 삼계에 윤회한다

學人은 **不了**하여 **爲執名句**하야 **被他凡聖名礙**일새 **所以**로
_{학인   불료   위집명구   피타범성명애   소이}

障其道眼이야 **不得分明**이니라.
_{장기도안   부득불명}

祇如十二分敎는 **皆是表顯之說**이라. **學者不會**하고
_{지여십이분교   개시표현지설   학자불회}

便向表顯名句上生解하나니 **皆是依倚**라 **落在因果**하여
_{변향표현명구상생해   개시의의   낙재인과}

未免三界生死하나니라.
_{미면삼계생사}

수행자들이 잘 알지 못하고 이름과 글귀에 집착하여 저 범부니 성인이니 하는 이름에 장애를 받으므로, 이런 까닭으로 도안(道眼)이 가려져서 분명히 알지 못한다.

예를 들면 저 12분교는 모두가 언어문자로 이치를 드러내는 설명[表顯之說]에 불과한 것이다. 수행하는 사람들이 이러한 사실을 알지 못하고 겉으로 드러난 이름이나 글귀에 집착해 알음알

이를 내니, 이는 모두가 언어문자에 의지하는 것이라, 인과에 떨어져 삼계에서 생사윤회를 면하지 못하게 된다.

바로 앞에서 무엇에도 구속되지 않고 의지하지 않는 무의도인(無依道人)이 모든 부처님의 어머니, 즉 모태라고 하였습니다. 그런데도 저 범부니 성인이니 하는 이름에 자꾸 얽매입니다. 부처라 하면 부처에 얽매이고, 조사라 하면 조사에 얽매이고, 외도라 하면 외도에 얽매이고, 마구니라 하면 마구니에 얽매인다 말입니다. 언외의 뜻을 읽지 못하고 표면적인 말을 따라 분별심을 일으키니 엎치락뒤치락 칠전팔도(七顚八倒), 일곱 번 넘어지고 여덟 번 엎어지는 상황이 됩니다.

그렇기 때문에 도안(道眼)이 막히는 것입니다. 일체 청정해서 저 만리허공(萬里虛空)에 구름 한 점 없이 통달한 듯이 되어야 그래도 도안이 분명하다 할 수 있지, 아직도 도안이라고는 할 수 없는 것입니다. 허공이 깨끗하여 모든 것이 다 떨어졌으니 그만하면 구경(究竟)이 아니겠나 하고 생각할 수도 있지만 청천(靑天)의 경지도 삼십방(三十棒)을 맞아야 할 경계에 불과합니다. 거기에서 진일보하여 그 깨끗한 하늘마저도 두드려 부숴버릴 줄 알아야 참말로 도안(道眼)을 얻었다고 할 수 있습니다. 저 깨끗한 하늘, 청천을 구름이 가로막고 있는 것처럼 부처가 가로막고, 조사가 가로막고, 팔만대장경이 가로막고, 어록이 가로막고, 온갖 것이 멀쩡한 눈을 가로막습니다.

"유원불살사(有願不撒沙),[208] 쓸데없이 모래를 뿌리지 않기를 바란

---

[208] 본래 깨끗한 곳에 흙과 모래를 뿌려 어지럽히는 행위를 살토살사(撒土撒沙)라 하는데 쓸데없이 손을 대거나 참견하는 행위를 뜻한다. 부처나 조사의 언행에

다."는 말이 있습니다. 부처를 말하는 것도, 조사를 말하는 것도, 이처럼 『임제록』에 대해 말하는 것도 멀쩡한 사람 눈에 모래를 뿌리는 격입니다. 그렇지만 또 이와 같은 방편이 아니면 사실상 그 사람의 눈을 뜨게 할 수단이 없습니다. 약에도 독성이 있어 병을 도지게도 하지만 약을 복용해야 할 때는 복용해야 합니다. 마찬가지로 임제스님의 말을 따라가며 분별을 일으키지 않고 근본 뜻을 바로 깨치면 약이 되지만, 맹목적으로 말만 따라가다가는 그것이 오히려 비상(砒霜)이 되어 사람을 죽게 만듭니다.

아무튼 말로만 따라가지 말고 임제스님의 격외현지(格外玄旨), 격 밖의 뛰어난 뜻을 바로 깨쳐라 이것입니다. 이를 깨치면 『임제록』에도 의지하지 않는 무의도인(無依道人)이 됩니다. 격외현지, 일정한 틀에서 벗어나 그 안에 담긴 자재한 뜻을 알아차려야 합니다. 그리고 그보다 더 시급하고 중요한 일은 그것을 자기 것으로 만들어야 합니다. 누구라도 남이 먹다 남긴 음식을 먹고 싶어 할 사람은 없을 것입니다. 이와 마찬가지 이치로 천고에 길이 남을 부처님의 뛰어난 말씀이라도 자기 것이 아닌 한, 남이 먹다 남긴 음식[殘羹餿飯]일 뿐입니다.

일체의 경전과 교학을 아울러 일컫는 삼승십이분교는 방편가설이요 표현지설(表顯之說)일 뿐, 이처럼 언어문자로 이치를 드러내는 것은

대해 이러니저러니 말을 덧붙이는 것을 이에 비유한다. "법좌를 가리키며 말했다. '잠깐이라도 저기에 올라간다면 모래를 뿌리고 흙을 뿌리게 되리라'"(『法演語錄』 권하 T47 p.662c, 遂指法座云, '少間向上頭, 撒沙撒土去也.') ; "옛일이든 지금 일이든 들먹이거나, 편이니 정이니 하고 말하거나, 주인과 손님을 세우거나 한다면 이 또한 모래를 뿌리고 흙을 뿌리는 짓이다."(『圜悟語錄』 권10 T.47 p.760a, 更或擧古擧今, 話偏話正, 立主立賓, 也是撒沙撒土.) ; 『碧巖錄』 41칙 T.48 p.179b.

실법이 아니란 말입니다. 부처도 가명(假名)이고, 마음이라 하는 것도 방편으로 마음이라 하는 것일 뿐이니, 마음이라는 것을 이 주먹처럼 어디 보여줄 수 있습니까? 보이는 게 아니잖습니까? 표현하려고 해도 표현할 수 없으니 억지로 가리켜 마음이라고도 하고, 진여라고도 하고, 자성이라고도 하고, 본지풍광이라고도 하는 것이지 그 모두가 실법(實法)은 아닙니다. 깨쳐 봐야 아는 것이지 깨치지 못하면 알 수 없습니다. 그러므로 부처니 조사니 하고 말할 것이나 있나요?

삼승십이분교가 다 명구(名句)일 뿐이요, 표현지설이요 방편가설일 뿐, 진설(眞說)이 아니니 절대로 따라가지 말라 이것입니다. 그런데 이 이치를 놓치고 남의 말을 길잡이 삼아 자꾸 따라갑니다. 흙덩이를 던진 장본인을 좇는 사자가 되어야지 흙덩이를 좇아가는 개가 되어서야 매번 본질은 놓치고 말 것입니다.

결국에는 자성을 깨치지 못하고 생사윤회의 고리도 끊지 못하게 됩니다. 윤회라는 것이 꼭 죽은 다음에 다른 곳에 축생 등으로 태어나는 것만을 의미하지 않습니다. 하루에도 천만 번 윤회를 거듭합니다. "염기염멸(念起念滅)이 위지생사(爲之生死)라."[209] 생각이 일어났다 사라졌다 하는 이것이 바로 생사(生死)를 윤회하는 바로 그것이니, 말하자면 무한한 윤회입니다.

---

209 "생각이 일어나고 소멸하기를 반복하는 것을 생사라고 하니, 이 생사의 순간을 마주하여서는 모름지기 있는 힘을 다하여 화두를 들어야 한다(念起念滅, 謂之生死, 當生死之際, 須盡力提起話頭.)"라고 한다. 이 구절은 『太古語錄』 H.6 p.678a, 『懶翁語錄』 H.6 p.727a, 『淸虛集』 권6 H.7 p.711b 등에 똑같이 실려 있기도 하다.

참선하는 수행자들이 정지정견(正知正見), 바른 지식과 바른 견해를 얻지 못하고 사지사견(邪知邪見), 삿된 지식과 삿된 견해로 남의 말이나 따라다니면 팔만사천 온갖 망상이 다 일어나게 됩니다. 그것은 모두 무엇인가에 의지하기 때문입니다. 부처라 하면 부처에 의지하고, 조사라 하면 조사에 의지하고, 임제라 하면 임제에 의지합니다. 의지하면 결국 자기가 죽는데 자기가 죽는 줄도 모르고 이렇게 남의 말에 기대어 의지하려고만 합니다. 인과(因果)에 떨어져 삼계의 생사를 면치 못한다는 말은 바로 이런 지경을 뜻합니다.

2) 찾으려 하면 더욱 멀어지고 구하려 들면 더욱 어긋나 버린다

이약욕득생사거주탈착자유　　즉금식취청법지인
儞若欲得生死去住脫著自由인댄 **卽今識取聽法底人**이

무형무상　　무근무본　　무주처　　활발발지
無形無相하며 **無根無本**하며 **無住處**하여 **活鱍鱍地**라.

응시만종시설　　용처지시무처　　소이　　멱착전원
應是萬種施設하여 **用處祇是無處**일새 **所以**로 **覓著轉遠**이요

구지전괴　　호지위비밀
求之轉乖니 **號之爲秘密**이니라.

그대가 만약 나고 죽음과 가고 머무름을 옷을 입고 벗듯이 자유롭기를 바란다면, 지금 당장에 법문을 듣고 있는 그 사람을 알아야 한다. 이 사람은 형상도 없고 모양도 없으며, 뿌리도 없고 근본도 없으며, 어디에도 머무는 곳도 없어서, 활발발하게 약동하고 있으니, 모든 방편의 시설은 작용하되 그 자취가 없

다. 그런 까닭에 그를 찾으려 하면 더욱 멀어지고 구하려 들면 더욱 어긋나버리니, 이것을 비밀(秘密)이라고 한다.

그대가 나고 죽음과 가고 머무름을, 옷을 입거나 벗듯이 자유롭기를 바란다면 법문을 듣고 있는 '그 사람'을 지금 바로 알아차리라고 말합니다. '그 사람'이란 자기 자신입니다. 임제스님이 제시한 표현으로 달리 말하면 무위진인(無位眞人)이요 무의도인(無依道人)이라 할 수 있습니다. 누구나 자성을 깨치기만 하면 '그 사람'인 것입니다.

'그 사람'은 형상도 근본도 없으며 일정하게 머무르는 곳도 없이 활발하게 약동하며 어떠한 자취도 남기지 않습니다. 진정견해(眞正見解)를 성취하여 무엇에도 의지함이 없기 때문입니다.

앞서 임제스님이 말한 대로 봉불설불(逢佛說佛)하고 봉조설조(逢祖說祖)라, 부처를 만나면 부처와 말하고, 조사를 만나면 조사와 말하고, 나한을 만나면 나한과 말하고, 아귀를 만나면 아귀와 말합니다.

무엇에도 의지함이 없이 속박에서 벗어나 무애자재한 대기대용을 발휘하지만 그 작용에는 일정한 처소가 없고 자취도 없습니다. 처소가 있으면 의지함이 있고, 의지함이 있으면 머무는 곳이 있게 됩니다. 무주처(無住處), 머무는 곳이 없다고 한 이 뜻을 분명히 알아야 합니다. 무주처이기 때문에 활발발한 대기대용이 시방법계에 현전해 처처유리국토(處處游履國土), 곳곳마다 국토를 즐겁게 밟으며 자재무애하게 작용할 수 있는 것입니다. 하나의 법도 찾아볼 수 없지만 또한 만 가지 법을 원만 구족하게 갖추고 있습니다. 다만 조금이라도 무언가를 건립한다면 그것은 전부 사법(邪法), 삿된 법입니다. 이 모든 작용은 바로 의지함이 없음[無依]과 머무름이 없는[無住] 경계에서 나오는 것입니다.

그러므로 찾으려 하면 멀어지고 구하려 하면 더욱 어긋나 구할 수 없습니다. 속세의 일반적 이치와는 다른 상황입니다. 이것을 '비밀(秘密)'이라고 한다는 것입니다. 모든 것이 완전히 무생무멸(無生無滅)하고 무의무주(無依無住)라, 나는 것도 없고 없어지는 것도 없고, 의지할 곳도 없고 머무를 곳도 없습니다. 그런 동시에 일체만법이 여기에서 모두 건립되니, 진여대용이 현전하는 비밀한 경계입니다.

3) 인생이 무상하니 시간을 아껴라

도류 이 막 인 착 개 몽 환 반 자
道流야! 儞莫認著箇夢幻伴子하라.

지 만 중 간 변 귀 무 상 이 향 차 세 계 중
遲晚中間에 便歸無常하나니 儞向此世界中에

멱 개 십 마 물 작 해 탈 멱 취 일 구 반 끽 보 취 과 시
覓箇什麼物作解脫고? 覓取一口飯喫하고 補毳過時하여

차 요 방 심 지 식 막 인 순 축 락 광 음 가 석
且要訪尋知識이요 莫因循逐樂하라. 光陰可惜이라!

염 념 무 상 추 즉 피 지 수 화 풍
念念無常하여 麤則被地水火風이요

세 즉 피 생 주 이 멸 사 상 소 핍
細則被生住異滅四相所逼이니라.

도 류 금 시 차 요 식 취 사 종 무 상 경 면 피 경 파 박
道流야! 今時에 且要識取四種無相境하여 免被境擺撲이어다.

수행자들이여! 그대들은 이 꿈같고 허깨비 같은 허망한 몸뚱이

가 실재하는 것으로 잘못 알고 집착하지 말라. 조금 빠르든 늦든 머뭇거리는 사이에 죽음으로 돌아가고 마니, 그대들은 이 세계 가운데서 무엇을 찾아 해탈을 하려고 하느냐?

그저 한 숟가락 밥을 찾아 먹고 누더기 꿰매어 입으며 세월을 보내기보다는 무엇보다 먼저 선지식을 찾아 깨쳐야 할 것이요, 꾸물거리면서 쾌락을 좇지 마라. 시간을 아껴야 한다. 한 생각 한 생각이 죽음에 이르는 길이니, 거칠게는 지수화풍으로 흩어지고 미세하게는 생주이멸 사상(四相)의 변화에 쫓기고 있다.

수행자들이여! 지금 이 순간 가장 중요한 것은 지수화풍의 네 가지 모양 없는 경계를 잘 깨달아 그 경계에 휘둘리지 않는 것이다."

머지않아 덧없이 무상으로 돌아갈 몽환반자(夢幻伴子), 꿈같고 허깨비 같은 우리 몸뚱이를 영원할 것처럼 착각해서는 되지 않으니, 머뭇거리는 사이에 결국은 죽고 마는 것입니다. 그러므로 최후 비밀처(秘密處), 이것을 바로 깨쳐야 합니다. 이것은 증오(證悟)해야지 해오(解悟)로는 이루지 못합니다.

그대는 이 세계에서 무엇을 찾아 해탈하려 하는가? 깊고 현묘한 비밀처를 바로 깨치면 그것이 해탈입니다. 부처라는 속박, 조사라는 속박에서 벗어나고, 세법이든 불법이든 일체의 격(格)에서 벗어나 무애자재한 사람이 해탈한 사람입니다. 바로 그 사람이 무의(無依) 도인이고 무주(無住) 도인이며 동시에 대기대용이 활발발하게 현전한 사람입니다.

한 숟가락 밥에 만족하고 옷이나 기우며 시간을 보낼 일이 아니라 선지식을 찾아가 가르침을 받는 일이 무엇보다 화급합니다. 참된 즐거움은 바로 그곳에 있기 때문입니다. 시간은 덧없이 흘러가고 사대(四大)로 이루어진 우리 몸은 또한 영원하지 않습니다. 우리 몸뿐만 아니라 유위(有爲)의 제법(諸法)이 모두 생주이멸(生住異滅), 생기(生起)하여 지속하다 변이(變異)하고 소멸합니다.

그렇지만 정말 법을 바로 깨쳐서 무애자재한 해탈을 얻으면 지수화풍의 사대(四大)니, 생주이멸의 사종은 무상[四相]이니 모두가 잠꼬대 같은 소리입니다. 몽중작몽(夢中昨夢), 꿈속에서 꿈 얘기하는 것과 같습니다. 무의도인(無依道人)의 비밀처(秘密處)를 깨치지 못하면 결국 사대(四大)와 사상(四相)의 구속을 받으며 살 수밖에 없습니다. 중생이 윤회하는 근본은 여기에 있습니다. 그러니 눈 밝은 선지식을 찾아 부지런히 공부해 깨쳐야 합니다.

성철스님의 수좌오계(首座五戒)

오늘은 좀 다른 얘기를 해보겠습니다. 비밀처(秘密處)를 알아차리고 참으로 대해탈도를 성취하여 시방법계에 무애자재한 사람이 되려면 어떻게 해야 하는가 하는 이야기입니다.

천 날 만 날 말만 하고 앉아 있어봐야 아무 소용 없습니다. 입은 밥 먹는 데 도움이 될 뿐(口只堪喫飯), 말로 이룰 수 있는 일은 없습니다. 밥 얘기 한다고 배가 부릅니까? 육조 혜능스님도 "세상 사람들 하루 종일 입으로 반야를 외지만 자성의 반야를 모르니 마치 밥 얘기 아무리 해도 배가 부르지 않은 것과 같다."[210]고 했습니다. 결국은 실제로 밥을 먹어야 하듯이 실제로 공부를 해야 합니다.

몇 해를 총림에 왔다 갔다 하면서 살기도 하고 공부하는 사람을 내가 많이 봤는데 실제로 공부하는 사람은 참말로 눈에 잘 띄지 않았습니다. 여실히 공부하는 사람이 잘 안 보이더라는 말입니다. 그리고 흔히 와서 하는 말들이 이러합니다.

"저는 화두공부 시작한 지는 얼마 안 됐는데 공부가 잘 안 됩니다.

---

[210] 『壇經』 T.48 p.350a, "世人終日口念般若, 不識自性般若, 猶如說食不飽."

어찌해야 됩니까?"

그래서, "공부를 하는데 공부가 안 될 턱이 있나? 공부를 안 하니까 공부가 안 되는 것이지. 공부를 열심히 하는데 공부 안 된다고 하는 것은 말짱 거짓말이야." 하고 말해주었더니 이제부터 열심히 공부하겠다고 다짐을 했습니다.

그러기에 내가 "너 공부하는 방법을 잘 모르지? 공부하는 좋은 방법을 내가 가르쳐 줄 테니 한번 해볼 테냐?" 하고는 참선 공부하는 사람한테 오계(五戒)를 일러준 적이 더러 또 많이 있었습니다. 어떻게 하면 공부를 잘할 수 있나 하는 방법입니다. 그렇지만 이것 또한 쓸데없는 헛일이라는 생각도 더러 합니다. 왜냐하면 오계를 실제로 여러 번 수백 명한테 일러줘 보았지만 제대로 실천하는 사람을 한 명도 보지 못했습니다. 그렇지만 어쩌겠습니까? 그래도 "공부를 잘하려면 어떻게 해야 되나?" 하는 것을 일러주기는 해야지요. 실천하고 안 하고는 자기한테 달린 것이니까.

첫째, 얘기하지 마라.

말하지 말라는 것입니다. 참선하는 사람한테는 인정(人情)이 비상(砒霜)이 됩니다. 서로서로가 싸움을 한 사람처럼 지내야 됩니다. 서로 인정을 베풀고 친하게 지내면서 여기서 속닥속닥 저기서 속닥속닥 얘기하게 되면 얘기하는 그때 화두가 있던가요? 그렇게 하면 화두를 놓치고 맙니다. 화두를 놓치고 무슨 공부가 되겠습니까? 공부하는 데 있어서는 말하는 것이 제일 방해가 됩니다. 그러므로 첫째는 무엇보다 말을 해서는 안 됩니다. 말하자면, 아주 벙어리가 되어 제아무리 급하고 무슨 어려운 일이 있더라도 입 딱 다물고 화두만 들어야 합니다.

묵언하고 화두만 들라고 하면 다들 어렵다고 합니다. 말을 하지 않고 어떻게 사느냐고들 합니다. 옛날 조주스님도 이런 말을 했습니다.

약 일 생 불 리 총 림   불 어 십 년 오 재   무 인 환 니 작 아 한
若一生不離叢林하고 不語十年五載라도 無人喚你作啞漢하면

이 후 불 야 불 내 니 하   니 약 불 신 재 취 노 승 두 거
已後佛也不奈你何리니 你若不信截取老僧頭去하라.[211]

만약 한평생 총림을 떠나지 않고서 5년이고 10년이고 말을 하지 않아도 누구도 그대를 벙어리라고 부르는 사람이 없다면, 그런 다음에는 부처님도 그대를 어찌지 못하리니, 내 말을 믿지 못하겠거든 내 목을 베어라.

짧게는 5년, 길게는 10년 묵언하고 공부를 해도 견성을 못하거든 내 목을 베어도 좋다고 했어요. 이것은 거짓말이 아닙니다. 공부하는 데는 얘기하는 것이 제일 큰 설비상입니다. 5년이고 10년이고 딱 결심을 하고 어떻게든 말 안 하고 화두공부만 부지런히 하는 사람을 나는 아직 보지 못했습니다. 공부는 하지도 않으면서 안 된다고 하면 참으로 부끄러움을 모르는 사람 아닙니까?

둘째, 잠 많이 자지 마라.

자고 싶은 대로 다 자고 무슨 공부가 되겠습니까? 절집에서는 3시

---

[211] 『趙州語錄』古尊宿語錄13 X.68 p.77c.

에 일어나고 9시에 자는 것이 보통입니다. 그렇기는 해도 6시간 잘 것 다 자고 어떻게 부지런히 공부한다고 할 수 있겠어요? 참으로 공부하는 사람은 많이 자면 3시간, 보통 2시간 정도면 충분하다 말입니다. 우리도 그전에 해봤어요.

옛날 자명스님이 그랬습니다. 자명스님이 분양스님 밑에서 공부하는데 다른 사람들은 다 누워 자더라도 자기는 앉아 공부를 했습니다. 그런데 자꾸 졸음이 쏟아지거든요. 그래서 옆에 송곳을 갖다 놓고 허벅지를 찌릅니다. 송곳을 생살에 꽂으니 얼마나 아프겠습니까? 잠이고 뭐고 다 달아나버리지요. 그러면서 자신을 이렇게 일깨웠습니다.

고인 위도 불식불침 여 하인야
古人은 爲道에 不食不寢하나니 予는 何人耶오!²¹²

옛사람은 도를 이루기 위해서 먹지도 않고 자지도 않았는데, 나는 어떤 놈이냐!

옛사람의 법을 성취하려고 하면서 정작 옛사람만큼의 노력도 하지 않는다면 무슨 성취가 있겠습니까? 옛사람의 법을 성취하려면 그만한 노력을 해야 합니다. 서울을 가려고 하면 서울 갈 만큼의 노력을 해야지, 10리 노력도 안 하면서 천리만리를 가려고 한다면 말이 됩니까? 천 리를 가려면 천 리 가는 노력을 해야지 10리 가는 노력도 하지 않고 천 리를 갈 수 있겠습니까? 자명스님은 임제종의 중흥조라고 할 만큼 유명한 스님인데, 그렇게 될 수 있던 밑바탕은 허벅지에 송곳

---

212 『博山參禪警語』 X.63 p.759a.

을 꽂아가며 밤잠 자지 않고 공부한 그 송곳 밑에 있습니다.

공부하는 데 참으로 장애가 되는 것이 잠입니다. 그렇지만 이놈을 이겨내야지 이놈 하자는 대로 따라가면 아무것도 이루지 못합니다. 어디 6시간 자는 그것뿐이겠습니까? 낮에도 조금 고단할라치면 지대방으로 갈까, 저 누각으로 갈까, 어디로 갈까? 이놈이 자꾸 자자고 하고 자꾸 눕자 하거든요. 그렇지만 그놈 따라가다가는 영원토록 공부는 성취 못합니다.

내가 전에는 지대방도 더러 들여다보고 누각도 들여다보고 방안도 들여다보고 했는데 요새는 그러지 않습니다. 그렇게 해보았자 소용도 없거든요. 나도 이제 좀 늙어버린 모양인지 어쩐지 많이 후퇴해버렸어요. 이렇게 지켜보고 있어도 졸고 있는 사람이 있는데 하물며 보이지 않는 저 뒷방에서 지금 어떻게 하고 있는지는 뻔합니다. 참 공부 하겠다고 출가해 여기 모였는데 한가하게 낮잠이나 자고 있으면 되겠습니까? 제불보살이 통곡할 일 아닙니까? 출가한 스님이 낮잠을 자서야 되겠는가 말입니다.

옛날 공자에게 재여(宰予)라는 제자가 있었습니다. 하루는 재여가 낮잠을 자고 있었습니다. 그래서 옆에 다른 제자가 낮잠 자는 재여를 깨우려 하니 공자가 말합니다. "병 중에 게으름이 제일 큰 병인데, 낮잠이나 자는 사람을 어떻게 사람이라고 지도할 수 있겠느냐?" 그리고 또 "분토지장(糞土之牆)은 불가오야(不可杇也)라."[213]고 합니다. 이것은 저 『선가귀감』의 각분위향(刻糞爲香),[214] 어떻게 똥덩어리를 깎아 향을

---

213 『論語』「公冶長」.
214 "음란한 행위를 하면서 선을 닦는 것은 모래를 쪄서 밥을 짓는 것과 같고, 살생

만들겠는가 하는 말과 같습니다. 변소의 똥을 더덕더덕 쌓은 것을 손질한다고 무슨 담장이 되겠습니까? 낮잠이나 자는 그런 사람을 공자는 똥 담장이라고까지 하면서 그런 물건은 아주 썩은 송장이니까 내버리라고 호통 쳤습니다. 그런데 하물며 대도를 성취하겠다고 출가한 출격대장부가 되어 가지고 낮잠을 자서야 되겠습니까?

공부를 잘하려면 첫째는 말을 안 해야 하고, 둘째는 3시간 이상은 자서는 안 된다, 이것입니다. 해 보면 할 수 있습니다. 처음에는 몸뚱이가 자꾸 고단하다고 어떻게 해서든지 지대방으로든 어디로든 가 조금만 자자고 끌어당깁니다. 그렇지만 그러면 안 된다고 기어이 싸워 이겨야 합니다. 그렇게 되면 나중에는 자는 것이 오히려 더 괴로워집니다. 잠도 이겨낼 수 있습니다. 이것은 실제 할 수 있습니다.

셋째, 책 보지 마라.

스님은 책을 보시며 이것은 무슨 법문이고 저것은 무슨 법문이다 라고 말씀하시면서 왜 책을 보지 말라고 하느냐는 사람도 있을 것입니다. 하지만 이것은 임시방편으로 하는 것입니다. 공부의 근본은 자성을 깨치는 것, 견성에 있습니다. 책을 보고 알음알이를 내는 것이 견성에는 큰 방해가 됩니다. 그래서 책 보지 말라고 하는 것입니다.

아마도 누군가는 내게 "스님은 책을 서고에 잔뜩 쌓아놓고 보면서

하면서 선을 닦는다는 것은 제 귀를 막고 소리를 지르는 것과 같고, 도둑질하면서 선을 닦는 것은 새는 그릇이 가득 차기를 바라는 것과 같고, 거짓말하면서 선을 닦는 것은 똥덩어리로 향을 만드는 것과 같으니, 설령 지혜가 많더라도 모두 마도가 될 뿐이다."(『禪家龜鑑』 H.7 p.621c, 帶婬修禪, 如蒸沙作飯 ; 帶殺修禪, 如塞耳叫聲 ; 帶偸修禪, 如漏巵求滿 ; 帶妄修禪, 如刻糞爲香, 縱有多智, 皆成魔道.)

남에게는 책 보지 말라고 한다."고 불평할 것입니다. 내가 서고에 책을 쌓아놓고 있는 것은 맞지만, 누구든지 내가 보던 책 좀 보자고 하면 나는 절대로 보여주지 않습니다. 내가 무슨 도서관 주인인가요? 아무리 조사어록이고 부처님 법문이라 하더라도 화두공부 하는 데는 방해됩니다. 아무리 『임제록』이 좋다 하지만 『임제록』 이거 볼 때 화두 있습니까? 그러니 화두 드는 데 방해되는 일은 하지 말아야 합니다. 화두공부해서 참으로 견성을 하고 싶거든 자성을 바로 깨치고 마음을 바로 보고 싶거든 아무리 좋은 법문, 좋은 어록이라도 책을 봐서는 안 됩니다. 왜냐하면 화두공부 하는 데 방해 되니까 그렇습니다.

말 안 하기, 잠 안 자기 그것은 좀 쉬운데 책 안 보는 것이 제일 어렵다고 하는 사람을 내가 더러 봤습니다. 책이라는, 문자라는 병에 들리면 고치기가 참 어렵습니다. 게다가 요새는 신문, 소설뿐만 아니라 온갖 것이 다 선방에도 들어오고 강당에도 들어오고 있습니다. 볼라치면 무슨 우습지도 않은 게 다 있어요. 옛날에는 강원이나 선방을 돌아다니며 불시에 검사도 했습니다. 그래, 둘러보면 유행가 책이 없나, 연애소설이 없나, 온갖 것이 다 있습니다. 참말로 참선하는 사람에게는 경전도 조사어록도 방해가 되는데, 하물며 신문이니 잡지니 소설이니 이런 것이야 더 말할 것이 뭐 있겠습니까.

넷째, 음식에 조심하여 적게 먹어라.

과식하지 말고 간식하지 말라 이것입니다. 사람의 육신이라는 것은 영양공급을 해주지 않으면 기운이 없어 공부를 못합니다. 영양을 공급해주지 않아도 안 되지만 조금이라도 영양이 과하면 오히려 역효과

가 생깁니다. 밥이라도 한번 많이 먹어 놓으면 그만 졸리고 기운이 없어 공부가 안 됩니다. 그래서 옛날 스님들도 식자적기(食者摘飢)라 하여, 먹는 것은 허기를 면할 정도로 또 기운을 유지할 정도로 조금만 먹어야지 절대로 과식하면 안 된다고 했습니다.

양생법으로도 오래 살고 싶으면 많이 먹지 말라고 합니다. 오래 사는 사람치고 많이 먹는 사람 없습니다. 누구든 오래 살고 싶지 얼른 죽고 싶은 사람이 세상에 어디 있습니까? 그런데 살기는 오래 살고 싶다고 하면서 먹기는 많이 먹고 싶어 합니다. 그것은 말하자면 얼른 죽고 싶다고 하는 것과 똑같습니다.

또, 삼시세끼는 그런대로 조금씩 먹지만 간식을 많이 한다면 이것도 잘못입니다. 요즘 사람들을 보면 음식이 조금이라도 입맛에 맞지 않거나 부족하다 싶으면 눈에 불을 켜고 간식을 찾기 일쑤입니다.

내가 한 30년 전 어디서 본 수좌인데, 섣달 그믐날 떡국을 끓이더니 정말 큰 바리때에 떡국을 한가득 담아서 그것을 다 먹어치웁디다. 죽으려고 환장을 했나 싶을 정도로 먹더라 말입니다. 다 먹고는 배가 이렇게 불러가지고 식식거리면서 그만 지대방에 드러누워요. 저거, 배가 터지면 어쩌나 싶었는데 그래도 배가 터지진 않았지만, 그래 놓고 공부 안 된다고 말합니다. 많이 먹어 배가 불러 죽을 지경인데 화두는 무슨 화두겠어요? 그러면서 공부 안 된다 하면 그게 말이 됩니까?

그리고 또 어떤 스님들은 "아, 스님이 낙이 뭐 따로 있나? 우리가 술을 먹나, 고기를 먹나, 여자를 보나, 자식이 있나 말이야. 그러니 먹는 것이라도 좀 잘 먹어야지. 우리가 먹는 낙 말고 뭐가 있어? 그런데 그 먹는 자유를 못 누리게 해?" 이런 식의 말을 하기도 합니다. 그렇지만 먹고 싶어 안달하는 그 마음을 따라가면 그만 화두는 멀리 달아나버리고 없습니다. 화두가 없는데 무슨 공부라고 할 수 있습니까? 내가 항상 말하지 않습니까? 우리가 살기 위해 먹는 것이지, 먹기 위해 살지 말아야 한다고 말입니다.

예전에 이런 일도 있었습니다. 어떤 수좌가 공부가 안 된다고 하기에 내가 이 오계를 일러줬습니다. 그랬더니 그 수좌가 하는 말이, 적게 먹기는 좀 어려운데 하면서 어물거립니다. 어려워도 해야 하지 않겠느냐고 내가 다그치니 그때서야 열심히 실천해 보겠다고 했습니다.

그렇게 약속하고 한 대엿새는 오계를 열심히 지키면서 공부 좀 하는 모양이었어요. 어떻게 하나 싶어 가만히 지켜보았거든요. 그런데 하루는 사중에서 가마솥을 내걸고 국수를 삶고 있는데 그 수좌가 그것을 한참 넋을 놓고 쳐다보더니 그만 참지를 못하고 달려들어 허겁지겁 먹는 것을 내가 봤어요. 그 수좌가 국수를 퍼 먹다 문득 고개를 들었는데 나를 발견한 모양입니다. 멋쩍어 얼굴을 붉히면서도 국수는 그대로 입에 가득 넣은 채로 나를 쳐다보더니 무슨 변명 한마디는 해야 되겠다고 생각한 모양입니다.

그 수좌가 이렇게 말을 해요. "아, 스님요, 마을 사람들도 어떻든지 자식 입에 음식 들어갈 때 보기 좋다고 하던데, 스님도 우리 입에 음식 들어가는 게 참 보기 좋지요? 방장스님은 우리 부모 아닙니까?" 한 대엿새 참았으니 배는 고프고, 그런데 간식 먹지 않기로 약속은 하였으니 나한테 미안커든요. 그 수좌는 사람은 참 좋은데 먹는 것을 그렇게 못 참고 탐을 낸다 말입니다. 그래서 내가 "예끼! 이 도둑놈, 저놈 쫓아내라. 저놈이 나하고 약속을 했으니까 저놈 쫓아내. 저놈 국수

그릇 뺏어라." 이렇게 호되게 혼을 내주고 말았습니다.

 과식하지 말고 간식하지 말라고 한 것을 지키기가 그렇게 어려운 모양입니다. 그렇지만 아무리 어려워도 공부에 방해가 되는 건 하지 말아야지요. 공부도 하고 건강도 잘 관리해 오래 살려면 삼시세끼 적게 먹고 간식을 삼가야 합니다. 의학적으로도 건강하고 장수하는 비결은 적게 먹는 데 있다고 합니다. 돈 아끼려고, 해인사 살림살이 줄까봐 걱정해 하는 말이 아니라는 것은 다들 알 겁니다.

 어떻든지 음식에 대한 욕심도 한번 이겨봐야 합니다. 물론 당장에 완벽하게 이기려고 하다 보면 그것 때문에 병이 날 수도 있습니다. 먹고 싶은 것을 참으면 오매불망 먹는 것만 생각하는 병이 나서 공부를 더 못할 수도 있습니다. 며칠에 한 번씩 늘 국수를 먹던 사람이 그것을 갑자기 못 먹게 되면 국수만 눈앞에 어른거리고 화두는 떨어져 나가고 맙니다. 국수 생각에 국수가 화두가 되어버리거든요. 그러니까 국수 화두, 떡 화두가 되지 않도록 잘 조절해 가면서 먹는 것에 대해서도 한번 이겨봅시다.

 마지막 다섯 번째는 돌아다니지 마라.

 요새는 그래도 결제 중에 돌아다니는 수좌가 많지는 않습니다. 그전 해방 직후에는 해방됐다고 선방도 완전히 해방이 돼버렸는지 한동안 결제고 해제고 없었습니다. 그전에 석암스님도 "그때는 결제해 놔도 결제할 때 사진 딱 찍어놓고 뭐 그 뿐이야. 여기저기로 다 나가고 선방이 텅 비어버렸어."라고 한 적이 있잖아요? 그래도 요즘은 조금 정리가 되어 결제산림 중에는 나가서는 안 된다는 생각을 다 가지고 있어서인지 예전처럼 많이 돌아다니지는 않는 것 같습니다.

그런데 해제만 했다 하면 막 달아나거든요. 정말 많이 봤습니다. 걸망을 짊어지고 뭐가 그렇게 바쁜지 비가 장대같이 오는데도 해제했으니까 가겠다고 빗속에도 뛰어가는 겁니다. 그래서 내가 그렇게 말한 적이 있습니다. "저 수좌, 참 장하다. 우리는 저 사람 보고 절을 해도 모자란다. 저리 가고 싶은 것을 석 달 동안이나 참고 공부한다고 앉아 있었으니, 그 얼마나 고마운가?" 그렇지 않습니까? 얼마나 참으며 해제만 학수고대했으면 비가 장대같이 쏟아지는데도 걸망을 짊어지고 누가 어디서 오라고 손짓하는 것을 보고 달려가듯이 쏜살같이 막 달아나거든요.

또, 빨리 가고 싶은 마음에 "안거증 가지고 염라대왕한테 가 보여줄 것도 아닌데 그것 때문에 지체할 일이 뭐 있나?" 하면서 안거증도 안 받고 새벽같이 가는 경우도 더러 있습니다. 물론 그 말도 틀린 건 아니지만 이런 식으로 공부하면 참 곤란합니다. 선방수좌가 되어 여기저기 기웃기웃 돌아다니는 것은 정진에 아무 도움이 되지 않습니다. 어느 선방, 어느 토굴이 명당이어서 그곳에 가 정진하면 힘을 얻을 수 있다느니 하는 말에도 미혹되면 안 됩니다. 배울 만한 선지식이 있는 그곳이 명당일 뿐 다른 명당이 없습니다.

첫째는 얘기하지 마라.
둘째는 잠 많이 자지 마라.
셋째는 책 보지 마라.
넷째는 음식을 적게 먹어라.

다섯째는 돌아다니지 마라.

다섯 가지 모두는 차치하고 한두 가지도 어려워들 하는 모양인데, 이것도 지키지 못하면서 공부가 되니 안 되니 하는 것은 어불성설이요. 그런 사람은 수행할 자격도 없습니다. 노력 없는 성공이 어디 있겠습니까?

서로 친할수록 또 인정이 많을수록 공부에는 방해가 되니까 서로 싸움한 것같이 얘기하지 맙시다. 수마(睡魔)를 조복(調伏)하지 못하면 공부를 이루지 못하니 어떻든지 노력해서 3시간, 그것도 안 되면 4시간 이상 자지 맙시다. 책에 매달리지도 맙시다. 전에 지월스님이 유나(維那) 소임 볼 때는 편지도 못 보게 했습니다. 음식을 적당히 먹고 간식하지 맙시다. 국수 화두, 떡 화두가 되지 않을 정도로 간식은 조금씩만 하고 오로지 먹기 위해서 사는 사람이 되지는 맙시다. 살림 중에는 당연하고 해제하더라도 돌아다니지 말고 오계를 지키고 공부를 부지런히 합시다. 지금 당장 수좌오계를 완전하게 지키지는 못할지라도 적어도 우리가 노력은 한번 해봅시다.

【성철 방장스님께서 1년 6개월여에 걸쳐 하신 『임제록』 강의는 1975년 8월 21일(음 7. 15) 하안거해제일에 마치게 됩니다. 수좌오계는 이미 다른 책에도 소개되어 있습니다만, 이곳에 다시 수좌오계를 실은 것은 임제록 법문 마지막 날에 수좌오계를 당부하신 성철스님의 간절하신 마음을 전하기 위해서입니다.】

16. 모양 없는 네 경계[四種無相境][215]

문 여하시사종무상경
問, 如何是四種無相境고?

사운 이일념심의 피지래애 이일념심애 피수래닉
師云, 儞一念心疑가 **被地來礙**하며 **儞一念心愛**가 **被水來溺**하며

이일념심진 피화래소 이일념심희 피풍래표
儞一念心瞋이 **被火來燒**하며 **儞一念心喜**가 **被風來飄**하나니

약능여시변득 불피경전 처처용경
若能如是辨得하면 **不被境轉**하고 **處處用境**이라.

동용서몰 남용북몰 중용변몰 변용중몰
東涌西沒하며 **南涌北沒**하고 **中涌邊沒**하며 **邊涌中沒**하야

니수여지 이지여수 연하여차
履水如地하며 **履地如水**하나니 **緣何如此**오?

위달사대여몽여환고
爲達四大如夢如幻故니라.

어떤 스님이 임제스님에게 물었다.

"어떤 것이 모양 없는 네 가지 경계입니까?"

"그대가 한순간 의심하는 마음작용이 땅[地]에 막히고, 그대가

---

215 신체를 비롯한 일체 만유를 구성하는 근본 요소인 지수화풍 사대(四大)가 실체가 없는 공(空)이고 무상(無相)이며, 인연 화합에 의해 생주이멸하는 유위(有爲)의 사상(四相)도 가상(假相)일 뿐이라는 견해를 보여주는 글.

한순간 애착하는 마음작용이 물[水]에 잠기고, 그대가 한순간 성내는 마음작용이 불[火]에 태워지고, 그대가 한순간 기뻐하는 마음작용이 바람[風]에 날려간다. 이같은 이치를 안다면 어떤 경계에도 휘둘리지 않고, 모든 장소에서 경계를 활용할 수 있다.

동쪽에서 솟았는가 하면 서쪽으로 사라지고, 남쪽에서 솟았는가 하면 북쪽으로 사라지며, 중심에서 솟았는가 하면 주변으로 사라지고, 주변에서 솟았는가 하면 중심으로 사라지며[216] 물 위에 다니기를 땅 위 다니듯 하고, 땅 위 다니기를 물 위 다니는 것처럼 자유자재하게 한다. 어째서 이와 같은가? 지수화풍 사대가 꿈과 같고 허깨비와 같이 실체가 없어 공(空)함을 통달했기 때문이다.

---

216 "이와 같은 진여의 상을 설하시려 하는 순간, 이때에 삼천대천세계가 여섯 가지로 진동하였다. 동쪽에서 솟았는가 하면 서쪽으로 사라지고 서쪽에서 솟았는가 하면 동쪽으로 사라지며, 남쪽에서 솟았는가 하면 북쪽으로 사라지고 북쪽에서 솟았는가 하면 남쪽으로 사라지며, 중심에서 솟았는가 하면 주변으로 사라지고 주변에서 솟았는가 하면 중심으로 사라졌다."(『大般若波羅蜜多經』 권513 「眞如品」 T.7 p.620a, 當說如是眞如相時, 於此三千大千世界, 六種震動. 東踊西沒, 西踊東沒, 南踊北沒, 北踊南沒, 中踊邊沒, 邊踊中沒.) ; 『華嚴經』 권52 「如來出現品」 T.10 p.278a.

17. 오대산에는 문수보살이 없다

道流야! 儞祇今聽法者가 不是儞四大로대 能用儞四大하나니

若能如是見得하면 便乃去住自由니라.

約山僧見處하면 勿嫌底法이라 儞若愛聖하면 聖者는

聖之名이니라.

有一般學人이 向五臺山裏求文殊하나 早錯了也니 五臺山에

無文殊니라. 儞欲識文殊麼아?

祇儞目前用處가 始終不異하며 處處不疑는 此箇是活文殊요

儞一念心無差別光이 處處總是眞普賢이요

儞一念心自能解縛하야 隨處解脫은 此是觀音三昧法이니라.

互爲主伴하야 出則一時出하나니 一卽三三卽一이라

如是解得하면 始好看教니라.

수행자들이여! 지금 나의 법문을 듣고 있는 것은 그대들의 지·수·화·풍으로 이루어진 육신이 아니라, 그 지·수·화·풍을 능숙하게 활용하는 그대들 자신이다. 만약 이와 같이 볼 수만 있다면 곧바로 가고 머무름에 자유자재하게 될 것이다.

산승이 보건대 의심하고 꺼릴 것이 없다. 그대들이 성인을 좋아한다고 하더라도 성인은 성인이라는 이름일 뿐이다. 어떤 학인 무리들은 오대산에서 문수보살을 친견하고자 하지만 이미 완전히 잘못된 것이니, 오대산에는 문수보살이 없기 때문이다. 문수보살을 만나고 싶은가? 그대들 눈앞에서 작용하고 있으며 시간적으로는 처음부터 끝까지 다르지 않고, 공간적으로는 어딜 가든지 의심할 것 없이 작용하는 이것이 살아 있는 문수보살이다. 그대들의 한순간 마음작용에도 차별 없이 어느 곳이든 비추는 광명이 모두 참된 보현보살이요, 그대들의 한순간 마음작용에서 스스로 속박 풀어 이르는 곳마다 해탈하는 이것이 바로 관세음보살의 삼매법이다.

문수·보현·관음 세 보살이 서로 주인도 되고 손님도 되어, 출현할 때는 동시에 출현하니, 하나가 곧 셋이고 셋이 곧 하나다.[217] 이같이 깨달으면 비로소 경전의 모든 가르침과 조사 어록을 잘 파악할 수 있을 것이다."

---

217 문수보살은 눈앞에서 약동하며 시종일관 어느 곳에서나 의심할 수 없는 자기 자신을, 보현보살은 모든 차별을 초월한 지혜를, 관음보살은 스스로 속박에서 벗어나 도처에서 해탈삼매의 힘을 보여주는 존재를 상징하며, 동시에 자성(自性)의 삼신불(三身佛)에 대응하기도 한다.

18. 응물현형(應物現形)

1) 누가 찾아오더라도 그의 정체를 알아내다

師示衆云, 如今學道人은 且要自信이요 莫向外覓하라.
總上他閑塵境하야 都不辨邪正하나니 祇如有祖有佛은
皆是敎迹中事니라.
有人은 拈起一句子語하야 或隱顯中出하면 便卽疑生하야
照天照地하야 傍家尋問하야 也太忙然이로다.
大丈夫兒가 莫祇麽論主論賊하며 論是論非하며 論色論財하야
論說閑話過日하라.
山僧此間에는 不論僧俗이요 但有來者하면 盡識得伊니
任伊向甚處出來하나 但有聲名文句하야 皆是夢幻이니라.

임제스님이 대중들에게 말했다.

"지금의 수행자들은 스스로를 믿는 것이 무엇보다 중요하니, 결코 자기 밖에서 구하지 말라. 모두가 옛사람의 쓸모없이 장황한 언어문자[218]에 끄달려서 삿되고 바른 것을 전혀 명확히 구분하지 못한다. 예를 들어 '조사가 있다, 부처가 있다' 하는 것은 모두 교학의 가르침일 뿐이다. 그런데 어떤 사람이 경전의 한 구절을 끄집어내 뜻을 숨겼다 드러내었다 하면 곧바로 의심이 일어나 허둥지둥 당황해하며[照天照地] 본길에서 벗어나 이리저리 묻고 다니며 어찌할 줄 모르고 정신없이 망연자실해한다.

대장부가 되어 왕과 도적 즉 정치를 이야기 하고,[219] 세상의 옳음과 그름을 따지고, 여색과 재물을 이야기하는 등 쓸데없는 잡담을 늘어놓으며 세월을 헛되이 보내지 말라. 산승은 여기서 출가자와 재가자를 구별하지 않고 나를 찾아오는 자가 있으면 그들의 정체를 다 알아낸다. 그가 어떤 곳과 경계에서 온다 해도 그들이 사용하는 말과 글귀는 모두 꿈이요 허깨비일 뿐이다.

---

218 한진경(閑塵境): 한기경(閑機境)이라고도 한다. 진경(塵境)은 육경(六境)을 뜻하는데 마음을 오염시키는 외부 경계라는 의미에서 '진(塵)' 자를 붙인 것이다. 여기서는 보잘것없고 시시한 문자언구를 아울러 이르는 말로 쓰였으며 옛사람이 시설한 모든 방편까지 포함한다.

219 『天聖廣燈錄』(권11 X.78 p.470a)에는 "論王論賊"으로 되어 있다. 무에(無恚)라는 외도(外道)가 조론(鳥論)·어론(語論)·왕론(王論)·적론(賊論)·투쟁론(鬪諍論)·음식론(飲食論)·의피론(衣被論)·부녀론(婦女論)·동녀론(童女論)·음녀론(淫女論)·세속론(世俗論)·비도론(非道論)·해론(海論)·국론(國論) 등을 설하였다는 이야기가 『中阿含經』(권26 「因品」 T.1 p.591c)에 실려 있기도 하다.

2) 경계를 활용하는 사람[乘境底人]

却見乘境底人하니 是諸佛之玄旨라.
_{각견승경지인   시제불지현지}

佛境이 不能自稱我是佛境이요 還是這箇無依道人이
_{불경   불능자칭아시불경   환시저개무의도인}

乘境出來니라. 若有人이 出來하야 問我求佛하면
_{승경출래   약유인   출래   문아구불}

我卽應淸淨境出하고 有人이 問我菩薩하면 我卽應慈悲境出하며
_{아즉응청정경출   유인   문아보살   아즉응자비경출}

有人이 問我菩提하면 我卽應淨妙境出하며 有人이 問我涅槃하면
_{유인   문아보리   아즉응정묘경출   유인   문아열반}

我卽應寂靜境出하야 境卽萬般差別이나 人卽不別이라 所以로
_{아즉응적정경출   경즉만반차별   인즉불별   소이}

應物現形은 如水中月이니라.
_{응물현형   여수중월}

이와 반대로 자신이 주인이 되어 경계를 활용하는 사람[乘境底人]²²⁰이야말로 바로 모든 부처님의 깊은 뜻[玄旨]을 체득하였다고 할 수 있다. 부처님의 경지는 '나는 부처의 경지다'고 스스로 말할 수 없는 것이니, 부처의 경지는 오히려 다름 아닌 이 의지함이 없는 도인[無依道人]이 경계를 마음대로 잘 다룬다. 만약 어떤 사람이 나에게 와 부처되는 길을 묻는다면²²¹ 나는

---

220 승경지인(乘境底人): 외부 경계에 휘둘리거나 물들지 않고 어떤 경계든 자신이 주인이 돼 자유자재로 다루는 사람.
221 번역은 '묻는다'와 같이 하였지만, 실제적 의미는 '나에게서 부처를 구한다면'이라는 뜻에 가깝다. 자신에게서 구하는 경계를 그때그때마다 드러내 보여준다는 맥락이다.

곧 청정한 경계로 응대해주고, 어떤 사람이 나에게 보살을 묻는다면 나는 곧 자비의 경계로 응대해주며, 어떤 사람이 깨달음을 묻는다면 곧 깨끗하고 오묘한 경계로 응대해주며, 어떤 사람이 열반을 묻는다면 고요한 경계로 응대해준다. 이처럼 경계는 천차만별이지만 그 사람은 다르지 않다. 그러므로 '사물에 응하여 형상을 나타내는 것이 마치 물속에 비친 달과 같다.'[222]고 한 것이다.

---

[222] "부처의 참된 법신은 허공과 같지만, 중생의 기근에 응해 형상을 나타냄은 마치 물에 비친 달이 장애 없이 나타나는 것과 같다."(『金光明經』 권2 T.16 p.344b, 佛眞法身, 猶如虛空, 應物現形, 如水中月, 無有障礙.)

19. 대장부(大丈夫)

道流야! 儞若欲得如法하면 直須是大丈夫兒始得이니라.

若萎萎隨隨地하면 則不得也니라.

夫如甕嗄〈上音西下所嫁切〉之器는 不堪貯醍醐니 如大器者는

直要不受人惑이라 隨處作主하야 立處皆眞이니라.

但有來者어든 皆不得受니 儞一念疑하면 卽魔入心이라 如菩薩이

疑時에 生死魔得便이니라.

但能息念이요 更莫外求하고 物來卽照하라.

儞但信現今用底하면 一箇事也無니라.

儞一念心生三界하야 隨緣被境하야 分爲六塵하니라.

儞如今應用處가 欠少什麼오?

一刹那間에 便入淨入穢하며 入彌勒樓閣하며 入三眼國土하야

처처유리　　유견공명
處處游履하야 **唯見空名**이니라.

수행자들이여! 그대들이 만약 여법한 수행자가 되고자 한다면 반드시 대장부가 되어야 한다. 시들시들해 바람에 이리저리 흔들리는 초목[223]같이 돼서는 안 된다. 예컨대 깨진 그릇[韰嘎之器][224]에 〈앞의 글자 음은 서(西)이고 뒤의 글자는 소(所)와 가(嫁)를 반절한 것이다.〉 제호(醍醐)를 담을 수 없는 이치와 같으니, 큰 그릇의 인물[225]이라면 반드시 남에게 속지 않고 어디에서도 주인이 돼 자기가 있는 그곳이 바로 참된 곳이 된다.

밖에서 들어오는 것은 무엇이 되었건 모두 받아들여서는 안 되니 그대가 한 생각이라도 의심을 일으키면 곧 마구니가 마음속으로 들어올 것이다. 가령 보살일지라도 의심이 일어나면 생사망념의 마구니가 침입해 기회를 얻게 되는 것이다. 다만 망념을 그치고 결코 밖에서 구하지 말고, 어떤 경계가 다가오면 지혜로 비춰보라.

그대는 다만 지금 전체적으로 작용하는 이것을 믿기만 하면 아무 일도 없을 것이다. 그대의 한 생각 마음이 삼계를 만들어 내

---

223 위위수수지(萎萎隨隨地): 남의 말이나 바깥 경계에 줏대 없이 끌려 다니는 모습을 시들고 바람에 흔들리는 초목에 비유한 말.
224 사사지기(韰嘎之器): 금이 간 그릇. 사(韰)는 항아리나 기와 깨지는 소리, 사(嘎)는 목소리가 잠겨 소리가 나오지 않는 것을 말한다. 또는 두 글자 모두 물건이 깨질 때 나는 소리라고도 한다. 여기서는 앞의 대장부와 상대되는 개념으로 소근기의 사람을 비유한다.
225 몰량한(沒量漢)과 같은 말. 일정한 틀에 국한되지 않는 큰 인물, 철저하게 깨달은 사람을 비유한다.

고, 인연 따라 경계에 사로잡혀 색·성·향·미·촉·법 6진의 경계로 나뉘게 된다. 그대들이 지금 응하여 작용하는 곳에 도대체 무슨 모자람이 있느냐? 한 찰나에 바로 깨끗한 국토[淨土]에도 들어가고 더러운 국토[穢土]에도 들어가며, 미륵의 누각에도 들어가고 삼안국토(三眼國土)[226]에도 들어가 곳곳마다 돌아다니지만, 걸림이 없어 오직 헛된 이름[空名]에 불과하다[227]고 보는 것이다."

---

226 삼안국토(三眼國土): 정묘국토(淨妙國土), 무차별국토(無差別國土), 해탈국토(解脫國土). 정묘국토는 법신불, 무차별국토는 보신불, 해탈국토는 화신불에 각각 대응한다.
227 "아(我)와 열반, 이 두 가지 모두 공이다. 어째서 공이라 하는가? 다만 명자일 뿐이기 때문에 공이라 하는 것이다."(『維摩詰所說經』 권중 「文殊師利問疾品」 T.14 p 545a, 我及涅槃, 此二皆空. 以何爲空? 但以名字故空.)

20. 삼안국토(三眼國土)

문 여하시삼안국토
問, 如何是三眼國土오?

사운 아공이입정묘국토중 착청정의   설법신불
師云, 我共儞入淨妙國土中하야 著淸淨衣하고 說法身佛하며,

우입무차별국토중   착무차별의   설보신불
又入無差別國土中하야 著無差別衣하고 說報身佛하며

우입해탈국토중   착광명의   설화신불
又入解脫國土中하야 著光明衣하고 說化身佛하나니

차삼안국토   개시의변
此三眼國土는 皆是依變이니라.

약경론가   취법신위근본   보화이신위용   산승견처
約經論家하면 取法身爲根本하고 報化二身爲用하나 山僧見處는

법신즉불해설법
法身卽不解說法이라.

소이 고인 운 신의의립   토거체론
所以로 古人이 云, 身依義立이요 土據體論이라 하니

법성신법성토   명지시건립지법   의통국토 공권황엽
法性身法性土는 明知是建立之法이요 依通國土니 空拳黃葉으로

용광소아
用誑小兒니라.

질려능자   고골상   멱십마즙   심외무법
蒺藜菱刺와 枯骨上에 覓什麽汁고? 心外無法이요

내 역 불 가 득 　　구 십 마 물
內亦不可得이니 **求什麽物**고!

한 스님이 임제스님에게 물었다.

"어떤 것이 삼안국토입니까?"

"나는 그대들과 함께 깨끗하고 미묘한 국토에 들어가서 청정한 옷을 입고 법신불로서 설법하고, 또한 차별 없는 평등의 국토에 들어가 차별 없는 옷을 입고 보신불로서 설법하며, 또한 무엇에도 얽매임이 없는 해탈국토에 들어가 광명의 옷을 입고 화신불로서 설법한다. 이 삼안국토란 모두 내가 행동하는 것에 의지해 변화한 경계[依變][228]일 뿐이다.

교학자들은 법신을 근본으로 삼고 보신과 화신을 법신의 작용[用]이라고 생각한다. 그러나 산승의 견해로는 법신도 법을 설할 줄 모른다. 그런 까닭에 옛사람이 말하기를, '법성신의 구별은 현상에 의지해 세운 것이고, 법성토는 그 법성의 체에 의지해 설정한 것이다.'[229]고 한 것이다. 따라서 '법성의 몸[法性身]'과 '법성의 땅[法性土]'은 임시적인 법[현상]이고, 임시로 만든 땅[230]이라는 점을 분명히 알아야 한다.

그것은 빈주먹에 누런 잎사귀를 쥐고 황금이라고 속여 어린아이를 달래는 것과 같다.[231] 남가새나 마름의 가시와 마른 **뼈다**

---

228 다양한 인연이 만나 이뤄진 것으로 실체가 없다.
229 『大乘法苑義林章』 권7 T.45 p.370b 참조. 구절이 완전히 일치하는 것은 아니며 대강의 취지를 취한 것으로 보인다.
230 의통국토(依通國土): 무엇인가에 의존하거나 무엇을 매개로 하여 만들어진 상대적 세계.
231 『大般涅槃經』 권20 「嬰兒行品」 T.12 p.485c에 나오는 이야기. 궁극의 인식으

귀에서 무슨 국물을 찾는다는 말인가? 마음 밖에 따로 법[경계, 대상]이 없고²³² 마음 안에서도 또한 얻을 바가 없는데, 다시 무엇을 구하려 하는가!

로 이끌기 위한 일시적 방편을 비유한다.
232 심외무법(心外無法): 심외무별법(心外無別法)이라고도 한다. 일체의 모든 존재는 마음에서 빚어진 현상이라는 말이다. "이 법 그대로가 마음이니 마음 밖에 법이 없고, 이 마음 그대로가 법이니 법 밖에 마음이 없다."(『傳心法要』 T.48 p.380b, 此法卽心, 心外無法, 此心卽法, 法外無心.) ; "산하대지와 일월성신 모두 그대의 마음에서 벗어나 있지 않으며, 삼천대천세계 전체가 그대의 자기이니, 어디에 이러저러한 것들이 또 있겠는가! 마음 밖에 어떠한 법도 없다."(『宛陵錄』 T.48 p.385c, 山河大地, 日月星辰, 總不出汝心, 三千世界, 都來是汝箇自己, 何處有許多般! 心外無法.)

21. 조작(造作)

1) 지옥에 떨어지는 업

儞諸方에 言道호대 有修有證이라 하니 莫錯하라.

設有修得者라도 皆是生死業이며 儞言六度萬行을 齊修라 하나

我見皆是造業이니라.

求佛求法은 卽是造地獄業이라.

求菩薩도 亦是造業이요 看經看教도 亦是造業이니라.

佛與祖師는 是無事人이라 所以로 有漏有爲와 無漏無爲가

爲淸淨業이니라.

그대들은 지금 곳곳에서 "닦을 것도 있고 깨달음도 있다"고 말하는데 착각하지 말라. 설령 닦아 얻은 것이 있다 하더라도 모두가 생사윤회의 업이다.[233] 그대들이 "육도만행(六度萬行)을 빠

---

233 단하천연(丹霞天然)의 다음 말과 취지가 통한다. "오늘날 도를 배운다는 이들

짐없이 닦는다"고 하나, 산승이 보건대 모두가 업을 짓는 일일 뿐이다. 그러므로 부처를 구하고 법을 구하는 것도 지옥에 떨어지는 업을 짓는 일이고, 보살을 구하는 것 역시 업을 짓는 일이며, 경문을 독송하고 경전을 읽는 것 역시 업을 짓는 일이다.

부처와 조사는 일 없는 사람[無事人]이다. 그런 까닭에 유루유위(有漏有爲) 즉 미혹함과 조작함이 있는 행위와 무루무위(無漏無爲) 즉 미혹함과 조작함이 없는 행위 모두 청정한 업이 되는 것이다.[234]

2) 외도법(外道法)

유일반할독자　　　　포끽반료　　　　변좌선관행　　　　파착염루
有一般瞎禿子하야 飽喫飯了하고 便坐禪觀行호대 把捉念漏하야

불령방기　　　염훤구정　　　시외도법
不令放起하며 厭喧求靜하나니 是外道法이니라.

조사운　이약주심간정　　　거심외조
祖師云, 儞若住心看靜하며 擧心外照하고

섭심내증　　　응심입정　　　여시지류　　　개시조작
攝心內澄하며 凝心入定하면 如是之流는 皆是造作이라 하나니라.

은 어지러이 소란을 떨며 참선을 한다, 도를 구한다 하지만, 나의 이곳에서는 닦을 도도 없고 증득할 법도 없다."(『景德傳燈錄』권14 T.51 p.311a, 今時學者, 紛紛擾擾, 皆是參禪問道, 吾此間無道可修, 無法可證.)

234 '루(漏)'는 번뇌, 미혹의 뜻이고, '위(爲)'는 조작(造作)·작위(作爲)의 뜻이다. 번뇌로 인한 미혹함도, 번뇌를 끊고 깨달음을 얻었다는 생각도 모두 업을 짓는 행위이기는 마찬가지이지만, 무사인(無事人)은 이것을 청정한 업으로 만든다는 의미이다.

시이여금여마 청법지인　작마생의수타증타장엄타
是儞如今與麼聽法底人을 **作麼生擬修他證他莊嚴他**리오!

거차불시수지물　　불시장엄득지물
渠且不是修底物이며 **不是莊嚴得底物**이니라.

약교타장엄　　일체물　즉장엄득　　이차막착
若敎他莊嚴하면 **一切物**을 **卽莊嚴得**이니 **儞且莫錯**하라.

어떤 부류의 '눈 먼 중들'은 배불리 밥을 먹고 나서 바로 좌선하고 관심(觀心)을 행하며, 망념으로 인한 번뇌를 꽉 붙잡아 함부로 일어나지 않도록 하며 시끄러운 것은 싫어하고 조용한 곳을 찾으나, 이것은 모두 외도의 가르침이다.

신회 조사가 말씀하셨다.

"그대가 만약 마음을 머물게 하여 고요한 상태를 살펴보고[住心看靜],

마음을 일으켜 밖으로 대상경계를 비춰보며[擧心外照],

마음을 가다듬어 안에서 깨달음을 증득하고자 하며[攝心內澄],

마음을 한곳에 집중하여 선정에 들려 한다면[凝心入定]

이와 같은 것들은 모두가 조작하는 짓이다."[235]

바로 지금 이와 같이 법을 듣고 있는 사람이 그대인데 이 사람을 어떻게 닦겠으며, 어떻게 깨닫게 하겠으며, 어떻게 장엄하려 하는가! 그 사람은 닦을 수 있는 물건이 아니요, 장엄할 수 있는 물건도 아니다. 만약 그 사람을 장엄할 수 있다면 일체의 모든 물건도 장엄할 수 있을 것이다. 그러므로 그대들은 착각하지 말라.

---

[235] 『菩提達摩南宗定是非論』(『神會和尙遺集』 p.287) 참조. 신회대사가 북종 신수 대사 계통의 선을 이 4구로 요약하여 강하게 비판한 글이다.

22. 들여우와 사자

1) 비굴한 수행자

道流야! 儞取這一般老師口裏語하야 爲是眞道하야 是善知識은
 도류   이취저일반노사구리어   위시진도   시선지식

不思議요 我是凡夫心이니 不敢測度他老宿이라 하나니라.
 부사의   아시범부심   불감측탁타노숙

瞎屢生이여! 儞一生을 祇作這箇見解하야 辜負這一雙眼하니
 할루생   이일생   지작저개견해   고부저일쌍안

冷噤噤地가 如凍凌上驢駒相似로다.
 냉금금지   여동릉상여구상사

我不敢毁善知識하야 怕生口業이니라.
 아불감훼선지식   파생구업

수행자들이여! 그대들은 곳곳에서 여러 노스님들이 입속으로 중얼거리는 소리를 듣고서 그것이 참된 가르침이라고 생각해 "이 선지식은 부사의하지만, 나는 범부의 마음을 가지고 있으니 감히 저 훌륭하신 노스님의 뜻을 헤아릴 수 없다."고 생각한다. 이 눈먼 바보들아! 그대들은 짧은 일생을 이런 비굴한 생각에 사로잡혀 멀쩡한 두 눈을 못쓰게 만들고 있다. 추워서 벌벌 떨

면서 입도 떼지 못하는 꼴이 마치 얼어붙은 땅 위를 조심스럽게 기어가는 당나귀나 망아지 같구나. 그러면서 "나는 감히 선지식을 비방할 수 없다. 구업(口業)을 짓는 것이 두렵다."고 한다.

2) 훌륭한 수행자

道流야! 夫大善知識이 始敢毀佛毀祖하고 是非天下하며
排斥三藏敎하고 罵辱諸小兒하야 向逆順中覓人하나니라.
所以로 我於十二年中은 求一箇業性을 如芥子許도 不可得이니라.
若似新婦子禪師하면 便卽怕趁出院하야 不與飯喫하야
不安不樂이어니와 自古先輩가 到處人不信하고 被趁出하야
始知是貴하나니 若到處人盡肯하면 堪作什麼오?
所以로 師子一吼에 野干이 腦裂이니라.

수행자들이여! 참으로 대선지식이라야만 비로소 감히 부처와 조사를 비방하고, 천하의 선지식을 옳다 그르다 비판하며, 경·율·론 삼장(三藏)의 가르침을 배척하고, 출싹거리며 우왕좌왕 몰려다니는 소견머리 없는 무리들을 꾸짖고 욕하며, 어려운 경계와 순응하는 경계를 활용해 여러 가지 방법으로 시험하여 참된 수행인을 찾고자 하였다.

그래서 나는 12년 동안 한 개의 될성부른 소질을 가진 업성이라도 찾고자 했지만 겨자씨만큼도 얻을 수 없었다.

시어머니를 무서워하는 새색시 같은 선사라면 절에서 쫓겨나 밥도 얻어먹지 못할까봐 불안하고 즐겁지도 않을 것이다. 예로부터 위대한 선의 거장들은 가는 곳마다 사람들이 믿지 아니하여 쫓겨나곤 했으나, 그가 떠난 뒤에야 비로소 귀하고 훌륭한 선승인 줄 깨닫곤 했다.

만약 가는 곳마다에서 비위를 맞춰 사람들이 받아들이고 인정해준다면 이런 사람이 무슨 쓸모가 있겠느냐? 그러므로 "사자의 포효 한 번에 들여우의 뇌가 찢어진다."[236]고 했던 것이다.

---

[236] 사자는 대선지식을, 들판의 여우는 설익은 수행자를 비유한다.

23. 본래 마음

1) 반야지혜의 칼을 뽑아들라

道流야! 諸方이 說有道可修하며 有法可證하나니

儞說證何法修何道오? 儞今用處欠少什麼物이며 修補何處오?

後生小阿師가 不會하야 便卽信這般野狐精魅하야 許他說事하야

繫縛他人하야 言道호대 理行이 相應하고 護惜三業하야사

始得成佛이라 하니 如此說者는 如春細雨로다.

古人이 云, 路逢達道人이어든 第一莫向道하라.

所以로 言호대 若人이 修道하면 道不行이니 萬般邪境이

競頭生이라 智劍이 出來에 無一物하야 明頭未顯暗頭明이로다.

所以로 古人이 云, 平常心이 是道라 하니라.

수행자들이여! 지금 곳곳에서 '닦아야 할 도(道)가 있고 깨쳐야

할 법이 있다'²³⁷는 말들을 하니, 도대체 그대들은 무슨 법을 깨 닫고, 무슨 도를 닦는다는 것이냐? 그대들이 지금 사용하고 있 는 본래심에 무엇이 모자라며 어떤 점을 고쳐 보완해야 한다는 말인가?

못난 후학들이 잘 알지 못하고 저들 들판의 여우나 도깨비 같 은 엉터리 선승들의 하찮은 말을 믿고, 그들의 논리를 받아들 이고 다른 사람들을 얽어매어 말하기를, "세상에서 이치와 실행 이 일치하고 몸·입·뜻의 삼업을 잘 보호하고 아껴야만 비로소 성불할 수 있다."고 주장하는데, 그렇게 말하는 사람들은 옛날 부터 봄날의 가랑비같이 흔하다.

옛사람이 "길에서 도를 통달한 사람을 만나거든, 무엇보다 도에 대해 말하지 말라."²³⁸고 말했다. 그런 까닭에 "도를 억지로 닦 는다면 도는 행해지지 않고, 도리어 만 가지 삿된 경계들이 앞 다투어 일어난다. 반야지혜의 칼을 뽑아들면 한 물건도 없으니, 밝음이 나타나지 않았는데도 어둠이 밝아진다."²³⁹고 말했다. 또 한 "평상심이 곧 도"²⁴⁰라고 옛사람이 말했던 것이다.

---

237 『景德傳燈錄』 권14 T.51 p.311a 참조.
238 사공본정(司空本淨)의 말. "홀연 도를 닦는 사람을 만나더라도, 무엇보다 도에 대해 말하지 말라."(『景德傳燈錄』 권5 T.51 p.243b, 忽逢修道人, 第一莫向道.)
239 ① 밝음[明頭]은 현실의 존재가 분명히 드러난 세계, 차별의 세계, 인연으로 얽 힌 이 세계의 모습을 명확하게 판단해서 아는 것을 말함. ② 어둠[暗頭]은 평 등을 상징하는데 무분별의 세계, 신비로운 유현한 세계, 일미평등의 세계, 차별 이 생기기 이전의 세계를 말하니, 여기서는 차별이 생기기 이전의 세계가 밝게 비쳐 있다는 뜻.
240 『馬祖廣錄』 X.69 p.3a 참조.

2) 살아 있는 조사의 마음[活祖心]

　　　　대덕　　　　멱십마물　　　현금목전청법무의도인　　역력지분명
　　　　大德아! **覓什麼物**고? **現今目前聽法無依道人**이 **歷歷地分明**하야

　　　　미증흠소　　　　이약욕득여조불불별　　　　단여시견
　　　　未曾欠少하니 **儞若欲得與祖佛不別**인댄 **但如是見**이요

　　　　불용의오
　　　　不用疑誤니라.

　　　　이심심불이　　　명지활조심　　약유이　　　즉성상　　　별
　　　　儞心心不異를 **名之活祖心**이니 **若有異**하면 **則性相**이 **別**이요,

　　　　심불이고　　　즉성여상불별
　　　　心不異故로 **卽性與相不別**이니라.

대덕들이여, 무엇을 찾고 있는가? 지금 바로 눈앞에서 법문을 듣고 있는 '의지함이 없는 깨친 이[無依道人]'는 너무도 역력하고 분명하여 조금도 모자란 적이 없다. 그대들이 만약 조사·부처와 다름없기를 바란다면 다만 이와 같이 꿰뚫어 보고, 다시는 잘못되지 않을까 의심하지 말라.

그대들의 마음과 마음이 다르지 않은 것[241]을 살아 있는 조사의 마음이라고 한다. 만약 마음에 다름이 생기면 마음의 본성과 현상이 각각 다르게 되겠지만, 마음이 다르지 않은 까닭에 본성과 현상도 다르지 않은 것이다.

---

241 "마음과 마음이 다르지 않고 법과 법이 다르지 않으며 수많은 경전과 논서도 단지 그대의 일심일 뿐이다."(『宛陵錄』古尊宿語錄3 X.68 p.22a, 心心不異, 法法不異, 乃至千經萬論, 祇爲你之一心.) ; "부처님이 가섭에게 법을 전한 이래 마음으로 마음에 도장을 찍어 전하였으니 마음과 마음이 다르지 않다."(『傳心法要』T.48 p.382a, 自如來付法迦葉已來, 以心印心, 心心不異.)

24. 마음과 마음이 다르지 않은 경계
　　[心心不異處]

문 여하시심심불이처
問, 如何是心心不異處오?

사운 이의문　　조이료야　성상　각분
師云, 儞擬問하면 早異了也니 性相이 各分이로다.

도류　막착
道流야, 莫錯하라.

세출세제법　개무자성　　역무생성　　단유공명
世出世諸法이 皆無自性하며 亦無生性하고 但有空名하야

명자역공　　이지마인타한명위실　　대착료야
名字亦空이어늘 儞祇麼認他閑名爲實하니 大錯了也로다.

설유　　개시의변지경
設有라도 皆是依變之境이라.

유개보리의　열반의　해탈의　삼신의　경지의　보살의
有箇菩提依와 涅槃依와 解脫依와 三身依와 境智依와 菩薩依와

불의　　이향의변국토중　　멱십마물
佛依하니 儞向依變國土中하야 覓什麼物고?

내지삼승십이분교　　개시식부정고지　　불시환화신
乃至三乘十二分敎는 皆是拭不淨故紙며 佛是幻化身이요

조시노비구　이환시낭생이부
祖是老比丘니 儞還是娘生已否아?

이약구불　　즉피불마섭　　이약구조　　즉피조마박
儞若求佛하면 卽被佛魔攝이요 儞若求祖하면 卽被祖魔縛이니

이약유구개고   불여무사
儻若有求皆苦라 **不如無事**로다.

한 스님이 임제스님에게 물었다.
"어떤 것이 마음과 마음이 다르지 않은 것입니까?"
"그대가 의심을 갖고 물으려 하는 그 순간 벌써 달라져버려 마음의 본성과 현상이 각각 나뉘어졌다. 수행자들이여! 착각하지 말라. 세간이나 출세간의 모든 법은 모두 자성이 없고[無自性], 또한 새로 생겨나는 본성도 없으며, 다만 공(空)이라는 이름만 있을 뿐이요, 이름 또한 헛된 것이다. 그대들은 오로지 저 부질없는 이름들에만 매달려 진실로 삼고 있으니 이는 크게 잘못된 것이다. 설사 무언가 실다운 법이 있다 해도 모두가 인연에 의지해 서로서로 변화하는 가상적인 경계들이다.[依變之境]

깨달음이라는 경계, 열반이라는 경계, 해탈이라는 경계, 삼신이라는 경계, '대상과 지혜[境智]'[242]라는 경계, 보살이라는 경계, 부처라는 경계가 있다고는 하나 그대들은 인연 화합에 의해 만들어진 변화하는 국토 속에서 무엇을 찾으려고 하느냐?

나아가 삼승십이분교의 경전은 모두가 더러운 똥을 닦아낸 휴지에 불과하고, 부처란 허깨비로 나타난 몸이며, 조사란 늙은 비구일 뿐이다. 그러나 그대들은 어머니가 낳아주신 진짜 살아있는 몸이 아니냐?

그대가 만약 부처를 구하면 부처라는 마구니에 속박되고, 조사

---

242 경지(境智): 비춤의 대상으로서의 경계와 그 대상을 비추는 지혜.

를 구하면 조사라는 마구니에 속박되어 버린다. 그대들이 만약 무엇을 찾아 구하는 것이 있다면 모두가 괴로움이 될 뿐이니, 아무 일 없느니만 못하다.

25. 형상 없음[無相]이 참된 형상[眞形]

유일반독비구
有一般禿比丘하야

향학인도 불시구경 어삼대아승기겁
向學人道호대 **佛是究竟**이니 **於三大阿僧祇劫**에

수행과만 방시성도 도류 이약도불시구경
修行果滿하야 **方始成道**라 하니 **道流**야! **儞若道佛是究竟**인댄

연십마 팔십년후 향구시라성쌍림수간 측와이사거
緣什麼하야 **八十年後**에 **向拘尸羅城雙林樹間**하야 **側臥而死去**며

불금하재 명지여아생사불별
佛今何在오? **明知與我生死不別**이니라.

이언 삼십이상팔십종호 시불 전륜성왕
儞言, 三十二相八十種好가 **是佛**이라 하니 **轉輪聖王**도

응시여래 명지시환화
應是如來라 **明知是幻化**로다.

고인 운 여래거신상 위순세간정 공인생단견
古人이 **云, 如來擧身相**은 **爲順世間情**이라 **恐人生斷見**하야

권차입허명
權且立虛名이로다.

가언삼십이 팔십야공성 유신 비각체 무상
假言三十二하고 **八十也空聲**이니 **有身**은 **非覺體**요 **無相**이

내진형
乃眞形이로다.

일반적으로 머리 깎은 어리석은 어떤 비구 무리들은 학인들에게 말하기를, "부처는 도달해야 할 구극(究極)의 경지이다. 삼아승기겁이라는 한량없는 세월을 수행하여 과보를 원만히 성취하여야 비로소 도를 이룬다."고 한다.

수행자들이여! 그대들이 만약 "부처는 도달해야 할 구극의 경지"라고 말할진대, 어째서 부처님께서는 80년을 사시다 쿠시나가라 성(城)의 사라쌍수 사이에서 옆으로 누워 돌아가셨으며, 그 부처님은 지금 어디 계신가? 부처님도 우리들과 같이 나고 죽음이 다르지 않음을 분명히 알아야 한다.

그대들은 "32상 80종호가 부처님이다."라고 말하는데, 그렇다면 부처와 똑같은 덕상을 지닌 전륜성왕도 마땅히 여래일 것이다. 그러므로 이것이 실체가 없는 환화인이라는 것을 분명히 알아야 한다.

옛사람이 말했다.

"여래께서 몸에 덕상을 갖춘 모습을 보여주신 것은, 세상 사람들의 인정을 따라주기 위해서였다. 사람들이 부처님이 돌아가시어 아무것도 없다는 단견을 갖게 될까 걱정하여 방편으로 헛된 이름을 세운 것이다. 32상도 속임수요 80종호도 헛소리다. 형상이 있는 몸은 깨달은 부처의 참 본체가 아니며, 형상 없음이 부처님의 진실한 형상이다."[243]

---

[243] 『梁朝傳大士頌金剛經』T.85 p.2b.

26. 육신통(六神通)

이도　　　 불유육통　　　 시불가사의　　　　 일체제천
儞道호대 **佛有六通**하야 **是不可思議**라하니 **一切諸天**과

신선아수라　　 대력귀　　 역유신통　　　 응시불부　　 도류
神仙阿修羅와 **大力鬼**도 **亦有神通**하니 **應是佛否**아? **道流**야!

막착
莫錯하라.

지여아수라　　 여천제석전　　　 전패　　 영팔만사천권속
祗如阿修羅가 **與天帝釋戰**하야 **戰敗**에 **領八萬四千眷屬**하고

입우사공중장　　　 막시성부　　 여산승소거
入藕絲孔中藏하니 **莫是聖否**아? **如山僧所擧**는

개시업통의통
皆是業通依通이니라.

부여불육통자　　　 불연　　 입색계불피색혹
夫如佛六通者는 **不然**하야 **入色界不被色惑**하며

입성계불피성혹　　　　 입향계불피향혹
入聲界不被聲惑하며 **入香界不被香惑**하며

입미계불피미혹　　　　 입촉계불피촉혹　　　　 입법계불피법혹
入味界不被味惑하며 **入觸界不被觸惑**하며 **入法界不被法惑**하니

소이　　 달육종색성향미촉법　　　　 개시공상
所以로 **達六種色聲香味觸法**이 **皆是空相**이라

불능계박차무의도인
不能繫縛此無依道人이니라.

수시 오온누질　　변시지행신통
雖是五蘊漏質이나 **便是地行神通**이니라.

그대들은 "부처님께서는 6신통[244]이 있으니 참으로 불가사의하다."라고 말한다. 그렇다면 일체의 모든 천신과 신선, 아수라와 힘센 귀신도 역시 신통이 있으니, 그들도 부처라 해야 하지 않겠느냐?

수행자들이여! 부디 잘못 판단하지 말라. 저 아수라들이 제석천왕과의 전쟁에서 패배하여 팔만사천 권속들을 거느리고 연뿌리 속의 실구멍으로 들어가 숨었다고 하니,[245] 아수라도 성인이라 해야 하지 않겠느냐?

내가 이와 같이 예를 드는 것은 모두가 전생의 업으로 얻은 신통[業通]이거나 조건의 변화로 어떤 힘에 의지해 얻은 신통[依通]들이다.

그러나 부처님의 6신통이란 그런 것이 아니다. 물질[色]의 경계에 들어가도 물질에 미혹되지 않고, 소리[聲]의 경계에 들어가도 소리에 미혹되지 않고, 냄새[香]의 경계에 들어가도 냄새에 미혹되지 않고, 맛[味]의 경계에 들어가도 맛에 미혹되지 않고, 촉각[觸]의 경계에 들어가도 촉각에 미혹되지 않고, 법계[法]의 경계에 들어가도 법계에 미혹되지 않는다. 그러므로 색·성·향·미·촉·법의 육진이 다 실체가 없는 텅 빈 모양[空相]뿐이라

244　육신통(六神通): 불보살(佛菩薩)이 정혜(定慧)의 힘으로 얻은 여섯 가지 신통력. 신족통(神足通: 또는 身足通)·천안통(天眼通)·천이통(天耳通)·타심통(他心通)·숙명통(宿命通)·누진통(漏盡通) 여섯 가지.
245　『雜阿含經』 권16 T2 p.109a ; 『法苑珠林』 권5 T53 p.310b.

는 것을 깨달았기 때문에 이 의지함이 없는 깨친 이를 얽어맬 수 없다. 비록 '어디에도 의지하지 않는 깨친 이'가 오온으로 이뤄진 번뇌의 몸이지만 땅 위를 걸어 다니며 그대로 신통을 나툰다.[246]

---

[246] 지행신통(地行神通): 매일매일의 모든 행동이 모두 부처님의 지혜묘용이라는 뜻이다. 천상의 삶으로 비약할 필요 없이 바로 일상의 평범한 삶의 신통묘용이라는 뜻으로 신통이란 깨달음의 한 표현이다.

27. 제법공상(諸法空相)

1) 참 부처[眞佛]는 형상이 없다

도류   진불   무형   진법   무상
道流야! 眞佛은 無形이요 眞法은 無相이라.
이지마환화상두   작모작양   설구득자   개시야호정매
儞祇麼幻化上頭에 作模作樣하야 設求得者나 皆是野狐精魅요
병불시진불   시외도견해
并不是眞佛이니 是外道見解니라.
부여진학도인   병불취불   불취보살나한
夫如眞學道人은 并不取佛하며 不取菩薩羅漢하며
불취삼계수승   형연독탈   불여물구
不取三界殊勝하고 迥然獨脫하야 不與物拘니라.
건곤   도복   아갱불의   시방제불   현전
乾坤이 倒覆하야도 我更不疑하며 十方諸佛이 現前하야도
무일념심희   삼도지옥   돈현   무일념심포
無一念心喜하고 三塗地獄이 頓現하야도 無一念心怖하나니
연하여차
緣何如此오?
아견   제법   공상   변즉유   불변즉무
我見하니 諸法은 空相일새 變即有하고 不變即無니라.

삼계유심   만법유식   소이   몽환공화
三界唯心이요 **萬法唯識**이니 **所以**로 **夢幻空花**를
하로파착
何勞把捉가하니라.

수행자들이여! 참 부처는 형상이 없고, 참된 깨달음[眞法]도 모양이 없다. 다만 그대가 환상 가운데서 온갖 망령된 지견을 더하여 여러 가지로 모양을 조작해낸 것일 뿐이니, 설령 구하여 얻은 것이 있더라도 모두 들판의 여우나 도깨비귀신 같은 착각이며 참된 부처는 아니며, 이것이 바로 외도의 견해이다.

진정으로 수행하는 사람이라면 결코 부처도 취하지 않고, 보살과 나한도 취하지 않으며, 삼계의 뛰어난 경계도 취하지 않는다. 장애가 되는 일체의 경계에서 홀로 벗어나 어떤 사물에도 전혀 얽매이지 않으니, 하늘과 땅이 뒤집힌다 해도 다시는 의혹에 휩싸이는 일이 없다. 시방세계 모든 부처님이 눈앞에 나타난다 해도 한 생각도 기쁜 마음이 없으며, 화도(火塗: 지옥), 혈도(血塗: 아귀), 도도(刀塗: 축생)라는 삼악도지옥이 갑자기 나타난다 할지라도 한 생각도 두려운 마음이 없다. 어째서 그러한가? 산승이 보건대, 모든 법이 공한 모습[空相]이니, 변화하여 나타나면 있고 변화하여 나타나지 않으면 아무것도 없다. "삼계는 오직 마음일 뿐이요, 만법은 오직 식(識)이 만들어낸 것"[247]임을

---

247 "삼계는 허망하니 다만 일심이 만들어낸 것일 뿐이다. 십이인연이 모두 마음을 따른다."(60권본 『華嚴經』 권25 「十地品」 T.9 p.558c, 三界虛妄, 但是一心作, 十二緣分, 是皆依心.) ; "삼계의 모든 존재는 오직 일심일 뿐이다."(80권본 『華嚴經』 「十地品」 권37 T.10 p.194a, 三界所有, 唯是一心.) 등에서 비롯한 말이다. 삼계유일심(三界唯一心), 만법유심(萬法唯心) 등이라고도 한다.

투철히 깨달아 보기 때문이다. 그런 까닭에 "꿈같고 허깨비 같은 허공의 꽃을 어째서 애써 잡으려 하느냐?"[248]라고 하는 것이다.

2) 꺼리는 법이 없어야 한다[無嫌底法]

<u>유유도류목전현금청법지인</u> <u>입화불소</u> <u>입수불닉</u>
唯有道流目前現今聽法底人은 **入火不燒**하며 **入水不溺**하며

<u>입삼도지옥</u> <u>여유원관</u> <u>입아귀축생</u> <u>이불수보</u>
入三塗地獄호대 **如遊園觀**하며 **入餓鬼畜生**호대 **而不受報**하나니

<u>연하여차</u> <u>무혐지법</u>
緣何如此오? **無嫌底法**일새니라.

<u>이약애성증범</u> <u>생사해리침부</u> <u>번뇌</u> <u>유심고유</u>
儞若愛聖憎凡[249]하면 **生死海裏沈浮**하리니 **煩惱**는 **由心故有**라

<u>무심</u> <u>번뇌하구</u> <u>불로분별취상</u> <u>자연득도수유</u>
無心하면 **煩惱何拘**리오? **不勞分別取相**하야 **自然得道須臾**니라.

<u>이의방가파파지학득</u> <u>어삼기겁중</u> <u>종귀생사</u>
儞擬傍家波波地學得하면 **於三祇劫中**에 **終歸生死**하리니

<u>불여무사</u> <u>향총림중</u> <u>상각두교각좌</u>
不如無事하야 **向叢林中**하야 **牀角頭交脚坐**니라.

나의 눈앞에서 지금 법문을 듣고 있는 사람이 있을 뿐이다. 그 사람은 불에 들어가도 타지 않으며, 물에 들어가도 빠지지 않으며, 삼악도 지옥에 들어갈지라도 마치 봄날의 꽃밭에서 노니는 듯하고,[250] 아귀도나 축생도에 들어가도 과보를 받지 않는다.

---

248 『信心銘』 T.48 p.376c, "夢幻空華, 何勞把捉!"
249 "儞若愛聖憎凡"이 『景德傳燈錄』 권29 「梁寶誌和尙大乘讚十首」(T.51 p.449b)에는 "更若愛聖憎凡"으로 되어 있다.
250 "선정에 들어 있으면서 지옥과 같다는 생각을 하고, 생사에 대해서는 원관(園觀)과 같다는 생각을 한다."(『維摩詰所說經』 권3 「菩薩行品」 T.14 p.554b, 在諸禪

어째서 그런가? 일체의 사물을 좋아하고 싫어하는 분별심과 의심하여 꺼리는 법이 전혀 없기 때문이다.

"그대들이 만약 성인을 좋아하고 범부를 싫어한다면,
나고 죽음[生死]의 바다에 떴다 잠겼다 할 것이니,
번뇌란 마음에서 생기는 것이라.
마음이 없다[無心]면 번뇌가 어찌 구속하리오?
애써 분별하여 모양에 집착하지 않는다면
잠깐 사이에 자연히²⁵¹ 도를 얻을 것이다."²⁵²

그대들이 본길에서 벗어나 밖으로 허둥지둥하며 배우려든다면 삼아승기겁이란 긴 세월이 지나도록 수행해도 끝내는 생사윤회로 돌아가고 말 것이니, 아무 일 없이 총림의 선상(禪牀: 牀角頭)에서 다리 꼬고 앉아 좌선하느니만 못하다.

定, 如地獄想, 於生死中, 如園觀想.)
251 법이자연(法爾自然) 또는 자연법이(自然法爾)의 의미. 자연이나 법이는 같은 말로서 외부의 어떤 힘을 빌리지 않고 어떤 조작이나 작위 없이 자연스러운 상태를 말한다.
252 『景德傳燈錄』권29 「梁寶誌和尙大乘讚十首」 T.51 p.449b.

28. 상대를 대하는 네 가지 법[四賓主]을 논함①

1) 주인이 객을 간파하다[主看客]

道流야! 如諸方有學人來하야 主客이 相見了하고
　도류　　여제방유학인래　　　주객　　상견료

便有一句子語하야 辨前頭善知識이라.
변유일구자어　　　　변전두선지식

被學人拈出箇機權語路하야 向善知識口角頭攛過하야
피학인염출개기권어로　　　　향선지식구각두찬과

看爾識不識이라도 爾若識得是境이면 把得하야
간이식불식　　　　이약식득시경　　　파득

便抛向坑子裏하나니라.
변포향갱자리

學人이 便卽尋常然後에 便索善知識語하나니 依前奪之하면
학인　　변즉심상연후　　　변색선지식어　　　　의전탈지

學人云, 上智哉라 是大善知識이여하리니
학인운　상지재　　시대선지식

卽云, 爾大不識好惡로다.
즉운　이대불식호오

수행자들이여! 제방에서 손님인 학인이 찾아와 선지식인 주인

과 서로 대면하고는 대뜸 한마디 말[253]로써 앞에 있는 선지식의
역량을 시험하려 한다. 학인이 상대를 꾀어 들이는 올가미 같
은 방편의 말을 선지식 입가에 들이대면서 "보십시오! 알겠습니
까, 모르겠습니까?" 하고 묻는다. 선지식이 그것이 시험하는 방
편적 경계임을 알아차리고 (학인의 그 말을) 꽉 붙잡은 채 곧장
구덩이 속으로 내던져버린다.

학인이 바로 태도를 바꾸어 공손히 하고 평상의 자세로 돌아
가 선지식에게 가르침의 한 말씀을 구하지만 선지식이 좀 전 그
대로 그 말조차 빼앗아버리면 학인은 "참으로 지혜로운 분이시
여, 대선지식이십니다."라고 우롱의 칭찬을 한다. 그러면 주인인
선지식은 "너는 도대체 좋고 나쁜 것도 모르는 놈이구나."라고
말한다.

【호주악빈(好主惡賓), 좋은 주인과 나쁜 손님입니다.】

2) 주인과 객이 모두 주인[主看主]

여선지식　　파출개경괴자　　향학인면전롱　　전인변득
如善知識이 **把出箇境塊子**하야 **向學人面前弄**하면 **前人辨得**하야

하하작주　　불수경혹
下下作主하야 **不受境惑**이라.

선지식　　변즉현반신　　학인　　변할　　선지식
善知識이 **便卽現半身**에 **學人**이 **便喝**하고 **善知識**이

우입일체차별어로중파박
又入一切差別語路中擺撲하니라.

---

253 일구자(一句子): 불법(佛法)의 단적인 뜻을 나타내는 결정적인 한 구절.

학인운 불식호오노독노　　선지식　탄왈 진정도류
學人云, 不識好惡老禿奴여 善知識이 歎曰, 眞正道流로다.

가령 선지식이 하나의 경계 덩어리[254]를 꺼내 놓고 학인 면전에서 희롱하면 학인은 이를 알아차리고 하나하나에서 주인이 되어 경계에 미혹되지 않는다.

선지식이 반쯤 몸을 드러내면 학인이 바로 "할!" 하고, 선지식은 다시금 온갖 차별된 말 속으로 들어가 흔들어댄다. 학인이 "좋고 나쁜 것도 모르는 늙은 스님아!"라고 하면 선지식은 "진정한 수행자이다."라며 탄복한다.

【호주호빈(好主好賓), 훌륭한 주인과 훌륭한 손님입니다.】

3) 객이 주인을 간파하다[客看主]

여제방선지식　　　불변사정　　　학인　　내문 보리열반
如諸方善知識은 不辨邪正한대 學人이 來問, 菩提涅槃

삼신경지　　　할노사　　변여타해설　　　피타학인매착
三身境智하면 瞎老師가 便與他解說타가 被他學人罵著하고

변파방타타언무례도　　　　자시이선지식무안
便把棒打他言無禮度하나니 自是爾善知識無眼이라

부득진타
不得瞋他로다.

가령 제방의 선지식들이 삿된 것과 바른 것을 구분하지도 못하는데, 학인이 찾아와 보리·열반·삼신의 경계와 지혜 등을 물

---

254 경괴자(境塊子): 경계는 인식 대상물로서 가시적인 현상에 지나지 않는다. 그것을 '덩어리'라고 칭한 데에는 쓸데없는 것이라는 의미가 함축되어 있다.

어오면, 눈먼 노스님이 학인에게 해설을 해주다가, 그 학인에게 매도 당하고는 바로 몽둥이를 집어 들고 그를 후려치면서 '이 예의와 법도도 모르는 놈아!'라고 소리친다. 그러나 그것은 당연히 본래 그 선지식이 안목(眼目)이 없기 때문이니, 저 손님인 학인에게 화를 내어 나무랄 자격이 없다.

【악주호빈(惡主好賓), 나쁜 주인과 좋은 손님입니다.】

4) 주인과 객이 모두 눈멀다[客看客]

有一般不識好惡禿奴하야 卽指東劃西하며 好晴好雨하며
유일반불식호오독노   즉지동획서   호청호우

好燈籠露柱하나니 爾看하라 眉毛有幾莖고?
호등롱노주   이간   미모유기경

這箇具機緣에 學人이 不會하고 便卽心狂이라 如是之流에
저개구기연   학인   불회   변즉심광   여시지류

總是野狐精魅魍魎이니 被他好學人의 嗌嗌微笑하야
총시야호정매망량   피타호학인   악악미소

言瞎老禿奴여 惑亂他天下人이로다.
언할노독노   혹란타천하인

좋고 나쁜 것도 모르는 멍청한 어떤 한 무리 까까중들은 동쪽을 가리켰다 서쪽을 가리켰다 하며, 점쟁이처럼 점을 치며 "오늘은 좋은 날씨다, 내일은 비가 온다 하고, 좋은 등롱과 노주다."라며 횡설수설 마구 지껄여댄다. 그대들은 잘 보아라, 이러한 중들의 눈썹털이 몇 개나 남아 있는가?[255]

---

255 함부로 불법을 설하거나 비방하면 그 죄로 눈썹과 수염이 떨어진다[眉鬚墮落]

바로 이것(본래의 성품)이 묘한 인연을 갖추고 있는데 학인들이 알지 못하고 미혹한 경계에서 마음이 미쳐버리고 마는 것이다. 이런 선승의 무리들은 모조리 여우나 귀신이요 도깨비 같은 것들이니, 지견을 갖춘 수행자들이 쿡쿡대고 비웃으며 "이 눈먼 늙은 까까중아! 온 천하 사람들을 미혹시켜 어지럽게 만드는구나!"라고 비난한다.

【악주악빈(惡主惡賓), 나쁜 주인과 나쁜 손님입니다.】

고 한다.

29. 다른 사람에게 속지 말라

1) 태어나면서 안 것이 아니다

道流야! 出家兒는 且要學道니라.
_{도류} _{출가아} _{차요학도}

祇如山僧은 往日에 曾向毘尼中留心하고 亦曾於經論尋討라가
_{지여산승} _{왕일} _{증향비니중유심} _{역증어경론심토}

後方知是濟世藥이며 表顯之說이라 遂乃一時抛却하고
_{후방지시제세약} _{표현지설} _{수내일시포각}

卽訪道參禪하니라.
_{즉방도참선}

後遇大善知識하야 方乃道眼이 分明하야 始識得天下老和尙하야
_{후우대선지식} _{방내도안} _{분명} _{시식득천하노화상}

知其邪正하니 不是娘生下便會요 還是體究於磨하야
_{지기사정} _{불시낭생하변회} _{환시체구어마}

一朝自省이니라.
_{일조자성}

수행자들이여! 출가한 수행자는 무엇보다도 가르침 배우는 것을 소중하게 생각해야 한다.

산승의 경우, 지난날 일찍이 계율공부에 전념하기도 하였고, 경

과 론의 연구에 몰두하였다. 그러나 나중에서야 그것들이 세상의 병을 치료하기 위해 일시적으로 제시한 방편의 약방문이며, 불법의 진리를 표현하는 언구에 지나지 않음을 알고, 마침내 일시에 다 던져버리고 바로 도를 찾아 참선을 시작하였다.

뒷날 대선지식을 만나 뵙고서야 도를 보는 안목이 분명해져 비로소 천하 대선지식들이 삿된 것과 바른 것을 제대로 깨달았는지를 알 수 있게 되었다. 그것은 어머니 뱃속에서 태어나면서부터 알고 나온 것이 아니라, 각고 분투하여 연구하고 갈고 닦은 결과 하루아침에 스스로 투철히 깨달은 것이다.

2) 부처를 죽이고 조사를 죽여라

道流야! 爾欲得如法見解인댄 但莫受人惑하고 向裏向外하야
逢著便殺하라. 逢佛殺佛하며 逢祖殺祖하며 逢羅漢殺羅漢하며
逢父母殺父母하며 逢親眷殺親眷하야사 始得解脫하야
不與物拘하고 透脫自在니라.
如諸方學道流는 未有不依物出來底라.
山僧向此間은 從頭打하야 手上出來하면 手上打하고
口裏出來하면 口裏打하고 眼裏出來하면 眼裏打하나니

미유일개독탈출래지　개시상타고인한기경
未有一箇獨脫出來底요 **皆是上他古人閑機境**이니라.

수행자들이여! 그대들이 불법에 여실하게 맞는 견해를 얻고자 한다면 다만 다른 사람에게 속지 말아야 한다. 안으로나 바깥으로나 만나는 대로 바로 죽여라. 부처를 만나면 부처를 죽이고, 조사를 만나면 조사를 죽이며, 나한을 만나면 나한을 죽이고, 부모를 만나면 부모를 죽이며, 친척 권속을 만나면 친척 권속을 죽여야 비로소 해탈하여 어떠한 경계에서도 얽매여 구속되지 않고 모든 것에서 완전히 벗어나 자유자재하게 된다.

여러 곳에서 도를 배우러 온 납자들 가운데 아무것에도 의지하지 않고 찾아오는 사람이란 하나도 없었다. 산승은 이곳에서 처음부터 그들을 쳐버린다. 손에서 나오면 손으로 치고, 입에서 나오면 입으로 치며, 눈에서 나오면 눈으로 쳐버린다. 쓸데없는 것을 다 버리고 홀로 투탈자재하게 나타난 사람은 누구 한 사람도 없었다. 모두가 눈치를 보면서 저 옛사람들의 부질없는 지식이나 언구와 경계를 흉내 내고 받들 뿐이었다.

30. 산승에게는 남에게 줄 하나의 법도 없다

山僧은 無一法與人이요 祇是治病解縛이니 爾諸方道流는

試不依物出來하라.

我要共爾商量이라 十年五歲토록 並無一人하고

皆是依艸附葉竹木精靈과 野狐精魅니 向一切糞塊上亂咬로다.

瞎漢이여! 枉消他十方信施하고 道我是出家兒라하야

作如是見解니라.

向爾道! 無佛無法하며 無修無證하나니 祇與麼傍家에

擬求什麼物고? 瞎漢아! 頭上安頭에 是爾欠少什麼오!

산승에게는 남에게 줄 하나의 법도 없다.[256] 그저 병을 치료해

---

[256] 『전심법요』의 "얻을 수 있는 하나의 법도 없다"는 취지와 통한다. 얻을 수 있는 법이 없기에 남에게 전할 법도 없는 것이다. "다만 그 즉시 자기 마음이 본래 부처이며 얻을 수 있는 법이 하나도 없고 닦을 수 있는 수행이 하나도 없음을 단번에 깨닫는다면, 이것이 곧 위없는 최상의 도이며, 이것이 바로 진여불이

주고 속박을 풀어줄 뿐이니, 그대들 제방에서 수행하는 이들이여, 시험 삼아 무엇에도 의존하지 말고 한번 나와 보라. 내 그대들과 법을 논하고 싶다. 5년, 10년 한참의 세월이 지나도록 누구 한 사람도 없었다. 모두가 풀과 나무 잎사귀에 붙어사는 귀신이나, 대나무에 깃들어 사는 정령이나[257] 또 들판의 여우나 도깨비 같은 것들이어서 온갖 똥덩어리 같은 옛사람들의 문자언구에 달라붙어 함부로 씹어대며 천착한다.

눈먼 놈들아! 저 신도들이 바친 시주물을 헛되이 마구 쓰면서 '나는 출가한 사람이다!'고 우쭐대며 이러한 잘못된 견해를 계속 지어내고 있구나. 내 그대들에게 "부처도 없고 법도 없으며, 닦을 것도 없고 깨달을 것도 없다."고 분명히 말해주었는데, 어쩌면 그렇게 옆길로만 돌아다니며 무엇을 구하려 하느냐? 눈먼 놈들아! 머리 위에 또 머리를 얹는 것처럼 쓸데없는 짓이다. 그대들에게 부족한 것이 무엇이란 말인가?

다."(『傳心法要』 T.48 p.381a, 唯直下頓了自心本來是佛, 無一法可得, 無一行可修, 此是無上道, 此是眞如佛.)
[257] 문자언구 등 다른 것에 집착하고 의지하며 속박되어 주체성이 없는 존재들을 비유한다. "조사의 관문을 꿰뚫지 못하고, 마음의 길이 끊어지지 않으면 모두가 초목에 붙어사는 정령과 같을 뿐이다."(『無門關』 1칙 T.48 p.292c, 祖關不透, 心路不絶, 盡是依草附木精靈.)

31. 삼계를 떠나 어디로 가려고 하는가

도류   시이목전용지   여조불불별   지마불신
道流야! **是爾目前用底**가 **與祖佛不別**이어늘 **祇麼不信**하고

변향외구   막착
便向外求로다. **莫錯**하라.

향외무법   내역불가득   이취산승구리어
向外無法이요 **內亦不可得**이니라. **爾取山僧口裏語**로는

불여휴헐무사거   이기자   막속   미기자   불요방기
不如休歇無事去니 **已起者**는 **莫續**하고 **未起者**는 **不要放起**하라

변승이십년행각
便勝爾十年行脚이니라.

약산승견처   무여허다반   지시평상   착의끽반
約山僧見處하면 **無如許多般**이요 **祇是平常**이니 **著衣喫飯**하고

무사과시
無事過時니라.

이제방래자   개시유심   구불구법
爾諸方來者가 **皆是有心**이라 **求佛求法**하며

구해탈구출리삼계   치인   이요출삼계
求解脫求出離三界하나니 **癡人**이여! **爾要出三界**하야

십마처거
什麼處去오?

불조   시상계지명구
佛祖는 **是賞繫底名句**니라.

410 성철스님 임제록 평석

이욕식삼계마　　　불리이금청법지심지　　　이일념심탐
爾欲識三界麼아? **不離爾今聽法底心地**니 **爾一念心貪**은

시욕계　　　이일념심진　　　시색계　　　이일념심치　　　시무색계
是欲界요 **爾一念心瞋**은 **是色界**며 **爾一念心癡**는 **是無色界**라

시이옥리가구자
是爾屋裏家具子니라.

삼계　　　부자도아시삼계　　　환시도류　　　목전영령지조촉만반
三界가 **不自道我是三界**요 **還是道流**의 **目前靈靈地照燭萬般**하야

작탁세계지인　　　여삼계안명
酌度世界底人이 **與三界安名**하나니라.

수행자들이여! 그대들이 지금 나의 눈앞에서 사용하고 있는 그 마음자리는 바로 조사·부처와 전혀 다르지 않거늘, 그대들이 이를 믿지 않고 밖에서 찾아 헤매고 있는 것이다. 착각하지 말라. 밖에서 구할 법도 없으며, 안에서 얻을 수 있는 법도 없다. 그대들은 산승의 이러한 말을 받아들이기보다는 추구하는 마음을 쉬어 아무 일 없이 지내는 것이 낫다. 이미 마음속에서 일어난 번뇌는 계속 되지 않도록 하고, 번뇌가 아직 일어나지 않았거든 일어나도록 내버려두지 말라. 그리하면 그대들이 10년 행각한 것보다 나을 것이다.

산승의 견처로 보건대 (불법에는) 이러니저러니 장황하고 쓸데없는 많은 일은 없으니 다만 평소대로 옷 입고 밥 먹으며 아무런 일없이 보내면 될 뿐이다.

제방에서 찾아온 그대들은 모두 뜻한 바 있어, 부처를 구하고 법을 구하며 해탈을 구하고 삼계에서 벗어나기를 구한다. 어리석은 사람들이여! 삼계를 벗어나 어디로 가려느냐? 부처니 조

사니 하는 말은, 스스로 자신을 묶어두고 좋아하여 붙인 이름일 뿐이다.

그대들은 삼계(三界)가 무엇인지 알고자 하느냐? 지금 법문을 듣고 있는 그대들 마음자리를 벗어나지 않으니, 그대들의 한 생각 탐내는 마음이 욕계이고, 그대들의 한 생각 성내는 마음이 색계이며, 그대들의 한 생각 어리석은 마음이 무색계이다. 이 삼계는 그대들 집에 있는 살림살이들이다. 삼계는 스스로 "내가 삼계다."고 말하지 않는다. 도리어 지금 눈앞에서 또렷또렷하게 만물을 밝게 비추고 세계를 헤아리는 그대들이 주인으로서 삼계에다 이름을 붙인 것이다.

32. 보리수(菩提樹)와 무명수(無明樹)

　　대덕　　사대색신　　시무상　　　내지비위간담　　발모조치
　　大德아! 四大色身은 是無常이라 乃至脾胃肝膽과 髮毛爪齒도
　　유견제법공상　　　이일념심헐득처　　환작보리수
　　唯見諸法空相하나니 儞一念心歇得處를 喚作菩提樹요
　　이일념심불능헐득처　　환작무명수
　　儞一念心不能歇得處를 喚作無明樹니라.
　　무명　　무주처　　무명　　무시종
　　無明은 無住處요, 無明은 無始終이라.
　　이약염념심헐부득　　　변상타무명수　　　변입육도사생
　　儞若念念心歇不得하면 便上他無明樹하야 便入六道四生하야
　　피모대각　　이약헐득　　변시청정신계
　　披毛戴角이요, 儞若歇得하면 便是淸淨身界니라.
　　이일념불생　　변시상보리수　　삼계신통변화
　　儞一念不生하면 便是上菩提樹라 三界神通變化하야
　　의생화신　　법희선열　　신광　　자조　　사의
　　意生化身하야 法喜禪悅하며 身光은 自照니 思衣하면
　　나기천중　　사식　　백미구족　　갱무횡병
　　羅綺千重이요 思食하면 百味具足하야 更無橫病이니라.
　　보리　　무주처　　시고　　무득자
　　菩提는 無住處라, 是故로 無得者로다.
　　도류　　대장부한　　갱의개십마　　목전용처　　갱시아수
　　道流야! 大丈夫漢이 更疑箇什麼며 目前用處가 更是阿誰오?

파득변용   막착명자   호위현지   여마견득
把得便用하야 莫著名字를 號爲玄旨니 與麼見得하면

물혐지법
勿嫌底法이니라.

고인   운   심수만경전   전처실능유   수류인득성
古人이 云, 心隨萬境轉이여 轉處實能幽라, 隨流認得性하니

무희역무우
無喜亦無憂로다.

대덕들이여! 지수화풍 사대(四大)가 모여 잠시 이루어진 색신의 이 몸은 덧없는 것이다. 지라·위·간·쓸개와 머리카락·털·손톱·이빨마저도 오로지 모든 법이 공한 모양임을 보여줄 뿐이다. 그대들의 한 생각 마음이 쉰 곳을 보리수(菩提樹)라 하고, 한 생각 마음이 쉬지 못하는 곳을 무명수(無明樹)라 한다. 무명(無明)은 어디 일정하게 머무는 곳이 없고, 시작도 끝도 없다. 그러므로 그대들이 찰나찰나 생기는 미혹한 마음을 쉬지 못하면 곧바로 저 무명수 위에 올라가, 4생 6도에 윤회하면서 털 나고 뿔 달린 축생이 될 것이다.[258] 그러나 그대들이 한 생각 마음을 쉬기만 하면 그대로가 청정법신의 세계이다. 그러므로 그대들이 한 생각도 나지 않으면[259] 곧장 보리수에 올라가 삼계에 신통 변

---

258 피모대각(披毛戴角): 피모대각(被毛戴角)이라고도 한다. 이류(異類), 즉 축생(畜生)으로 태어남을 의미한다. 이로부터 축생에 떨어져서도 중생제도의 뜻을 버리지 않고 보살행을 실천하는 것을 뜻하기도 한다.
259 일념불생(一念不生): 어떤 망념도 일어나지 않는 경계. 일으키지 않는다[不生]는 것은 모든 생각을 잠재운다는 뜻이 아니라, 정념(正念)이나 비사량(非思量)의 의미이다. "다만 한 생각조차도 일어나지 않는 경계를 부처라 한다."(『大方廣佛華嚴經疏』 권2「世主妙嚴品」 T.35 p.512b, 但一念不生, 即名爲佛.)

화하여 뜻대로 화신의 몸을 나투어 법희선열(法喜禪悅)하며,[260] 몸의 광명이 저절로 빛날 것이다. 옷을 생각하면 비단 옷이 천 겹으로 걸쳐지고, 밥을 생각하면 백 가지 진수성찬이 그득히 차려지며, 다시는 횡액병사(橫厄病死) 같은 일도 없을 것이다. 보리는 머무는 곳이 없으므로 이런 까닭에 얻는 사람도 없다. 수행자들이여! 대장부가 무엇을 더 의심하느냐? 눈앞에서 활동하고 있는 이가 대체 또 누구이냐? 알아차린 순간 바로 활용할 뿐 이름에 얽매이지 말 것이니, 그것을 일러서 깊은 뜻[玄旨]이라 한다. 이렇게 깨달으면 꺼려하고 주저할 법이란 없다.
옛사람이 말했다.[261]

마음은 만 가지 경계에 따라 움직이니,
움직이는 그 경계 참으로 그윽하여라.
마음 작용하는 곳을 따라 성품을 깨달으니,
기뻐할 것도 없고 근심할 것도 없도다.

---

260 법희선열(法喜禪悅): 불법(佛法)과 선법(禪法)을 듣고 기뻐하는 마음. 이를 통해 선근(善根)을 증장하고 혜명(慧命)을 돕는 것이 마치 음식물을 먹어 영양분을 섭취하고 목숨을 유지하는 것과 같다 하여 법희식(法喜食), 선열식(禪悅食)이라고도 한다.
261 제22조 마나라존자(摩拏羅尊者)의 게송. 『景德傳燈錄』 권2 T.51 p.214a.

33. 상대를 대하는 네 가지 법[四賓主]을 논함②

　　　　도류　　여선종견해　　사활　순연　　참학지인
　　　道流야! 如禪宗見解는 死活이 循然하니 參學之人이

　　대수자세
　　大須子細어다.

　　　　여주객　　상견　　변유언론왕래　　　혹응물현형
　　　如主客이 相見할새 便有言論往來호대 或應物現形하며

　　　　혹전체작용　　　　혹파기권희노　　혹현반신　　　혹승사자
　　　或全體作用하며 或把機權喜怒하며 或現半身하며 或乘獅子하며

　　　　혹승상왕
　　　或乘象王이니라.

　　　　여유진정학인　　변할　　선염출일개교분자
　　　如有眞正學人이 便喝하야 先拈出一箇膠盆子어든

　　　　선지식　　불변시경　　변상타경상　　　작모작양　　　학인
　　　善知識이 不辨是境하고 便上他境上하야 作模作樣하면 學人이

　　　　변할　　전인　　불긍방　　차시고맹지병　　　불감의
　　　便喝에 前人이 不肯放하나니 此是膏盲之病이라 不堪醫니

　　　　환작객간주
　　　喚作客看主니라.

　　　　혹시선지식　　불염출물　　수학인문처　　즉탈　　학인
　　　或是善知識이 不拈出物하고 隨學人問處하야 卽奪이라 學人이

　　　　피탈　　저사불방　　　차시주간객
　　　被奪에 抵死不放하나니 此是主看客이니라.

或有學人이 應一箇淸淨境하야 出善知識前이어든 善知識이
辨得是境하고 把得抛向坑裏하면 學人이 言, 大好善知識이로다
卽云 咄哉라 不識好惡로다. 學人이 便禮拜하나니 此는
喚作主看主니라.

或有學人이 披枷帶鎖하야 出善知識前이어든 善知識이
更與安一重枷鎖라 學人이 歡喜하야 彼此不辨하나니
呼爲客看客이니라.

大德아! 山僧이 如是所擧는 皆是辨魔揀異하야 知其邪正이니라.

수행자들이여! 선종의 견해에서 보면 (중생심을) 죽이는 일과 (청정심을) 살리는 일은 분명한 것이다. 참선하는 사람들은 이 점을 매우 자세히 살펴야 한다.

주인과 손님이 만나 서로 문답을 주고받을 경우, 어떤 때는 주인이 상대방의 역량에 맞추어 모습을 나타내기도 하고, 어떤 때는 대기대용을 다 드러내 보이기도 하며, 어떤 때는 기연과 방편으로 상대방을 건드려 보아 의향을 넌지시 떠보며 기뻐하거나 성내기도 하며, 어떤 때는 반쯤만 드러내 보이기도 하며, 어떤 때는 사자를 타고 문수보살의 평등한 근본지(根本智)의 경계를 쓰기도 하고, 어떤 때는 코끼리를 타고 보현보살의 차별지(差別智)의 경계를 쓰기도 한다.

진정으로 참선하는 학인이 곧바로 '할!' 하고는 먼저 끈적끈적한 아교(阿膠) 단지를 속임수로 내놓으면, 선지식은 그것이 유혹의 경계인 줄 분별하지 못하면 바로 그 경계에 매달려서 여러 가지 형상과 언구를 지어낸다. 이것을 본 학인이 곧장 '할!' 하고 고함을 쳐도 선지식은 절대로 자신의 이 경계를 놓으려고 하지 않는다. 이것은 고칠 수 없는 고질병이어서 치료하지도 못하니, 이것을 '손님이 주인을 간파한다[客看主]'고 한다.

또 다른 경우는, 선지식이 아무것도 제시하여 내놓지 않고 학인이 묻는 족족 빼앗아 버린다. 학인은 빼앗기고 나서도 죽을힘을 다해 기필코 놓아버리려고 하지 않는다. 이것을 '주인이 손님을 간파한다[主看客]'고 한다.

또 다른 경우는, 어떤 학인이 청정한 경계에 대응하여 선지식 앞에 내놓으면 선지식이 그것이 경계인 줄을 알아차리고 집어다 구덩이 속에 던져버리며 궁지에 몰리게 한다. 학인이 '참으로 훌륭한 선지식이십니다.'라고 하면 선지식은 '쯧쯧! 좋고 나쁜 것도 모르는 멍청한 놈아' 하고 나무라면, 학인은 곧 절을 한다. 이것을 '주인이 주인을 간파한다[主看主]'고 한다.

또 다른 경우는, 어떤 학인이 교리라든가 수행에 대한 잡다한 견해를 머릿속에 가득 채워서 목에 칼을 쓰고 손발에 족쇄를 채우고 있듯 무언가에 속박된 채로 선지식 앞에 나타나면, 선지식은 그 위에다 칼과 족쇄를 한 겹 더 씌워버리는데도 학인은 어리석게도 감사해 하며 기뻐 날뛴다. 학인과 선지식이 피차간에 서로 안목이 없는 것이니, 이것을 '손님이 손님을 간파한다

[客看客]'고 한다.

대덕들이여! 산승이 이렇게 네 가지 경우를 들어 말하는 것은 모두 수행에 장애가 되는 마구니[魔]와 이단[異端]을 가려내 무엇이 삿된 법이고 바른 법인지를 분명히 알게 하기 위해서이다.

34. 남의 말에 휘둘리지 말라

1) 짚신 값 갚을 날이 있으리라

<u>도류</u> <u>식정</u> <u>대난</u> <u>불법</u> <u>유현</u> <u>해득</u> <u>가가지</u>
道流야! **寔情**은 **大難**이요 **佛法**은 **幽玄**하니 **解得**하면 **可可地**니라.

<u>산승</u> <u>경일</u> <u>여타설파</u> <u>학자총부재의</u>
山僧이 **竟日**에 **與他說破**나 **學者總不在意**하고

<u>천편만편</u> <u>각지답과</u> <u>흑몰준지</u> <u>무일개형단</u>
千徧萬徧을 **脚底踏過**하야 **黑沒焌地**로다 **無一箇形段**하야

<u>역력고명</u> <u>학인</u> <u>신불급</u> <u>변향명구상생해</u>
歷歷孤明이언만 **學人**이 **信不及**하고 **便向名句上生解**하야

<u>연등박백</u> <u>지관방가부사시행</u> <u>담각담자천하주</u>
年登半百토록 **祇管傍家負死屍行**하며 **擔却擔子天下走**하나니

<u>색초혜전유일재</u>
索草鞋錢有日在로다.

수행자들이여! 진실한 마음을 내기는 몹시 어렵고,[262] 불법은 헤아리기 어려울 만큼 깊지만 알고 나면 쉽고 쉬운 일이다. 산승이 종일토록 저들에게 깨우침을 돕고자 입이 닳도록 말해주어

---

[262] 식정대난(寔情大難): 식(寔)은 실(實)의 뜻. 진실한 도심(道心)을 발하기 어렵다는 말이다.

도 수행자들은 자기가 딛고 서 있는 자리가 바로 깨달음의 장소임을 알지 못하고 천 번 만 번 발바닥으로 밟고 다니면서도 도무지 깜깜하고 어둡기만 하여 본래면목을 알지 못한다.[263] 그것은 아무 형체나 모습도 없으면서 분명히 밝고 뚜렷하게 홀로 빛을 비추건만, 학인들이 믿지 못하고 언어 문자로 이해하려고만 한다. 나이 쉰이 넘도록 오로지 옆길로 빠져 송장을 짊어지고 집집마다 다닌다. 무거운 짐을 짊어진 채 천하를 돌아다니고 있으니, (염라대왕이) 짚신 값 갚으라고 할 날이 반드시 있으리라.[264]

2) 움직임과 움직이지 않음은 두 가지 경계일 뿐

大德아! 山僧이 說向外無法하면 學人이 不會하고
便卽向裏作解하야 便卽倚壁坐하야 舌拄上齶하야 湛然不動하야
取此爲是祖門佛法也하나니 大錯이로다.
是儞若取不動淸淨境하야 爲是면 儞卽認他無明爲郞主라

---

263 흑몰준지(黑沒焌地): 칠흑 같이 어두워 사물을 판별할 수 없는 상태를 가리킨다. 여기서는 자신의 본래면목 또는 자성을 알아차리지 못하고 있음을 비유적으로 표현한 것이다.
264 수행은 제대로 하지 않고 이곳저곳으로 헛되이 돌아다니느라 짚신만 닳아 없애버린 수행자에게 그가 죽은 다음 염라대왕이 짚신 값을 받으러 오리라는 뜻이다.

고인   운   침침흑암심갱   실가포외   차지시야
古人이 云, 湛湛黑暗深坑이 實可怖畏라하니 此之是也니라.

이약인타동자시   일체초목   개해동   응가시도야
儞若認他動者是라하면 一切艸木이 皆解動하니 應可是道也라.

소이   동자   시풍대   부동자   시지대   동여부동
所以로 動者는 是風大요 不動者는 是地大니, 動與不動이

구무자성
俱無自性이니라.

이약향동처착타   타향부동처립   이약향부동처착타
儞若向動處捉他하면 他向不動處立하고, 儞若向不動處捉他하면

타향동처립   비여잠천어   고파이자약
他向動處立하야, 譬如潛泉魚가 鼓波而自躍이니라.

대덕   동여부동   시이종경   환시무의도인
大德아! 動與不動은 是二種境이니 還是無依道人은

용동용부동
用動用不動하나니라.

대덕들이여! 산승이 '밖에는 불법이 없다'고 말하면 수행자들이 이 말뜻을 알아듣지 못하고 곧장 안에 법이 있나 하고 이해하려는 태도를 취한다. 그러고는 곧이어 바로 벽을 보고 앉아 혀를 입천장에 붙이고 고요히 침잠하여 움직이지 않고 좌선하는 것을 조사 문중의 불법이라 집착한다. 이는 큰 착각이다.

만약 그대들이 움직임이 없는 청정한 경계를 불법이라 여긴다면, 그대들은 저 무명(無明) 번뇌를 주인으로 잘못 아는 꼴이다.[265] 옛사람이 '깊고 깊은 캄캄한 동굴이 참으로 무섭고 두렵

---

265 『열반경』에 '무명이라는 주인과 탐애라는 마왕이 몸과 마음을 부리며 종에게 채찍질하듯 한다'라고 하였다."(『景德傳燈錄』 권13 T.51 p.308b, 涅槃經云, '無明郞主, 貪愛魔王, 役使身心, 策如僮僕.)

다'[266]고 하였으니, 이것을 두고 한 말이다.

이번에는 반대로 그대들이 만약 저 움직이는 것이야말로 옳다고 인정한다면 모든 초목들도 다 잘 움직일 줄 아니, 이것도 응당 도(道)라고 해야 할 것이다. 그러나 움직이는 것은 바람[風大]의 성질이고, 움직이지 않는 것은 땅[地大]의 성질이니, 움직이는 것이든 움직이지 않는 것이든 모두 다 자성이 없는 것[無自性]이다.

그대들이 만약 움직이는 곳에서 불법을 붙잡으려 하면 그것은 움직이지 않는 곳에 서 있을 것이고, 만약 그대들이 움직이지 않는 곳에서 불법을 붙잡으려 하면 그것은 움직이는 곳에 서 있을 것이다. 마치 샘물 속에 있는 물고기가 물결을 치면서 스스로를 드러내는 것과 같다.

대덕들이여! 움직임과 움직이지 않음은 두 가지 경계일 뿐이니, 실제로 '의지함이 없는 깨친 이[無依道人]'라야 움직임을 활용하기도 하고 움직이지 않음을 활용하기도 한다.

---

[266] 정확히 일치하는 구절은 찾을 수 없으나, 다음 글의 취지와 통한다. 해탈이든 보리든 열반이든 무엇이 되었든 간에 집착의 대상이 되는 순간 컴컴하고 깊은 구덩이에 빠져 헤어나오기 힘들다는 뜻이다. "도리어 흑산 아래 귀신 굴속에서 묵묵히 좌선만 하므로 옛 성현께서 '해탈이라는 구덩이에 빠졌을 때가 가히 두려워해야 할 때이다'라고 하신 것이다."(『大慧語錄』권17 T.47 p.885c, 却向黑山下鬼窟裏默然坐地, 故先聖訶爲解脫深坑, 是可怖畏之處.)

35. 임제스님이 4가지 근기를 대하는 법

　　　　여제방학인래　　　산승차간　　작삼종근기단
　　如諸方學人來하면 **山僧此間**은 **作三種根器斷**이라.
　　　　여중하근기래　　　아변탈경이부제기법　　혹중상근기래
　　如中下根器來하면 **我便奪境而不除其法**하고 **或中上根器來**하면
　　　　아변경법　구탈　　여상상근기래　　　아변경법인
　　我便境法을 **俱奪**하며 **如上上根器來**하면 **我便境法人**을
　　　　구불탈　　여유출격견해인래　　　산승차간　　변전체작용
　　俱不奪하고 **如有出格見解人來**하면 **山僧此間**은 **便全體作用**하야
　　　　불력근기
　　不歷根器니라.
　　　　대덕　　도저리　　　학인착력처　　불통풍　　　석화전광
　　大德아! **到這裏**하야 **學人著力處** **不通風**하고 **石火電光**도
　　　　즉과료야　　　학인　약안정동　　　즉몰교섭　　　의심즉차
　　卽過了也니라. **學人**이 **若眼定動**하면 **卽沒交涉**이니 **擬心卽差**요
　　　　동념즉괴　　유인해자　　불리목전
　　動念卽乖라 **有人解者**라면 **不離目前**이니라.

제방의 학인들이 찾아오면 산승은 여기에서 세 가지 근기로 나누어 그들을 판단한다. 만약 중하 근기가 오면 나는 그들의 경계만 빼앗고 법은 없애지 않으며, 만약 중상 근기가 오면 나는 그들의 경계와 법을 다 빼앗으며, 만약 상상 근기가 올 경우에

는 나는 그들의 경계와 법과 사람을[267] 다 빼앗지 않는다. 만약 격을 벗어난 뛰어난 견해를 가진 수행자[出格見解人]가 오면 나는 본체를 통째로 드러내 작용하며 근기를 따지지 않고 대한다. 대덕들이여! 이러한 경지에 이르러 수행자가 전력을 다하는 곳에선 바람 한 점 통하지 않고 전광석화도 오히려 느려 벌써 찰나간에 지나쳐 버리고 말 것이다.[268] 학인이 눈동자를 깜빡인다 하여도 요점과는 전혀 아무 관계가 없을 것이며, 분별하는 순간 바로 틀려버리고[269] 생각을 움직이는 순간 바로 어그러져버리고 만다.[270] 이 뜻을 깨닫고 아는 사람이 있다면 올바른 길에서 떠나지 않는다.

---

267 앞의 사료간에서는 인(人)과 경(境)으로 나눈 것을 여기에서는 경(境)을 경(境)과 법(法)으로 나누었다. 법(法)은 이(理) 면을 중시하고, 경(境)은 사(事)에 해당한다.

268 상견하고 있는 서로의 뜻이 조금의 간극도 없이 친밀하게 딱 맞아떨어진 상태를 바람 한 점도 통하지 않는다고 표현한 것이다. 또한 그런 상황에서는 전광석화와 같은 대응도 오히려 늦은 대응일 뿐이며, 하물며 눈동자를 두리번거리며 분별을 내보았자 알 수 없다는 뜻이다.

269 "그러므로 도를 배우는 이들은 당장에 무심하게 묵묵히 진여와 계합하면 될 뿐이다. 분별하려 드는 순간 바로 틀려버리고 만다. 마음으로 마음을 전하는 이것이 바로 정견이다."(『傳心法要』 T.48 p.381b, 故學道人直下無心默契而已. 擬心即差, 以心傳心, 此爲正見.) ; "하택대사가 말하기를, '분별하려 드는 순간 틀리고 만다'라고 하였다. 그런 까닭에 분종의 간심법이 참된 종지를 잃어버린 것이다. 마음으로 볼 수 있다면 그것은 경계이다. 그러므로 이것을 마음의 경계가 아니라고 한다."(『禪源諸詮集都序』 권상 T.48 p.405a, 荷澤大師云, '擬心即差.' 故北宗看心是失眞旨. 心若可看, 即是境界. 故此云非心境界.)

270 『黃龍慧南語錄』 T.47 p.636b.

36. 허망한 이름[空名]

1) 평생 헛수고하는 잘못을 범하지 말라

大德아! 爾擔鉢囊屎擔子하고 傍家走하야 求佛求法하니
즉금여마치구지   이환식거마   활발발지   지시물근주
卽今與麽馳求底를 爾還識渠麽아? 活鱍鱍地나 祗是勿根株라
옹불취   발불산   구착즉전원   불구   환재목전
擁不聚하며 撥不散하야 求著卽轉遠이니 不求하면 還在目前하야
영음   속이   약인   불신   도로백년
靈音이 屬耳어니 若人이 不信하면 徒勞百年이니라.

대덕들이여! 그대들은 바랑과 똥자루 몸뚱이를 짊어지고 옆길로 내달리며 부처를 구하고 법을 구하고 있으니, 지금 이렇게 내달리며 구하는 바로 그 사람이 누구인지를 그대들은 아느냐? 활발하게 뛰어다니며 생생하게 작용하지만 뿌리도 줄기도 없으니, 끌어 쥐어 모으려 해도 모이지 않고 튕겨 흩어버리려 해도 흩어지지 않는다.[271] 구하면 구할수록 더욱 멀어지고 구하지 않

---

271 마음을 진주에 비유한 표현이다.『景德傳燈錄』권30「關南長老獲珠吟」T.51 p.463c, "擁之令聚而不聚, 撥之令散而不散." 참조.

으면 도리어 눈앞에 역력하게 있어 신령스러운 소리가 귀에다 법을 부촉한다. 만약 사람들이 이것을 믿지 않는다면 평생 헛수고만 할 뿐이다.

2) 득실시비를 놓아버려라

道流야! 一刹那間에 便入華藏世界하며 入毘盧遮那國土하며
入解脫國土하며 入神通國土하며 入淸淨國土하며 入法界하며
入穢入淨하며 入凡入聖하며 入餓鬼畜生하야 處處討覓尋하나니
皆不見有生有死하고 唯有空名이로다.
幻化空花를 不勞把捉이니 得失是非를 一時放却하라.

수행자들이여! 한 찰나 사이에 곧잘 연화장세계에 들어가고 비로자나불의 국토에 들어가며, 해탈국토에 들어가고 신통국토에 들어가며, 청정국토에도 들어가고 법계에도 들어가며, 정토에도 들어가고 예토에도 들어가며, 범부의 세계에 들어가고 성인의 세계에 들어가며, 아귀와 축생의 세계에도 들어간다.

그러나 곳곳마다 찾아보고 찾아보아도 어느 곳에서도 나고 죽는 것을 보지 못하고, 오로지 허망한 이름[空名]만 있을 뿐 아무것도 없다.

그러므로, 허깨비나 허공의 꽃처럼 허망한 것을 애써 붙잡으려

하지 말라. 득실시비(得失是非)와 얻고 잃는 마음, 그리고 옳고 그른 마음을 한꺼번에 놓아버려라.[272]

---

[272] "꿈같고 환상 같은 헛된 꽃, 쓸데없이 꼭 잡으려고 노력하는가! 얻고 잃음과 옳고 그름, 함께 완전히 놓아버려라!"(『信心銘』 T.48 p.376c, 夢幻空華, 何勞把捉! 得失是非, 一時放却!)

37. 임제스님의 법계

　　도류　　산승불법　　적적상승　　　종마곡화상
　　道流야! 山僧佛法은 的的相承하야 從麻谷和尙과

　　단하화상　　도일화상　　여산여석두화상　　일로행편천하
　　丹霞和尙과 道一和尙과 廬山與石頭和尙하야 一路行徧天下하나

　　무인신득　　　진개기방
　　無人信得하고 盡皆起謗이로다.

　　여도일화상용처　　순일무잡　　　학인삼백오백
　　如道一和尙用處는 純一無雜이라 學人三百五百이

　　진개불견타의　　여여산화상　　자재진정　　순역용처
　　盡皆不見他意요 如廬山和尙은 自在眞正하니 順逆用處를

　　학인불측애제　　실개망연　　여단하화상　　완주은현
　　學人不測涯際하고 悉皆忙然이요 如丹霞和尙은 翫珠隱顯하야

　　학인래자　　실개피매　　여마곡용처　　고여황벽
　　學人來者가 皆悉被罵요 如麻谷用處는 苦如黃檗하야

　　개근부득　　여석공용처　　향전두상멱인　　내자개구
　　皆近不得이요 如石鞏用處는 向箭頭上覓人하니 來者皆懼로다.

　　수행자들이여! 산승의 불법은 분명하고 확실하게 선문의 정통을 계승한 것이다. 마곡보철(麻谷寶徹),[273] 단하천연(丹霞天然),[274]

---

273 마곡보철(麻谷寶徹): 당나라 때 스님. 출가한 후에 마조도일을 찾아가 그 법을 이어받았다. 마곡산에서 선풍(禪風)을 드날렸으며, 단하천연과의 인연담이 유명하다.
274 단하천연(丹霞天然): 739~824. 마조도일을 친견한 뒤, 석두희천(石頭希遷)의

마조도일(馬祖道一),²⁷⁵ 여산(廬山) 귀종지상(歸宗智常)²⁷⁶과 석공혜장(石鞏慧藏)²⁷⁷ 스님 등으로부터 함께 천하에 법을 폈으나, 이 것을 사람들이 믿고 불법을 터득하는 바는 없고 한결같이 모두 비방들만 하고 있다.

마조스님의 활용처는 순일무잡하였으나 3백에서 5백 명 되는 제자들 모두가 마조스님의 참뜻을 알지 못하였다. 여산스님은 자재하며 참되고 바르니 순으로 또는 역으로 대응하는 방법을 펼쳤으나 제자들은 그 깊은 경지를 헤아릴 수 없어 모두가 망연자실할 뿐이었다. 단하스님의 경우는 손바닥에서 구슬을 놀리며 숨겼다 드러냈다 했는데,²⁷⁸ 찾아오는 학인들은 모두 다 매도당하고 욕만 먹고 갔다. 마곡스님의 활용처는 소태나무같이 써서 모두가 가까이할 수 없었고, 석공스님의 활용처는 화살을 쏘듯이 사람을 시험해보는 방식이었으니,²⁷⁹ 오는 사람들이 모두들 두려워했다.

가르침을 3년 받기도 하였다. 마조도일에게서 '천연'이라는 법호를 얻었다.
275 마조도일(馬祖道一): 709~788. 남악회양(南嶽懷讓)의 법을 이어받았다.
276 귀종지상(歸宗智常): 당나라 때 스님. 마조도일을 참학하여 그 법을 이었다. 후에 여산(廬山) 귀종사에 주석하며 도속을 교화하였다.
277 석공혜장(石鞏慧藏): 당나라 때 스님. 석공혜장이 사냥꾼이었을 때 사슴을 쫓다가 마조대사의 암자 앞을 지나다 마조와 인연을 맺고 출가하여 득법하였다. 이후 법좌에 오를 때마다 활을 끌어당기며 큰소리로 '화살 조심하라[看箭]'고 외쳤다고 한다.
278 반야지혜라는 구슬을 자재하게 숨겼다 드러냈다 한 것을 표현한 말. 『景德傳燈錄』권30「丹霞和尙翫珠吟」T.51 p.463b 참조.
279 『景德傳燈錄』권14 T.51 p.316b 참조.

38. 옷을 입기도 벗기도 하는 사람

여산승금일용처   진정성괴   완롱신변   입일체경
如山僧今日用處는 **眞正成壞**하며 **翫弄神變**하야 **入一切境**호대

수처무사   경불능환
隨處無事하야 **境不能換**이니라.

단유래구자   아즉변출간거   거불식아
但有來求者하면 **我卽便出看渠**하나 **渠不識我**일새

아변착수반의   학인   생해   일향입아언구   고재
我便著數般衣하면 **學人**이 **生解**하야 **一向入我言句**하나니 **苦哉**라!

할독자무안인   파아착저의   인청황적백
瞎禿子無眼人이 **把我著底衣**하야 **認靑黃赤白**이로다.

아탈각   입청정경중   학인   일견   변생흔욕
我脫却하고 **入淸淨境中**하면 **學人**이 **一見**하고 **便生忻欲**타가

아우탈각   학인   실심   망연광주   언아무의
我又脫却하면 **學人**이 **失心**하야 **忙然狂走**하야 **言我無衣**로다.

아즉향거도   이식아착의저인부   홀이회두
我卽向渠道호되 **儞識我著衣底人否**아하면 **忽爾回頭**하야

인아료야
認我了也로다.

오늘 이 산승의 활용처, 법을 쓰는 방법은 성주괴공(成住壞空)을 마음대로 하며[280] 신통변화를 자재하게 부려 모든 경계에 들

---

280 성주괴공(成住壞空)에서 이룸[成]과 파괴[壞], 두 가지를 단적으로 들어서 주

어가지만 가는 곳곳마다 아무 일 없어서 산승의 경계를 뒤바꿔 놓지 못한다. 찾아와 도를 구하는 이가 있으면 나는 그 즉시 그의 본래면목을 알아보지만, 그는 나를 알아보지 못한다. 내가 몇 가지 옷을 바꿔 입어 보이면, 학인은 거기에서 알음알이를 내어 한결같이 나의 말과 글귀 속으로 말려들어 오고 만다.

슬프다! 눈멀고 안목 없는 스님들이 내가 입은 옷을 붙잡고서 푸르다 누르다 붉다 하얗다 하는구나. 내가 옷을 벗어버리고 청정한 법신의 경계로 들어가면 학인은 한번 보고는 기쁜 마음을 낸다. 내가 이번에는 다시 옷을 벗어버리면 학인은 본래 마음을 잃어버리고 망연히 미친 듯이 달아나며 '내가 옷을 입지 않았다'고 말한다. 내가 그때 바로 그에게 말하기를, '그대는 내가 옷을 입기도 하고 벗기도 한 바로 그 사람인 줄 아느냐?'고 물으면, 그는 홀연히 고개 돌려 나를 알아본다.

거나 빼앗거나 또는 살리거나 죽이는 자유자재한 수단을 표현한 말이다.

39. 형상을 가리는 옷

대덕   이막인의   의불능동   인능착의
大德아! **儞莫認衣**하라 **衣不能動**이요 **人能著衣**하나니

유개청정의   유개무생의   보리의   열반의
有箇淸淨衣하며 **有箇無生衣**와 **菩提衣**와 **涅槃衣**하며

유조의유불의
有祖衣有佛衣니라.

대덕   단유성명문구   개실시의변
大德아! **但有聲名文句**하야 **皆悉是衣變**이라

종제륜기해중고격   아치고개   성기구의
從臍輪氣海中鼓激하야 **牙齒敲磕**하야 **成其句義**니

명지시환화
明知是幻化니라.

대덕   외발성어업   내표심소법   이사유념
大德아! **外發聲語業**하며 **內表心所法**하고 **以思有念**은

개실시의   이지마인타착지의위실해   종경진겁
皆悉是衣니 **儞祇麼認他著底衣爲實解**하면 **縱經塵劫**하야도

지시의통
祇是衣通이라.

삼계순환   윤회생사
三界循環하야 **輪廻生死**니라.

불여무사   상봉불상식   공어부지명
不如無事하야 **相逢不相識**하고 **共語不知名**이로다.

대덕들이여! 그대들은 형상을 가릴 뿐인 옷에 대해 잘못 알지 말라. 옷이 스스로 움직일 수 없고, 사람이 옷을 입는다. 청정한 옷도 있고, 무생(無生)이라는 옷, 보리라는 옷, 열반이라는 옷, 조사라는 옷, 부처라는 옷도 있다.

대덕들이여! 음성과 명칭, 문구 따위는 모두 옷들의 형상과 색깔의 변화에 따라 달라지는 것[281]과 같다. 배꼽 아래 단전(丹田)[282]에서 치고 올라와 이빨을 딱딱 부딪쳐 소리와 뜻을 이루나, 그것은 허깨비의 조화임을 분명히 알아야 한다. 대덕들이여! 밖으로 표출된 소리인 말로 말미암아, 내부의 여러 가지 생각들이 드러나며, '동기부여[思]'로 인해 '대상을 생각해 내는 기억작용[念]'이 있으나, 이 모두는 겉에 입는 옷처럼 허망한 것이다.[283] 그대들이 다른 사람이 입고 있는 옷만 보고 그것을 진짜

---

281 의변(衣變): 조건이나 대상에 따라 바꿔 입는 옷에 빗대어 실체가 없음을 비유한 말.
282 제륜기해(臍輪氣海): 하복부 단전(丹田). 기(氣)가 모이는 부위.
283 임제스님이 여기서 말한 것은 세친이 지은 『대승성업론(大乘成業論)』에 나오는 게송과 비슷한데, 원문은 "드러난 말과 행동으로 말미암아[由外發身語], 마음속의 생각이 밖으로 표현된다[表內心所思]. 마치 저 연못 속에 숨어 있는 물고기가[譬彼潛淵魚], 물결을 치면서 스스로를 드러내듯이[鼓波而自表]"(T.31 p.781b)이다. 주의할 것은 이는 세친 자신의 유식사상을 설명하는 게송이 아니라, 설일체유부가 주장하는 '극미실재론(極微實在論)'과 관련된 설일체유부의 업설(業說)을 표현한 게송이라는 점이다. 세친이 이 게송을 내세운 것은 설일체유부의 업설을 비판하기 위해서다. 『대승성업론(大乘成業論)』에, 이 게송에 이어 세친의 비판이 나오는 데서 이를 분명히 알 수 있다. 설일체유부 업설(특히 표업론(表業論)의 대강(大綱)은 "① 현상(現象)은 찰나에 생겼다 사라진다, ② 실재적인 동작이 없다, ③ 그러나 신체동작의 기본원소는 실재한다."이다. 삼업(三業) 가운데 신업(身業)과 어업(語業)은 표업(表業. 겉으로 드러나는 업)과 무표업(無表業)으로 나눌 수 있지만, 의업(意業)은 오직 무표업뿐이다. 신

라고 생각하면 한량없는 세월이 지나더라도 다만 옷만 붙잡고 있는 셈이다. 이렇게 되면 삼계를 돌며 생사 윤회하게 되니, 아무 일 없는 것보다 못하다. 다시 말해 서로 만나도 누군지 알지 못하고, 함께 이야기 나눠도 이름을 모르는 것처럼 지내는 편이 더 낫다.

표업(身表業)은 형·색[形色]을 근본[體]으로 삼고, 어표업(語表業)은 소리[語聲]를 근본으로 삼으며, 의업은 심소(心所)를 생각함을 근본으로 한다. 그런데 '드러난 신체행동의 배후'에 능히 (행동을) 드러나게 하는 '실재(實在)하는 형과 색'이 있고, 이것이 '드러난 신체행동의 근본·본성[體性]'이라고 설일체유부는 주장한다. 그래서 설일체유부는 색법(色法)을 형색(形色)과 현색(顯色) 두 가지로 나눈다. 형색을 긺[長], 짧음[短], 모남[方], 둥금[圓], 높음[高], 낮음[下], 바름[正], 바르지 않음[不正] 등 여덟 가지이다. 현색은 본현색(本顯色)과 차별색(差別色)으로 나뉘는데, 청(靑)·황(黃)·적(赤)·백(白)은 본현색이고, 그림자[影]·빛[光]·밝음[明]·구름[雲]·연기[煙]·먼지[塵]·안개[霧] 등은 차별색이다. 신표업(身表業)은 두 가지 색법 가운데 형색에 해당되며, "실재하는 형색이 근본[體]이 되어 여러 행위를 함으로써 마음속의 생각을 표현한다."는 것이 설일체유부 신표업(身表業) 이론의 줄거리이다. 그런데 임제스님이 인용한 게송은 "밖으로 표출된 소리인 말로 말미암아[外發聲語業], 내부의 여러 가지 생각들이 드러나며[內表心所法], '동기부여[思]'로 인해 '대상을 생각해 내는 기억작용[念]'이 있으나[以思有念], 이 모두는 겉에 입는 옷처럼 허망한 것이다[皆悉是衣]"는 의미로, 설일체유부의 업설을 설명하는 것이 아니고, 형상과 음성 등은 모두 허망한 것임을 강조하는 표현일 따름이다. 한편 『대승성업론』의 주된 내용은 경부(經部)의 입장에서 설일체유부와 정량부 등의 업설을 비판한 뒤 '아뢰야식훈습설'을 제기(提起)하는 것이다.

40. 수행을 성취하지 못하는 이유

　　　금시학인　　부득　　개위인명자위해
　　　今時學人이 不得은 蓋爲認名字爲解니라.

　　　대책자상　　초사노한어　　삼중오중　　복자리
　　　大策子上에 抄死老漢語하야 三重五重으로 複子裏하야

　　　불교인견　　도시현지　　이위보중　　　대착
　　　不敎人見하고 道是玄旨라 하야 以爲保重하나니 大錯이로다.

　　　할루생　　　이향고골상　　　멱십마즙
　　　瞎屢生이여! 儞向枯骨上하야 覓什麽汁고?

　　　유일반불식호오　　향교중　　취의탁상량　　성어구의
　　　有一般不識好惡는 向敎中하야 取意度商量하야 成於句義하나니

　　　여파시괴자　　　향구리함료　　토과여별인　　유여속인
　　　如把屎塊子하야 向口裏含了라가 吐過與別人하며 猶如俗人이

　　　타전구령상사　　　일생　　허과
　　　打傳口令相似하야 一生을 虛過로다.

　　　야도아출가　　　피타문착불법　　　변즉두구무사
　　　也道我出家라하나 被他問著佛法하면 便卽杜口無詞하야

　　　안사칠돌　　　구여편담
　　　眼似漆突하며 口如楄擔하니라.

　　　여차지류　　　봉미륵출세　　　이치타방세계　　　기지옥수고
　　　如此之類는 逢彌勒出世호대 移置他方世界하야 寄地獄受苦니라.

　　　오늘날 참선하는 수행자들이 깨달음을 얻지 못하는 것은 대개

명칭이나 자구에 사로잡혀 이해하려 하기 때문이다. 두꺼운 공책²⁸⁴에다 죽은 노스님들의 말씀을 이것저것 베껴 세 겹 다섯 겹으로 보자기에 싸 놓고, 다른 사람들에게 보여주지도 않고, '현묘한 뜻[玄旨]'이라며 그것을 애지중지하는데, 이는 크게 잘못된 일이다.

눈멀고 어리석은 바보들아! 말라빠진 뼈다귀에서 무슨 국물을 찾는다는 말이냐? 좋고 나쁜 것도 구분할 줄 모르는 어떤 무리들은 경전의 문구에서 이러저러한 분별의 뜻을 만들어내니, 마치 똥덩어리를 입 속에 머금고 있다가 다른 사람에게 뱉어주는 것 같고, 세속의 사람들이 술자리에서 서로에게 말 전하는 놀이²⁸⁵ 하는 것과 같으니, 일생을 헛되이 보낼 뿐이다.

비록 "나는 출가한 사람이다."라고 떠벌릴 수는 있겠지만, 다른 사람이 불법에 대해 질문하면 입을 꾹 다물고 한마디도 하지 못하니, 검은 눈동자는 새까만 굴뚝처럼 멍한 채 입은 처마밑에 편액처럼 꽉 다물어버린다.²⁸⁶ 이와 같은 무리들은 미륵부처

---

284 책자(策子): 스승의 설법을 기록하는 필기장. 또는 이에 받아 적는 행위. 자신의 안목을 밝히지 못한 채로 경전을 비롯하여 다른 사람의 말에 속박되는 것을 상징적으로 나타낸다.
285 전구령(傳口令): 술자리에서 어떤 하나의 단어를 차례대로 다른 사람에게 정확히 전하는 놀이. 주령(酒令)이라고도 한다. 이로부터 들은 말을 그대로 전한다는 뜻으로도 확장되어 쓰이기도 한다.『雲門廣錄』권상 T.47 p.553a, "三家村 裏老婆傳口令相似."
286 칠(漆)은 검은 옻칠, 돌(突)은 검은 연기가 자욱한 굴뚝으로 모두 검은 것을 나타내는 상징물이다. 안사칠돌(眼似漆突)은 검은 눈동자를 멍청하게 껌벅이며 아무 생각이 없는 모습을 비유적으로 표현한 말이다. 편담(匾擔)은 천칭의 양 끝이 늘어진 것으로서 입을 굳게 다문 모습을 이에 빗댄 것이다.

님이 세상에 출현해도 다른 세계로 쫓겨 가거나 지옥에 떨어져 갖은 고초를 받을 것이다.²⁸⁷

---

287 미륵(彌勒)은 부처님 입멸 후 56억 7천만 년 후에 출현하실 것으로 예정된 미래의 부처님이다. 현재는 도솔천에 머물고 있으므로 미륵보살(彌勒菩薩)이라 하는데 미래에 이 땅에 내려와 성불한 후 중생을 구제할 것이 예정되어 있으므로 미륵불(彌勒佛)이라고도 한다. 이러한 부처님이 세상에 출현하여도 구제 받지 못하고 지옥에 떨어지고 말리라는 의미이다.

41. 업식중생(業識衆生)

　　대덕　　이파파지왕제방　　멱십마물　　답이각판활
　　大德아! **儞波波地往諸方**하야 **覓什麼物**하야 **踏儞脚板闊**고?
　　무불가구　　무도가성　　무법가득
　　無佛可求며 **無道可成**이며 **無法可得**이니라.
　　외구유상불　　여여불상사　　욕식여본심　　비합역비리
　　外求有相佛하면 **與汝不相似**니 **欲識汝本心**인댄 **非合亦非離**로다.
　　도류　　진불　　무형　　진도　　무체
　　道流야! **眞佛**은 **無形**이요 **眞道**는 **無體**요
　　진법　　무상　　삼법　　혼융　　화합일처　　기변부득
　　眞法은 **無相**이라 **三法**이 **混融**하야 **和合一處**니 **旣辨不得**을
　　환작망망업식중생
　　喚作忙忙業識衆生이니라.

대덕들이여! 그대들은 부산하게 제방을 쏘다니며 무엇을 구한다고 발바닥이 거칠게 부르트도록 돌아다니느냐? 구할 부처도 없고 이루어야 할 도도 없으며 얻을 수 있는 법도 없다. '밖으로 형상이 있는 부처를 구하면 그대와는 닮지도 않았다. 그대들의 본래 마음을 알고자 할진대 합해져 있는 것도 아니고, 떨어져 있는 것도 아니다.'[288]

---

288 제8조 불타난제(佛陀難提)의 게송 중에 나오는 구절.『景德傳燈錄』권1 T.51 p.208c.

수행자들이여! 참된 부처는 형상이 없고, 참된 도는 실체가 없으며, 참된 법은 모양이 없다. 이 세 가지 법이 서로 혼합되고 융화되어 하나로 화합한 것이니, 이것을 분별하지 못한다면 허둥지둥 바쁜 업식의 바다에서 헤매는 윤회 속의 중생이라 부른다.

42. 삼진(三眞)과 삼구(三句)

問, 如何是眞佛眞法眞道오? 乞垂開示하소서.

師云, 佛者는 心淸淨이 是요 法者는 心光明이 是요 道者는
處處無礙淨光이 是라.
三卽一이니 皆是空名而無實有니라 如眞正作道人은
念念心不間斷이라.
自達磨大師從西土來로 祇是覓箇不受人惑底人이니
後遇二祖하야 一言便了하고 始知從前虛用功夫니라.
山僧今日見處는 與祖佛不別하니
若第一句中得하면 與祖佛爲師요 若第二句中得하면
與人天爲師요 若第三句中得하면 自救不了니라.

어떤 스님이 임제스님에게 물었다.

"무엇이 참된 부처이며 참된 법이며 참된 도입니까? 부탁하오니 가르침을 주십시오."

"부처란 마음이 청정한 것이며, 법이란 마음의 광명인 것이며, 도란 어디에서나 걸림이 없는 청정과 광명이다. 이 셋은 하나로서 모두가 헛된 이름일 뿐, 참으로 실체가 있는 것이 아니다. 진정으로 도를 닦는 사람[289]이라면 한순간 한순간도 마음에 끊어짐이 없어야 한다.

달마대사께서 인도에서 중국에 오신 뒤 오직 남에게 속지 않는 사람을 찾았을 뿐이다. 그 뒤에 이조 혜가스님을 만났는데, 혜가스님은 한마디 말끝에 바로 깨닫고, 지금까지 해왔던 공부가 헛된 것이었음을 비로소 알았다.

지금의 산승의 견해는 조사나 부처와 다르지 않다. 만약 제1구에서 깨달으면 조사나 부처의 스승이 되고, 만약 제2구에서 깨달으면 인간과 천상의 스승이 되며, 만약 제3구에서 깨달으면 자기조차도 구제하지 못한다."

(이하의 설명은 『백일법문』상(장경각, 2014, 135~138쪽)에 실려 있는 내용입니다. 내용상 서로 관련이 있어 여기에 옮겨 게재합니다. 큰스님께서 직접 평석하신 것은 아닙니다.)

중도(中道)니 쌍차(雙遮)니 쌍조(雙照)니 하는 것은 순전히 교가이지

---

[289] "부처의 도는 텅 비고 드넓어 정해진 길이 없다. 문 없음이 해탈의 문이요, (이러니저러니 단정하는) 견해 없음이 도를 닦는 사람의 견해이다."(『禪林僧寶傳』 권4 X.79 p.499a, 佛道閑曠, 無有塗程. 無門爲解脫之門, 無見作道人之見.)

선가의 종지는 아니라고 말할 수도 있습니다. 선종 최고의 교파인 임제종도 불교이기에 중도의 근본 원리를 벗어나서는 설할 수 없습니다. 임제스님은 불(佛)·법(法)·승(僧) 삼보에 대해서 지금 법문하고 계십니다.

"부처님[佛]은 마음이 청정한 것이고, 법(法)은 마음이 광명한 것이고, 도(道)는 어디에서나 걸림이 없는 청정과 광명이다."

"부처님은 마음이 청정하다[佛者心淸淨]." 일체의 차별 망견(妄見)을 다 버린 것을 마음이 청정하다고 합니다. 망상의 구름이 다 벗겨졌다는 말이니 쌍차(雙遮)입니다.

"법은 마음이 광명한 것이다[法者心光明]." 일체의 차별 망상을 다 버리니 새파란 하늘이 열린 것을 말합니다. 쌍차가 되면 허공이 청정하여 해가 비추는 것은 자연의 이치입니다. 일체 변견(邊見)을 다 버려 쌍차가 되면 마음의 광명이 비추니 쌍조(雙照)입니다.

"도는 어디에서나 걸림이 없이 청정한 광명이다[道者處處無礙淨光]." 여기서 도(道)는 승보(僧寶)를 말합니다. 하늘이 새파랗다고 하면 해가 드러났다는 것이고 해가 드러났다고 하면 하늘이 새파랗다는 것입니다. 청정하면 광명이 있고 광명이 있으면 청정하다는 것입니다. 청정과 광명이 걸림이 없으니, 광명이 곧 청정이고 청정이 곧 광명입니다. 이것을 승(僧)이라고 하고, '승'은 본래 화합(和合)이라는 뜻입니다. 그러므로 승은 서로 잘 지낸다는 의미도 되겠지만 청정과 광명이 걸림이 없는 중도를 증득한 사람만이 승가(僧伽)의 자격을 가질 수 있습니다. 중도를 깨치지 못하면 차별된 변견에 사로잡혀 있기 때문에 승(僧)이 아닙니다. 이것이 임제스님이 선언한 중도의 뜻입니다.

마음이 청정한 것을 부처[佛]라 한 것은 모든 변견을 버려 청정하므로 쌍차(雙遮)입니다. 마음이 광명한 것을 법(法)이라 한 것은 청정하면 자연히 광명이 나오므로 쌍조(雙照)입니다. 청정과 광명이 걸림이 없음을 도(道), 즉 승(僧)이라 한 것은 차조동시(遮照同時)입니다. 임제종 역시 표현은 다르지만 근본 입장은 육조스님이 유촉하신 중도에 입각해 있습니다.

달마대사가 인도에서 중국 소림굴에 와서 면벽 9년 만에 혜가스님을 만났습니다. 혜가스님은 팔을 자르고 무릎까지 쌓이는 눈 속에 밤새도록 서서, 마침내 달마스님의 말끝에 바로 깨닫고 지금껏 해왔던 공부가 헛된 것임을 비로소 알았다고 했습니다.

지금 임제스님 자신의 경계는 그러한 조사와 부처와 다르지 않다고 확신하고 있습니다. 이에 앞에서 3구에서 법문하였듯이 제1구, 제2구, 제3구에 분명 우열이 있으면서 우열이 절대로 없다는 것을 알아야 합니다.

임제스님이 말하기를 "1구(一句)에는 3현(三玄)의 문을 다 갖추어야 하고, 1현(一玄)의 문에는 3요(三要)를 갖추어야 한다."고 했습니다. 그러니 1구에도 삼현삼요가 다 갖춰 있고, 제2구와 제3구에도 삼현삼요가 다 갖추어져 있는 것입니다. 그렇게 본다면 1구라고 수준이 높고 3구라고 수준이 낮은 것이 아님을 알 수 있습니다. 그러므로 예전의 조사스님들은 제1구를 바로 깨칠 것 같으면 자기도 구제하지 못한다 하고, 제2구를 바로 깨치면 사람과 천상의 스승으로 삼는다 하고, 제3구를 바로 깨치면 조사와 부처가 스승으로 삼는다고 하였습니다.

제3구를 바로 알 것 같으면 부처와 조사의 스승이 된다고 한 예전 조사스님들의 뜻을 분명히 바로 알아야 합니다. 이것을 말로만 따라

가서 제1구가 제3구고 제3구가 제1구라는 말이 아닌가 하여 쉽게 생각할지 모르지만, 그렇게 따져서는 억천만겁이 지나도 근본을 꿰지 못합니다. 이제 화두공부를 부지런히 해서 완전히 깨쳐야지, 확철히 깨치기 전에는 모르는 것입니다.

43. 조사서래의(祖師西來意)

문 여하시서래의
問, 如何是西來意오?

사운 약유의　　자구불료
師云, 若有意하면 自救不了니라.

운 기무의　　운하이조득법
云, 旣無意인댄 云何二祖得法고?

사운 득자　시부득
師云, 得者는 是不得이니라.

운 기약부득　　운하시부득지의
云, 旣若不得인댄 云何是不得底意오?

사운 위이향일체처　　치구심불능헐　　소이　조사언
師云, 爲儞向一切處하야 馳求心不能歇일새 所以로 祖師言,

돌재　장부　　장두멱두
咄哉라! 丈夫여, 將頭覓頭라하니라.

이언하　변자회광반조　　갱불별구
儞言下에 便自回光返照하야 更不別求하고

지신심여조불불별　　당하무사　　방명득법
知身心與祖佛不別하야 當下無事하면 方名得法이니라.

대덕　산승금시　사불획이　　화도설출허다불재정
大德아! 山僧今時에 事不獲已하야 話度說出許多不才淨하니

이차막착
儞且莫錯하라.

거아견처   실무허다반도리   요용변용   불용변휴
據我見處하면 **實無許多般道理**요 **要用便用**하고 **不用便休**니라.

어떤 스님이 임제스님에게 물었다.

"달마 조사가 서쪽에서 오신 뜻[290]이 무엇입니까?"

"만약 뜻이 있었다면 자기 자신조차 구제하지 못했을 것이다."

"이미 뜻이 없었다 하면 이조는 어떻게 법을 얻은 것입니까?"

"얻었다는 것은 아무것도 얻지 못했다[291]는 것이다."

"얻지 못했다고 한다면, 얻지 못했다는 그 뜻은 무엇입니까?"

"그대들이 사방으로 치달리며 불법을 구하는 마음을 쉬지 못하기 때문이다. 그러므로 조사께서 말씀하시기를, '한심한 장부여! 머리를 가지고 있으면서 어리석게 또 머리를 찾는구나'라고 하신 것이다. 그대들이 이 말끝에서 곧 스스로 회광반조(回光返照)[292]하여 더 이상 다른 데서 찾지 않고, 이 몸과 마음이 조사인 부처와 다르지 않음을 알아, 바로 그 자리에서 아무 일 없게 되니 바야흐로 법을 얻었다고 한다.

대덕들이여! 산승이 오늘 어쩔 수 없이 마지못해 이처럼 쓸데없

---

290 조사서래의(祖師西來意)라고도 한다. 불법의 단적인 뜻 또는 선의 근본 종지를 뜻한다.

291 "마음이라고 해도 마음은 없고, 얻었다고 해도 얻음이 없다."(『傳心法要』 T.48 p.382a, 心卽無心, 得卽無得.) 집착하는 마음이 없고, 분별하여 취함도 없음을 말한다.

292 회광반조(回光返照): 본래는 해가 지기 전에 석양의 반사 작용으로 하늘이 잠깐 밝아지는 현상을 가리키는 말. 선에서는 자기의 본성을 밝게 비추어 보는 것, 밖에서 진실을 구하지 않고 자기 안의 본연을 빛, 즉 본래면목을 밝히는 것을 함의한다.

는 잔소리를 뇌까리지만 너희는 착각하지 마라. 산승의 견처에 따르면 이처럼 많은 도리는 사실 없는 것이니, 쓰고자 하면 곧 쓰고, 쓰고 싶지 않으면 곧 쉬면 될 뿐이다."

44. 자취를 남기지 않는 사람

<small>지여제방   설육도만행   이위불법</small>
祇如諸方이 說六度萬行하야 以爲佛法하나

<small>아도시장엄문불사문   비시불법</small>
我道是莊嚴門佛事門이요 非是佛法이니라.

<small>내지지재지계   경유불섬   도안불명   진수지채</small>
乃至持齋持戒하며 擎油不㵸하야도 道眼不明하면 盡須抵債하야

<small>색반전유일재</small>
索飯錢有日在니라.

<small>하고여차   입도불통리   부신환신시   장자팔십일</small>
何故如此오? 入道不通理하면 復身還信施하나니 長者八十一에

<small>기수불생이</small>
其樹不生耳라하니라.

<small>내지고봉독숙   일식묘재   장좌불와   육시행도</small>
乃至孤峰獨宿하며 一食卯齋하며 長坐不臥하며 六時行道하야도

<small>개시조업지인   내지두목수뇌   국성처자   상마칠진</small>
皆是造業底人이요 乃至頭目髓腦와 國城妻子와 象馬七珍을

<small>진개사시   여시등견   개시고신심고   환초고과</small>
盡皆捨施하야도 如是等見은 皆是苦身心故로 還招苦果하나니

<small>불여무사   순일무잡</small>
不如無事하야 純一無雜이니라.

<small>내지십지만심보살   개구차도류종적   요불가득   소이</small>
乃至十地滿心菩薩도 皆求此道流蹤跡하나 了不可得이니 所以로

제천   환희   지신   봉족   시방제불   무불칭탄
諸天이 **歡喜**하며 **地神**이 **捧足**하야 **十方 諸佛**이 **無不稱歎**하나니

연하여차
緣何如此오?

위금청법도인   용처무종적
爲今聽法道人이 **用處無蹤跡**일새이니라.

"가령 여러 곳에서 '보시·지계·인욕·정진·선정·지혜의 6도만행을 불법이라 여긴다'고 말들 하지만, 나는 '그것은 장엄문이요 불사문[293]일 뿐, 불법은 아니다'라고 말한다. 나아가 재계(齋戒)를 철저히 준수하며, 가득 찬 기름그릇을 한 방울도 흘리지 않고 갈 정도가 된다[294] 해도, 도를 보는 안목이 밝지 못하면 모두가 빚을 갚지 않을 수 없으니 염라대왕에게 밥값 치를 날이 있을 것이다.

어째서 그런가? 불도에 들어와 이치를 통달하지 못하면, 다시 태어나 신도의 시주를 갚아야 하니, '장자(長者)가 81살이 되자 그의 나무에 버섯이 나지 않았다'[295]는 이야기가 있다.[296]

---

293 교화하고 불법을 펼치기 위해 시설하는 다양한 방편을 이른다.
294 엄격하고 면밀하게 수행한 것을 비유를 들어 설한 이야기 가운데 나오는 말. 『大般涅槃經』권22「光明遍照高貴德王菩薩品」T.12 p.496b24-c2 참조.
295 가나제바(迦那提婆)의 게송.『景德傳燈錄』권2 T.51 p.211b, "入道不通理, 復身還信施. 汝年八十一, 此樹不生耳."
296 범마정덕(梵摩淨德)이라는 장자(長者)의 정원에 있는 나무에 큰 버섯이 났는데, 다른 식구들은 그 버섯을 볼 수조차 없었으나 장자와 둘째 아들 라후라(羅睺羅)만은 그것을 보고 따먹을 수 있었다고 한다. 그들이 전생에 어떤 비구에게 정성껏 공양하였으나 그 비구가 도안(道眼)을 밝히지 못하고 시주물만 헛되이 입었던 까닭에 후에 버섯이 되어 이들에게 보답한 것이라는 이야기이다.『景德傳燈錄』권2 T.51 p.211b 이하 참조.

또 깊은 산속에 높이 솟은 산봉우리에서 홀로 살며, 아침 한 끼니만 공양을 하고[一食卯齋],[297] 장좌불와(長坐不臥)하며, 하루 여섯 때[298]에 도를 닦는다 해도, 모두가 업을 짓는 사람들에 불과할 뿐이다.

또한 '자신의 머리·눈·골수·뇌, 나라와 처자, 코끼리와 말과 일곱 가지 값진 보배들을 전부 보시해도,[299] 이런 견해를 가지고는 몸과 마음을 괴롭힐 뿐 도리어 내세에 괴로운 과보를 다시 부른다' 차라리 아무 일 없어 순일하여 잡스러움이 없는 것만 같지 못하다.

또 10지의 수행을 원만하게 성취한 보살이라도 아무 일 없게 된 이러한 수행자들의 종적은 찾아도 찾을 수가 없다. 그러므로 모든 하늘신이 기뻐하며, 지신(地神)들도 그의 발을 받들어 모시며, 시방 부처님들이 모두 칭송하고 찬탄하는 것이다. 어째서 그런가? 지금 법문을 듣는 이 도인이 작용하는 곳에는 아무 자취가 없기 때문이다."

---

297 일식묘재(一食卯齋): 묘시(卯時) 경에 하루에 한 번 밥을 먹고 수행에 전념함.
298 육시(六時): 신조(晨朝), 일중(日中), 일몰(日沒), 초야(初夜), 중야(中夜), 후야(後夜)의 여섯 때.
299 석가모니 전생담에 나오는 이야기를 빌려왔다. "세존께서 과거 무수한 겁을 지내는 동안 목숨을 내던지셨으니, 머리·눈·골수·뇌·피부·살덩이·뼈·피·나라·처자식 등 일체를 보시하였고, 중생을 위해 대홍서원을 일으켜 커다란 광명을 지으셨다."(『菩薩本行經』 권상 T.3 p.112c, 世尊往昔無數劫來, 放捨身命, 頭目髓腦, 肌肉骨血, 國城妻子, 施與一切, 爲衆生故, 起大弘誓, 當爲衆生, 作大光明.)

45. 대통지승불의 좌선

문 대통지승불   십겁   좌도량   불법   불현전
問, 大通智勝佛이 十劫을 坐道場호되 佛法이 不現前이라
부득성불도   미심차의여하   걸사지시
不得成佛道라하니 未審此意如何오? 乞師指示하노이다.
사운 대통자   시자기   어처처   달기만법무성무상
師云, 大通者는 是自己니 於處處에 達其萬法無性無相을
명위대통   지승자   어일체처   불의
名爲大通이요 智勝者는 於一切處에 不疑하야
부득일법   명위지승   불자   심청정광명   투철법계
不得一法을 名爲智勝이요 佛者는 心淸淨光明이 透徹法界를
득명위불   십겁좌도량자   십바라밀   시   불법
得名爲佛이요 十劫坐道場者는 十波羅蜜이 是요 佛法이
불현전자   불본불생   불본불멸   운하갱유현전
不現前者는 佛本不生이며 法本不滅이라 云何更有現前이리오
부득성불도자   불불응갱작불   고인   운
不得成佛道者는 佛不應更作佛이니 古人이 云,
불상재세간이불염세간법
佛常在世間而不染世間法이라하니라.

어떤 스님이 임제스님에게 물었다.

"대통지승불(大通智勝佛)은 10겁 동안 도량에 앉아 좌선 수행을 했지만, 불법이 나타나지 않아서 불도를 이루지 못하였다고 합

니다. 그 뜻이 무엇입니까? 스님께서 가르쳐 주십시오."³⁰⁰

"'대통(大通)'이란 자기 자신이니, 곳곳에서 만법이 성(性)도 없고 상(相)도 없음을 통달하는 것을 대통이라 한다. '지승(智勝)'이란 어디서나 한 법도 얻을 수 없음을 의심하지 않는 것을 말한다. '불(佛)'이란 마음이 청정하여 그 광명이 시방법계를 환히 꿰뚫고 있는 것을 말한다. '10겁 동안 도량에 앉아계셨다'고 하는 것은 10바라밀을 닦은 것을 말한다.

'불법이 나타나지 않았다'는 것은, 부처는 본래 생겨날 것이 없으며 법은 본래 사라지는 것이 아닌데,³⁰¹ 어떻게 거기서 다시 무엇이 나타나겠는가라는 말이다. '불도를 이루지 못했다'는 것은 부처는 본래 부처이므로 다시 부처가 될 필요가 없다는 뜻이다. 그러므로 옛사람이 '부처는 항상 세간에 있지만 세간법에 물들지 않는다'³⁰²고 말했다."

---

300 『法華經』권3 「化城喩品」大.9 p.22a에 나오는 구절. 선문에서는 종종 이를 공안으로 수용하여 궁구할 문제로 제기한다. 『禪門拈頌說話』40칙 H.5 p.52a ; 『無門關』9칙 「大通智勝」T.48 p.294a. "석가모니는 6년 동안 고행하며 갈대 싹이 무릎을 뚫고 올라올 때까지 자리를 옮기지 않은 채 성도하였고, 미륵은 출가일에 도를 이루었다. 저 대통지승불이 10겁 동안 도량에 앉아 수행하였으나 성불하지 못한 것은 법에 뛰어나고 못함이 있거나 근기에 영리하고 둔한 차이가 있기 때문이 아니다. 다만 시절인연이라는 조건에 빠르고 느린 차이가 있고, 그 인연에 응함에 길고 짧은 차이가 있을 뿐이다."(『禪門拈頌說話』40칙 H.5 p.53a, 釋迦六年苦行, 蘆芽穿膝, 不移坐成道, 彌勒出家日成道. 彼佛十劫坐道場, 猶未成佛者, 非謂法有勝劣, 機有利鈍. 但緣宜廷促, 應時長短.)
301 "법은 본래 생겨나는 것이 아닌즉 이제 사라질 것도 없다. 일체법이 무생이요 무멸이라는 이치를 터득하는 것이 불이법문으로 들어가는 길이다."(『維摩詰所說經』권중 「入不二法門品」T.14 p.550c, 法本不生, 今則無滅. 得此無生法忍, 是爲入不二法門.)
302 『如來莊嚴智慧光明入一切佛境界經』권하 T.12 p.248a ; 『曆代法寶記』T.51 p.194a.

46. 한 마음도 일으키지 말라[一心不生]

<small>도류   이욕득작불   막수만물</small>
道流야! **儞欲得作佛**인댄 **莫隨萬物**하라.

<small>심생   종종법생   심멸   종종법멸   일심불생</small>
心生하면 **種種法生**하고 **心滅**하면 **種種法滅**이라 **一心不生**하면

<small>만법무구</small>
萬法無咎니라.

<small>세여출세   무불무법   역불현전   역부증실</small>
世與出世에 **無佛無法**도 **亦不現前**하며 **亦不曾失**이니라.

<small>설유자   개시명언장구   접인소아   시설약병</small>
設有者라도 **皆是名言章句**니 **接引小兒**하난 **施設藥病**이며

<small>표현명구   차명구   부자명구   환시이목전소소영령</small>
表顯名句니라 **且名句**는 **不自名句**요 **還是儞目前昭昭靈靈**하야

<small>감각문지조촉지   안일체명구</small>
鑑覺聞知照燭底가 **安一切名句**니라.

수행자들이여! 그대들이 부처가 되고자 한다면 일체 만물을 따라가지 말라. '마음이 일어나면 갖가지 법이 일어나고 마음이 없어지면 갖가지 법이 없어진다.'³⁰³ 그러므로 '한 마음도 생겨나

---

303 "일체 세간의 경계의 상은 모두 중생의 무명과 망념에 의해 건립된 것이 마치 거울 속의 상처럼 실체를 얻을 수 없는 것이다. 오직 허망한 분별심이 전변함에 따라 일어난 것일 뿐이다. 마음이 일어나면 갖가지 법이 일어나고 마음이

지 않으면 만법에 허물이 없다'³⁰⁴고 했다. 세간이거나 출세간이거나 부처도 없고 법도 없어서, 나타난 적도 없고 잃어버린 적도 없다.

설사 부처와 법이 있다고 하더라도 그것은 모두가 명칭과 글귀일 뿐이니, 마치 어린아이를 달래고, 병에 따라 방편의 약을 쓰는 것과 같으며, 표현하는 명칭과 글귀일 뿐이다. 그런데 명칭과 글귀는 스스로 명칭과 글귀인 것이 아니라 도리어 그대들 눈앞에서 소소영령하게 사물을 비추어 보고 듣고 알고 밝게 빛나는 것이 모든 것에 명칭과 글귀를 붙이는 것이다.

멸하면 갖가지 법도 멸하기 때문이다."(『大乘起信論』 권상 T.32 p.586a, 一切世間境界之相, 皆依眾生無明妄念而得建立, 如鏡中像, 無體可得. 唯從虛妄分別心轉. 心生則種種法生, 心滅則種種法滅故.) ; 『首楞嚴經』 권1 T.19 p.107c, "由心生故, 種種法生, 由法生故, 種種心生."

304 『信心銘』 T48 p.376c.

47. 오무간업(五無間業)과 해탈

대덕   조오간무업   방득해탈
大德아! 造五無間業하여야 方得解脫이니라.

문 여하시오무간업
問, 如何是五無間業고?

사운 살부해모   출불신혈   파화합승   범소경상등
師云, 殺父害母하며 出佛身血하며 破和合僧하며 焚燒經像等이

차시오무간업
此是五無間業이니라.

운 여하시부
云, 如何是父오?

사운 무명   시부   이일념심   구기멸처부득
師云, 無明이 是父니 儞一念心이 求起滅處不得하야

여향응공   수처무사   명위살부
如響應空하야 隨處無事를 名爲殺父니라.

운 여하시모
云, 如何是母오?

사운 탐애위모   이일념심   입욕계중   구기탐애
師云, 貪愛爲母니 儞一念心이 入欲界中하야 求其貪愛하나

유견제법공상   처처무착   명위해모
唯見諸法空相하야 處處無著을 名爲害母니라.

운 여하시출불신혈
云, 如何是出佛身血고?

師云, 儞向淸淨法界中하야 無一念心生解하고 便處處黑暗이

是出佛身血이니라.

云, 如何是破和合僧고?

師云, 儞一念心이 正達煩惱結使하야 如空無所依가

是破和合僧이니라.

云, 如何是焚燒經像고?

師云, 見因緣空心空法空하야 一念決定斷하야 逈然無事가

便是焚燒經像이니라.

大德아! 若如是達得하면 免被他凡聖名礙니라.

대덕들이여! 무간지옥에 떨어질 다섯 가지 업을 지어야만 바야흐로 해탈하게 된다.[305]

어떤 스님이 임제스님에게 물었다.

"무엇이 무간지옥에 떨어질 다섯 가지 업(業)입니까?"

"아버지를 죽이고, 어머니를 해치며, 부처님의 몸에 피를 내고, 화합승단(和合僧團)을 깨뜨리며, 경전과 불상 등을 불사르는 것이 무간지옥에 떨어질 다섯 가지 업[五無間業]이다."

---

305 "어리석음과 애착을 없애지 않고서도 해탈을 일으키고, 오역죄를 범하는 모습으로도 해탈을 얻는다."(『維摩詰所說經』「弟子品」T.14 p.540b, 不滅癡愛, 起於解脫, 以五逆相而得解脫.)

"무엇이 아버지입니까?"

"무명(無明)이 아버지이니, 그대들 한 생각 마음이 일어나고 없어지는 곳을 찾으려야 찾을 수 없음이 마치 허공에 메아리가 울려 퍼지는 것과 같아서 어디를 가나 아무 일 없는 것을 아버지를 죽인다고 한다."

"무엇이 어머니입니까?"

"탐내고 애착하는 것이 어머니이니, 그대들 한 생각 마음이 욕계에 들어가 활동할 때 그 탐내고 애착하는 것을 찾아보아도 오직 모든 법이 공한 모습이어서 실체가 없음을 볼 뿐으로, 어디에서나 집착이 없는 것을 어머니를 해친다고 한다."

"무엇이 부처님의 몸에 피를 내는 것입니까?"

"그대들이 청정한 법계 가운데서 한 생각의 마음이 분별심을 일으키지 않고 어디에서나 칠흑처럼 캄캄하고 어두운 상태[306]로 있는 것을 부처님의 몸에 피를 내는 것이라 한다."

"무엇이 화합승단을 깨뜨리는 것입니까?"

"그대들의 한 생각 마음이, 번뇌의 속박은 허공처럼 의지할 곳이 없다는 점을 올바르게 통달함을 화합승단을 깨뜨리는 것이라 한다."

"무엇이 경전과 불상을 불사르는 것입니까?"

---

306 밝음[明], 백(白)이 차별 현상을 상징한다면 어두움[暗], 흑(黑)은 평등의 진여를 상징한다. 여기서 "캄캄하고 어두운 상태"는 평등한 경계를 나타낸 것이다.

"인연이 공하고 마음이 공하고 법이 공한[因緣空心空法空]³⁰⁷ 이 치를 알아서 한 생각을 결정짓고서 초연하여 억지로 할 아무런 일이 없는 것을 경전과 불상을 불태우는 것이라 한다."

대덕들이여! 만약 이와 같이 통달할 수 있다면, 저 범부니 성인이니 하는 이름에 구애되는 데서 벗어날 것이다.

---

307 『金剛三昧經』에서는 공상(空相)·공공(空空)·소공(所空)을, 『金剛經纂要刊定記』에서는 아공(我空), 법공(法空), 구공(俱空)을 삼공(三空)으로 꼽고 있기도 하다. "삼공이란, 공이라는 상도 공이며, 공이 공하다는 것 또한 공이며, 공의 대상 또한 공이다."(『金剛三昧經』「入實際品」T.9 p.369b, 三空者, 空相亦空, 空空亦空, 所空亦空.) ; "삼공은 아공·법공·구공이다. 『금강경』에서 '아상(我相)·인상(人相)이 없다'라 한 것 등이 아공이며, '아상은 상이 아니다'라 한 것 등이 법공이며, '일체의 상에서 벗어난 것이 부처이다'라고 한 것은 구공이다."(『金剛經纂要刊定記』권1 T.33 p.176b, 三空者, 即我空法空俱空也. 如下經云 '無我相人相' 等, 即我空也, '我相即是非相'等, 即法空也, '離一切相即名諸佛', 是俱空也.)

48. 허공에 그린 그림

1) 산승의 말을 곧이듣지 말라

이일념심　　지향공권지상생실해　　근경법중허날괴
儞一念心이 祇向空拳指上生實解하며 根境法中虛捏怪하야
자경이퇴굴언　　아시범부　　타시성인　　독루생
自輕而退屈言하되 我是凡夫요 他是聖人이라하니 禿屢生이여!
유심사급　　피타사자피　　각작야간명　　대장부한
有甚死急하야 披他師子皮하야 却作野干鳴고? 大丈夫漢이
부작장부기식　　자가옥리물　　불긍신　　지마향외멱
不作丈夫氣息하야 自家屋裏物을 不肯信하고 祇麼向外覓하야
상타고인한명구　　의음박양　　불능특달　　봉경변연
上他古人閒名句하야 倚陰博陽하야 不能特達이라 逢境便緣하며
봉진변집　　촉처혹기　　자무준정
逢塵便執하야 觸處惑起하야 自無准定이로다.
도류　　막취산승설처　　하고　　설무빙거
道流야! 莫取山僧說處하라 何故오? 說無憑據하야
일기간도화허공　　여채화상등유
一期間圖畫虛空이요 如彩畫像等喩니라.

그대들 한 생각이 빈주먹의 손가락이 가리키는 것에서 진실하다
는 생각을 일으켜서, 육근·육경·육식[根境法]이라는 현상계 가

운데에서 헛되이 괴상한 일을 조작해 내어[308] 스스로를 가볍게 여기고 비굴하게, '나는 범부이지만 그는 성인이다'라고 말한다. 머리 깎은 이 어리석은 바보 놈들아! 무슨 까닭에 이다지도 화급하게 굴며 사자 가죽을 덮어 쓰고서도 여우 울음소리를 내고 있느냐?[309] 당당한 대장부로서 장부의 기개를 펴지 못하고, 자기 집 안의 보물은 믿으려 하지 않고 오로지 밖으로만 찾으며, 저 옛사람들의 하찮고 시시한 말과 글귀에 사로잡히고, 음양을 점쳐 요행을 바라며,[310] 주체적으로 통달하지 못하느냐! 그렇기에 경계를 만나면 바로 반연하고 6진에 부딪치는 대로 집착하며, 가는 곳곳마다 미혹이 일어나 일정한 기준도 줏대도 없이 움직인다.

수행자들이여! 산승의 말을 그대로 듣지 말라. 어째서인가? 산승의 말에도 아무 증거할 만한 것이 없으며, 그때그때 임시로 허공에 그림 그리는 것처럼, 빈 그림에 색을 칠해 보여주는 것이기 때문이다.[311]

---

308 "빈주먹에 '무엇인가 있다'는 생각을 일으키고, 달을 가리키는 손가락을 달이라고 헛되이 조작하며, 근경법(根境法)에서 쓸데없이 헛된 것을 꾸며낸다."(『永嘉證道歌』 T.48 p.396c, 空拳指上生實解, 執指爲月枉施功, 根境法中虛捏怪.)
309 "수행자가 설법을 하되 집착하는 마음이 없이 하는 것을 사자후라 하고, 수행자가 집착하는 견해를 가지고 설한다면 이는 여우 울음소리일 뿐이며 사자후라 하지 않으니 온갖 삿된 견해를 일으키기 때문이다."(『思益梵天所問經』 권4 「授不退轉天子記品」 T.15 p.56b, 若行者說法無所貪著, 是名師子吼, 若行者貪著所見而有所說, 是野干鳴, 不名師子吼, 起諸邪見故.)
310 의음박양(倚陰博陽): 음에 의지하고 양을 따르다. 박(博)은 전(傳) 또는 부(附)로 써야 맞다. 음양의 점을 쳐서 이에 따른다는 뜻이다.
311 화가가 그림을 그리고 채색하여 보여주듯이 법을 설하는 행위도 사람들이 알기 쉽게 이해하도록 하기 위한 일시적 방편이라는 말. 임시방편이라는 의미도

2) 있는 듯이 보이게 하는 것[相似]일 뿐

<u>도류</u>   <u>막장불위구경</u>   <u>아견유여측공</u>   <u>보살나한</u>
道流야! 莫將佛爲究竟하라. 我見猶如厠孔이요 菩薩羅漢은

<u>진시가쇄박인지물</u>   <u>소이</u>   <u>문수장검</u>   <u>살어구담</u>
盡是枷鎖縛人底物이니 所以로 文殊仗劍하야 殺於瞿曇하며

<u>앙굴</u>   <u>지도</u>   <u>해어석씨</u>
鴦掘은 持刀하야 害於釋氏니라.

<u>도류</u>   <u>무불가득</u>   <u>내지삼승오성</u>   <u>원돈교적</u>
道流야! 無佛可得이니 乃至三乘五性과 圓頓敎迹은

<u>개시일기약병상치</u>   <u>병무실법</u>
皆是一期藥病相治요 並無實法이니라.

<u>설유</u>   <u>개시상사</u>   <u>표현노포</u>   <u>문자차배</u>
設有라도 皆是相似요 表顯路布하고 文字差排하야

<u>차여시설</u>
且如是說이니라.

<u>도류</u>   <u>유일반독자</u>   <u>변향리허착공</u>   <u>의구출세지법</u>
道流야! 有一般禿子는 便向裏許著功하야 擬求出世之法하니

<u>착료야</u>
錯了也라.

있고 실체나 근거가 전혀 없는 말을 뜻하기도 한다. 다음 경문의 취지와 통한다. "비유하자면 화가와 그 제자가 천에 여러 형상을 그리고 채색하듯이 나의 설도 이와 같다.…언설이란 별도로 시행하는 것이니 진실은 말을 떠나 있는 것이다."(『楞伽阿跋多羅寶經』권1「一切佛語心品」T.16 p.484c, 譬如工畫師, 及與畫弟子, 布彩圖眾形, 我說亦如是.…言說別施行, 眞實離名字.) ; "일체제법은 허깨비 같은 모습이니 너는 이제 두려워할 필요 없다. 어째서 그러한가? 일체의 언설이 이 허깨비 같은 모습에서 벗어나지 않으니, 지혜로운 사람으로 말하자면 문자에 집착하지 않으므로 두려워함이 없다. 왜 그러한가? 문자에 대한 집착에서 벗어나 문자에 대한 집착이 없는 것이 해탈이며, 해탈의 모습이란 바로 온갖 법인 것이다."(『維摩詰所說經』권상「弟子品」T.14 p.540c, 一切諸法, 如幻化相, 汝今不應有所懼也. 所以者何? 一切言說, 不離是相, 至於智者, 不著文字, 故無所懼. 何以故? 文字性離, 無有文字, 是則解脫, 解脫相者, 則諸法也.)

약인 　 구불 　 　 시인 　 실불 　 　 약인 　 구도 　 　 시인
若人이 求佛하면 是人은 失佛이요 若人이 求道하면 是人은

실도 　 약인 　 구조 　 　 시인 　 실조
失道요 若人이 求祖하면 是人은 失祖니라.

수행자들이여! 부처를 완전한 최고의 경지[究竟]라고 여기지 말라. 나의 견해로 보건대, 부처란 마치 뒷간의 똥통과 같은 것이다. 또한 보살과 나한은 모두가 목에 씌우는 형틀과 족쇄같이 사람을 결박하는 물건들이다. 그러므로 문수보살은 긴 칼을 들고 고타마 붓다를 죽이려 하였고,[312] 앙굴마(鴦掘摩)는 단도를 가지고 세존을 해치려 한 것[313]이다.

수행자들이여! 얻을 수 있는 부처란 없으며, 또한 삼승(三乘)과 오성(五性)[314]에 따른 각각의 가르침이나 원돈일승(圓頓一乘)의 가르침의 자취들이 모두 일시적으로 병에 따라 약을 주는 방편이지 진실한 법이 있는 것이 결코 아니다. 설사 있다 해도 있는 듯이 보이게 하는 것[相似]일 뿐이니, 누구나 볼 수 있게 드러내어 공지한 문서[315]요, 문자를 잘 배열하여 그럴듯하게 말한 것

---

312 부처의 가르침을 절대시하는 이들을 일깨우기 위해 문수보살이 부처님의 뜻을 받아 부처를 죽이려 했던 일.『大寶積經』권105「神通證說品」T.11 p.590b 이하 참조.

313 앙굴마(鴦掘摩)가 스승 부인의 모략으로 인해 분노한 스승으로부터 그날 낮에까지 백 사람을 죽이고 백 개의 손가락을 취해 장식물을 만들라는 명을 받았다. 한 개 손가락이 모자라자 앙굴마는 자신의 모친을 해하려다 부처님을 보고 멈추었고 모자라는 손가락을 부처님을 해하여 얻으려 하였으나, 마침내는 부처님께 귀의하였다고 한다.『佛說鴦掘摩經』T.2 pp.508c-p.509b 참조.

314 삼승오성(三乘五性): 성문·연각·보살 삼승 및 무종성(無種性)·부정성(不定性)·성문성(聲聞性)·연각성(緣覺性)·보살성(菩薩性) 등으로 중생의 근기를 다섯으로 나눈 오성.

315 노포(路布): 노포(露布)라고도 한다. 전승(戰勝)을 알리기 위해 포백(布帛)에 써

에 지나지 않는다.

수행자들이여! 머리만 깎고서 중 행세만 할 뿐인 어떤 무리들은 이런 것에 힘을 쏟으며 출세간법을 구하려고 하는데, 그것은 잘못 안 것이다. 만약 누군가 부처를 구한다면 오히려 부처를 잃을 것이고, 도를 구한다면 도를 잃을 것이며, 조사를 구한다면 조사를 잃을 것이다.

서 장대에 걸어 알리던 방식. 사람들에게 널리 고지하기 위해 봉함(封緘)하지 않고 내거는 공포(公布) 문서. 이로부터 '문자언설'을 광범하게 일컫기도 한다.

49. 일 없는 사람

<small>대덕 막착</small>
大德아! **莫錯**하라.

<small>아차불취이해경론 아역불취이국왕대신</small>
我且不取儞解經論하며 **我亦不取儞國王大臣**하며

<small>아역불취이변사현하 아역불취이총명지혜</small>
我亦不取儞辯似懸河하며 **我亦不取儞聰明智慧**하고

<small>유요이진정견해</small>
唯要儞眞正見解니라.

<small>도류 설해득백본경론 불여일개무사지아사</small>
道流야! **設解得百本經論**하야도 **不如一箇無事底阿師**니

<small>이해득 즉경멸타인 승부수라 인아무명</small>
儞解得하면 **卽輕慢他人**하야 **勝負修羅**와 **人我無明**이

<small>장지옥업</small>
長地獄業이니라.

<small>여선성비구 해십이분교 생신함지옥 대지 불용</small>
如善星比丘가 **解十二分敎**호되 **生身陷地獄**하야 **大地**도 **不容**하니

<small>불여무사휴헐거</small>
不如無事休歇去니라.

<small>기래끽반 수래합안 우인 소아 지내지언</small>
飢來喫飯이요 **睡來合眼**이라 **愚人**은 **笑我**호대 **智乃知焉**이로다.

<small>도류 막향문자중구 심동피로 흡냉기무익</small>
道流야! **莫向文字中求**니 **心動疲勞**하고 **吸冷氣無益**하니

불여일념연기무생　　기출삼승권학보살
不如一念緣起無生하야 起出三乘權學菩薩이니라.

대덕들이여! 착각하지 말라. 나는 그대들이 경론을 잘 이해하고 있다는 것을 높이 사는 것도 아니고, 나는 그대들이 국왕의 대신이라고 해서 높이 사는 것도 아니며, 나는 그대들이 물이 거침없이 흐르듯 유창한 말솜씨를 가지고 있는 것을 높이 사는 것도 아니며, 그렇다고 나는 그대들의 총명함과 지혜로움을 높이 사는 것도 아니니, 오로지 그대들이 진정한 견해를 갖추기를 바랄 뿐이다.

수행자들이여! 설사 백 부(部)의 경론을 이해한다 하여도 한 사람의 일 없는 스님만 같지 못하다. 그대들은 좀 아는 것이 있으면 다른 사람들을 우습게 여겨 경멸하며 아수라(阿修羅)처럼 승부를 다투고, 나와 남을 분별하는 무명번뇌로 나중에 지옥 갈 업을 오래도록 짓는다.

마치 선성(善星) 비구[316]가 십이분교(十二分敎)를 잘 이해하고 있었지만 산 채로 지옥에 떨어져 대지(大地)도 용납지 않은 것과 같으니, 차라리 아무 일 없이 쉬느니만 같지 못하다. 그러므로 "배고프면 밥 먹고 잠 오면 자면 되니, 어리석은 사람은 나를 보고 웃겠지만 지혜로운 이라면 알 것이다."[317]라고 옛사람도 말

---

316 선성(善星)비구: 『열반경』에는 부처님이 출가하기 전에 낳은 아들이라고 되어 있다. 『涅槃經』 권33 「迦葉菩薩品」 T.12 p.560b, "善星比丘, 是佛菩薩時子." 출가하였으나 항상 악한 마음을 품고 있었고 후에 환속하여서는 부처도, 법도, 열반도 없다는 삿된 견해를 내고 부처에 대한 악한 마음을 그치지 않다가 아비지옥에 떨어졌다고 한다.
317 "나는 하늘에 태어나는 것을 기쁘게 생각지 않고 복전을 소중히 여기지도 않

했던 것이다.

수행자들이여! 문자 속에서 구하려고 하지 말지니, 마음을 움직이면 피로하고[318] 찬 기운을 들이마시면 좋을 것이 없다. 한 생각 인연으로 일어나는 것은 본래 생겨나고 없어짐이 없을 한 찰나에 깨닫고, 삼승이라는 방편을 펼치는 보살들의 경계를 뛰어넘느니만 같지 못하다.[319]

는다. 배고프면 밥을 먹고 피곤하면 잠을 잘 뿐이다. 어리석은 이들은 나를 비웃겠지만 지혜로운 이는 이 뜻을 알 것이다."(『景德傳燈錄』 권30 「南嶽懶瓚和尙歌」 T.51 p.461b, 我不樂生天, 亦不愛福田. 饑來喫飯, 困來卽眠. 愚人笑我, 智乃知焉.)

318 『천자문(千字文)』에 "성품이 고요하면 감정도 편안하나, 마음이 동요하면 정신이 피로하다(性靜情逸, 心動神疲)."라는 구절이 있다.

319 "조작하면 애를 쓰고도 공이 없으나, 조작하지 않으면 연을 따라 스스로 성취하게 된다. 공이 없는 공은 그 공이 헛되이 버려지지 않으나, 공이 있는 공은 그 공이 모두 무상할 뿐이다. 오랜 겁 동안 수행을 쌓더라도 끝내 (그 수행의 공이) 없어지고 말리라. 갖가지 현상들이 원래는 생성도 소멸도 없음을 한 찰나에 깨닫고서 저 삼승 방편의 입장에서 펼치는 견해들을 넘어서느니만 못하다."(『新華嚴經論』 권1 T.36 p.724a, 作者勞而無功. 不作隨緣自就. 無功之功, 功不虛棄, 有功之功, 功皆無常. 多劫積修, 終歸敗壞. 不如一念緣起無生, 超彼三乘權學等見.)

50. 진실한 선지식을 만나기는 어렵다

대덕　막인순과일
大德아! 莫因循過日하라.

산승왕일미유견처시　흑만만지　광음　불가공과
山僧往日未有見處時에 黑漫漫地라 光陰을 不可空過니

복열심망　분파방도　후환득력　시도금일
腹熱心忙하야 奔波訪道하야 後還得力하야 始到今日하야

공도류여시화도
共道流如是話度니라.

권제도류　막위의식
勸諸道流하노니 莫爲衣食하라.

간세계이과　선지식　난우　여우담화　시일현이
看世界易過하며 善知識을 難遇니 如優曇華가 時一現耳니라.

이제방　문도유개임제노한　출래변의문난
儞諸方이 聞道有箇臨濟老漢하고 出來便擬問難하야

교어부득　피산승전체작용　학인　공개득안
敎語不得타가 被山僧全體作用하야 學人이 空開得眼하나

구총동부득　몽연부지이하답아　아향이도
口總動不得하고 懵然不知以何答我하니 我向伊道호되

용상축답　비여소감
龍象蹴踏은 非驢所堪이로다.

이제처　지지흉점륵　도아해선해도　삼개양개
儞諸處에 祇指胸點肋하야 道我解禪解道하나 三箇兩箇가

도저리　　불내하
到這裏하야 **不奈何**하니라.

돌재　　이장저개신심　　도처파양편피　　광하여염
咄哉라! **儞將這箇身心**하야 **到處簸兩片皮**하야 **誑諕閭閻**하니

끽철방유일재
喫鐵棒有日在로다.

비출가아　　진향아수라계섭
非出家兒요 **盡向阿修羅界攝**이니라.

대덕들이여! 그럭저럭 우물쭈물하면서 세월만 헛되이 보내지 말라. 산승도 지난날 깨치지 못하였을 때는 도무지 앞이 캄캄하고 답답하였다. 허송세월해서는 안 된다는 생각에 허둥지둥하며 초조한 마음으로 이곳저곳으로 분주히 도를 찾아 묻고 다녔다. 그러한 후에 나중에 뛰어난 선지식에게서 힘을 얻고 나서야 비로소 오늘에 이르러 수행자 여러분과 더불어 이렇게 이야기를 나눌 수 있게 되었다.

수행자는 여러분들에게 권하니, 옷과 밥을 위하여 신도들의 비위나 맞추면서 구차하게 수행하지 말라. 세상의 모든 것은 무상하고 부질없어 쉽게 지나가버리고 참되고 진실한 선지식은 만나기 어려우니, 마치 삼천 년 만에 우담바라 꽃이 한 번 피는 것과 같이 드문 일이다.

그대들은 제방에서 임제라는 늙은이가 있다고 하는 말을 듣고 찾아와서는 쟁론을 벌이고 반박하여 한마디도 하지 못하게 하려다가, 산승이 본체를 다 드러내어 대응하면 학인은 놀라 눈만 크게 뜬 채 입도 뻥긋하지 못하고 멍청해져 내게 어떻게 대답할지를 모른다. 그러면 산승은 그들에게 '큰 코끼리가 발로 차고

지나가니 나귀 따위가 감당할 바가 아니다'[320]라고 말해준다.

그대들은 여기저기서 가슴을 호기롭게 펴고 큰소리치며 말하기를, '나는 선을 알고 도를 안다'고들 하지만, 그런 사람 둘이건 셋이건 여기에 이르러서는 어찌할 줄을 모른다.

애달프도다! 그대들은 이렇게 멀쩡한 몸과 마음을 가지고서는 가는 곳마다 두 입술을 나불대면서 여염집 선남선녀들을 속이고 있으니, 염라대왕의 쇠몽둥이를 얻어맞을 날이 꼭 있을 것이다. 이들은 출가한 사람이라 할 수 없으며 모조리 시비를 다투는 아수라의 세계에 빠져 들어가게 된다.

---

[320] 용상(龍象)은 코끼리 가운데서도 가장 힘세고 뛰어난 것을 표현하기 위해 용(龍) 자를 덧붙인 것이다. 뛰어난 식견과 역량을 갖춘 선승 또는 학덕을 겸비한 수행자를 비유한다. "'가장 힘센 코끼리가 밟고 지나는 것과 같다'는 말은 앞의 불사보살 홀로 능하다는 것을 비유하고, '나귀 따위가 감당할 바가 아니다'라는 말은 뒤의 범부가 하열하여 능하지 못함을 비유한다."(『維摩義記』 권3 「不思議品」 T.38 p.480a, 譬如龍象蹴踏, 喻前不思菩薩獨能, 非驢所堪, 喻後凡夫下劣不能.)

51. 지극한 불법의 도리[至理之道]

<small>부여지리지도   비쟁론이구격양   갱장이최외도</small>
夫如至理之道는 **非諍論而求激揚**이며 **鏗鏘以摧外道**니라.

<small>지어불조상승   갱무별의   설유언교</small>
至於佛祖相承하야는 **更無別意**요 **說有言敎**라도

<small>낙재화의삼승오성인천인과</small>
落在化儀三乘五性人天因果니라.

<small>여원돈지교   우차불연   동자선재   개불구과</small>
如圓頓之敎는 **又且不然**하야 **童子善財**가 **皆不求過**니라.

<small>대덕   막착용심</small>
大德아! **莫錯用心**하라.

<small>여대해부정사시   지마담각   의천하주</small>
如大海不停死屍니라 **秖麽擔却**하야 **擬天下走**하나니

<small>자기견장   이애어심</small>
自起見障하야 **以礙於心**이라.

<small>일상   무운   여천보조   안중   무예   공리무화</small>
日上에 **無雲**하면 **麗天普照**요 **眼中**에 **無瞖**하면 **空裏無花**로다.

본래 지극한 불법의 도리는 논쟁으로 위세 당당하게 그 도를 드러내는 것도 아니고, 큰소리를 치며 위엄으로 외도를 꺾는 것도 아니다. 부처님과 조사가 면면히 이어져 내려오는 것에도 무슨 별다른 뜻이 있는 것은 아니다. 설혹 부처님 말씀과 가르침

이 있다 하더라도 삼승(三乘)과 오성(五性)의 구별은 인간계와 천상계[人天]의 중생들을 인과 등을 통해 선업을 행하도록 하기 위한 교화의 방편일 뿐이다. 그러나 원돈교에서는 절대 그렇지 않으니, 선재동자가 53선지식에게 다 법을 구하여 찾아다녔던 것은 아니다.

대덕들이여! 마음을 잘못 쓰지 말라. 마치 큰 바다가 죽은 송장을 머무르게 하지 않는 것[321]과 같이 하라. 그렇게 죽은 시체 같은 알음알이를 한 짐 잔뜩 짊어지고 천하를 돌아다니니 스스로 진정한 견해에 장애를 일으켜 마음을 가로막게 된다.

해 떠 있는 하늘에 구름 한 점 없으니
그 빛이 하늘을 널리 두루 비추고,
눈 속에 티끌이 없으니
허공 속 꽃 볼 일 없다네.[322]

---

321 바다가 갖춘 열 가지 덕상(德相)을 대해십상(大海十相)이라 하는데 그 가운데 하나로 불수사시(不受死屍)라고도 한다. 보살십지 중 이구지(離垢地)의 보살이 성취한 덕상으로 청정한 공덕을 얻어 파계하지 않으며 그러한 이들과는 함께 머물지도 않고 번뇌라는 오염을 떠난 경지를 비유한다. 『華嚴經』 권27 T.9 p.575b 참조.
322 진정견해(眞正見解)를 갖추고 있기만 하다면 망상이 일어날 일은 없다는 취지이다.

52. 무엇이라 불러야 할까?

道流야! 儞欲得如法이면 但莫生疑하라.
(도류) (이욕득여법) (단막생의)

展則彌綸法界하고 收則絲髮不立하야 歷歷孤明하야
(전즉미륜법계) (수즉사발불립) (역력고명)

未曾欠少하고 眼不見이요 耳不聞이니 喚作什麼物고?
(미증흠소) (안불견) (이불문) (환작십마물)

古人이 云, 說似一物則不中이라하니 儞但自家看하라
(고인) (운) (설사일물즉부중) (이단자가간)

更有什麼오? 說亦無盡이니 各自著力하야 珍重하라.
(갱유십마) (설역무진) (각자착력) (진중)

수행자들이여! 그대들이 여법하게 진정한 견해를 얻기를 바란다면 다만 의심을 일으키지 말라. 펼치면 온 법계를 두루 감싸고도 남지만, 거두면 한 가닥 가는 실 터럭 끝만큼도 세울 수 없다.[323] 뚜렷하고 분명하게 홀로 밝아서 일찍이 조금도 모자란 적이 없으나, 눈으로도 보지 못하고 귀로도 듣지 못하니[324] 이것

---

323 우두법융(牛頭法融)의 절관론(絕觀論) 가운데 나오는 구절. "펼치면 법계에 두루 노닐고, 거두어들이면 종적을 찾을 수 없다."(『宗鏡錄』 권97 T.48 p.941b, 舒則彌遊法界, 卷則定跡難尋.)

324 "번뇌가 사라지고 나면 진실한 성품 그대로의 모습이니, 값을 매길 수 없는 한 알의 둥글고 밝은 구슬이라. 눈으로도 보지 못하고 귀로도 듣지 못하니, 보지

을 무엇이라고 불러야 하겠는가?

옛사람이 말하기를, "설사 한 물건이라고 말해도 맞지 않다."³²⁵ 라고 하였다. 그대들은 다만 자기 스스로의 진정한 견해를 잘 살펴볼 일이니, 그 밖에 달리 더 이상 무엇이 있겠는가? 아무리 말해도 말로는 다할 수는 없는 노릇이니 각자 스스로 노력하여 불법의 궁극의 도리를 깨치길 바랄 뿐이다. 애썼구나, 쉬어라.

못하고 듣지 못함이 참으로 보고 듣는 것이다."(『景德傳燈錄』 권30 배도선사의 「一鉢歌」 T.51 p.462a, 塵勞滅盡眞如在, 一顆圓明無價珠. 眼不見耳不聞, 不見不聞眞見聞.)

325 남악회양(南嶽懷讓)이 육조혜능의 물음에 답한 말. 『景德傳燈錄』 권5 T.51 p.240c, 宗寶本 『壇經』 T.48 p.357b, 『선문염송설화(禪門拈頌說話)』 119칙 H.5 p.127a 참조. 『祖堂集』(권3 「懷讓章」 K.45 p.256c)에는 6조와 만난 때 답한 말이 아니라 12년 뒤에 6조를 떠나면서 나눈 문답이라고 되어 있으며, 『天聖廣燈錄』(권8 X.78 p.447c)에는 6조의 물음에 처음에는 대답하지 못했다가 8년이 지난 뒤에 답한 말이라고 되어 있다.

5장
감변

1. 쌀을 일다가 일돈방(一頓棒)을 맞다

　　　황벽　　인입주차　　문반두　　　작십마
　　　黃檗이 因入廚次에 問飯頭호되 作什麼오?

　　　반두운　간중승미
　　　飯頭云, 揀衆僧米니다.

　　　황벽운　일일　 끽다소
　　　黃檗云, 一日에 喫多少오?

　　　반두운　이석오
　　　飯頭云, 二石五니다.

　　　황벽운　막태다마
　　　黃檗云, 莫太多麼아?

　　　반두운　유공소재
　　　飯頭云, 猶恐少在니다.

　　　황벽　 변타
　　　黃檗이 便打하다.

　　　반두각거사사
　　　飯頭却擧似師한대

　　　사운　아위여감저노한
　　　師云, 我爲汝勘這老漢호리라.

　　　재도시립차　 황벽　거전화　　사운　반두불회　　　청화상
　　　纔到侍立次에 黃檗이 擧前話어늘 師云, 飯頭不會하니 請和尚은

　　　대일전어　　　　사변문막태다마
　　　代一轉語하소서하고 師便問莫太多麼아하니

황벽운 하부도내일   갱끽일돈
黃檗云, 何不道來日에 **更喫一頓**고?

사운 설십마내일   즉금변끽   도료변장
師云, 說什麼來日고 **卽今便喫**하소서 **道了便掌**하니

황벽운 저풍전한 우래저리날호수
黃檗云, 這風顚漢이 **又來這裏捋虎鬚**로다.

사변할   출거
師便喝하고 **出去**하니라.

황벽스님께서 공양간에 들어갔다가 공양주[飯頭]³²⁶에게 물었다.

"무얼 하느냐?"

"대중 스님네의 공양 지을 쌀을 일고 있습니다."

"하루에 얼마나 먹느냐?"

"두 섬 닷 말을 먹습니다."

"너무 많지 않느냐?"

"오히려 적을까 싶습니다."

그러자 황벽스님이 공양주를 때렸다.

공양주가 이 일을 임제스님에게 그대로 말하니, 임제스님이 말했다.

"내 너를 위하여 이 늙은이를 간파해 주겠다."

그러고는 그 길로 곧바로 가서 황벽스님을 모시고 서 있는데, 황벽스님께서 앞의 이야기를 꺼내시므로 임제스님이 여쭈었다.

"공양주가 잘 알아듣지 못했나 봅니다. 방장스님께서 딱 깨치도록 대신해 한마디[一轉語]³²⁷ 말씀하여 주십시오."

---

326 반두(飯頭): 대중이 먹는 음식을 맡아보는 소임.
327 일전어(一轉語): 상대를 전미개오(轉迷開悟)하게 하는 한마디.

그러고는 임제스님이 곧바로, "너무 많지 않습니까?" 하고 묻자 황벽스님께서 말씀하셨다.

"내일 한 번 더 먹는다고 왜 말하지 못하느냐?"

"무슨 내일까지를 말씀하십니까? 지금 먹는다고 해야지요." 하고 임제스님이 말을 마치고 뺨을 올려붙이니, 황벽스님께서 말씀하셨다.

"이 미친놈[328]이 또 여기 와서 호랑이 수염을 잡아당기는구나."[329]

그러자 임제스님은 '할!' 하고 나가버렸다.

후 위산   문앙산   차이존숙의작마생
後에 潙山이 問仰山호되 此二尊宿意作麼生고?

앙산운 화상   작마생
仰山云, 和尙은 作麼生고?

위산운 양자   방지부은
潙山云, 養子에 方知父慈이니라.

앙산운 불연
仰山云, 不然하니다.

위산운 자우작마생
潙山云, 子又作麼生고?

앙산운 사구적파가
仰山云, 似勾賊破家니다.

---

328 풍전한(風顚漢): 격식에서 벗어난 행동을 하는 사람. 미치광이라는 뜻이지만, 선가에서는 상대의 견지를 인정하는 의미를 담고 있다.
329 날호수(捋虎鬚): 어렵거나 위험한 일을 잘했다고 칭찬하는 말. 준열한 기상과 파격의 역량을 비유적으로 치켜세우는 말.

뒷날 위산스님께서 앙산스님에게 물었다.

"이 두 큰스님의 뜻이 무엇이겠느냐?"

"스님께서는 어떻다고 보십니까?"

"자식을 길러 보고서야 어버이의 사랑을 아는 법이다."

"저는 그렇게 생각하지 않습니다."

"그럼, 너는 어떻게 생각하느냐?"

"마치 도적을 끌어들여서 집안을 풍비박산으로 만든 꼴과 다를 바 없습니다."³³⁰

---

330 『禪門拈頌說話』 398칙 설화(說話)에서는 이 문답을 "황벽이 불효한 자식이요 그가 바로 도적이라는 뜻이다.(H5 p.326b, 蘗是不孝之子, 是賊也.)"라고 평했다. 공양주[子]와 황벽[父]의 문답을 황벽[子]과 임제[父]가 서로 역할을 바꾸어 펼친 것과 임제가 황벽이라는 도적을 끌어들여 마음속 생각을 남김없이 털어 보여주었다는 평가이다.

2. 세 스님을 모두 때리다

　　사문승　　십마처래
　　師問僧호되 **什麼處來**오?
　　승　　변할　　　사변읍좌　　승　　의의　　사변타
　　僧이 **便喝**이어늘 **師便揖坐**하니 **僧**이 **擬議**라 **師便打**하다.
　　사견승래　　변수기불자　　승　　예배　　사변타
　　師見僧來하고 **便竪起拂子**하니 **僧**이 **禮拜**라 **師便打**하다.
　　우견승래　　역수기불자　　승　　불고　　사역타
　　又見僧來하고 **亦竪起拂子**하니 **僧**이 **不顧**어늘 **師亦打**하니라.

임제스님이 한 스님에게 물었다. "어디서 오는가?"

그 스님이 '할!' 하니 임제스님은 허리를 굽혀 예를 표하고 앉았고, 그 스님이 무슨 말을 하려고 머뭇거리자 임제스님이 그대로 후려쳤다.

임제스님이 어떤 스님이 오는 것을 보고 불자(拂子)를 세우자 그 스님이 절을 하였고 임제스님은 그대로 후려쳤다.

또 한 스님이 오는 것을 보고 마찬가지로 불자를 세우니, 그 스님은 본 척도 하지 않았는데 임제스님은 이번에도 후려쳤다.[331]

---

[331] 『禪門拈頌說話』 618칙 설화(說話)에서는 "하나하나 모조리 때린 것'은 엄정하게 법령을 시행한 것이다. 상대의 기틀에 따른 것이며, 눈동자를 바꿔주는 수단도 있다.((H.5 p.482b, 一一便打者, 正令當行也. 隨機又有換却眼睛地手段也.)" 라고 평했다.

3. 보화(普化)스님과 극부(克符)스님과의 인연

　　　　사견보화　　　내운 아재남방　　　치서도위산시
　　　　師見普化하고 **乃云, 我在南方**하야 **馳書到潙山時**에
　　　　지이선재차주대아래　　　내아래
　　　　知儞先在此住待我來하여 **乃我來**하니라.
　　　　득여좌찬　　　아금　　욕건립황벽종지
　　　　得汝佐贊하여 **我今**에 **欲建立黃檗宗旨**하노니
　　　　여절수위아성치
　　　　汝切須爲我成褫하라.
　　　　보화진중하거
　　　　普化珍重下去하다.
　　　　극부후지　　　사역여시도　　　부역진중하거
　　　　克符後至어늘 **師亦如是道**하니 **符亦珍重下去**하니라.
　　　　삼일후　　보화각상문신운　화상　　전일　도심마
　　　　三日後에 **普化却上問訊云, 和尙**이 **前日**에 **道甚麼**오?
　　　　사염방변타하
　　　　師拈棒便打下하다.
　　　　우삼일　　극부역상문신내문　　　화상　　전일타보화
　　　　又三日에 **克符亦上問訊乃問**호되 **和尙**이 **前日打普化**하니
　　　　작심마　　사역염방타하
　　　　作甚麼오? **師亦拈棒打下**하니라.

　　임제스님이 보화(普化)스님[332]을 보고 말했다.

---

332 보화(普化)스님: 당나라 때 스님. 반산보적(盤山寶積)의 법을 이음. 반산보적이 입적한 후에는 북쪽 지방[河北省] 일대를 두루 돌아다녔다. 항상 손에 작은 방

"내가 남방에 있으면서 황벽스님의 편지를 전하려고 위산에 도착했을 때, 그대가 먼저 여기에 머물면서 내가 오기를 기다리고 있을 것이라고 앙산스님에게서 듣고 이렇게 왔소. 그대의 도움을 받아 나는 이제 황벽스님의 종지를 세우고자 하니, 그대는 나를 위해 반드시 도와주시오."

보화스님은 정중하게 임제스님에게 인사를 하고 내려갔다.

극부(克符)스님[333]이 그 뒤에 오니, 임제스님은 보화스님에게 부탁한 말을 똑같이 당부하였고, 극부스님 역시 정중하게 인사를 드리고 내려갔다.

사흘 후에 보화스님이 다시 올라와서 문안 인사하며 여쭈었다.

"스님께서는 전날에 무슨 말씀을 했지요?"

임제스님은 몽둥이를 들어 바로 내리쳤다.

그리고 사흘 뒤에 극부스님 역시 올라와서 문안 인사하며 여쭈었다.

"스님께서 전날 보화스님을 때리셨다는데 어찌된 일입니까?"

임제스님은 역시 몽둥이를 들어 내리쳤다.[334]

울[振鈴]을 들고 저잣거리에서 흔들며 다녔다고 한다.
333 극부(克符)스님: 당나라 때 스님. 평소에 종이 옷[紙衣]을 입고 다녀서 지의도자(紙衣道者), 지의화상(紙衣和尙) 등으로도 불렸다. 임제의 사료간(四料揀)에 송을 지어 붙인 극부료간(克符料揀)이 유명하다. 『禪苑蒙求』 권하 X.87 p.92a 참조.
334 『臨濟禪師語錄之餘』 古尊宿語錄5 X.68 p.32b에 실려 있는 이야기.

4. 보화스님이 공양상을 엎어버리다

師一日에 同普化하야 赴施主家齋次에 師問, 毛呑巨海하고
芥納須彌하니 爲是神通妙用가 本體如然가? 普化踏倒飯牀한대
師云, 太麤生이로다.
普化云, 這裏是什麽所在관대 說麤說細오?

임제스님이 하루는 보화스님과 함께 시주의 집에 가서 공양을 하다가 보화스님에게 물었다.

"'털 하나가 온 바다를 삼키고 겨자씨 한 알에 수미산을 담는다'[335]고 하는데, 이는 신통하고 묘한 작용[妙用]인가, 아니면 근본 바탕[本體][336]인가?"

---

335 "불보살에게는 불가사의라는 이름의 해탈이 있다. 보살이 이 해탈에 머문다면 높고 커다란 수미산을 겨자 안에 넣어도 증가하거나 감소함이 없으리니 수미산의 본래 모습은 그대로이기 때문이다."(『維摩詰所說經』권중「不思議品」T.14 p.546b, 諸佛菩薩有解脫, 名不可思議. 若菩薩住是解脫者, 以須彌之高廣, 內芥子中, 無所增減, 須彌山王, 本相如故.)
336 『景德傳燈錄』권30「南嶽懶瓚和尙歌」T.51 p.461b.

그러자 보화스님이 공양상을 걷어차 엎어버렸고, 임제스님이
"몹시 거칠구나?"라 하니, 보화스님은 "여기에 무엇이 있다고 거
칠다느니 세밀하다느니 하는가?"라고 하였다.

사내일　　우동보화부재　　　문　금일공양　　하사작일
師來日에 **又同普化赴齋**하야 **問, 今日供養**은 **何似昨日**고?
　보화의전답도반상　　　사운　득즉득　　　태추생
普化依前踏倒飯牀한대 **師云, 得卽得**이나 **太麤生**이로다.
　보화운　할한　　불법　설십마추세　　사내토설
普化云, 瞎漢아! **佛法**을 **說什麽麤細**오. **師乃吐舌**하니라.

임제스님이 다음날 또 보화스님과 함께 시주 집에 공양을 하러
갔다³³⁷가 물었다.
"오늘 공양은 어제에 비해 어떤가?"
보화스님이 전날과 마찬가지로 공양상을 발로 차 엎어버리자,
임제스님이 말했다.
"옳기는 하다만 몹시 거칠구나!"
보화스님이 말했다.
"이 눈먼 작자야! 불법에 무슨 거칠다느니 세밀하다느니 할 것
이 있단 말인가?"³³⁸
이에 임제스님이 혀를 내둘렀다.

---

337 부재(赴齋): 재(齋)는 오시(午時)의 공양. 재가의 신도들이 베푸는 공양을 받으
러 가는 것.
338 『禪門拈頌說話』 514칙 설화(說話)에서는 "살활자재한 작용이 현전할 때에는
일정한 격식에 얽매이지 않는다는 뜻이다.(H.5 p.408a, 這裏是甚所在說麁說細,
又明日佛法說甚麁細者, 大用現前, 不存軌則也.)"라고 풀었다.

5. 보화스님은 범부인가, 성인인가?

師一日에 與河陽木塔長老로 同在僧堂地爐內坐하야 因說普化,

每日在街市하야 掣風掣顚하니 知他是凡是聖가?

言猶未了에 普化入來어늘 師便問, 汝는 是凡是聖가?

普化云, 汝且道하라 我是凡是聖가? 師便喝하니 普化以手指云,

河陽은 新婦子요 木塔은 老婆禪이요 臨濟小廝兒가

却具一隻眼이로다.

師云, 這賊아하니 普化云, 賊賊하고 便出去하다.

임제스님이 하루는 하양(河陽) 장로와 목탑(木塔) 장로와 승당 가운데 만들어 놓은 화로[地爐] 가에 앉아 불을 쬐면서 말씀을 나누고 있었다.

"보화스님이 매일같이 저잣거리에서 미치광이 짓을 하고 다닌다는데 도대체 그가 범부인가요, 성인인가요?"

그런데 말이 채 끝나기도 전에 보화스님이 들어오자, 임제스님이 바로 물었다.

"그대는 범부인가, 성인인가?"

"임제스님이 먼저 말해 보시오. 내가 범부요, 성인이요?"

임제스님이 '할!' 하자, 보화스님은 손가락으로 가리키면서 말했다. "하양은 새색시 선(禪), 목탑은 노파선인데, 풋내기 임제가 그래도 한쪽 눈을 갖추었구나!"[339]

임제스님이 "이 도적놈아?"라고 소리치자,

보화스님은 "도적놈아, 도적놈아!" 하면서 나가버렸다.

---

[339] 『禪門拈頌說話』 513칙 설화(說話)에서는 각각에 대하여 "처녀는 종적을 함부로 드러내지 않으니, 이가 성인이다(H.5 p.407a, 河陽新婦子者, 處女露不蹤由, 是聖也.)", "노파는 부끄러움을 알지 못하니, 이가 범부이다(H.5 p.407a, 木塔老婆禪者, 老婆不識羞恥, 是凡也.)", "성인에도 범부에도 떨어지지 않았다는 뜻이다(H.5 p.407a, 臨濟小廝兒, 只具一隻眼者, 兩頭不落也.)"라고 평하였다.

6. 보화스님의 나귀 울음소리

_{일일} _{보화재승당전} _{끽생채} _{사견운} _{대사일두려}
一日은 **普化在僧堂前**하야 **喫生菜**어늘 **師見云, 大似一頭驢**로다.
_{보화변작여명} _{사운 저적} _{보화운 적적}
普化便作驢鳴한대 **師云, 這賊**아하니 **普化云, 賊賊**하고
_{변출거}
便出去하니라.

하루는 보화스님이 승당 앞에서 생채를 먹고 있는데 임제스님이 보고는 말했다.
"꼭 한 마리 나귀 같구나."
이에 보화스님이 곧바로 나귀 울음소리를 내자,[340]
임제스님이 "이 도적놈아?" 하였고,
보화스님은 "도적놈아, 도적놈아!" 하며 바로 나가버렸다.

---

340 『禪門拈頌說話』 515칙 설화(說話)에서는 "보화가 생채를 먹고 있는 것을 구실 삼아 이류에로 나자빠뜨려 그가 어떻게 나오는지 임제가 시험한 것이고, 보화는 이류로서 온몸을 드러내었다(H.5 p.408c, 這漢大似一頭驢者, 因喫生菜, 靠倒於異類, 看他支對也. 驢鳴者, 異類大全身也.)"라고 평하였다.

7. 보화스님의 저잣거리 행각

因普化가 常於街市에 搖鈴云, 明頭來明頭打하고
暗頭來暗頭打하며 四方八面來旋風打하고 虛空來連架打노라.
師令侍者去하야 纔見如是道면 便把住云,
總不與麽來時如何오하라.
普化托開云, 來日에 大悲院裏有齋니라.
侍者回擧似師한대 師云, 我從來로 疑著這漢이로다.

보화스님은 항상 저잣거리에서 요령을 흔들면서 말했다.

"밝음으로 오면 밝음으로 치고, 어둠으로 오면 어둠으로 치며, 사방 팔면으로 오면 회오리바람처럼 치고, 허공으로 오면 도리깨질로 연거푸 친다."[341]

---

[341] 이를 '보화영탁게(普化鈴鐸偈)'라고 한다. 각 구의 끝을 '타(打)' 자로 압운하였다 하여 '보화사타화(普化四打話)'라고도 한다.『禪門拈頌說話』 512칙 설화(說話)에서는 "밝음은 차별이 있으니 용(用)이요, 어둠은 차별이 없으니 체(體)이다.(H.5 p.406a, 明則有差別是用, 暗則無差別是體也.)"라고 평하였다.

임제스님이 시자를 보내어, "그렇게 말하는 것을 보거든 바로 멱살을 움켜잡고 '앞의 어느 것처럼 아무것도 오지 않을 때는 어찌하시겠습니까?' 하고 물어보라."고 하였다.

그대로 하자 보화스님은 시자를 밀쳐버리면서 "내일 대비원에서 공양을 베푼다고 한다."라고 하였다.

시자가 돌아와 말씀드리자 임제스님이 말했다.

"나는 이전부터 그가 보통 인물이 아니라고 의심해왔다."[342]

---

[342] 『禪門拈頌說話』 512칙 설화(說話)에서는 "보화를 인정한 말이다.(H.5 p.406b, 從來疑着這漢者, 許他也.)"라고 보았다.

8. 절을 해야 하는가, 하지 않아야 하는가?

유일노숙 참사   미증인사   변문 예배즉시
有一老宿이 **參師**할새 **未曾人事**하고 **便問, 禮拜卽是**아

불예배즉시   사변할   노숙 변예배
不禮拜卽是아? **師便喝**한대 **老宿**이 **便禮拜**라.

사운   호개초적
師云, 好箇草賊이로다.

노숙운 적적   변출거   사운 막도무사호
老宿云, 賊賊하고 **便出去**하니 **師云, 莫道無事好**니라.

수좌시립차   사운 환유과야무   수좌운 유
首座侍立次에 **師云, 還有過也無**아? **首座云, 有**니다.

사운 빈가유과   주가유과   수좌운 이구유과
師云, 賓家有過아 **主家有過**아? **首座云, 二俱有過**니다.

사운 과재십마처   수좌변출거   사운 막도무사호
師云, 過在什麽處오? **首座便出去**하니 **師云, 莫道無事好**로다.

후유승거사남전   남전운 관마상답
後有僧擧似南泉한대 **南泉云, 官馬相踏**이로다.

한 노스님이 임제스님을 찾아와 인사도 하기 전에 물었다.

"절을 해야 옳습니까, 절을 하지 않아야 옳습니까?"

임제스님이 '할!' 하자 그 노스님은 바로 절을 하였다.

임제스님이 "보기 드문, 뭘 좀 아는 좀도둑일세."라고 하자 노스님이

"도둑놈아, 도둑놈아!" 하고 나가버리니 임제스님이 말했다.

"아무 일이 없다고 생각하지 않는 것이 좋을 것이네."³⁴³

수좌가 임제스님을 모시고 서 있었는데 스님께서 물었다.

"허물이 있느냐?"

"네, 허물이 있습니다."

"손님 쪽에 있느냐, 주인 쪽에 있느냐?"

"두 쪽에 다 있습니다."

"허물이 어디에 있느냐?"

수좌가 그냥 나가버리니³⁴⁴ 임제스님이 말했다.

"아무 일이 없다고 생각하지 않는 것이 좋을 것이네."

뒤에 어떤 스님이 이 이야기를 남전스님³⁴⁵께 해드리자 남전스님이 말했다.

"나라에서 키우는 훌륭한 말들이 서로 차고 밟은 격이다."³⁴⁶

---

343 『禪門拈頌說話』 627칙 설화(說話)에서는 "상대가 하는 그대로 허용하지 않겠다는 뜻이다(H.5 p.486b, 莫道無事好者, 不放過也.)"라고 풀었다.
344 『禪門拈頌說話』 627칙 설화(說話)에서는 시자가 나가버린 것에 대해 "손님과 주인 어느 편에도 간여하지 않겠다는 뜻이다. 그런즉 그 노스님은 손님과 주인을 다 내쳐버린 것이고, 수좌는 손님과 주인을 모두 거두어들인 것이다.(H.5 p.486c, 便出去者, 賓主不干也. 然則這僧賓主雙放, 首座賓主雙收也.)"라고 평하였다.
345 누구인지 알 수 없다. 남전보원(南泉普願)을 가리키는 것은 아니다.
346 관마상답(官馬相踏): 관용(官用)의 준마(駿馬)와 준마가 서로 걷어차는 것. 두 사람의 기봉(機鋒)이 날카롭고 활발발한 것을 비유한 말.

9. 노주(露柱)는 범부인가, 성인인가?

師因入軍營赴齋할새 門首에 見員僚하고 師指露柱問호대
是凡是聖가? 員僚無語어늘 師打露柱云, 直饒道得이라도
也祇是箇木橛이라하고 便入去하니라.

임제스님이 군영(軍營)에 재 공양을 받으러 갔다가, 입구에서 막료(幕僚)를 만나자 노주(露柱)를 가리키면서 물었다.

"이것이 범부인가, 성인인가?"

막료가 대꾸가 없자 임제스님은 노주를 두드리면서 말했다.

"혹 대답을 제대로 한다 하더라도 역시 한낱 나무토막일 뿐이다." 하고는 바로 들어가 버렸다.

10. 차좁쌀[黃米]을 팔다

師問院主, 什麼處來오?
사문원주 십마처래

主云, 州中糶黃米去來니다.
주운 주중조황미거래

師云, 糶得盡麼아?
사운 조득진마

主云, 糶得盡이니다.
주운 조득진

師以杖으로 面前에 畫一畫云, 還糶得這箇麼아?
사이장 면전 획일획운 환조득저개마

主便喝한대 師便打하다.
주변할 사변타

임제스님이 원주에게 물었다.

"어딜 갔다 오느냐?"

"마을에 차좁쌀[黃米]을 팔러 갔다 왔습니다."

"그래 다 팔았느냐?"

"네, 다 팔았습니다."

임제스님은 주장자로 원주의 눈앞에다 한 일(一)자로 획을 그으면서 물었다.

"그래, 이것도 팔 수 있느냐?"

원주가 '할!' 하는데 스님은 그대로 후려갈겼다.

전좌지　　사거전화　　전좌운　원주불회화상의
典座至어늘 **師擧前話**한대 **典座云, 院主不會和尙意**니다.

사운　이작마생
師云, 儞作麼生고?

전좌변예배　　사역타
典座便禮拜한대 **師亦打**하니라.

전좌(典座)가 오자 임제스님이 앞의 이야기를 들려주시니 전좌가 말했다.

"원주는 스님의 뜻을 알지 못했군요."

"그럼, 네 생각은 어떠하냐?"

전좌가 절을 하자 임제스님은 마찬가지로 후려갈겼다.[347]

---

[347] 『禪門拈頌說話』 615칙 설화(說話)에서는 임제가 이와 같이 어느 경우에나 몽둥이로 때린 것에 대해 "평등하게 법령을 시행한 것이다. 이는 또한 사람을 죽이는 칼이기도 하고 살리는 검이기도 하다. 어째서인가? 작용을 터득했어도 한 방일 뿐이요 본체를 터득했어도 한 방일 뿐이기 때문이다.(H.5 p.478c, 師一一便打者, 一般行令也. 亦是殺人刀活人劒. 何故? 得用地也一棒 ; 得體地也一棒故.)"라고 평하였다.

11. 낙보(樂普)스님의 할

<small>유좌주　　내상간차　사문　좌주　강하경론</small>
有座主하야 **來相看次**에 **師問, 座主**야 **講何經論**고?

<small>주운　모갑　황허　　조습백법론</small>
主云, 某甲이 **荒虛**하야 **粗習百法論**이니다.

<small>사운　유일인　　어삼승십이분교　　명득　　유일인</small>
師云, 有一人은 **於三乘十二分敎**에 **明得**하고 **有一人**은

<small>어삼승십이분교　　명부득　　시동시별</small>
於三乘十二分敎에 **明不得**하니 **是同是別**가?

<small>주운　명득즉동　　　명부득즉별</small>
主云, 明得卽同이요 **明不得卽別**이니다.

<small>낙보위시자　　　재사후립운　좌주　저리시십마소재</small>
樂普爲侍者하야 **在師後立云, 座主**야! **這裏是什麼所在**관대

<small>설동설별</small>
說同說別고?

<small>사회수문시자　　여우작마생　　시자변할</small>
師回首問侍者호대 **汝又作麼生**고? **侍者便喝**하다.

<small>사송좌주회래　　수문시자　　적래시여할노승</small>
師送座主回來하야 **遂問侍者**호되 **適來是汝喝老僧**가?

<small>시자운　시　사변타</small>
侍者云, 是니다. **師便打**하니라.

어느 좌주(座主 : 경전을 강론하는 스님)가 찾아왔을 때 임제스님

5장 감변　495

이 물었다.

"좌주는 무슨 경론을 강의하는가?"

"저는 아는 것이 모자라서 그저 백법론(百法論)을 대강 익혔을 뿐입니다."

"한 사람은 삼승십이분교를 통달하였고, 한 사람은 삼승십이분교를 통달하지 못하였다면 같은가, 다른가?"

"통달했다면 같겠지만 통달하지 못했다면 다릅니다."

그때 낙보(樂普)스님[348]이 시자로 있었는데 임제스님을 모시고 뒤에 서 있다가 말했다.

"좌주여! 여기에 무엇이 있다고 같다느니 다르다느니 합니까?"

임제스님께서 시자를 돌아보시며 물었다.

"그래, 너는 어떻다고 보느냐?"

시자는 '할!' 하고 고함을 쳤다.

임제스님이 좌주를 전송하고 돌아와서는 시자에게 물었다.

"아까는 나를 보고 고함을 쳤느냐?"

"그렇습니다."

임제스님은 그대로 후려쳤다.

---

348 낙보(樂普)스님: 834~898. 낙포(洛浦)라고도 한다. 법명은 원안(元安)이다. 임제에게 도를 구하였고, 후에는 협산선회(夾山善會)의 회하에서 심요(心要)를 얻었다.

12. 덕산(德山)스님의 몽둥이 30대

사문 제이대덕산   수시운 도득야삼십방
師聞, 第二代德山이 垂示云, 道得也三十棒이요

도부득야삼십방   사영낙보거문   도득
道不得也三十棒이니라 師令樂普去問호되 道得이어늘

위십마   야삼십방   대이타여   접주방송일송
爲什麽하야 也三十棒고? 待伊打汝하야 接住棒送一送하야

간타작마생
看他作麽生하라.

보도피   여교이문   덕산   변타   보접주송일송
普到彼하야 如敎而問한대 德山이 便打어늘 普接住送一送하니

덕산   변귀방장
德山이 便歸方丈이라.

보회거사사   사운 아종래   의착저한   수연여시
普回擧似師한대 師云, 我從來로 疑著這漢이로다. 雖然如是나

여환견덕산마   보의의   사변타
汝還見德山麽아? 普擬議하니 師便打하다.

임제스님은, 제2대 덕산(德山)스님이 대중에게 법문하기를, '대답을 제대로 해도 30대, 대답을 못해도 30대이다'라고 한다는 소문을 듣고, 낙보스님을 덕산스님에게 보내면서 이렇게 시켰다.

"'대답을 제대로 해도 어찌하여 몽둥이 30대입니까?' 하고 물어 보아라. 덕산스님이 너를 때리면 그 몽둥이를 딱 붙잡아 쥐고 확 한 대 되돌려주면서 덕산스님이 어찌하는가를 보아라."
낙보스님이 그곳에 도착하여 임제스님이 시킨 대로 물으니, 덕산스님이 후려쳤다. 낙보스님이 몽둥이를 꽉 잡고 한 대를 그대로 되돌려주자 덕산스님은 방장실로 돌아가 버렸다.
낙보스님이 돌아와 임제스님께 말씀드리니 스님이 말했다.
"내가 이전부터 그가 보통 인물이 아니라고 의심해왔다. 그것은 그렇다 치고 너는 덕산을 보았느냐?"
낙보스님이 머뭇머뭇하자 임제스님이 바로 때렸다.

13. 금가루가 비록 귀하긴 하지만 눈에 들어가면 병이 될 뿐이다

<small>왕상시 일일 방사 동사어승당전간</small>
王常侍, 一日에 **訪師**하야 **同師於僧堂前看**할새

<small>내문 저일당승 환간경마</small>
乃問, 這一堂僧이 **還看經麼**아?

<small>사운 불간경</small>
師云, 不看經이니라.

<small>시운 환학선마</small>
侍云, 還學禪麼아?

<small>사운 불학선</small>
師云, 不學禪이니라.

<small>시운 경우불간 선우불학 필경작개십마</small>
侍云, 經又不看하며 **禪又不學**하고 **畢竟作箇什麼**오?

<small>사운 총교이성불작조거</small>
師云, 總敎伊成佛作祖去니라.

<small>시운 금설수귀 낙안성예 우작마생고</small>
侍云, 金屑雖貴나 **落眼成翳**하니 **又作麼生**고?

<small>사운 장위이시개속한</small>
師云, 將爲儞是箇俗漢이로다.

하루는 부주(府主) 왕상시(王常侍)가 임제스님을 방문하여 스님과 함께 승당 앞을 보다가 물었다.

5장 감변 499

"여기 일단의 수행승³⁴⁹들은 경전을 봅니까?"

"경을 보지 않습니다."

"그렇다면 선(禪)을 배웁니까?"

"선도 배우지 않습니다."

"경전도 보지 않고 선도 배우지 않는다면 도대체 무엇을 합니까?"

"저들 모두 부처가 되고 조사가 되게 할 뿐입니다."

"금가루가 비록 귀하긴 하지만 눈에 들어가면 병이 된다³⁵⁰고 하는데, 어떻게 생각하십니까?"

"나는 그대를 그저 속인으로만 여겼구려."³⁵¹

---

349 당승(堂僧): 당중(堂衆)이라고도 한다. 운수 행각할 때 필수적으로 가지고 다니던 석장(錫杖)을 수행하는 방의 벽에 걸어두고[掛錫] 수행에 들어간 스님을 일컫는다.
350 『禪門拈頌說話』 623칙 설화(說話)에서는 "부처가 되고 조사가 되려는 마음이 곧 눈 속의 금가루와 같이 장애가 된다는 뜻이다.(H.5 p.484c, 金屑雖貴落眼成翳者, 成佛作祖, 是眼中金屑也.)"라고 풀었다.
351 임제가 왕상시를 인정한 말로 흔히 평가하지만,『禪門拈頌說話』 623칙 설화(說話)에서는 "그에게 상을 준 것인가, 벌을 준 것인가?(H.5 p.484c, 將謂你俗漢者, 賞伊罰伊.)"라고 하여 임제의 이 말을 공안(公案)으로 수용하며 문제를 제기하는 평을 달았다.

14. 행산(杏山)스님의 노지백우(露地白牛)

사문행산 여하시노지백우
師問杏山, 如何是露地白牛오?
　　　산운 훔훔　　사운 아나
山云, 吽吽한대 **師云, 啞那**아?
　　　산운 장로　작마생
山云, 長老는 **作麼生**고?
　　　사운 저축생
師云, 這畜生아!

임제스님이 행산(杏山)스님[352]에게 물었다.

"무엇이 넓은 땅의 흰 소[露地白牛][353]인가?"

행산스님이 "음매, 음매."[354] 하자 임제스님이 "벙어리냐?" 하였다.

행산스님이 "노스님께서는 어떻게 하시겠습니까?" 하니, 임제스님은 "이놈의 축생아!"라고 하였다.

---

352 행산(杏山)스님: 운암담성(雲岩曇晟)의 법사(法嗣). 법명은 감홍(鑑洪).
353 노지백우(露地白牛): 『法華經』「譬喩品」(T.9 p.12c)에서 일승(一乘)의 가르침을 백우(白牛)에 비유한 데서 유래한 말. 노지(露地)는 온갖 번뇌와 미혹을 끊어 평온무사한 경지를, 백우는 그 경지를 얻은 청정한 경계, 참된 자기, 본래면목을 의미한다.
354 吽吽(우우): 소 울음소리. 한자어 음은 훔훔 또는 훔훔으로 읽는다. 언어나 문자로 표현할 수 없는 무분별의 경계를 나타낸다.

15. 방(棒)과 할(喝) 중에 진실에 부합하는 것은?

師問樂普云, 從上來로 一人은 行棒하고 一人은 行喝하니
阿那箇親고? 普云, 總不親이니다.
師云, 親處作麼生고? 普便喝하니 師乃打하다.

임제스님이 낙보스님에게 물었다.

"예로부터 한 사람은 몽둥이[棒]를 쓰고 한 사람은 고함[喝]을 쳤는데 어느 쪽이 더 진실에 딱 들어맞느냐?"

"둘 다 진실하지 않습니다."

"그럼, 어떻게 해야 진실에 딱 들어맞겠느냐?"

낙보스님이 '할!' 하자[355] 임제스님은 후려쳤다.

---

355 대혜종고(大慧宗杲)는 다음과 같이 평했다. "방을 제거하고 할을 집으니 어리석은 사람을 어떻게 저지할 것인가?"(『大慧語錄』권1 T.47 p.812c, 除却棒拈却喝, 盂八郎漢, 如何止遏?)『禪門拈頌說話』630칙 H.5 p.488b 설화(說話) 참조.

16. 양손을 펼쳐 보인 뜻은?

師見僧來하고 展開兩手한대 僧이 無語어늘

師云, 會麼아?

云, 不會니다.

師云, 渾崙을 擘不開하니 與汝兩文錢하노라.

임제스님이 어떤 스님이 오는 것을 보고 양손을 펼쳐 보였는데, 그 스님이 대꾸가 없자, 임제스님이 말했다.

"알겠는가?"

"모르겠습니다."

"혼륜산을 쪼개서 나눌 수 없으니,356 너에게 노잣돈 두 푼을 주노라."357

---

356 분별이나 작위가 끼어들 여지가 없는 것, 또는 어떻게도 걷잡을 수 없는 것을 매도하는 말.
357 행각하는 데 필요한 최소한의 여비를 주어 보내겠노라는 뜻.

5장 감변 503

17. 대각(大覺)스님이 참문하다

大覺³⁵⁸이 到參에 師擧起拂子하니 大覺이 敷坐具라.
師擲下拂子한대 大覺이 收坐具하고 入僧堂하다.
衆僧이 云, 這僧은 莫是和尙親故아? 不禮拜하고
又不喫棒이로다.
師聞하고 令喚覺하니 覺이 出이라.
師云, 大衆이 道호되 汝未參長老라.
覺云, 不審하고 便自歸衆하니라.

대각(大覺)스님이 와서 뵙자, 임제스님이 불자(拂子)를 들어 세우니 대각스님은 좌구(坐具)를 폈다.

임제스님이 불자를 던져버리니, 대각스님은 좌구를 거두고 승당

---

358 대각(大覺): 위부(魏府) 대각사(大覺寺)에 주석하였다는 것 외에 자세한 전기(傳記)는 알려져 있지 않다. 임제와 동문(同門)이라는 설도 있고, 임제의 법사(法嗣)라는 설도 있다.

으로 들어가 버렸다.

대중 스님들이 말하였다.

"이 스님은 큰스님과 막역한 사이이신가? 절도 안 했는데 얻어맞지도 않는다."

임제스님이 이 말을 듣고는 대각스님을 부르게 하니, 대각스님이 나왔다.

임제스님이 말했다.

"대중들이 그대가 아직 나를 참례하지 않았다고들 말하네."

그러자 대각스님은 "안녕하십니까?" 하고는 본래대로 당연하다는 듯이 대중 속으로 돌아가 버렸다.

18. 조주(趙州)스님이 참례하다

<u>조주행각시</u> <u>참사</u> <u>우사세각차</u> <u>주변문</u>
趙州行脚時에 **參師**할새 **遇師洗脚次**하야 **州便問**,
<u>여하시조사서래의</u>
如何是祖師西來意오?
<u>사운</u> <u>흡치노승세각</u> <u>주근전</u> <u>작청세</u> <u>사운</u>
師云, 恰值老僧洗脚이로다. **州近前**하야 **作聽勢**어늘 **師云**,
<u>갱요제이표악수발재</u> <u>주변하거</u>
更要第二杓惡水潑在니라. **州便下去**하다.

조주(趙州)스님이 행각할 때 스님을 찾아왔다. 마침 임제스님이 발을 씻고 있었는데 조주스님이 물었다.

"조사께서 서쪽으로부터 오신 뜻이 무엇입니까?"

"마침 내가 발을 씻고 있는 중이오."

조주스님이 앞으로 다가가서 귀 기울여 듣는 시늉을 하자, 임제스님이 말했다.

"다시 두 번째 구정물 세례를 퍼부어야겠군요."[359]

그러자 조주스님은 바로 떠나가 버렸다.[360]

---

[359] 제2의 더 강력한 수단이 필요하다는 뜻.
[360] 『趙州錄』古尊宿語錄14 X,68 p.89b 및 『禪門拈頌說話』450칙(H.5 p.376a) 에는 여기에서와는 달리 발을 씻는 주체가 조주, 조사서래의(祖師西來意)를 물은 이가 임제로 되어 있다.

19. 정상좌(定上座)가 참문하다

_{유정상좌} _{도참문} _{여하시불법대의}
有定上座하야 **到參問, 如何是佛法大意**오?
_{사하승상} _{금주여일장} _{변탁개} _정 _{저립}
師下繩床하야 **擒住與一掌**하고 **便托開**하니 **定**이 **佇立**이라.
_{방승} _{운 정상좌} _{하불예배} _정 _{방예배}
傍僧이 **云, 定上座**야! **何不禮拜**오? **定**이 **方禮拜**에
_{홀연대오}
忽然大悟하니라.

정상좌(定上座)란 분이 임제스님을 찾아뵙고 물었다.

"무엇이 불법의 큰 뜻입니까?"

임제스님이 선상[繩床]에서 내려와 멱살을 움켜쥐고 뺨을 한 대 후려갈기면서 냅다 밀쳐버리니,[361] 정상좌는 멍하여 우두커니 서 있었다.

곁에 있던 스님이 말했다.

"정상좌여! 왜 절을 올리지 않는가?"[362]

---

361 『벽암록』에서는 이에 대해 다음처럼 착어하였다. "오늘 붙들리고 말았구나. 노파심이 간절했다. 천하의 뛰어난 납승일지라도 빠져나오지 못한다."(『碧巖錄』 22칙 T.48 p.171b, 今日捉敗, 老婆心切, 天下衲僧跳不出.)
362 『벽암록』에서는 이에 대해 다음처럼 착어하였다. "적정(寂靜)한 곳에 있던 제삼자가 간파하였구나. 그의 덕을 입었다. 하지만 동쪽 집 사람이 죽었는데, 서

정상좌는 절하려는 순간 홀연히 깨쳤다.³⁶³

쪽 집 사람이 애도를 표하는 것처럼 아무 보람 없는 일이었다."(『碧巖錄』 22칙 T.48 p.171b, 冷地裏有人覰破. 全得他力. 東家人死西家人助哀.)

363 "그가 이처럼 곧바로 출입하고 왕래한 것을 살펴보라. 임제의 정종(正宗)이었기에 이렇게 할 수 있었다. 이를 깨칠 수 있다면 하늘을 훌쩍 뒤집어 대지를 만들고 스스로 수용할 수 있을 것이다. 정상좌는 이러한 사람이었다. 임제스님에게 한 차례 따귀를 얻어맞고 절을 하다가 대뜸 귀착점을 알았다. 그는 북방의 사람으로 기질이 아주 순박하고 강직했다. 법을 얻은 이후로 다시는 세상에 나오지 않았고, 그 후 임제스님의 대기(大機)를 활용하였다. 그는 참으로 빼어난 인물이라 말할 것이다."(『碧巖錄』 22칙 T.48 p.171c, 看他恁麼, 直出直入, 直往直來. 乃是臨濟正宗, 有恁麼作用. 若透得去, 便可翻天作地, 自得受用. 定上座是這般漢. 被臨濟一掌, 禮拜起來, 便知落處. 他是向北人, 最朴直. 既得之後, 更不出世, 後來全用臨濟機. 也不妨穎脫.)

20. 마곡(麻谷)스님이 참문하다

마곡 도참   부좌구   문 십이면관음
麻谷이 **到參**하야 **敷坐具**하고 **問, 十二面觀音**이

아나면정   사하승상   일수   수좌구   일수
阿那面正고? **師下繩牀**하야 **一手**로 **收坐具**하고 **一手**로

추마곡운 십이면관음   향십마처거야
搊麻谷云, 十二面觀音이 **向什麽處去也**오?

마곡   전신   의좌승상   사염주장타   마곡
麻谷이 **轉身**하야 **擬坐繩牀**이라 **師拈拄杖打**한대 **麻谷**이

접각   상착입방장
接却하야 **相捉入方丈**하니라.

마곡스님이 임제스님을 찾아뵙고 좌구를 펴면서 물었다.

"십이면관음보살은 어느 얼굴이 진짜 얼굴입니까?"

임제스님이 선상에서 내려와 한 손으로는 좌구를 빼앗고 한 손으로는 마곡스님을 붙잡고 말했다.

"십이면관음보살은 어디로 갔는가?"

마곡스님은 몸을 돌려 임제스님의 선상에 앉으려 하였다.

임제스님이 주장자를 들어 후려치자 마곡스님이 이를 받아 쥐

고 서로 붙잡고 방장실로 들어갔다.[364]

---

[364] 『禪門拈頌說話』 622칙(H.5 p.483c)에는 "대비관세음보살의 천 개 손의 천 개 눈 가운데 어떤 것이 진짜 눈입니까?(大悲千手眼, 那个是正眼?)"라는 물음을 가지고 문답을 전개한 것으로 실려 있다. 해당 칙의 설화(說話)에서는 "사사로움이 없는 자리 하나를 두고 서로 번갈아가며 주인이 되는 예인데, 한 사람이 주인이 되면 다른 사람은 손님이 되는 방식이다.(H.5 p.484a, 無私一位, 互相作主, 一人作主, 餘則爲賓也.)"라고 마곡과 임제가 주인과 손님의 위치를 자재하게 바꾸어가며 [賓主互換] 나눈 문답으로 보았다.

21. 사할(四喝)

사문승
師問僧호되,

유시일할　여금강왕보검
有時一喝은 **如金剛王寶劍**이요

유시일할　여거지금모사자
有時一喝은 **如踞地金毛獅子**요

유시일할　여탐간영초
有時一喝은 **如探竿影草**요

유시일할　부작일할용　　여작마생회
有時一喝은 **不作一喝用**이니 **汝作麽生會**오?

승의의　　사변할
僧擬議한대 **師便喝**하다.

임제스님이 어떤 스님에게 물었다.

"어떤 때의 할(喝)은 금강왕의 보배검과 같고, 어떤 때의 할은 땅에 웅크리고 앉은 금빛 털 사자와 같으며, 어떤 때의 할은 물고기를 꾀어 들이는 어구(漁具)와 같고, 어떤 때의 할은 할로서의 작용을 하지 않는다.³⁶⁵ 그대는 이 말을 어떻게 이해하고 있

---

365 이 네 가지 할을 가리켜 임제사할(臨濟四喝)이라 한다. 첫 번째 할에서 비유한 금강왕보검은 일체의 번뇌나 분별을 베어버림을 비유한다. 상대가 앎[知解]이

는가?"

그 스님이 대답하려 머뭇머뭇하는데 임제스님이 '할!' 하고 고함 쳤다.

나 각종 상(相), 언어문자 등에 속박되어 있을 때 지르는 할이다. 두 번째 할은 근기가 하열하면서 자기보다 수승한 사람을 시험하려고 덤벼들 때 사자와 같은 위엄을 갖추고 내지르는 할이다. 세 번째 할에서 비유한 탐간(探竿)과 영초(影草) 모두 물고기를 유인하는 수단으로서 이는 서로가 서로의 역량을 시험함을 비유한다. 그래서 이를 감험(勘驗)의 할이라고도 한다. 네 번째 할은 앞의 세 가지 할을 모두 수용하지만 어느 일정한 할에도 한정되지 않는 할이다. 이를 향상(向上)의 일할(一喝)이라 한다.

22. 한 비구니의 할

사문일니　　선래　　악래
師問一尼호되 **善來**아 **惡來**아?

니변할　　　사염방운　갱도갱도
尼便喝하니 **師拈棒云**, **更道更道**하라!

니우할　　　사변타
尼又喝이어늘 **師便打**하다.

임제스님이 한 비구니에게 물었다.

"잘 왔는가, 잘못 왔는가?"

비구니가 '할!' 하자 임제스님이 주장자를 집어 들고 말했다.

"다시 말해 보아라. 다시 말해!"

비구니가 다시 '할!' 하자 임제스님이 그대로 후려쳤다.

23. 용아(龍牙)스님의 선판[西來無意]

용아문 여하시조사서래의
龍牙問, 如何是祖師西來意오?

사운 여아과선판래
師云, 與我過禪版來하라.

아변과선판여사   사접득변타
牙便過禪版與師한대 師接得便打라.

아운 타즉임타   요차무조사의
牙云, 打卽任打나 要且無祖師意로다.

아후도취미   문 여하시조사서래의
牙後到翠微하야 問, 如何是祖師西來意오?

미운 여아과포단래
微云, 與我過蒲團來하라.

아변과포단여취미   취미접득변타
牙便過蒲團與翠微한대 翠微接得便打라.

아운 타즉임타   요차무조사의
牙云, 打卽任打나 要且無祖師意로다.

아주원후   유승   입실청익운 화상   행각시
牙住院後에 有僧이 入室請益云, 和尙이 行脚時에

참이존숙인연   환긍타야무
參二尊宿因緣을 還肯他也無아?

아운 긍즉심긍   요차무조사의
牙云, 肯卽深肯이나 要且無祖師意로다.

용아(龍牙)스님[366]이 임제스님께 여쭈었다.

"무엇이 조사께서 서쪽으로부터 오신 뜻입니까?"

"나에게 선판(禪版)[367]을 갖다 주게."

용아스님이 바로 선판을 가져다 드리자, 임제스님께서 받아서 그대로 후려치니 용아스님이 말했다.

"때리기는 마음대로 때리십시오만 결국 조사의 뜻은 없습니다."[368]

용아스님이 뒤에 취미(翠微)스님에게 가서 물었다.

"무엇이 조사께서 서쪽으로부터 오신 뜻입니까?"

"나에게 포단(蒲團)[369]을 갖다 주게."

---

[366] 용아(龍牙)스님: 법명은 거둔(居遁). 동산양개(洞山良价, 807~869)의 법사(法嗣). 『祖堂集』권8, 『景德傳燈錄』권29(T.51 p.452c) 등에「龍牙和尙居遁頌一十八首」가 전한다. "용아가 물었다. '조사가 서쪽에서 오신 뜻은 무엇입니까?' 동산양개가 말했다. '동수(洞水)가 거꾸로 흐를 때 그대에게 말해주리라.' 이에 용아는 그 뜻을 알아차렸다."(『洞山語錄』 T.47 p.522c, 龍牙問, '如何是祖師西來意?' 師云, '待洞水逆流, 即向汝道.' 龍牙始悟厥旨.)

[367] 선판(禪版): 선판(禪板)이라고도 쓴다. 좌선하다가 피로할 때 몸을 기대기 위한 도구로 의판(倚版)이라고도 한다. "선판이란 몸을 기댈 수 있는 판자이다. 윗부분에 작고 둥근 구멍이 뚫려 있어 향상일규라고도 한다. 이 구멍에 줄을 꿰어서 승상(繩床) 뒤에 가로로 묶고 판면을 비스듬히 만들어 몸을 기댈 수 있다."(『禪林象器箋』권19 p.1491, 禪板者, 倚版也. 上頭穿小圓穴, 此名向上一竅. 蓋此穴貫索, 縛著繩床背後橫繩, 令板面斜, 以靠身也.)

[368] 대매법상(大梅法常)도 학인으로부터 서래의(西來意)를 질문 받고 용아와 같이 '아무 뜻도 없다(西來無意)'고 답한 문답이 『禪門拈頌說話』 267칙에 전한다. 해당 칙의 설화(說話)에서는 "그 학인이 서래의(西來意)에 대해 무언가 깊은 뜻이 있다고 착각하지 않도록 하기 위해 한 말이다.(H.5 p.246c, 西來無意者, 令他不認著西來意也.)"라고 그 뜻을 풀었다.

[369] 포단(蒲團): "좌선할 때 엉덩이 밑에 까는 물건으로서 부들을 엮어 만들며 그 형태가 둥글어서 포단이라고 한다."(『禪林象器箋』권19 p.1532, 坐物以蒲編造, 其形團圓, 故言蒲團.)

용아스님이 바로 포단을 가져다 취미스님에게 드리자, 취미스님이 받아 들고 그대로 후려치니 용아스님이 말했다.

"때리기는 마음대로 때리십시오만 결국 조사의 뜻은 없습니다."
용아스님이 주지로 있게 된 훗날, 어떤 스님이 조실(祖室)에 들어와 법문을 청하며 여쭈었다.

"스님께서 행각하실 때 두 큰스님을 찾아뵈었던 일에 있어서 두 분을 인정하십니까?"

"인정하기는 깊이 인정하네만 결국 조사의 뜻은 없었네."[370]

---

370 이 이야기는 『禪門拈頌說話』 894칙 H.5 p.643a, 『碧巖錄』 20칙(T.48 p.160a), 『從容錄』 80칙(T.48 p.278b) 등에서 공안으로 다루어지고 있다. 설두중현(雪竇重顯)은 "임제와 취미는 단지 풀어놓을 줄만 알았지 거두어들일 줄은 몰랐다. 내가 당시에 용아였다면 그들, 임제와 취미가 포단과 선판을 찾는 순간 그것을 집어 들고 가슴을 향해 던져버렸을 것이다."(『雪竇語錄』 권1 T.47 p.672b, 臨際翠微, 只解放不解收. 我當時若作龍牙, 待伊索蒲團禪板, 拈得劈胸便擲.)라고 하였다.

24. 경산(徑山)스님의 5백 대중

경산   유오백중   소인참청   황벽   영사
徑山에 有五百衆이로되 少人參請이어늘 黃檗이 令師로

도경산   내위사왈 요도피작마생
到徑山하고 乃謂師曰, 汝到彼作麼生고?

사운 모갑   도피   자유방편
師云, 某甲이 到彼하야 自有方便이니다.

사도경산   장요상법당   견경산   경산   방거두
師到徑山하야 裝腰上法堂하야 見徑山하니 徑山이 方擧頭라

사변할   경산의개구   사불수변행   심유승문경산
師便喝한대 徑山擬開口어늘 師拂袖便行하다. 尋有僧問徑山호되

저승   적래   유십마언구   변할화상
這僧이 適來에 有什麼言句관대 便喝和尙이닛고?

경산운 저승   종황벽회리래   이요지마   차문취타
徑山云, 這僧이 從黃檗會裡來하니 儞要知麼아? 且問取他하라.

경산오백중   태반분산
徑山五百衆이 太半分散하니라.

경산(徑山)[371]에는 5백 명의 대중이 있었으나 참문(參問)하러 오

---

371 경산(徑山): 절강성(浙江省) 항주부(杭州府) 여항현(餘杭縣) 서북 50리에 위치해 있다. 송대(宋代)에 임제선이 발전했던 중심지로서 대혜종고(大慧宗杲)·무준사범(無準師範)·허당지우(虛堂智愚) 등이 이곳에 주석하기도 하였다.

는 스님이 적었다. 황벽스님이 임제스님을 경산에 보내면서 말했다.

"너는 거기에 이르러 어떻게 하겠느냐?"

"제가 거기에 이르면 제대로 쓸 방편이 있습니다."

임제스님은 경산에 이르러 행장(行裝)을 풀지도 않은 채 법당으로 올라가 경산스님을 뵈었다. 경산스님이 막 고개를 들려는데 임제스님은 '할!' 하고 고함을 쳤고, 경산스님이 입을 열어 뭐라고 말하려고 하자 임제스님은 소매를 떨치고 바로 나가버렸다.

뒤이어 어떤 스님이 경산스님에게 물었다.

"아까 왔던 그 스님과 무슨 문답을 나누었기에, 스님께 대뜸 할을 하였습니까?"

"그 스님은 황벽스님 회하에서 왔는데 너는 그를 알고자 하느냐? 그렇거든 그에게 직접 묻도록 하여라."

그 후 경산의 5백 대중은 절반 이상이 흩어져버렸다.

25. 보화스님의 전신탈거(全身脫去)

보화일일 어가시중   취인걸직철   인개여지
普化一日, 於街市中에 **就人乞直裰**하니 **人皆與之**호대

보화구불요
普化俱不要라.

사영원주   매관일구   보화귀래   사운
師令院主로 **買棺一具**하고 **普化歸來**에 **師云**,

아여여주득개직철료야
我與汝做得箇直裰了也노라.

보화변자담거   요가시규운 임제여아주직철료야
普化便自擔去하야 **繞街市叫云, 臨濟與我做直裰了也**니

아왕동문천화거
我往東門遷化去하리라.

시인   경수간지   보화운 아금일   미 내일
市人이 **競隨看之**하니 **普化云, 我今日**에는 **未**요 **來日**에

왕남문천화거
往南門遷化去하리라.

여시삼일   인개불신
如是三日하니 **人皆不信**이라.

지제사일   무인수간   독출성외   자입관내
至第四日하야 **無人隨看**이어늘 **獨出城外**하야 **自入棺內**하야

천노행인정지
倩路行人釘之하니라.

즉시전포　　　시인　　경왕개관　　　내견전신탈거
卽時傳布하야 **市人**이 **競往開棺**하니 **乃見全身脫去**하고
지문공중영향　　　은은이거
祗聞空中鈴響이 **隱隱而去**하니라.

어느 날 보화스님이 저잣거리에 나가 사람들에게 장삼(長衫)[372] 한 벌을 달라고 구걸하니 사람들이 저마다 장삼을 주었으나, 보화스님은 그때마다 원하는 것이 아니라고 받지 않았다.
임제스님이 원주를 시켜서 관(棺) 하나를 사오게 하고, 보화스님이 돌아오자 말했다.
"내 그대를 위해 딱 들어맞는 장삼을 장만해 두었네."
보화스님은 바로 스스로 관을 짊어지고 나가서 온 저잣거리를 돌아다니면서 외쳐댔다.
"임제스님이 나에게 장삼을 만들어 주었다. 나는 동문(東門)으로 가서 세상을 떠나리라."
저자 사람들이 다투어 따라가 보니 보화스님이 또 말했다.
"오늘은 가지 않겠다. 내일 남문(南門)으로 가서 세상을 떠나리라."
사흘을 이와 같이 외치고 다니니 아무도 믿지 않게 되었다.
나흘째 되던 날 따라와서 보는 사람이 없자, 혼자 성 밖으로 나가 관 속으로 들어가서 길 가는 행인더러 관 뚜껑에 못을 치게 하였다.

---

372 직철(直裰): 각각 별개의 옷이었던, 상반신을 덮어 가리던 편삼(褊衫)과 하의인 군자(裙子)를 남송(南宋) 이후에 꿰매어 하나의 옷으로 만든 것. 후에는 가사(袈裟)와 구별하여 장삼을 직철이라고 불렀다.

이 소식이 삽시간에 퍼져서 저자 사람들이 좇아가서 관 뚜껑을 열어 보니, 몸 전체가 없어져버렸고[全身脫去],³⁷³ 공중에서 요령 소리만이 은은히 울려 올 뿐이었다.³⁷⁴

---

373 전신탈거(全身脫去): 뱀이나 매미 등이 허물을 벗고 나오는 것처럼 몸을 벗어나 탈바꿈함.
374 생사의 집착에서 벗어나 평온무사한 모습을 보여준 이야기.『禪門拈頌說話』516칙 H.5 p.408c 참조.

6장
행록

1. 임제스님의 깨친 기연

　　　사초재황벽회하　　　행업　순일　　　수좌내탄왈
　　師初在黃檗會下하야 行業이 純一이어늘 首座乃歎曰,

　　　수시후생　　　여중유이
　　雖是後生이나 與衆有異로다.

　　　수문　상좌재차　다소시
　　遂問, 上座在此, 多少時오?

　　　사운　삼년
　　師云, 三年이니다.

　　　수좌운　증참문야무
　　首座云, 曾參問也無아?

　　　사운　부증참문　　부지문개십마
　　師云, 不曾參問이니 不知問箇什麽오.

　　　수좌운　여하불거문당두화상　　여하시불법적적대의
　　首座云, 汝何不去問堂頭和尙호되 如何是佛法的的大意오?

　　　사변거문　　성미절　황벽　변타
　　師便去問한대 聲未絶에 黃檗이 便打하다.

　　　사하래　수좌운　문화작마생
　　師下來에 首座云, 問話作麽生고?

　　　사운　모갑문성　미절　화상변타　　모갑불회
　　師云, 某甲問聲이 未絶에 和尙便打하시니 某甲不會니다.

　　　수좌운　단갱거문
　　首座云, 但更去問하라.

사우거문　　황벽　우타
師又去問하니 **黃檗**이 **又打**하야

여시삼도발문　　삼도피타　　사래백수좌운　행몽자비
如是三度發問하고 **三度被打**하니라. **師來白首座云, 幸蒙慈悲**하야

영모갑문신화상　　　삼도발문　　삼도피타　　　자한장연
令某甲問訊和尙하야 **三度發問**에 **三度被打**니다. **自恨障緣**으로

불령심지　　금차사거　　　수좌운　여약거시
不領深旨하니 **今且辭去**하노이다. **首座云, 汝若去時**에는

수사화상거
須辭和尙去하라.

사예배퇴　　수좌선도화상처운　문화지후생　　심시여법
師禮拜退하니 **首座先到和尙處云, 問話底後生**이 **甚是如法**하니

약래사시　　방편　　접타
若來辭時에는 **方便**으로 **接他**하소서.

향후천착　　성일주대수　　여천하인작음량거재
向後穿鑿하야 **成一株大樹**하야 **與天下人作蔭凉去在**리이다.

사거사　　황벽운　부득왕별처거
師去辭한대 **黃檗云, 不得往別處去**요

여향고안탄두대우처거　　필위여설
汝向高安灘頭大愚處去하라 **必爲汝說**하리라.

임제스님이 처음 황벽스님의 회상에 있을 때, 한결같이 수행에 정진함[行業純一]에 수좌[睦州 陳尊宿]스님이 "비록 후배이긴 하나 다른 수행자들과는 남다르다."라고 감탄하며 임제스님에게 물었다.

"상좌는 여기에 있은 지 얼마나 되는가?"

"3년 됩니다."

"스님은 방장스님을 찾아가 법을 물은 적이 있는가?"

"묻지 못했습니다. 무엇을 물어야 할지 모르겠습니다."

"왜, 방장스님을 찾아가서 '무엇이 불법의 진실한 뜻입니까?' 하고 묻지 않는가?"

임제스님이 바로 가서 묻는데, 말이 채 끝나기도 전에 황벽스님이 대뜸 후려쳤다.[375] 임제스님이 돌아오자 수좌스님이 물었다.

"법을 여쭈러 갔던 일은 어찌 되었는가?"

"제가 질문을 마치기도 전에 방장스님께서 바로 후려치시니, 저는 그 이유를 모르겠습니다."

"다시 가서 질문해 보도록 하게."

임제스님이 다시 가서 물었으나, 황벽스님은 또 다시 때렸다.

이렇게 하여 세 번 묻고 세 번 다 얻어맞았다. 임제스님이 수좌스님에게 돌아와서 말했다.

"저는 다행히 수좌스님의 자비로 방장스님께 세 번 가서 물었으나, 세 번을 다 얻어맞았습니다. 업장이 두터워 방장스님의 깊은 뜻을 깨닫지 못함을 저 스스로 한탄하고, 이제 하직하고 떠나려 합니다."

수좌스님이 말했다.

"만약 자네가 떠나가려거든 방장스님께 하직인사는 꼭 드리고 가야 하네."

임제스님이 절하고 물러나자, 수좌스님이 먼저 황벽스님의 처소에 가서 말씀드렸다.

---

[375] 『禪門拈頌說話』 607칙 설화(說話)에서는 "세 차례 매번 20방을 때린 것이니, 이것이 바로 진실한 대의이다.(H.5 p.471c, 便打者, 三度每二十棒, 是的的大義也.)"라고 평하였다.

"법을 여쭈러왔던 그 후배는 불법의 이치에 맞게 성실히 정진해 왔습니다. 만약 하직 인사를 방장스님께 드리러 오거든 방편으로 잘 이끌어 주십시오. 정진해서 뒷날 한 그루 큰 나무가 되어서 천하 사람들에게 시원한 그늘을 드리울 것입니다."

임제스님이 가서 하직 인사를 드리자 황벽스님이 말했다.

"다른 곳으로 가지 말고, 고안(高安) 여울가의 대우(大愚)스님[376]이 계신 곳을 찾아가도록 하여라. 반드시 너에게 말씀해주실 것이다."

사도대우   대우문 십마처래   사운 황벽처래
師到大愚한대 **大愚問, 什麼處來**오? **師云, 黃檗處來**니다.

대우운 황벽   유하언구
大愚云, 黃檗이 **有何言句**오?

사운 모갑   삼도문불법적적대의   삼도피타
師云, 某甲이 **三度問佛法的的大意**라가 **三度被打**하니

부지모갑   유과   무과
不知某甲이 **有過**닛가 **無過**닛가?

대우운 황벽   여마노파   위여득철곤   갱래저리
大愚云, 黃檗이 **與麼老婆**하야 **爲汝得徹困**이어늘 **更來這裏**하야

문유과무과
問有過無過아?

사어언하대오운 원래   황벽불법   무다자
師於言下大悟云, 元來에 **黃檗佛法**이 **無多子**니다.

대우추주운 저요상귀자   적래   도유과무과
大愚搊住云, 這尿牀鬼子야! **適來**에는 **道有過無過**러니

여금   각도황벽불법   무다자   이견개십마도리
如今에 **却道黃檗佛法**이 **無多子**라하니 **儞見箇什麼道理**오?

---

376 대우(大愚)스님: 당나라 때 스님. 귀종지상(歸宗智常)의 법사(法嗣).

속도속도　　　사어대우협하　　축삼권
速道速道하라! **師於大愚脅下**에 **築三拳**한대
대우탁개운　여사　황벽　　비간아사
大愚托開云, 汝師는 **黃蘗**이요 **非干我事**니라.

임제스님이 대우스님을 찾아뵈오니 대우스님이 물었다.

"어디서 오느냐?"

"황벽스님의 회상에서 왔습니다."

"황벽스님이 무슨 법문을 하시던가?"

"제가 세 번이나 불법의 진실한 뜻을 물었다가 세 번을 다 얻어 맞았습니다. 저에게 무슨 허물이 있었는지 없었는지 도무지 알 수 없습니다."

"황벽스님이 그토록 간절한 노파심에서 너를 위해 사무치도록 가르쳐주셨건만 다시 여기 나에게까지 와서 너의 허물이 있는지 없는지를 묻느냐?"

임제스님은 이 말끝에 크게 깨치고서 이렇게 말했다.

"황벽스님의 불법이 원래 복잡한 것 없이 단순한 것이었군요."[377]

이에 대우스님이 임제스님의 멱살을 움켜쥐고 말했다.

"이 오줌싸개 놈아! 아까는 자기에게 허물이 있었는지 없었는지 묻더니, 이제 와서는 다시 황벽의 불법이 원래 복잡한 것 없이 단순한 것이었다고 하는구나! 그래, 너는 도대체 무슨 도리를

---

377 『禪門拈頌說話』 607칙 설화(說話)에서는 "물을 만한 불법이 없으며 말로 표현할 길도 없다는 뜻이다.(H.5 p.471c, 元來黃蘗佛法無多子者, 無佛法可問, 無揷觜處也.)"라고 평하였다.

보았기에 그 따위 말을 하느냐? 빨리 말해라, 빨리 말해봐!"

임제스님이 대우스님의 옆구리를 주먹으로 세 번 쥐어박자,[378] 대우스님은 임제스님을 밀어젖히면서 말했다.

"너의 스승은 황벽이니, 나와는 상관이 없다."

<small>사사대우   각회황벽   황벽 견래   변문 저한</small>
師辭大愚하고 **却回黃檗**하니 **黃檗**이 **見來**하고 **便問, 這漢**이

<small>내래거거   유십마요기</small>
來來去去에 **有什麼了期**리오!

<small>사운 지위노파심절</small>
師云, 祇爲老婆心切이니다.

<small>변인사료   시립   황벽 문 십마처거래</small>
便人事了하고 **侍立**하니 **黃檗**이 **問, 什麼處去來**오?

<small>사운 작봉자지   영참대우거래</small>
師云, 昨奉慈旨하야 **令參大愚去來**니다.

<small>황벽운 대우유하언구</small>
黃檗云, 大愚有何言句오?

<small>사수거전화   황벽운 작마생득저한래   대통여일돈</small>
師遂擧前話한대 **黃檗云, 作麼生得這漢來**하야 **待痛與一頓**고?

<small>사운 설십마대래   즉금변끽   수후변장   황벽운</small>
師云, 說什麼待來오 **卽今便喫**하소서 **隨後便掌**하니 **黃檗云,**

<small>저풍전한   각래저리날호수</small>
這風顚漢이 **却來這裏捋虎鬚**로다.

<small>사변할   황벽운 시자   인저풍전한   참당거</small>
師便喝하니 **黃檗云, 侍者**야! **引這風顚漢**하야 **參堂去**하라.

---

378 『禪門拈頌說話』 607칙 설화(說話)에서는 "황벽의 수단을 활용해보인 것이니, 이것이 바로 진실한 대의이다.(H.5 p.471c, 築三拳者, 用得黃檗手段, 是的的大意也.)"라고 평하였다.

임제스님이 대우스님을 하직하고 다시 황벽스님께로 돌아오자, 황벽스님은 임제스님이 오는 것을 보고는 물었다.
"이놈이 왔다 갔다 하기만 하니 언제 깨칠 날이 있겠느냐!"
임제스님이 말했다.
"오직 방장스님의 간절하신 노파심을 제가 알았기 때문이옵니다."
임제스님이 인사를 마치고 곁에 서 있으니, 황벽스님이 물었다.
"어디를 갔다 왔느냐?"
"지난번에 방장스님이 자비하신 가르침을 내려주신 대로 대우스님을 뵙고 왔습니다."
"대우스님이 무슨 말을 하더냐?"
그리하여 임제스님이 지난 이야기를 말씀드리니 황벽스님이 말했다.
"어떻게 하면 대우 이놈의 작자가 오는 것을 기다렸다가 호되게 한 방 갈겨 줄까?"
"오시기를 기다릴 것까지 있으십니까? 지금 바로 한 방 받으시지요." 하고는 임제스님이 바로 뺨을 올려붙이니 황벽스님이 말했다.
"이 미친놈이 다시 여기 와서 호랑이의 수염을 당기는구나."
스님이 '할!' 하자 황벽스님이 말했다.
"시자야! 이 미친놈을 데려가서 선방에 있게 하여라."

後에 潙山이 擧此話하야 問仰山하되,
臨濟當時에 得大愚力가 得黃檗力가?
仰山云, 非但騎虎頭요 亦解把虎尾니다.

뒷날 위산스님이 이 이야기를 하시며 앙산스님에게 물었다.

"임제가 그때에 대우스님의 힘을 얻었느냐, 황벽스님의 힘을 얻었느냐?"

"호랑이의 머리에 올라타고 앉았을 뿐만 아니라, 호랑이의 꼬리도 잡을 줄 안 것입니다."[379]

---

379 『禪門拈頌說話』 607칙 설화(說話)에서는 "대우의 힘이 호랑이의 머리이고, 황벽의 힘이 호랑이의 수염이다.(H.5 p.472a, 潙仰問答, 大愚力是虎頭, 黃檗力是虎鬚也.)"라고 이 문답에 대해 평하였다.

2. 소나무를 심은 뜻

　　　　사재송차　　황벽　　문　심산리　　재허다　　　작십마
　　　師栽松次에 黃檗이 問, 深山裏에 栽許多하야 作什麼오?
　　　　사운　일여산문작경치　　이여후인작표방
　　　師云, 一與山門作境致요 二與後人作標榜이니다.
　　　　도료　　　장곽두　　　타지삼하　　　황벽운 수연여시
　　　道了하고 將钁頭하야 打地三下한대 黃檗云, 雖然如是나
　　　　자이끽오삼십방료야
　　　子已喫吾三十棒了也라.
　　　　사우이곽두　　타지삼하　　　작허허성　　황벽운　오종
　　　師又以钁頭로 打地三下하고 作嘘嘘聲하니 黃檗云, 吾宗이
　　　　도여　　　대흥어세
　　　到汝하야 大興於世하리라.

임제스님이 소나무를 심고 있는데, 황벽스님께서 물었다.

"깊은 산 속에 그 많은 소나무를 심어서 무얼 하려느냐?"

"첫째는 절[山門]의 경치를 가꾸기 위해서이고, 둘째는 뒷사람들에게 본보기가 되기 위해서입니다."[380]

---

380 『禪門拈頌說話』 610칙 설화(說話)에서는 "첫째, 산문에 풍광을 더하여 보는 사람들이 즉시 무학의 경지를 넘어서도록 하기 위함이니, 이는 금시이다. 둘째, 후인들에게 표지가 되게 하여 범부와 성인, 미혹과 깨달음이 모두 하나라는 것을 보여주기 위함이니, 이는 본분이다.(H.5 p.473b, 一與山門作境致者, 一與山門作境致, 見者頓超無學地, 是今時也. 二與後人作標榜者, 凡聖迷悟皆一樣, 是本

임제스님이 말을 마치고 나서 괭이로 땅을 세 번 내리치니, 황벽스님께서 말했다.

"비록 그렇기는 하나, 너는 이미 나에게 30방을 얻어맞았다."

임제스님이 다시 괭이로 땅을 세 번 내리치고 나서 '허허!' 하며 긴 한숨 소리를 내니, 황벽스님께서 말했다.

"나의 종(宗)이 너에 이르러 세상에 크게 일어날 것이다."

<small>후　위산　거차화　　문앙산</small>
後에 **潙山**이 **擧此話**하야 **問仰山**하되
<small>황벽　　당시　지촉임제일인　　갱유인재</small>
黃檗이 **當時**에 **祇囑臨濟一人**가 **更有人在**아?
<small>앙산운　유　　지시연대심원　　불욕거사화상</small>
仰山云, **有**이나 **祇是年代深遠**하야 **不欲擧似和尙**이니다.
<small>위산운　수연여시　　오역요지　　여단거간</small>
潙山云, **雖然如是**나 **吾亦要知**하니 **汝但擧看**하라.
<small>앙산운　일인지남　　오월　영행　　우대풍즉결</small>
仰山云, **一人指南**하야 **吳越**에 **令行**타가 **遇大風卽缺**이리다하니라.
<small>참풍혈화상야</small>
⟨**讖風穴和尙也**라.⟩

뒷날 위산스님이 이 이야기를 제기하고 앙산스님에게 물었다.

"황벽스님이 당시에 임제 한 사람에게만 부촉한 것이냐, 아니면 또 다른 사람도 있느냐?"

"있습니다만 하도 먼 훗날의 일이라 스님께 말씀드리지 않으렵니다."

<small>分也.)"라고 해설을 붙였다.</small>

"그렇긴 하나, 나도 알고 싶으니, 너도 말해보아라."

"한 사람[381]이 남쪽으로 가서 대중을 이끌고 오월(吳越)[382]에서 법을 펼치다가 큰 바람을 만나 머물 것입니다."〈이는 풍혈화상(風穴和尙)[383]을 예언한 말이다.〉

---

381 남원혜옹(南院慧顒, 860~930)을 가리키는 것으로 보인다.
382 오월(吳越): 오대십국(五代十國) 중 하나. 전류(錢鏐)가 지금의 강소성(江蘇省) 남부, 절강성(浙江省) 일대, 복건성(福建省) 동북부에 세운 나라로 후에 북송에 망했다.
383 풍혈화상(風穴和尙): 풍혈연소(風穴延沼, 896~973). 남원혜옹의 현지(玄旨)를 얻고, 여주(汝州) 풍혈고사(風穴古寺)에 머물며 종풍을 진작하였다고 한다.

3. 덕산스님의 선상을 뒤엎다

師侍立德山次에 山云, 今日困이로다.
사시립덕산차   산운 금일곤

師云, 這老漢이 寐語作什麼오?
사운 저노한 매어작십마

山이 便打에 師掀倒繩牀한대 山이 便休하니라.
산 변타 사흔도승상   산 변휴

임제스님이 덕산스님을 모시고 곁에 서 있는데, 덕산스님이 "오늘은 피곤하구나."라고 하자 임제스님이 "이 노장님이 무슨 잠꼬대를 하십니까?"라 하니 덕산 스님이 후려쳤다.

임제스님이 선상을 뒤엎어버리자, 덕산스님은 더 이상의 문답을 그만두었다.[384]

---

384 『禪門拈頌說話』 625칙 설화(說話)에서는 "노승이 오늘 피곤하구나'라고 한 것은 항상 사무치도록 힘을 기울여 상대에게 가르쳐 준다는 뜻으로 이는 금시를 의미한다. '이 노장님이 무슨 잠꼬대를 하십니까'라고 한 것은 본분을 의미한다. '몽둥이를 잡으려는 순간 선상을 뒤엎어버린 것'은 각자 몸을 빼어날 길이 있으니, 일정한 격식에 한정지어 둘 수 없다는 뜻이다.(H.5 p.485c, 老僧今日困者, 時常徹困爲人, 是今時也. 這老漢, 寐語作甚麼者, 是本分也. 擬拈棒便掀倒繩床者, 各有出身之路, 直得無限也.)"라고 풀었다.

6장 행록 535

4. 황벽스님을 밀쳐 넘어뜨리다

師普請鋤地次에 見黃檗來하고 拄钁而立하니 黃檗云, 這漢이
困耶아?
師云, 钁也未擧어늘 困箇什麽오? 黃檗이 便打하니
師接住棒하야 一送送倒하다.
黃檗이 喚維那호대 維那야! 扶起我하라.
維那近前扶云, 和尙이시여! 爭容得這風顚漢無禮닛고?
黃檗이 纔起하야 便打維那하니 師钁地云, 諸方은 火葬이어니와
我這裏는 一時活埋하노라.

임제스님이 김을 매는 울력을 하다가 황벽스님이 오는 것을 보고는 괭이를 지팡이 삼아 짚고 일어나 있었다.

황벽스님이 "이놈이 피곤한가?" 하니, 임제스님은 "괭이도 아직 들지 않았는데, 피로하다니요?"라고 하였다.

황벽스님이 곧바로 몽둥이로 후려치자, 임제스님이 몽둥이를 잡고는 황벽스님을 탁 밀쳐 넘어뜨렸다.

황벽스님이 유나를 부르며, "유나야! 나를 부축해 일으켜라."라고 하였다.

유나가 가까이 다가가 부축해 일으켜 드리면서 말했다.

"방장스님! 이 미친놈의 무례한 짓을 어찌 그냥 두십니까?"

황벽스님이 일어나자마자 유나를 후려갈기니, 임제스님은 김을 매면서 말했다.

"제방에서는 모두 화장을 한다지만 나의 이곳에서는 한꺼번에 산 채로 파묻어 버리겠다."[385]

後에 潙山이 問仰山호대 黃蘗이 打維那意作麽生고?
　후　 위산　　 문앙산　　　 황벽　　 타유나의작마생

仰山云, 正賊은 走却하고 邏蹤人이 喫棒이니다.
앙산운, 정적　 주각　　　 나종인　 끽방

뒷날 위산스님이 이 이야기를 하면서 앙산스님에게 물었다.

"황벽스님이 유나를 때린 의도가 무엇이냐?"

---

385 『禪門拈頌說話』 608칙 설화(說話)에서는 "'이놈이 피곤한가'라 한 말은, 대상과 관계하는 순간 그것에 의지하다 넘어지기 쉬우니 잘 살펴서 대응한 것이다. '괭이도 아직 들지 않았는데, 피로하다니요'라 한 말은, 바르게 대상과 관계 맺은 것일까? '곧바로 몽둥이로 후려친 것'은 순금인지 아닌지 알려면 화로에 넣어 봐야 하기 때문이다. '몽둥이를 잡고 밀친 것'은 자신이 처한 상황에서 철저하게 대응한 것이었다. '황벽이 유나를 때린 것'은 황벽의 뜻을 한계 지을 수 없음을 뜻한다. '제방에서는 모두 화장을 한다지만 …' 하고 말한 것은 '아!' 하고 탄식한 것이다."(H.5 p.472b, 這漢困耶者, 涉緣處靠倒, 看他支對也. 钁也未擧云云者, 正涉緣耶? 便打者, 要識眞金火裏看也. 接住棒云云者, 立處到底也. 蘗便打維那者, 黃蘗意又無限也. 諸方火葬云云者, 蒼天蒼天也.)라고 풀이하였다.

"진짜 도적은 달아나버렸는데 뒤쫓던 순라군(巡邏軍)이 얻어맞아 봉변을 당한 꼴입니다."[386]

---

[386] 여기서 '진짜 도적'은 임제스님을 가리킨다.

5. 황벽스님이 자기 입을 쥐어박다

師一日에 在僧堂前坐이러니 見黃檗來하고 便閉却目이라.
黃檗이 乃作怖勢하고 便歸方丈이어늘 師隨至方丈하야
禮謝하다. 首座黃檗處侍立이러니 黃檗云, 此僧이 雖是後生이나
却知有此事로다.
首座云, 老和尙이 脚跟不點地어늘 却證據箇後生하오?
黃檗이 自於口上에 打一摑한대 首座云, 知卽得이니다.

임제스님이 하루는 승당 앞에 앉아 있다가 황벽스님이 오는 것을 보고 눈을 감아버렸다. 황벽스님이 두려워하는 시늉을 하며 바로 방장실로 돌아가자 임제스님은 뒤따라 방장실로 가서 절을 올리며 무례하였음을 사죄하였다.
그때 수좌가 황벽스님을 모시고 곁에 서 있었는데 황벽스님이 말했다.
"이 스님이 비록 후배이긴 하나 본분사[此事]가 있음을 아는구

나!"

수좌가 말했다.

"노스님 자신의 발이 땅에 닿지도 않으면서[387] 도리어 이 후생을 증명하십니까?"

황벽스님이 자기 손으로 입을 한 대 쥐어박으니, 수좌가 말했다. "아셨으면 됐습니다."

---

387 각근부점지(脚跟不點地): 수행을 철저히 하여 동요 없이 확고한 상태를 뜻하는 각답실지(脚踏實地)와 상대되는 말. 발이 땅에 닿지 않는다는 것으로서 수행이 무르익지 못하거나 미숙함을 표현한 말이다.

6. 임제스님이 졸다

사재당중수 황벽 하래견 이주장 타판두일하
師在堂中睡어늘 **黃檗**이 **下來見**하고 **以拄杖**으로 **打版頭一下**라.

사거두 견시황벽 각수 황벽 우타판두일하
師擧頭하야 **見是黃檗**하고 **却睡**하니 **黃檗**이 **又打版頭一下**하다.

각왕상간 견수좌좌선 내운 하간후생 각좌선
却往上間하야 **見首座坐禪**하고 **乃云, 下間後生**은 **却坐禪**이어늘

여저리망상작십마
汝這裏妄想作什麼오?

수좌운 저노한 작십마 황벽타판두일하 변출거
首座云, 這老漢이 **作什麼**오? **黃檗打版頭一下**하고 **便出去**하니라.

임제스님이 참선방[坐禪堂]에서 졸고 있는데, 황벽스님께서 내려와 보시고는 주장자로 판두(版頭)[388]를 한 번 쳤다. 임제스님이 고개를 들어 황벽스님인 것을 보고 다시 졸자, 황벽스님은 다시 한 번 판두를 치고는 윗간[上間][389]으로 갔다. 수좌스님이 좌선

---

388 판두(版頭): 판두(板頭)로도 쓴다. 선당(禪堂)에 걸린 목판. 시각이나 어떤 상황을 알리는 데 사용한다.
389 윗간[上間]: 상위(上位)의 뜻하며, 건물을 바라보는 위치에서 오른쪽을 가리킨다. 왼쪽은 하간(下間)이라고 한다. 남향(南向)인 법당이나 방장실을 바라볼 때는 오른쪽인 동쪽, 동향(東向)인 승당을 바라볼 때는 오른쪽인 북쪽, 서향(西向)인 고원(庫院)을 바라볼 때는 오른쪽인 남쪽이 상간이 된다.

하고 있는 것을 보고는 말씀하셨다.

"아랫간[下間]의 젊은 수좌는 도리어 좌선을 잘하는데 자네는 여기서 무슨 망상을 피우고 있는가?"

수좌가 "이 노장이 무슨 수작입니까?"라고 하니, 황벽스님은 판두를 한 번 치고 나가버렸다.³⁹⁰

後에 潙山이 問仰山호되 黃檗이 入僧堂意作麼生고?
후 위산 문앙산   황벽   입승당의작마생

仰山云, 兩彩一賽이니다.
앙산운 양채일새

뒷날 위산스님이 앙산스님에게 물었다.

"황벽스님이 선방에 들어갔던 뜻이 무엇이냐?"

"하나의 내기 판에 이기는 패가 둘입니다."³⁹¹

---

390 『禪門拈頌說話』 624칙 설화(說話)에서는 "이 공안의 대의는, 좌선이 곧 잠자는 것이고 잠자는 것이 곧 좌선이라는 것이다. 좌선을 하건 잠을 자건 판두를 한 번 친 뜻과 분리되지 않는다. 이를 두고 '이익이 있건 이익이 없건 상인은 시장을 떠나지 않는다'라고 한다.(H.5 p.485a, 此話義, 坐禪即打睡, 打睡即坐禪. 坐禪打睡, 不離打板頭一下. 所謂有利無利, 不離行市也.)"라고 풀었다.

391 양채일새(兩彩一賽): 새(賽)는 주사위, 승부를 다투는 게임, 내기 판을 뜻하고, 채(彩)는 승산을 뜻한다. 승부를 다투는 한 번의 내기 판에 이기는 패가 둘이라는 뜻으로 승패나 우열을 가릴 수 없음을 의미한다.

7. 울력에 빈손으로 가다

一日普請次에 師在後行이러니 黃檗이 回頭하야 見師空手하고
_{일일보청차 사재후행 황벽 회두 견사공수}

乃問, 钁頭는 在什麼處오?
_{내문 곽두 재십마처}

師云, 有一人將去了也니다.
_{사운 유일인장거료야}

黃檗云, 近前來하라 共汝商量箇事하리라.
_{황벽운 근전래 공여상량개사}

師便近前한대 黃檗이 竪起钁頭云, 祇這箇는 天下人이
_{사변근전 황벽 수기곽두운 지저개 천하인}

拈掇不起로다.
_{염철불기}

師就手掣得하야 竪起云, 爲什麼하야 却在某甲手裏닛고?
_{사취수체득 수기운 위십마 각재모갑수리}

黃檗云, 今日에 大有人이 普請이라하고 便歸院하니라.
_{황벽운 금일 대유인 보청 변귀원}

하루는 대중이 울력을 하는데 임제스님이 맨 뒤에서 따라가고 있었다. 황벽스님이 고개를 돌려 임제스님이 빈손[空手][392]인 것

---

392 빈손[空手]: 괭이를 들고 있지 않은 빈손이라는 것은 할 일을 마쳐 더 이상 애써 힘쓸 일이 없다는 표현이다.

을 보고 물었다.

"괭이는 어디 두고 오느냐?"

"어떤 사람이 가져가 버렸습니다."³⁹³

"이리 가까이 오너라. 너와 이 일³⁹⁴을 따져보리라."

임제스님이 앞으로 가까이 오자, 황벽스님은 괭이를 세우면서 말했다.

"오직 이것만은 천하의 어떤 사람도 집어 들지 못한다."

임제스님이 괭이를 낚아채는 즉시 세우면서 말했다.

"그렇다면 어째서 지금은 제 손 안에 있습니까?"

황벽스님은 "오늘 대단한 사람이 울력을 해치우는구나."라 하고는 절로 돌아가 버렸다.

後에 潙山이 問仰山호되 钁頭在黃檗手裏어늘 爲什麼하야
却被臨濟奪却고?

仰山云, 賊是小人이나 智過君子이니다.

뒷날 위산스님이 앙산스님에게 물었다.

"괭이가 황벽스님의 손에 있었는데, 어째서 도리어 임제한테 빼

---

393 『禪門拈頌說話』 609칙 설화(說話)에서는 "어떤 사람이 가져가 버렸다'는 말에서 어떤 사람이란 '그 사람'을 말한다.(H.5 p.473a, 有一人將去了也者, 一人者那人也.)"라고 하였다. '나인(那人)'이란 대오한 사람, 궁극의 경지에 이른 사람으로서 임제가 말하는 무위진인(無位眞人)과도 통한다.
394 '이 일[箇事]'은 일대사(一大事), 본분사(本分事), 궁극적 진실을 의미한다. 차사(此事)라고도 한다.

앗겼느냐?"

앙산스님이 대답하였다.

"도적은 소인배이긴 하나 그 지혜는 군자를 능가하기 때문입니다."[395]

---

[395] 임제[도둑]가 황벽[군자]보다 못하다고 생각했는데 그렇지 않다는 의미이다.

8. 위산스님에게 편지를 전하다

師爲黃檗馳書去潙山하니 時에 仰山이 作知客이라 接得書하고

便問하되 這箇는 是黃檗底니 那箇是專使底오?

師便掌한대 仰山이 約住云, 老兄아 知是般事어든 便休하라.

同去見潙山하니 潙山이 便問, 黃檗師兄이 多少衆고?

師云, 七百衆이니다.

潙山云, 什麽人이 爲導首오?

師云, 適來에 已達書了也니다.

師却問潙山호되 和尙此間은 多少衆이닛고?

潙山云, 一千五百衆이니라.

師云, 太多生이니다.

潙山云, 黃檗師兄亦不少니라.

임제스님이 황벽스님의 편지를 전하려 위산스님에게 갔었다. 그때 앙산스님이 지객(知客)[396] 소임을 맡고 있었는데, 편지를 받고 나서 물었다.

"이것은 황벽스님의 것이니, 어떤 것이 그대의 것인가?"

임제스님이 손바닥으로 후려갈기자, 앙산스님이 그 손을 꽉 붙잡으며 말했다.

"노형께서 이 일을 아신 바에야 그만둡시다."

둘이 함께 가서 위산스님을 뵈오니 위산스님이 물었다.

"황벽 사형께서는 대중이 얼마나 되는가?"

"7백 대중입니다."

"누가 지도하는 우두머리[導首][397]인가?"

"방금 전에 이미 편지를 전해 드렸습니다."

그러고는 도리어 임제스님이 위산스님에게 물었다.

"이곳 큰스님의 회하에는 대중이 얼마나 됩니까?"

"천오백 대중이라네."

"매우 많군요."

"황벽 사형께서도 적지 않으시네."

師辭潙山하니 仰山이 送出云, 汝向後北去하면 有箇住處라.
<small>사사위산 앙산 송출운 여향후북거 유개주처</small>

師云, 豈有與麼事리오?
<small>사운 기유여마사</small>

---

396 지객(知客): 사원(寺院)을 찾아온 손님을 대접하는 소임.
397 우두머리[導首]: 대중을 이끄는 우두머리, 즉 수좌(首座)를 말한다.

6장 행록 547

仰山云, 但去하라 已後에 有一人이 佐輔老兄在하리니 此人은
祇是有頭無尾며 有始無終이니라.
師後到鎭州하니 普化已在彼中이라.
師出世에 普化佐贊於師라가 師住未久에 普化全身脫去하니라.

임제스님이 위산스님을 하직하고 나오니 앙산스님이 전송하면서 말했다.
"노형께서는 뒷날 북쪽으로 가면 머무를 곳이 있을 것입니다."
"무슨 그럴 일이 있겠소."
"그냥 가기만 하면 나중에 한 사람이 나타나서 노형을 보좌해 줄 것입니다. 그런데 이 사람은 머리만 있고 꼬리는 없으며, 시작은 있고 끝은 없을 것[398]입니다."
임제스님이 뒷날 진주(鎭州)에 이르자, 보화스님이 이미 거기에 와 있었다. 임제스님이 세상에 나와 활동하자 보화스님은 임제스님을 도와드리다가 임제스님이 진주에 머무른 지 오래지 않아 온몸을 벗어던지고 세상을 떠났다[全身脫去].

---

398 유두무미(有頭無尾)나 유시무종(有始無終)이나 모두 시작만 있고 끝도 없다는 말로서 용두사미(龍頭蛇尾)와 통한다. 흔히는 비판하는 말로 쓰이지만, 무엇이라고 확고하게 결정짓지 않는 선사들의 언행을 역설적으로 표현할 때 주로 쓴다.

9. 황벽스님의 인가(印可)

<small>사인반하   상황벽   견화상   간경   사운</small>
師因半夏에 **上黃檗**하야 **見和尙**이 **看經**하고 **師云**,

<small>아장위시개인   원래시암흑두노화상</small>
我將謂是箇人이러니 **元來是揞黑豆老和尙**이로다.

<small>주수일   내사거   황벽운   여파하래   부종하거</small>
住數日타가 **乃辭去**하니 **黃檗云**, **汝破夏來**하야 **不終夏去**아?

<small>사운   모갑   잠래예배화상</small>
師云, **某甲**이 **暫來禮拜和尙**이니다.

<small>황벽   수타   진영거   사행수리   의차사</small>
黃檗이 **遂打**하고 **趂令去**하니 **師行數里**라가 **疑此事**하야

<small>각회종하</small>
却回終夏하니라.

임제스님이 하안거 중간에 황벽산에 올라갔다가 황벽스님이 경을 읽고 계시는 것을 보고는 말했다.

"저는 스님이 그래도 뛰어난 분이라 생각해왔는데, 알고 보니 검정콩이나 주워 먹는[399] 늙은 중이시군요."

며칠 머무르다가 곧 하직 인사를 드리러 가니, 황벽스님께서 말

---

399 암흑두(揞黑豆): 흑두(黑豆)는 문자를 비유한 말. 암(揞)은 암(唵)으로도 쓰는데 손으로 주워 먹다, 입에 담다라는 말이다. 경전의 문구나 언어문자에 얽매여 참뜻을 알지 못하는 사람을 가리킨다.

했다.

"너는 하안거를 어기고 오더니, 또 하안거를 마치지도 않고 가느냐?"

"저는 잠시 스님께 인사드리러 왔을 뿐입니다."

그러자 황벽스님은 후려갈겨 내쫓아버렸다. 임제스님이 몇 리를 가다가 이 일에 의심을 품고, 다시 돌아와 하안거를 마쳤다.

사일일　사황벽　　벽문 십마처거
師一日에 辭黃檗하니 檗問, 什麽處去오?

사운　불시하남　　변귀하북
師云, 不是河南이면 便歸河北이니다.

황벽　변타　　사약주　　여일장
黃檗이 便打한대 師約住하고 與一掌이라.

황벽　대소　　내환시자　　장백장선사선판궤안래
黃檗이 大笑하고 乃喚侍者호되 將百丈先師禪版机案來하라.

사운　시자　장화래
師云, 侍者야 將火來하라.

황벽운 수연여시　여단장거
黃檗云, 雖然如是나 汝但將去하라.

이후　　좌각천하인설두거재
已後에 坐却天下人舌頭去在리라.

임제스님이 하루는 황벽스님에게 하직인사를 드리니, 황벽스님이 물었다.

"어디로 가느냐?"

"하남이 아니면 하북으로 돌아갈까 합니다."

황벽스님이 별안간 후려갈기자, 임제스님이 몽둥이를 붙잡고 뺨을 한 대 때렸다. 황벽스님이 크게 웃으며 이내 시자를 불러 "백장 큰스님의 선판과 궤안을 가져오너라."라고 하자, 임제스님은 "시자야! 불을 가져오너라."⁴⁰⁰라고 하였다.

황벽스님이 말했다.

"비록 그렇긴 하나 너는 그저 그것들을 가져가도록 하여라. 뒷날 앞아서 세상 사람들의 입을 막을 기개를 펴게 될 것이다."⁴⁰¹

　　　　후　　위산　　문앙산　　　임제막고부타황벽야무
後에 **潙山**이 **問仰山**호되 **臨濟莫辜負他黃檗也無**아?

　　　　앙산운　불연
仰山云, **不然**이니다.

　　　　위산운　자우작마생
潙山云, **子又作麼生**고?

　　　　앙산운　지은　　방해보은
仰山云, **知恩**에 **方解報恩**이니다.

　　　　위산운　종상고인　　환유상사지야무
潙山云, **從上古人**이 **還有相似底也無**아?

　　　　앙산운　유　　지시연대심원　　　불욕거사화상
仰山云, **有**이나 **祇是年代深遠**하야 **不欲擧似和尙**이니다.

　　　　위산운　수연여시　　오역요지　　자단거간
潙山云, **雖然如是**나 **吾亦要知**하니 **子但擧看**하라.

---

400 『禪門拈頌說話』 611칙 설화(說話)에서는 "불을 가져오너라'라고 한 것은, 반드시 태워버리겠다는 것이니 저 쓸모없는 가구는 필요 없다는 뜻이다. '지혜가 스승을 뛰어넘어야 비로소 법을 전수받을 만하다'고 하는 말과 통한다. 그러므로 '그대는 그냥 떠나라 ~ 혀에 눌러앉을 것이다'라고 하였다.(H.5 p.474c, 將火來者, 也要燒却, 不要他閑家具. 所謂智過於師, 方堪傳受. 故云, '汝但將去'云云也.)"라고 풀었다.

401 이러니저러니 하는 분별의 말들을 모두 제압하여 어쭙잖은 언행 따위는 용납하지 않는 위세를 떨치게 되리라는 의미.

_{앙산운 지여능엄회상 아난 찬불운 장차심심봉진찰}
仰山云, 祇如楞嚴會上에 **阿難**이 **讚佛云, 將此深心奉塵刹**하니
_{시즉명위보불은 기불시보은지사}
是則名爲報佛恩이라하니 **豈不是報恩之事**닛고?
_{위산운 여시여시 견여사제 감사반덕 견과어사}
潙山云, 如是如是로다 **見與師齊**면 **減師半德**이요 **見過於師**라야
_{방감전수}
方堪傳授니라.

뒷날 위산스님이 앙산스님에게 물었다.
"임제가 황벽스님을 저버린 게 아니냐?"
"그렇지 않습니다."
"그럼, 너는 어떻게 생각하느냐?"
"은혜를 알아야만 은혜를 갚을 수 있는 법입니다."
"옛사람들에게도 이와 같은 경우가 있었느냐?"
"있습니다만, 너무 옛일이라 스님께 말씀드리고 싶지 않습니다."
"그렇긴 하나 나도 알고 싶으니, 말해보아라."
"마치 능엄회상에서 아난이 부처님을 찬탄하기를, '이 깊은 마음으로 티끌같이 수많은 국토를 받드니, 이렇게 하는 것을 부처님의 은혜를 갚는다고 한다'[402]라고 한 것과 같습니다. 이 어찌 은혜에 보답한 일이 아니겠습니까?"
"그렇다, 그렇다. 견해가 스승과 같으면 스승의 덕을 반으로 깎아먹고, 견해가 스승을 넘어서야 바야흐로 법을 전해 받을 만하다."[403]

---

402 『首楞嚴經』 권3 T.19 p.119b.
403 『禪門拈頌說話』 611칙 설화(說話)에서는 임제가 "불을 가져오너라."라고 한

10. 달마스님의 탑전(塔殿)에 이르다

師到達磨塔頭하니 塔主云, 長老야 先禮佛가 先禮祖아?

師云, 佛祖俱不禮니라.

塔主云, 佛祖與長老로 是什麽寃家오?

師便拂袖而出하니라.

임제스님이 달마대사의 탑이 있는 사원에 이르자 그 사원의 주지스님이 말했다.

"장로께서는 부처님께 먼저 절하십니까, 조사께 먼저 절하십니까?"

"부처님과 조사, 모두에게 절하지 않습니다."

"부처님과 조사와 장로와는 무슨 원수라도 됩니까?"

임제스님은 곧바로 소매를 떨치고 떠났다.

말이 황벽의 견해를 뛰어넘었음을 보여주는 단적인 말로 보았다. H.5 p.474c, "潙仰問答, 見過於師者, 將火來云云也."

11. 용광(龍光)스님의 낭패

師行脚時에 到龍光하니 光이 上堂이라.
師出問, 不展鋒鋩하고 如何得勝고?
光이 據坐한대 師云, 大善知識이 豈無方便고?
光이 瞪目云, 嗄하니 師以手指云, 這老漢이 今日敗闕也로다.

임제스님이 행각할 때 용광(龍光)스님이 계신 곳에 이르렀는데, 용광스님이 마침 상당하여 설법하고 있었으므로 임제스님이 나와서 물었다.

"칼을 뽑지 않고, 어떻게 해야 이길 수 있습니까?"

용광스님이 자세를 고쳐 똑바로 앉자, 임제스님이 말했다.

"대선지식께서 어찌 방편이 없으시겠습니까?"

용광스님이 눈을 부릅뜨고 "아[嗄]!"[404] 하였다.[405]

---

404 아[嗄]: '사' 또는 '아'로 읽는다. 의문이나 반문 또는 경멸의 뜻을 나타낸다.
405 『禪門拈頌說話』 612칙 설화(說話)에서는 "눈을 부릅뜨고 아[嗄]라고 한 것'은 큰 인물이 도둑의 마음을 간파했다는 사실을 드러낸 것이다.(H.5 p.475a, 瞪目曰嗄者, 見大物之作戲破賊心也.)"라고 풀었다.

그러자 임제스님이 손가락질하면서 말했다.

"이 노장이 오늘 낭패를 보았구나."[406]

---

[406] 『禪門拈頌說話』 612칙 설화(說話)에서는 "임제가 손가락으로 가리키며 한 말은, 비록 그렇기는 하지만 예리한 기봉을 펼치지 않고도 자신이 이미 이겼다는 뜻이다.(H.5 p.475b, 以手指曰云云者, 雖然如是, 不展機鋒, 我已得勝也.)"라고 풀었다.

12. 평화상(平和尙)을 만나다

到三峰하니 平和尙이 問, 什麼處來오?
도삼봉   평화상 문 십마처래

師云, 黃檗來니라.
사운 황벽래

平云, 黃檗이 有何言句오?
평운 황벽 유하언구

師云, 金牛昨夜에 遭塗炭하야 直至如今不見蹤이로다.
사운 금우작야   조도탄   직지여금불견종

平云, 金風吹玉管하니 那箇是知音고?
평운 금풍취옥관   나개시지음

師云, 直透萬重關하야 不住清霄內로다.
사운 직투만중관   부주청소내

平云, 子這一問이 太高生이로다.
평운 자저일문 태고생

師云, 龍生金鳳子하야 衝破碧瑠璃로다.
사운 용생금봉자   충파벽유리

平云, 且坐喫茶하라.
평운 차좌끽다

임제스님이 삼봉에 갔을 때 평화상(平和尙)이 물었다.
"어디서 오는가?"

"황벽에서 왔습니다."

"황벽스님은 무슨 법문을 하던가?"[407]

"황금 소가 간밤에 용광로에 빠졌는데 지금까지도 그 자취를 찾을 수 없습니다."[408]

"가을바람에 옥피리를 부니 누가 이 소리를 알아들을까?"[409]

"곧바로 만 겹 관문을 뚫고 지나가버려 맑디맑은 창공에도 머무르지 않습니다."[410]

"그대의 한마디 물음이 매우 고준(高峻)하구나."

"용이 금빛 봉황새끼를 낳으니, 푸른 유리 빛 하늘을 뚫고 날아갑니다."

"자, 앉아서 차나 들게."

우문 근리심처
又問, 近離甚處오?

사운 용광
師云, 龍光이니라.

평운 용광 근일여하
平云, 龍光이 **近日如何**오?

---

407 '유하언구(有何言句)?'라는 물음이 갖는 함의는 결코 간단치 않다. 어떤 말을 평소에 즐겨하는가라는 정도의 단순한 궁금증에서 하는 질문이 아니라 '결정적인 한 구절을 가지고 있는가'라는 날카롭고 본질적인 물음이다.
408 황금 소[金牛]는 황벽을 비유한다. 황벽의 불법에는 이러니저러니 단적으로 규정하고 그에 얽매일 만한 어떠한 단서도 없다는 취지를 표현한 말이다. 이는 황벽의 불법은 군더더기를 붙일 것도 없이 분명하고 명백하다[黃檗佛法無多子]는 말과도 일맥상통한다.
409 황벽의 종지를 이해할 사람이 몇이나 될 것인가 하는 물음이다.
410 지음(知音)을 만나기는 대단히 어려운 일이지만, 진실한 지음이라고 한다면 스승의 종지를 꿰뚫는 동시에 그 종지에서도 자유로운 사람일 것이라는 취지이다.

사변출거
師便出去하니라.

평화상이 다시 물었다.
"요즈음 어디서 떠나 왔는가?"
"용광에서 왔습니다."
"용광스님은 요즈음 어떠한가?"
임제스님은 곧바로 나가버렸다.

13. 대자(大慈)스님을 만나다

<small>도대자   자재방장내좌</small>
到大慈하니 **慈在方丈內坐**어늘

<small>사문 단거장실시여하</small>
師問, 端居丈室時如何오?

<small>자운 한송일색   천년별   야로염화만국춘</small>
慈云, 寒松一色은 **千年別**이요 **野老拈花萬國春**이로다.

<small>사운 금고영초원지체   삼산   쇄단만중관</small>
師云, 今古永超圓智體여 **三山**이 **鎖斷萬重關**이로다.

<small>자변할   사역할   자운 작마   사불수변거</small>
慈便喝한대 **師亦喝**하니 **慈云, 作麼**오? **師拂袖便去**하니라.

임제스님이 대자(大慈)스님[411]이 계신 곳에 갔을 때, 대자스님이 방장실에 앉아 있었다. 임제스님이 물었다.

"방장실에 단정히 앉아 계실 때의 경지는 어떠십니까?"

대자스님이 대답했다.

"추운겨울 소나무 한결같이 푸른 빛깔은 천년이 지나도록 변치

---

411 대자(大慈)스님: 780~862. 대자환중(大慈寰中). 백장회해(百丈懷海)의 법사(法嗣). 항주(杭州) 대자산(大慈山)에 주석하였다. 당나라 덕중 원년에 태어났다. 당나라 무종(武宗) 회창(會昌) 연간에 폐불훼석(廢佛毀釋)을 만나 잠시 환속하였다가 선종(宣宗)이 즉위한 후에 다시 출가하여 종풍을 크게 떨쳤다.

않고, 촌 늙은이 꽃을 꺾어 드니 온 세상이 봄빛이로다."
"옛부터 지금까지 영원히 원만한 지혜의 당체를 초월하고 신선이 사는 세 개의 산은 만 겹의 관문으로 굳게 닫혀 있도다."
임제스님의 이 말을 들은 대자스님이 대뜸 '할!' 하고 고함쳤고, 임제스님도 바로 '할!' 하고 고함쳤다.
대자스님이 "무슨 일인가?" 하니,
임제스님은 소매를 뿌리치고 바로 가버렸다.

14. 화엄(華嚴)스님을 만나다

到襄州華嚴하니 嚴이 倚拄杖하야 作睡勢어늘

師云, 老和尙이 瞌睡作麼오?

嚴云, 作家禪客이 宛爾不同이로다.

師云, 侍者야 點茶來하야 與和尙喫하라.

嚴이 乃喚維那호되 第三位에 安排這上座하라.

임제스님이 양주의 화엄(華嚴)스님께 갔을 때, 화엄스님이 주장자에 기대어 조는 시늉을 하니 임제스님이 말했다.

"노스님께서 졸기만 하면[412] 어떻게 하십니까?"

"훌륭한 선객은 정말 다르구나."

임제스님이 말했다.

"시자야! 차를 끓여 큰스님께서 드시도록 하여라."

---

412 갑수(瞌睡): 눈을 감고 졸고 있다는 뜻에서, 수행에 게으르거나 불법의 이치에 어두운 사람을 꾸짖는 말로 쓰인다.

화엄스님이 이에 유나를 불러 말했다.

"셋째 자리[第三位:後堂의 首座]를 이 상좌에게 내주어라."

15. 취봉(翠峰)스님을 만나다

到翠峰하니 峰이 問, 甚處來오?

師云, 黃檗來니이다.

峰云, 黃檗이 有何言句하야 指示於人고?

師云, 黃檗은 無言句니이다.

峰云, 爲什麽無오?

師云, 設有하야도 亦無擧處니이다.

峰云, 但擧看하라.

師云, 一箭이 過西天이로소이다.

임제스님이 취봉스님 계신 곳에 이르자, 취봉스님이 물었다.

"어디서 오는가?"

"황벽에서 왔습니다."

"황벽스님은 무슨 말로 납자들을 지도하는가?"

"황벽스님에게는 이렇다 할 말이 없습니다."

"어째서 없다고 하는가?"

"설령 있다고 하더라도 이것이라고 말할 것이 없습니다."[413]

"그렇더라도 말해보도록 하게."

"화살이 서천을 지나가 버렸습니다."[414]

---

413 단적이고 분명하여 말로써 표현할 도리가 없다는 뜻이다.
414 일전과서천(一箭過西天): 서천, 즉 인도를 실제로 지나쳤다는 말이 아니라, 언어나 문자로 표현할 수 있는 길을 벗어나 어떤 단서도 없는 몰종적(沒蹤跡)의 소식을 뜻하기도 하고, 핵심에서 벗어났다는 뜻으로도 쓰인다.

16. 상전(象田)스님을 만나다

도상전　　사문
到象田하야 **師問**호되

불범불성　　청사속도
不凡不聖하니 **請師速道**하오이다.

전운 노승　　지여마
田云, 老僧이 **祇與麼**니라.

사변할운 허다독자　　재저리멱십마완
師便喝云, 許多禿子야 **在這裏覓什麼椀**고?

임제스님이 상전(象田)스님이 계신 곳에 이르러 물었다.

"범부도 아니고 성인도 아닌 경지를 스님께서 어서 한 말씀해 주십시오."

"노승은 그저 이러할 뿐이네."

임제스님이 곧장 '할!' 하고 말했다.

"하고 많은 바보 중들이 여기서 도대체 무엇을 배우고 있단 말입니까?"

17. 명화(明化)스님을 만나다

到明化하니 **化**가 **問, 來來去去作什麼**오?
師云, 祇徒踏破草鞋니이다.
化云, 畢竟作麼生고?
師云, 老漢이 **話頭也不識**이로다.

임제스님이 명화(明化)스님이 계신 곳에 이르자 명화스님이 물었다.

"왔다 갔다만 하면서 무엇을 하고 있는 것인가?"

"다만 짚신이 닳도록 돌아다니려 하고 있습니다."[415]

"결국 그렇게 해서 뭘 어쩌겠다는 말인가?"

"이 노인네가 말귀도 못 알아듣는군."

---

415 원문의 '徒'는 '圖'와 통용된다. 오랜 세월 행각 수행에 힘쓰겠다는 말이다.

18. 노파를 만나다

왕봉림　　노봉일파　　파　문　심처거
往鳳林타가 路逢一婆하니 婆가 問, 甚處去오?

사운　봉림거
師云, 鳳林去니라.

파운　흡치봉림부재
婆云, 恰値鳳林不在로다.

사운　심처거
師云, 甚處去오?

파변행　　　사내환파　　파회두　　사변타
婆便行이라 師乃喚婆하니 婆回頭어늘 師便打하다.

임제스님이 봉림(鳳林)스님을 찾아가는 길에 한 노파를 만났는데 노파가 물었다.

"어디로 가십니까?"

"봉림으로 갑니다."

"마침 봉림스님은 계시지 않습니다."

"어딜 가셨습니까?"

노파가 그냥 가버리자 임제스님이 노파를 불렀고 노파가 고개 돌리자마자 임제스님이 후려쳤다.[416]

---

[416] 『臨濟禪師語錄之餘』(古尊宿語錄5 X.68 p.32c)에는 "師便行."으로 되어 있다.

19. 봉림(鳳林)스님을 만나다

到鳳林하니 林이 問, 有事相借問得麼아?

師云, 何得剜肉作瘡고?

林云, 海月이 澄無影이어늘 遊魚獨自迷로다.

師云, 海月이 旣無影이어늘 遊魚何得迷오?

鳳林云, 觀風知浪起하고 翫水野帆飄로다.

師云, 孤輪이 獨照에 江山靜하니 自笑一聲天地驚이로다.

林云, 任將三寸輝天地하나 一句臨機試道看하라.

師云, 路逢劍客須呈劍이요 不是詩人莫獻詩로다.

鳳林이 便休하니 師乃有頌호대 大道絶同하야 任向西東이라

石火莫及이요 電光罔通이로다.

임제스님이 봉림스님이 계신 곳에 이르자 봉림스님이 물었다.

"구체적인 실상⁴¹⁷을 들어 물어보려는데 괜찮겠는가?"

"무엇 때문에 생살을 긁어 부스럼을 만들려 하십니까?"⁴¹⁸

"바다에 뜬 달은 밝아서 그림자 하나 없는데,

노니는 물고기가 제 스스로 길을 잃고 헤매는구나."

"바다에 뜬 달은 그림자도 없거늘,

노니는 물고기가 어찌 길을 잃고 헤매일 리 있겠습니까?"

"바람을 보고 물결이 이는 것을 알고,

산수풍경 즐기며 소박한 돛단배 띄우네."⁴¹⁹

"둥근 달 홀로 맑게 비추어 강산은 참으로 고요하기만 하니,

스스로 웃는 한 번 웃음소리에 천지가 놀라네."⁴²⁰

"세 치 혀로 천지를 빛나게 하는 것은 마음대로 맡겨두네만,

지금 이 자리에서 기틀에 딱 들어맞는 한마디를 해보시게."

---

417 사상(事相): 만유의 본체를 뜻하는 이체(理體), 이성(理性) 등과 상대되는 말. 표면적으로 드러난 구체적 모습.

418 완육작창(剜肉作瘡): 완육성창(剜肉成瘡) 또는 호육상완창(好肉上剜瘡)이라고도 한다. 한 점 흠 없이 온전한 것을 훼손하여 오히려 오점을 남기는 것을 뜻한다. 불필요하고 쓸데없는 행위를 비유한다. "그대는 중생의 근원도 알지 못하면서 소승의 가르침으로 불법의 이치를 제창해서는 안 됩니다. 저들에게는 본래 아무런 상처도 없으니 그들을 상하게 하지 마십시오. 대도를 가리려고 하는데 좁은 길을 보여주지 말고, 바닷물을 소의 족적 안에 가두어 두려 하지 말며, 햇빛을 저 반딧불과 똑같이 여기지 마십시오."(『維摩詰所說經』「弟子品」T.14 p.540c, 汝不能知衆生根源, 無得發起以小乘法. 彼自無瘡, 勿傷之也. 欲行大道, 莫示小徑, 無以大海, 內於牛跡, 無以日光, 等彼螢火.)

419 『禪門拈頌說話』 613칙 설화(說話)에서는 "반드시 풍향을 살펴 돛을 움직여야 하듯이 병에 따라 약을 주어야 한다는 뜻이다.(H.5 p.475c, 觀風云云者, 須是看風使帆 應病與藥也.)"라고 풀었다.

420 『禪門拈頌說話』 613칙 설화(說話)에서는 "본래 미혹도 깨달음도 없는 경계를 나타낸다.(H.5 p.475c, 孤輪獨照云云者, 本無迷悟處也.)"라고 풀었다.

"길에서 검객을 만나거든 칼을 보여주되, 시인이 아니거든 시를 올리지 마십시오."

봉림스님이 문답을 그만두자, 임제스님이 바로 송(頌)을 지었다.

    대도는 같음마저도 끊어버렸으니,⁴²¹

    서로든 동으로든 자재하게 오간다네.

    부싯돌 불처럼 빨라도 따라잡지 못하고,

    번갯불처럼 번쩍해도 통과하지 못하는도다.

위산 문앙산   석화막급   전광망통   종상제성
潙山이 問仰山호되 石火莫及이요 電光罔通이어늘 從上諸聖이
장십마위인
將什麼爲人고?

앙산운 화상   의작마생
仰山云, 和尙은 意作麼生고?

위산운 단유언설   도무실의
潙山云, 但有言說이요 都無實義니라.

앙산운 불연
仰山云, 不然하니다.

위산운 자우작마생
潙山云, 子又作麼生고?

앙산운 관불용침   사통거마
仰山云, 官不容針이나 私通車馬니다.

---

421 『禪門拈頌說話』 613칙 설화(說話)에서는 "같음은 다름과 상대되는 말이다. 그런 까닭에 같음도 끊어진 것이라 표현한 것이다.(H.5 p.475c, 大道絶同者, 同亦對異, 故絶同也.)"라고 풀었다. 무엇과도 비교할 수 없는 대도(大道)의 속성을 이와 같이 표현한 것이다.

위산스님이 앙산스님에게 물었다.

"부싯돌 불처럼 빨라도 따라잡지 못하고 번갯불처럼 번쩍해도 통과하지 못한다고 하였는데, 예로부터 여러 성인들께서는 무엇으로 학인을 지도하였느냐?"

"스님께서는 어떻게 생각하십니까?"

"말만 있을 뿐 전혀 진실한 뜻은 없다."[422]

"그렇지 않습니다."

"그럼, 너는 어떻게 생각하느냐?"

"공적(公的)으로는 바늘 하나 들어갈 틈도 용납지 않지만, 사적(私的)으로는 수레나 말까지도 통하도록 합니다."[423]

---

[422] 『首楞嚴經』 권3 T.19 p.117c.
[423] 표면적으로는 준엄한 법규가 있지만, 이면으로는 그 법을 피해나갈 방도가 있다는 뜻. 선에서는 자재하게 펼치는 수단을 표현하는 말로 쓰인다.

20. 금우(金牛)스님을 만나다

　　도금우　　우견사래　　횡안주장　　당문거좌
　　到金牛하니 牛見師來하고 橫按拄杖하야 當門踞坐라.
　　사이수　　고주장삼하　　각귀당중제일위좌
　　師以手로 敲拄杖三下하고 却歸堂中第一位坐하니라.
　　우하래견　　내문　부빈주상견　　각구위의
　　牛下來見하야 乃問, 夫賓主相見은 各具威儀어늘
　　상좌종하이래　　태무례생
　　上座從何而來건대 太無禮生고?
　　사운　노화상　　도십마
　　師云, 老和尙은 道什麼오?
　　우의개구　　사변타　　우작도세　　사우타　　우운　금일에
　　牛擬開口어늘 師便打한대 牛作倒勢라 師又打하니 牛云, 今日에
　　불착변
　　不著便이로다.

임제스님이 금우(金牛)스님이 계신 곳에 이르자 금우스님은 임제스님이 오는 것을 보고는 주장자를 가로누이고 문 앞에 당당히 걸터 앉아 있었다.[424]

---

[424] 『禪門拈頌說話』 283칙 설화(說話)에서는 "위풍당당하게 앉아 맞이하는 모습이니, 그와 만나보겠다는 뜻이다.(H.5 p.257c, 橫按拄杖至坐者, 大坐當風, 是與他相見也.)"라고 풀었다.

임제스님은 손으로 주장자를 세 번 두드리고는 승당으로 돌아가 첫 번째 자리에 앉았다.

금우스님이 내려와 보고는 물었다.

"손님과 주인이 만나면 각기 차려야 할 예의가 있거늘 상좌는 어디서 왔기에 이다지도 무례한가?"

"노스님께서는 무슨 말씀이십니까?"

금우스님이 입을 열려 하자 임제스님이 그대로 후려쳤고 금우스님은 넘어지는 시늉을 하였다.

임제스님이 또 후려치니 금우스님이 말했다.

"오늘은 실수하였다."

위산　　문앙산　　차이존숙　환유승부야무
潙山이 問仰山호되 此二尊宿이 還有勝負也無아?
앙산운　승즉총승　　부즉총부
仰山云, 勝卽總勝이요 負卽總負니이다.

위산스님이 앙산스님에게 물었다.

"이 두 큰스님 중에 누가 이기고 진 사람이 있느냐?"

"이겼다면 다 이겼고, 졌다면 다 졌습니다."

21. 임제스님 열반에 드시다

師臨遷化時에 據坐云, 吾滅後에 不得滅却吾正法眼藏하라.

三聖이 出云, 爭敢滅却和尙正法眼藏이닛고?

師云, 已後에 有人問儞하면 向他道什麽오?

三聖이 便喝한대 師云, 誰知吾正法眼藏이 向這瞎驢邊滅却고?

言訖하고 端然示寂하니라.

임제스님이 열반에 드시려고 할 때에 자리에 단정히 앉아 말했다.

"내가 죽고 난 후에 나의 정법안장(正法眼藏)이 없어지지 않도록 하여라."

그러자 삼성(三聖)스님[425]이 나와서 아뢰었다.

"어찌 감히 스님의 정법안장을 없앨 수 있겠습니까?"

"이 다음에 누가 너한테 법을 묻는다면 너는 그에게 어떻게 대

---

[425] 삼성(三聖)스님: 삼성혜연(三聖慧然). 당나라 때 스님. 하북성(河北省) 진주(鎭州) 삼성원(三聖院)에 주석하였다. 임제의 종지를 이어받았고, 후에 제방을 편력하며, 덕산(德山), 설봉(雪峰) 등을 찾아가 참문하기도 하였다.

답해주겠느냐?"

삼성스님이 곧바로 '할!' 하자, 임제스님이 말했다.

"나의 정법안장이 이 눈먼 나귀한테서 없어질 것을 누가 알았겠는가?"[426]

임제스님은 말을 마치고 단정히 앉아서 열반에 들었다.

---

[426] 『禪門拈頌說話』 635칙 설화(說話)에서는 "나귀는 지극히 천한 존재이다. 그 가문의 가풍을 사라지게 한 자를 가리키니, 전한 일도 전해 받은 특별한 것도 없이 친밀하게 전하고 친밀하게 전해 받았음을 뜻한다.(H.5 p.492a, 瞎驢者, 驢則至賤. 指當家門風滅却, 則無傳無得, 親傳親得也.)"라고 풀었다.

임제혜조선사탑기(臨濟慧照禪師塔記)

　　　　사　　휘　　의현　　　조주남화인야　　속성　　형씨
　　　　師의 諱는 義玄이니 曹州南華人也라 俗姓은 邢氏니

　　　　유이영이　　　장이효문　　　급낙발수구　　　　거어강사
　　　　幼而穎異하고 長以孝聞하니라. 及落髮受具하야는 居於講肆하야

　　　　정구비니　　박색경론　　　아이탄왈　차　제세지의방야
　　　　精究毘尼하고 博賾經論이러니 俄而歎曰, 此는 濟世之醫方也요

　　　　비교외별전지지　　　즉갱의유방　　　수참황벽
　　　　非敎外別傳之旨로다 卽更衣遊方하야 首參黃檗하고

　　　　차알대우　　　기기연어구　　　재우행록
　　　　次謁大愚하니 其機緣語句는 載于行錄이니라.

　　　　기수황벽인가　　　심저하북　　진주성동남우
　　　　旣受黃檗印可하고 尋抵河北하야 鎭州城東南隅에

　　　　임호타하측　　　소원주지　　기임제　　인지득명
　　　　臨滹沱河側하야 小院住持하니 其臨濟는 因地得名이니라.

　　　　시　　보화선재피　　　양광혼중　　　성범
　　　　時에 普化先在彼하야 伴狂混衆하니 聖凡을

　　　　막측　　　사지즉좌지　　　사정왕화　　보화전신탈거
　　　　莫測이라 師至卽佐之하야 師正旺化에 普化全身脫去하니

　　　　내부앙산소석가지현기야　　　적정병혁　　　사즉기거
　　　　乃符仰山小釋迦之懸記也니라 適丁兵革하야 師卽棄去하니

　　　　태위묵군화　　어성중　　사택위사　　　역이임제　　위액
　　　　大尉黙君和가 於城中에 捨宅爲寺하니 亦以臨濟로 爲額하고

영사거언
迎師居焉하니라.

후 불의남매   지하부   부주왕상시   연이사례
後에 拂衣南邁하야 至河府하니 府主王常侍가 延以師禮하니

주미기   즉래대명부흥화사   거우동당
住未幾에 卽來大名府興化寺하야 居于東堂하니라.

사무질   홀일일   섭의거좌   여삼성   문답필
師無疾하고 忽一日에 攝衣據坐하야 與三聖으로 問答畢하고

적연이서   시   당함통팔년정해맹추월십일야
寂然而逝하니 時는 唐咸通八年丁亥孟陬月十日也니라.

문인   이사전신   건탑우대명부서북우   칙시혜조선사
門人이 以師全身으로 建塔于大名府西北隅하니 勅諡慧照禪師요

탑호징령
塔號澄靈이라.

합장계수   기사대략
合掌稽首하야 記師大略하노라.

주진주보수사법소사 연소 근서
住鎭州保壽嗣法小師 延沼 謹書

주대명부흥화사법소사 존장 교감
住大名府興化嗣法小師 存獎 校勘

　임제스님의 휘(諱)는 의현(義玄)이시니, 조주(曹州) 남화(南華) 사람이시다. 속성은 형(邢) 씨로서, 어려서는 남달리 영특하였으며 자라서는 효성으로 이름이 나셨다. 출가하여 구족계를 받고나서는 강원[427]에 머물면서 계율을 깊이 연구하고 경론을 널리 공부하였다. 그러다

---

427 강사(講肆): 강경이나 강연 등을 하는 자리. 강당(講堂)·강석(講席)·강연(講筵)·강좌(講座) 등과 같은 말이다.

가 하루는 갑자기 "이는 세상 사람을 구제하는 약의 처방전일 뿐이요, 경전 밖에 따로 전하는 뜻[敎外別傳之旨]은 아니다."라며 탄식하시고는 곧 옷을 갈아입고 제방을 행각하였다. 맨 먼저 황벽스님을 찾아가 참문(參問)하고 다음으로 대우스님을 뵈었는데, 그 기연과 말씀들은 행록에 실려 있다.

이미 황벽스님의 인가를 받고나서는 하북으로 가서 진주성 동남쪽 호타 하(滹沱河) 가까이에 있는 작은 절에 머물렀는데, 그 '임제'라는 이름은 지역 이름을 따라 붙인 것이다.

그때 보화스님이 그곳에 먼저 와 있으면서 거짓 미친 척하며 대중들 가운데 섞여 살았는데 성인인지 범부인지조차 분간할 수 없었다. 임제스님이 그곳에 이르는 즉시 스님을 보좌하였는데, 스님이 정작 교화를 활발히 펼치실 즈음에 보화스님은 온몸을 벗어던지고 사라졌다. 이는 소석가(小釋迦)라 불리는 앙산스님[428]의 예언이 적중한 것이라고 할 만하다. 그때 마침 전쟁이 나서 스님은 바로 그곳을 떠나셨는데, 태위(太尉) 묵군화(黙君和)가 성안에 있는 자기의 저택을 절로 희사하여 그대로 임제라는 액호로 현판(懸板)을 달고 스님을 맞아 그곳에 머무시도록 하였다.

뒤에 옷깃을 떨치고 남쪽으로 떠나 하북부(河北府)에 이르시니, 부

---

[428] 앙산혜적(仰山慧寂)은 어릴 적에 손가락 2개를 베어버리고 출가하여 위산영우(潙山靈祐) 하에서 득법(得法)하였는데, 하루는 범승(梵僧)이 서천에서 날아와 앙산에게 예배하고는 '문수(文殊)를 예배하러 왔다가 오히려 이곳에서 소석가를 만났다'면서 인도의 경문[貝多羅葉]을 주고 다시 하늘을 날아 떠나갔다는 일화에서 소석가(小釋迦)라는 별칭을 얻게 되었다고 한다. 『仰山語錄』권1 T.47 p.586a 참조.

주(府主) 왕상시(王常侍)가 제자의 예를 갖추어 맞이하였다. 그곳에 계신 지 얼마 되지 않아 곧 대명부(大名府)의 흥화사(興化寺)로 옮겨 동당(東堂)[429]에 기거하셨다.

스님께서는 병은 없으셨는데, 하루는 갑자기 옷차림을 단정히 갖추어 입으시고 자리를 잡고 앉아 삼성(三聖)스님과 문답을 마치고 조용히 서거하셨다. 때는 당나라 함통(咸通) 8년 정해년(丁亥年, 867) 음력 정월 열흘이었다.

문인들이 대명부 서북쪽 언덕에 탑을 세우고 스님의 전신(全身)을 모시니 시호는 혜조선사(慧照禪師), 탑호는 징령(澄靈)이다.

합장하고 머리 숙여 스님의 약력을 쓰노라.

법제자 진주 보수사 주지 연소(延沼)가 삼가 쓰고,
법제자 대명부 흥화사 주지 존장(尊獎)이 교감하다.

---

429 동당(東堂): 이전 주지. 또는 절에서 전임 주지가 은퇴하고 머무는 곳. 다른 절의 전임 주지가 머무는 곳은 서당(西堂)이라고 한다. "동당: 도충이 푼다. '그 절의 전임 주지를 사람들은 동당이라 부른다. 동쪽은 주인의 방위이며, 전임 주지는 이전의 주인이므로 동당에 거처한다.'"(『禪林象器箋』 권5 불광장 p.324, 東堂: 忠曰, 當寺前住, 人稱東堂, 蓋東是主位, 前住人是舊主, 故居東堂.)

후찬(後讚)

대웅정속　　임제강종
大雄正續이요 **臨濟綱宗**이라.

인문황벽서래　　통여오등삼돈
因問黃檗西來라가 **痛與烏藤三頓**이로다.

수왕대우타발　　친휘늑하삼거
遂往大愚打發하야 **親揮肋下三擧**하고,

언하변견노파심　　현지불법무다자
言下便見老婆心하니 **懸知佛法無多子**로다.

분분뇌할　　날맹호수
奮奔雷喝하야 **捋猛虎鬚**하며,

병개어적육단변　　도처용백념수단
迸開於赤肉團邊하고 **到處用白拈手段**이로다.

비성폭죽　　열석붕애　　빙릉상행　　검도상주
飛星暴竹이요 **裂石崩崖**라, **氷稜上行**하고 **劍刀上走**로다.

전기뇌권　　대용천선　　적수살인　　단도직입
全機電卷하고 **大用天旋**하니, **赤手殺人**이요 **單刀直入**이로다.

인경구탈　　조용병행
人境俱奪하고 **照用並行**하니,

명두래암두래　　불야살조야살
明頭來暗頭來여 **佛也殺祖也殺**이로다.

변고금어삼현삼요　　험용사어일주일빈
辨古今於三玄三要하고 **驗龍蛇於一主一賓**하니,

투탈나롱　　　부존현해
透脫羅籠하고 不存玄解로다.

조금강왕보검　　소제죽목정령
操金剛王寶劍하야 掃除竹木精靈하고,

분사자전위　　진군호심담
奮獅子全威하야 振群狐心膽이로다.

말초　　정법안장　　멸각저할려변
末稍에 正法眼藏이 滅却這瞎驢邊이라.

철골철수이혈맥관통　　　투정투저이건곤독로
徹骨徹髓而血脈貫通하고 透頂透底而乾坤獨露로다.

면면불루　　　기기상전　　개기종조고명　　　자손　　광대
綿綿不漏하고 器器相傳하니, 蓋其宗祖高明일새 子孫이 光大라.

차임제종풍야
此臨濟宗風也로다.

대웅[430]을 정통으로 이으신, 임제스님의 핵심 종지니라.

황벽스님께 조사서래의를 물었다가,

등나무 주장자로 뼈아프게 세 차례 맞았도다.

대우스님 찾아가 법 거량 끝에,

대우스님의 갈빗대에 몸소 세 차례 주먹을 날리고,

말끝에서 문득 간절한 노파심을 보았나니,

불법이 별것 아님을 이전에 알았도다.

우레 같은 고함소리[喝] 성난 듯 토해내고,

사나운 범의 수염 어루만지며, 적나라한 맨몸을 열어젖히고,

도처에서 낯도적 같은 솜씨를 보이도다.

별똥별이 날고 폭죽이 터지며 바위가 깨뜨려지고 절벽이 무너

---

430 대웅(大雄): 부처님의 별호. 백장회해(百丈懷海)의 시호이기도 하다.

지듯 하며, 얇은 얼음판 위를 걷고 칼날 위를 달리도다.[431]

온전한 기틀은 번개 치듯 하고,

살활자재한 작용은 천체가 운행하듯 하며,

맨손으로 사람을 죽이고, 단칼로 곧장 들어가도다.

사람[人]과 경계[境]를 몽땅 빼앗아버리고,

비춤[照]과 작용[用]을 동시에 행하니,

분명한 태도로 오건 무분별한 태도로 오건,

부처도 죽이고 조사도 죽이도다.

삼현삼요(三玄三要)에서 예와 지금을 가려내고,

한 번은 주인 역할, 한 번은 손님 역할하며 용인지 뱀인지 시험하며, 얽어매는 틀을 훌쩍 벗어나,

현묘하다는 생각도 남기지 않도다.

금강왕의 보배검을 손에 쥐고서,

대나무 따위에 붙어사는 귀신 도깨비는 쓸어 없애고,

사자가 갖춘 온전한 위엄을 떨치며,

여우 무리의 간담을 찢는다.[432]

종국에는 정법안장이, 이 눈먼 나귀에게서 사라지리라 하였네.

뼛속까지 사무쳐 혈맥을 관통하고,

꼭대기에서 바닥까지 꿰뚫어 전 세계를 온전히 드러내었다.

끊임없이 이어져 물샐 틈 없이 그릇에서 그릇으로 서로 전하니,

---

431 위험하기 짝이 없는 상황을 자유자재로 헤쳐 나가는 것을 비유하기도 하며 종횡자재하게 상대를 다루는 것을 평하는 말이기도 하다.
432 『禪家龜鑑』 H.7 p.644c.

선조가 뛰어남에 자손은 더욱 빛나고 성대하구나.
이것이 임제의 종풍이로다.[433]

불기이오일팔년갑인맹하
佛紀二五一八年甲寅孟夏

조계후학 성철근지
曹溪後學 性徹謹識하다.

불기 2518년(서기 1974년) 갑인년 초여름
조계후학 성철이 삼가 쓰다.

【성철 큰스님께서 『임제록』 강설을 결심하시고 『임제록』 찬시를 쓰시려 하신 듯합니다. 역대의 조사들께서 남겨두신 『임제록』 찬시를 연구하시다가 마침내 산당순(山堂淳) 선사의 「요결(要訣)」을 찾아내 이것을 세상에 밝힘으로써 당신의 후찬(後讚)을 대신했습니다. 선림고경총서 『임제록·법안록』을 합본 출판했을 때, 큰스님 이름으로 후찬을 소개하였던 후학의 실수가 있었습니다. 기억하고 있는 분들에게 죄송함을 전합니다. 큰스님께서 선현의 뛰어난 글을 후세에 전하는 것으로 당신의 후찬을 대신한 깊은 의미를 살펴주시기 바랍니다.】

---

[433] 『人天眼目』 권2 「要訣(山堂淳)」 T.48 p.311c.

『성철스님 임제록 평석』 후기

"성철 큰스님께서 선을 제대로 이해하고 실참실수(實參實修) 하고자 하는 현대인들에게 가장 요긴한 것이 무엇인가를 심려해 오시던 차, 불교계 안팎에 생각보다 선서가 너무 적다는 사실을 아시게 되었습니다. 고불고조들의 말씀이 한문이라 언어 환경이 다른 요즘 사람들이 쉽게 읽을 수 없었기 때문입니다. 그래서 큰스님께서 대장경에 수록돼 있는 옛 조사 스님들의 말씀 가운데 참선을 위해 가장 긴요하다고 생각되는 삼십 여 종의 저서들을 가려 번역 하도록 하시고, 「선림고경총서」로 이름 지어 주셨습니다. … 「선림고경총서」의 원만한 간행이 조계의 개울을 건너는 징검다리가 되어, 선림에 백화가 난만하고 모든 이들은 자성을 깨치길 기원합니다." 이는 1988년에 쓴 '선림고경총서 간행사'를 요약해 옮긴 것입니다.

"앞서 3년여 동안 준비하고 1988년 1권 『선림보전』을 시작으로 1993년 7월 25일 『벽암록』 하권을 끝으로 「선림고경총서」 전37권의 출간을 마칠 수 있었습니다. 쉽게 갈 수 있으리라고 생각하고 떠난 길이었는데, 가면 갈수록 멀고 험하게 느껴졌습니다. '내가 왜 이렇게 어렵고 힘들고 엄청난 일을 이토록 쉽게 생각했을까?' 하는 자책을 수없이 하며 세월을 보냈습니다. 「선림고경총서」를 완간하고 보니 앞만 보고 달려오느라 서두른 탓에 번역에 학문적 연구가 부족함을 통감하지 않을 수 없습니다. 불자 및 독자 여러분들에게 죄송한 마음을 금할 수 없습니다. 그래서 차제에 종단에 꼭 드리고 싶은 말씀은 경전·논서·선어록 등을 제대로 번역할 수 있는, 역경사 양성기관 설치가 무엇보다 시급하다는 점입니다. 「선림고경총서」를 완간한 공덕으로 불법에 눈 밝은 이들이 밤하늘의 별처럼 나타나기를 발원합니다." 이는 「선림고경총서」 간행을 마친 1993년에 쓴 글입니다.

「선림고경총서」를 완간한 한 달 뒤쯤인 1993년 11월 4일 큰스님께서 열반에 드셨습니다. 당시까지 녹음됐던 큰스님의 육성 법어는 거의 대부분 녹취해 책으로 출간했는데 『임제록』만은 풀어내지 못하고 있었습니다. 큰스님께서 전부 다 강설하지 않았고 1/4정도만 강설하셨기에 책으로 내는 것을 주저하고 있었습니다. 불량한 녹음상태와 자주 인용하는 삼구·삼현·삼요 등 조사스님들의 선구(禪句)들이 어려워 듣고 받아쓰기도 쉽지 않아 『임제록』을 펴내는 것을 더욱 조심스럽게 생각하고 있었습니다. 그런데 지난 동안거를 앞두고 상좌 둘이 찾아와 『임제록』 녹취가 든 메모리 카드를 내밀며 "지난 2년여 동안 『임제록』을 녹취하고 대장경 프로그램을 이용해 인용문도 대충 정리했습니다. 노스님의 『임제록』 출간은 스님께서 보시고 판단해 주십시오." 하는 것이었습니다. 처음에는 제 귀를 의심했습니다. "너희들이 무슨 실력으로 녹음을 풀어내고, 복잡한 선구들을 정리했단 말이냐?"고 믿기 어렵다는 식의 말을 무의식적으로 먼저 했는데, "여기까지 저희들이 고생했으니, 다음 단계부터는 스님께서 수고해 주십시오."라는 말을 남기곤 둘은 뒤도 돌아보지 않고 가버렸습니다. 메모리 카드에 담긴 것을 인쇄해 훑어보니 노스님의 육성을 제대로 담느라고 애쓴 흔적이 역력했고, 한문 인용도 잘 정리돼 있어 두 상좌들에게 적지 않은 고마움을 느꼈습니다. 그러나 이미 많은 시간이 지난 큰스님의 녹음을 정리해 책으로 내는 것도 쉽지 않고, 게다가 어록의 왕으로 평가되는 『임제록』이기에 적지 않은 부담도 동시에 밀려왔습니다. 다행히 1989년 12월 1일 「선림고경총서」 제12권 『임제록·법안록』을 출판한 적이 있어, 여기에 큰스님이 생전에 『임제록』에 현토를 달아두신 것을 보태고, 강설하신 부분은 그대로 싣고 강설이 없는 부분은 새로 번역해 보충하기로 생각을 정리했습니다.

이러저러한 산고 끝에 출간된 이 책은 여러 점에서 임제록을 번역한 기존의 책들과 몇 가지 점에서 적지 않은 차이가 있다고 생각합니다.

첫째, 선어록과 선을 보는 큰스님의 관점이 분명히 드러나 있습니다. "선사(先師)가 도덕을 중하게 여기지 아니하고, 나를 위해 설파하지 않으셨던 것을 귀하게 여긴다."는 동산양개 선사의 말씀을 책의 첫머리에 인용한 점에서 이 점을 명백하게 알 수 있습니다. 누구나 알다시피 선종은 ①'스스로의 힘으로 스스로를 제도한다'는 자성자도(自性自度)와 ②'절대로 화두를 설명하지 않는다'는 불설파(不說破)를 금과옥조로 여깁니다. 큰스님은 이 책에서 이 두 가지 원칙을 분명히 지키면서도 『임제록』의 역사적·문화적·사상적 배경을 누구보다 자세히 밝히고 있습니다. 이것이 이 책의 첫 번째 특징입니다.

두 번째, 『임제록』을 단순히 문자적 지식을 드러내기 위해서가 아니고, 깨달음의 징검다리 혹은 깨달음에 이르는 이정표로 삼기 위해 평석하고 있습니다. 그래서 모든 설명의 마지막 부분에서는 "(이 도리는) 오직 참으로 자기가 확실히 깨쳐야 알지, 깨치기 전에는 절대 모르는 것입니다."는 강조의 말씀을 거의 예외 없이 만날 수 있습니다. 독자들 가운데는 혹 "사정이 그렇다면 왜 이 책을 평석하셨지?"라고 의문을 품는 분들도 있을 것입니다. 문자와 책으로는 결코 깨달음을 드러내거나 가리킬 수 없지만, 문자와 책을 통하지 않으면 그나마 깨달음에 이르는 이정표조차 알려 줄 수 없다는 절박한 심정에서, 이 책을 평석하신 것으로 이해하시면 그 의문은 해소될 것입니다. 큰스님은 그만큼 실천궁행과 실참(實參)에 강조점을 두셨습니다. '옴 같은 피부병 걸린 들판의 비쩍 마른 여우'가 아닌, 백수의 왕 '사자'를 길러내겠다는 심정으로 법문(法門)하셨다고 봅니다.

세 번째, 『임제록』 전체가 아닌 앞부분의 중요한 대목만 평석하신 점입니다. 다시 말해 '마방의 서', '삼구·삼현·삼요' 그리고 '사료간' 등에 대해, 특히 역대 중국 선사들의 송고 등을 인용하며 집중적으로 설명하고 있습니다. 이런 점은 기존의 『임제록』 해설서에서 보기 힘든 특징입니다. 그러면서 마지막 부분에 당신의 총평을 싣는 등 학자가 아닌 선사로서 선에 대한 안목과 관점을 분명히 제시하고 있습니다. 때문에, 이 책을 읽는 독자들은 단순히 『임제록』 해설을 읽고 내용을 이해한다는 심정으로만 읽지 마시고, 마치 스승을 옆에 모시고 있듯이 대하고, 또 책의 가르침에 따라 수행한다면 선(禪)과 선종(禪宗) 그리고 선학(禪學)에 대한 독자 자신의 관점을 확립할 수 있으리라 감히 생각합니다. 물론 『임제록 평석』 정리와 번역에 혹 잘못이 있다면 모든 것은 소납의 부족 때문임을 말씀드립니다.

하나 덧붙이고 싶은 것은, 이 책이 너무 늦게 출간됐다는 회한(悔恨) 가득한 아쉬움이 참으로 많다는 점입니다. 『임제록』 출판 작업을 마무리 하고 좌복에 앉아 있으니 많은 상념들이 파도처럼 밀려왔다 밀려갔습니다. 큰스님께서 1974년 하안거부터 1975년 하안거까지만 『임제록』을 강설하시고 중단하셨습니다. 분량으로는 『임제록』의 1/4,

내용적으로는 1/3 정도를 강설하신 것입니다. 강설이 끝나고 늦어도 1970년대가 저물기 전에 『임제록』이 출간됐더라면 "선가에 있는 사람이라면 상식적으로 임제록은 알아야 한다."고 평소에 강조하신 큰스님의 바라심대로 이 책이 보다 널리 세상에 알려지고 읽혀졌을 것입니다. 42년이 지난 오늘에야 비로소 출판하게 되니 큰스님께 너무 죄송하고, 읽어 주시는 독자 여러분들에게도 부끄럽기 그지없습니다.

되돌아보면 『임제록』뿐만이 아닙니다. 1967년 동안거 중에 시작하셨던 『백일법문』도, 25년이 지난 1992년 4월 30일 상·하 2권으로 처음 세상에 나왔고, 그 후 22년 만인 2014년 11월14일 개정증보판 상·중·하 3권이 출판됨으로써 법문하신 지 47년 만에 마무리 된 셈입니다. 스님 주변에 '미련한 곰새끼 상좌'만이 아닌 '보다 더 훌륭한 큰 곰 상좌' 몇몇이 있어 3권짜리 『백일법문』이 1970년대 초반에 출판됐더라면 "선·교를 통해 중도사상으로 일관되게 불교를 설명한 사람은 나밖에 없다."고 하신 스님의 말씀이 빈 말이 아니고 한국불교학계에도 엄청난 영향을 주었을 것이며, 불교학계의 연구 수준을 한껏 높이는 계기가 되었을 것이라고 생각합니다. 1981년 1월 종정에 취임하시고 그 해 12월 큰스님께서 손수 3년여 동안 정리해 오셨던 『선문정로』를 세상에 내놓자, '돈오돈수와 돈오점수' 논쟁으로 20여년 동안 불교학계는 물론 불교계 안팎을 뜨겁게 요동치게 만들었던 기억이 있기 때문입니다. 당시는 「돈·점논쟁」으로 서로 얼굴을 붉혔지만 열기가 식은 지금, 학자들은 그때를 회상하며 "성철스님 덕분에 모처럼 뜨거운 학술논쟁이 벌어졌고 우리들에게도 할 일이 적지 않았었다."는 말씀들을 하기에 더욱 그렇습니다. 큰스님께서 심혈을 기울여 발표하신 법문들을 그 시절 그 시대에 따라 제때 제대로 출판했더라면, 불교계와 학계의 격과 수준을 보다 더 높이는 데 그 책들이 큰 역할을 했을 것이란 점을 믿어 의심치 않습니다. 똑똑한 큰 곰들이 있어 제대로 보좌해 드렸더라면 큰스님께서 불교계와 불교 학계에 끼친 공적은 지금과는 전혀 비교할 수 없을 만큼 컸을 것이라는 안타까움입니다. 아무 생각 없이 미련하게 놓쳐버린 그 시간과 그 세월을 참으로 가슴 아프게 생각합니다. 큰스님께 면목 없고 죄송한 마음으로 거듭 참회를 올릴 따름입니다.

마침 2017년은 큰스님께서 1947년 가을 "부처님 법대로 살자!"는 기치를 내걸고 도반들과 봉암사 결사를 실행하신 지 70년, 1967년 설립된 해인총림 초대방장으로 추대돼 백일법문의 사자후로 불교사상의 합리성·과학성·독창성 등을 세상에 널리 알리신 지 50년이 되는 해입니다. 뜻깊은 이 해를 맞아 『성철스님 임제록 평석』을 함께 출간해 봉암사 결사 70년과 해인총림 설립 50년을 기념할 수 있게 돼 매우 뜻깊게 생각합니다.

아무쪼록 큰스님께서 후생들을 위해 남기신 노력들이 마르지 않는 지혜의 큰 샘이 되어서 메마른 사바의 대지를 적시고, 한 그루 큰 나무가 되어서 천하 사람들에게 시원한 그늘을 드리우는 납자들이 영취산으로 오르는 길을 가득 메우기를 간절히 기원합니다.

불기 2561(2017)년 동지
해인사 백련암에서
碧海 圓澤 和南

참고문헌

【 도서 】

김태완, 『임제어록』, 고양:침묵의 향기, 2015.
단국대 동양학연구소, 『漢韓大辭典』, 서울:단국대출판부, 1991.
모로하시 데쓰지(諸橋轍次), 『大漢和辭典』(修訂版), 東京:大修館書店, 1984.
무비스님, 『임제록 강설』, 불광출판사, 2005.
서옹스님, 『임제록연의』, 서울:아침단청, 1974.
선림고경총서 제12권, 『임제록』, 서울:장경각, 1989.
성본스님, 『임제어록』, 서울:한국선문화연구원, 2003.
아키즈키 료우민(秋月龍珉), 『臨濟錄』, 東京:筑摩書房, 1972.
아사히나 소우겐(朝比奈宗源), 『臨濟錄』, 東京:타찌바나出版, 소화(昭和), 47년 5월.
야나기다 세이잔(柳田聖山), 『臨濟錄』, 東京:中央公論社, 2004.
이기영, 『임제록강의 上·下』, 서울:한국불교연구원, 1999.
이리야 요시타까(入矢義高), 『臨濟錄』, 東京:岩波文庫, 2015.
이진오·김태완 공역, 『임제100할』, 서울:장경각, 2004.
일지 옮김·야나기다 세이잔 지음, 『임제록』, 서울:고려원, 1988.
종광스님, 『임제록』, 서울:모과나무, 2014.
종호스님, 『임제록연구』, 서울:경서원, 1996.
駒澤大學內 禪學大辭典編纂所, 『禪學大辭典』, 東京:大修館書店, 2000.
吉祥 編著, 『佛敎大辭典』, 서울:홍법원, 2001.
萬國鼎 編, 『中國歷史紀年表』, 北京:中華書局, 1978.
杜建民 編著, 『中國歷代帝王世系年表』, 濟男:齊魯書社, 2007.
楊曾文, 『臨濟錄』, 鄭州:中州古籍出版社, 2001.
李鉉淙 編著, 『東洋年表』, 서울:탐구당, 1971.
入矢義高 監修, 古賀英彦 編著, 『禪語辭典』, 京都:思文閣出版, 1991.
中文大辭典編纂委員會, 『中文大辭典』, 臺北:中國文化大學出版部, 1982.
智冠 編著, 『伽山佛敎大辭林』 서울:伽山佛敎文化硏究院.

【 논문 】

김영욱, 「『본지풍광』의 화두와 현재적 의미」, 『아침바다 붉은 해 솟아오르네』, 서울:장경각, 2015.
김영욱·조영미·한재상 역주, 『정선 禪語錄』, 서울:대한불교조계종 한국전통사상서 간행위원회, 2009.
김영욱, 「퇴옹의 간화선」, 『퇴옹성철의 깨달음과 수행』, 서울:예문서원, 2006.

임제선사 관련 지도

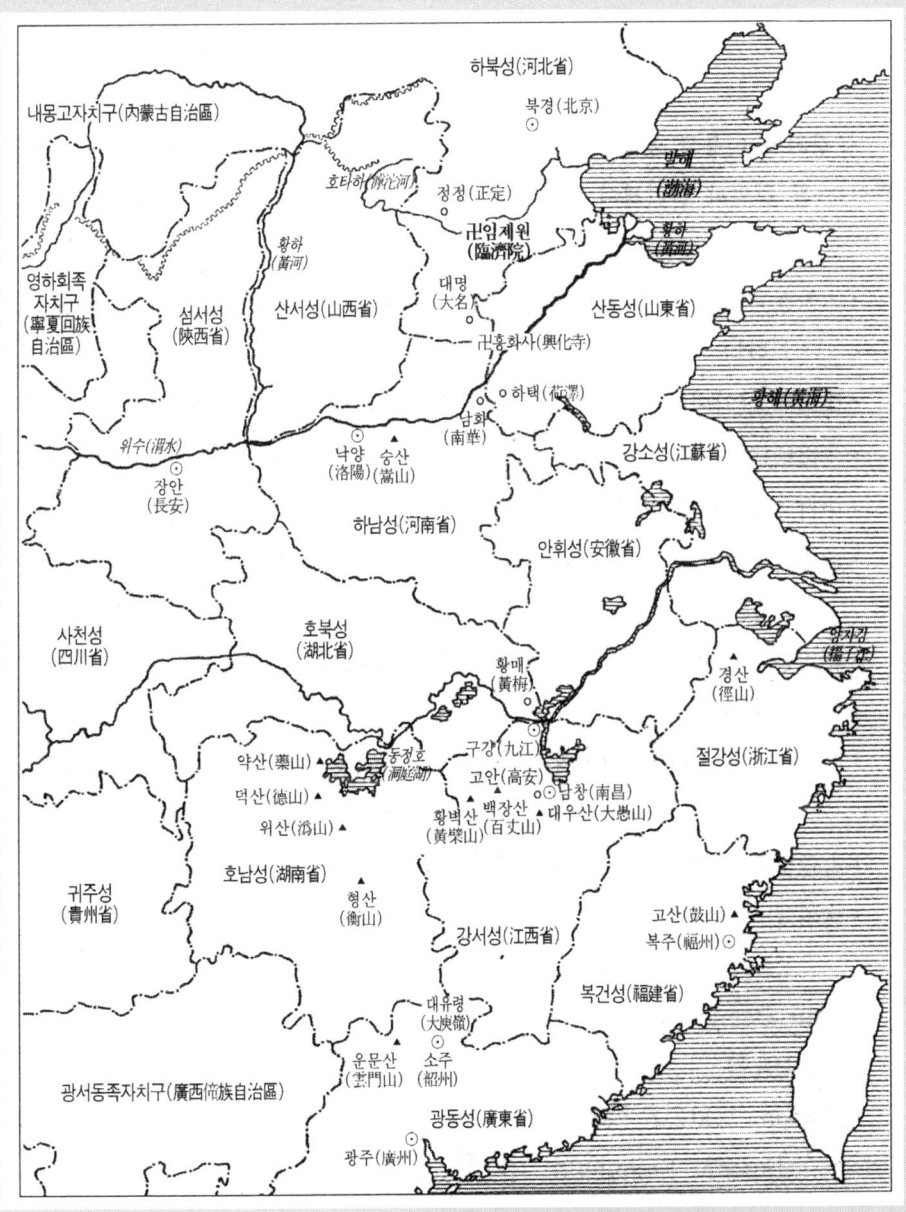

성철스님 임제록 평석

초판 1쇄 발행	2018년 2월 25일
초판 2쇄 발행	2021년 8월 27일
평석 · 강설	성철
정리 · 편집	원택
발행인	여무의(원택)
발행처	도서출판 장경각
등록번호	합천 제1호
등록일자	1987년 11월 30일
본사	경남 합천군 가야면 해인사길 118-116 해인사 백련암
서울사무소	서울시 종로구 삼봉로 81 (수송동, 두산위브파빌리온) 1232호
	전화 (02)2198-5372 팩스 (050)5116-5374
	홈페이지 www.sungchol.org

편집 · 교정 문종남   디자인 김형조
홍보마케팅 김윤성   관 리 서연정

ⓒ 2018, 장경각

ISBN 978-89-93904-83-3 03220

값 25,000원

※이 책에 실린 내용은 무단으로 복제하거나 전재할 수 없습니다.
※잘못된 책은 교환해 드립니다.

※이 도서의 국립중앙도서관 출판예정도서목록(CIP)은 서지정보유통지원시스템
홈페이지(http://seoji.nl.go.kr)와 국가자료공동목록시스템(http://www.nl.go.
kr/kolisnet)에서 이용하실 수 있습니다.
(CIP제어번호 : CIP2018005416)